# 當代神祕學全史

## 從赫密士主義復興到新時代運動

米奇・霍羅威茨 著
Mitch Horowitz
劉宗為 譯

# Modern Occultism

## History, Theory, and Practice

MODERN OCCULTISM

# 目次

# 第一章　希臘化時代與古典晚期：赫密士主義的興起

《紐約郵報》於二〇一八年六月十九號的頭條新聞，以一貫的保守派語氣寫道：「這位性狂熱的邪教信仰者是現代火箭技術的奠基人。」當年還有部電視劇相當戲劇化地呈現出此人的生平：他是二十世紀的火箭科學先驅傑克．帕森斯（Jack Parsons）。

帕森斯是美國國家航空暨太空總署（ＮＡＳＡ）噴氣推進實驗室（Jet Propulsion Laboratory，簡稱ＪＰＬ）的聯合創始人之一。有些人認為該實驗室的縮寫在神話裡的意義就是「傑克．帕森斯永存不朽」（Jack Parsons Lives）。帕森斯是戰後最聰明的火箭技術人才。他長相英俊、博覽群書並深受眾人喜愛。科幻小說作家羅伯特．海萊因（Robert Heinlein）在一九四九年的一封書信中寫道：「傑克是非常善良的人，也是最頂尖的火箭工程師。」

帕森斯也非常認真地鑽研神祕學，曾與英國魔法師阿萊斯特．克勞利（Aleister Crowley）和山達基教會創始人羅恩．賀伯特（L. Ron Hubbard）等人共同研究和討論。雖然這位科學家精力充沛，但他的異教思想與國防機構的基本立場形同水火，所以他遭到排擠，更無法獲得他十分嚮往的高階安全許可。

三十七歲時，帕森斯於帕薩迪納的自家實驗室混合火藥，卻發生意外而爆炸身亡。帕森斯的妻子是藝術家瑪喬麗·卡梅倫（Marjorie Cameron），她認為帕森斯是被謀殺的。隨著時間過去，他們夫妻倆聲名的都逐漸遠播，就連在維基百科上，帕森斯條目的點閱次數也超過了許多重要的發明家、科學家和政治家。

如此紛雜甚至看似矛盾的思想，是如何在一個人身上迸發出來的？事實上，帕森斯雖然自負又有才華，但他確實對神祕學和魔法下過苦工，也親自去實踐，所以才達成諸多成就。

驅動著帕森斯的那份熱情，如今也觸動了我們許多人。和帕森斯一樣，我們所使用的語彙、觀點以及對未來的想望，都是源自於超自然的神祕學，包含其起源、復興以及迂迴曲折的發展過程。這歷程如黑曜石般有太多的細微變化，其關鍵人物更為現代人帶來巨大的影響，。

這本書的內容既涵蓋了相關的人物與事件，也傳達出一項簡單又重要的觀念。歷史上有許多發展與分岔我們並沒有察覺到，諸多事件與人際交流為彼此的生活帶來極大的影響，而且無需透過宗教或其他信條作為媒介。

早在文藝復興時期，就有人開始追尋古老的超自然概念（spiritual concept），並形成了早期的神祕學復興運動。所謂的超自然概念，我指的是超越物理學範疇的事物。在英文中，我們也會用神祕（occult）來描述超自然事物，它源自拉丁語的occultus，意為祕密或隱藏。

從狹義上來說，神祕學專屬於西方文明。雖然印度的吠陀教、佛教密宗、道教、儒教、原住民的泛靈論和薩滿教都有各自的祕傳（esotericism，古希臘語為esoterikós，意思為「內部」），然而在西方的脈絡下，「亞伯拉罕諸教」（猶太教、基督教與伊斯蘭教等一神教的源頭）興起並形成文明後，被拋棄的古老宗教才轉而自行發展成神祕學。祕傳是傳統宗教的內部支派，代表該教的核心思想；神祕學既獨立於各個宗教，有時又能與它們相容。

因此，我在本書中提到西方文明時，是指受到亞伯拉罕諸教所影響的地區，亦即猶太教、基督教及部分伊斯蘭教的文化圈。這個區域最初由亞歷山大大帝的希臘軍隊所佔領，後來接受羅馬帝國統治，範圍從古埃及、君士坦丁堡延伸到地中海盆地、波斯以及歐洲，再到美洲的殖民地和移民地。

本書探索了神祕學的根源、人物、思想、美學以及活動，並談到人類對於它們的理解以及所受到的影響。本書的內容最初是來自於我在美國神智學會（Theosophical Society in America）所開設的課程，其上千名學員遍布美國、加拿大、墨西哥，並延伸至台灣、杜拜、新加坡、烏干達、土耳其、斯洛維尼亞、馬其頓、賽普勒斯、英國、摩納哥、澳洲和荷蘭。與學員們的交流令我加了解神祕學的歷史。

我認為自己是有批判性但又有「信仰」的歷史學家，也實際參與了許多相關活動。透過歷史文獻加上親身實踐，我努力整理這個形上學體系。事實上，大多數研究宗教和靈性的歷史學家本身都有信仰。針對傳統宗教或新興宗教，許多經典著作都是出於作者在記錄自己的教派或其旁支，包括基督教科學教（Christian Science）、摩爾門教、猶太教和天主教的歷史和人物傳記。[1]

然而，這些作家和學者都不會自稱是「有批判精神的信徒」，以免外界認為他們無法公正對待其研究領域。許多神祕學學者和歷史學家都不喜歡被問起其個人的信仰，但外界很自然地會懷疑他們的背景，畢竟大部分的人都出生於基督教、佛教或伊斯蘭教等文化圈中。況且，神祕學或祕傳教派不會出現在生活周遭，必須是當事人主動去追尋才會出現。因此，宗教學者的視角難免會反映出主觀的一面。

但不論受到多少質疑，我認為研究者絕對有理由全心投入自己所研究的宗教活動，尤其是那些最活躍的主流宗教。他們應該更全面地去了解到這些宗教的價值觀，並試著區分理念與實踐的落差。

我最崇敬的神祕學研究者烏特・哈內赫拉夫（Wouter J. Hanegraaff）有不同的看法：「宗教、哲學和科學領域的學生必須決定要成為親手栽種的園丁還是負責觀察記錄的生物學家。如果他們喜歡前者，那麼研究神祕學就不適合他們。」[2]我不同意這項觀點。若以農業來比喻的話，至少還有另一種選項：成為具備科學精神的農業學者。「客觀性不是單一的立場。」哲學家瑪麗・米德利（Mary Midgley）如此寫道。[3]

在這方面，我受到了歷史學家約斯林・戈德溫（Joscelyn Godwin）的啟發。他在一九九〇年七月的《神智學歷史》（*Theosophical History*）期刊上談到：「這世上有許多事物是那些唯物主義科學家和歷史學家所無法解釋的。我對這些事物抱持著開放的態度，因此，我不會在研究時刻意排除非物質性的作用力……伊斯蘭教研究者亨利・科爾賓（Henry Corbin）用『神聖歷史』（hiérohistoire）來談及超越性或神性的歷史，並為人世間的大小事件賦予意義。」

我們這些生活在西方文明底下的人們，歷來對待古老宗教的方式的確與眾不同，尤其是跟東方文化相比。在中國、印度、日本等亞洲國家，各個宗教派別都是自古以來代代相傳，印度教和佛教都有數千年的歷史。波斯雖然是伊斯蘭教國家，但祆教在當地也有重要的傳統地位。中國官方宣稱自己是無神論政府，但道教和地方信仰仍存在於百姓的生活中，其傳統可追溯到數千年之久。

在西方世界，包括地中海和近東地區，宗教演進史就大不相同。

希臘、羅馬、埃及、美索不達米亞以及聖經發源的地帶，多神教的傳統也延續了數千年；那些先知與前人觀察自然界的變化，並發展出相應的宗教活動，包括祭祀、禮俗、儀典、命理、占星、煉金術和神祕儀式等。而這些古老宗教的核心精神都是敬天拜神。

然而，隨著羅馬帝國的滅亡以及基督教在東西方的傳播，這些古老傳統消失了數個世紀。伊斯蘭教的興起後，波斯和阿拉伯地區的其他信仰就產生了斷層，無論是古老或是較為近代的，除了祆教和耶茲迪教（Yezidism）。[4] 這些原始宗教特有的祭司階級、教團組織、社會體系、禮儀、寓言、經典和眾神名稱都被抹去或轉化。許多相關書籍在戰爭或民族衝突中被摧毀、掠奪，或是被修道院或私人收藏。它們被埋葬或遺忘，有時也會重見天日。

西方世界古代信仰的解體，或多或少肇始於羅馬皇帝君士坦丁。他於公元三一二或三一三年皈依基督教，並於三三〇年將帝國中心遷至今天的伊斯坦堡。其後，羅馬帝國繼續在西方世界強盛了兩百年，直到一四五三年鄂圖曼帝國攻進東羅馬帝國的最後堡壘。

現代歷史學家都盡量避免使用「黑暗時代」（Dark Ages）這一詞語，因為它彷彿在暗示，西羅馬帝國於公元四七六年滅亡後，接下來的幾百年除了老百姓的生活和王侯間的戰爭外，不存在任何的文明，直到十二世紀的哥德式建築和十四世紀的文藝復興。

數百年來，人們心中都有這樣籠統的觀念：羅馬帝國崩潰後，文化上就進入冰河時代，直到人類重新學習傳統文化、從修道院中尋找知識並建立穩定的君主制度。這種想法當然是不準確的。但確實，在基督教興起、羅馬帝國解體以及伊斯蘭教在七世紀萌芽後，西方世界的原始宗教及神祕教派都遭到打壓。

因此，我們才要透過學習神祕學來辨識、理解並恢復這些古老傳統。

在西方文明的發展中，許多原始教派都被打壓，造成分裂與斷層，最後就沒落了。即便如此，它們的元素仍埋藏在許多主流文化中。古希臘、羅馬的神殿被拆毀或崩壞後，其地基仍保留下來，並成為中世紀宗教建築物的基礎，如巴黎聖母院（一一六三年動工）。雖然君士坦丁將基督教定為羅馬的國教，但融入了羅馬人對「無敵太陽神」（Sol Invictus）的崇拜，因此直到五世紀時，朝聖者仍會在舊聖彼得大教堂的台階上做古老的儀式。[5] 四世紀時，君士坦丁王朝的皇帝尤利安想廢止基督教的國教地位，所以他開始恢復一些異教活動並建立猶太會堂。但他的統治時間只有兩年（三六一到三六三年），所以此計畫無法有效施行。

由此來看，宗教史並沒有明確的起點和終點，即使有什麼重大的轉折，過程也是起起伏伏的，有時也會加入其他宗教的元素。

在羅馬古典時代晚期（late antiquity），特別是在基督去世前後的那一兩百年，往後各種思想體系的諸多元素都開始萌芽，包括神祕學、祕傳教派、靈性團體、諾斯底主義（Gnostic）以及新時代運動（New Age）。新時代這個詞有點貶義，泛指那些時髦、教義不清以及毫無章法的現代靈修法。我反對這種看法，畢竟成千上百萬的新時代靈修者確實有其獨特的體驗。因此，我將新時代定義為海納百川的療癒性靈修文化。

當今靈修活動與古文明的許多連結或相似處，都可追溯到古典時代晚期，所以我們先從希臘化時代談起。埃及豔后克麗奧佩脫拉就像凱撒、拿破崙和華盛頓一樣，常常被現代人無情地惡搞和取笑。但實際上她是有理想、充滿熱情又意志堅定的領導者，也犯下一些悲劇性的錯誤。

克麗奧佩脫拉的統治時期是公元前五十一年到前三十年，是古埃及獨立時期的最後一位領導者。在阿克提烏姆（Actium）海戰中，她的愛人馬克．安東尼率領埃及海軍出擊，結果被羅馬艦隊大敗，安東尼隨即自殺。不久後，羅馬圍攻亞歷山大城，她也親手結束了自己的性命。

事實上，自從亞歷山大於公元前三三一年建立亞歷山大城以來，埃及的統治階級就一直都是希臘人，包括克麗奧佩脫拉。法老制度被大幅修改後，埃及就被亞歷山大的將領一代又一代地統治，形成所謂的托勒密王朝。

克麗奧佩脫拉是該朝最為獨特的領導人。進入亞歷山大的時代後，古埃及的神廟和宗教體系逐漸沒落。雖然希臘的執政者與統治階級非常熱愛、也接受古埃及的文化，但他們為了保護血統，並取得經濟和軍事上的利益，所以只跟自己人通婚，也因此與數百萬埃及人保持距離。但克麗奧佩脫拉不同。希臘裔的她也一樣熱愛埃及，雖然她發起不少軍事行動、也在外交上搞陰謀，對內統治也造成紛爭，但她非常重視古埃及的神祕傳統。為了重振古文明，克麗奧佩脫拉以亞歷山大城為核心，派人修復了古埃及的歷史遺跡，並恢復祭司與神廟制度。

克麗奧佩脫拉短暫振興了埃及的古文化，也好幾次擋下羅馬軍隊的侵襲。然而在她自殺身亡後，埃及還是被羅馬併吞了，成為以軍事和農業為主的行省。但是，古埃及的宗教活動仍保留在亞歷山大城中，這都要歸功於她的努力。這座城市依然是文化中心。在之後的數百年間，住在這城市裡的希臘裔抄寫員（當中有不少是埃及官員），慢慢地用希臘文記錄下古埃及的神祕哲學。

這些工作非常重要，他們不但保存了古老的哲學體系，還用文學的筆法加以闡述，而後世的西方人才得以理解其內容。確切來說，拿破崙在一七九九年遠征埃及並發現了羅塞塔石碑後，專家學者才開始解讀上面的象形文字以及世俗體（Demotic，埃及神職人員的官方文書體）。

可以確定的是，這些抄寫員所整理的思想體系，在遠古時代都是以來口語來傳承，正如荷馬、柏拉圖和畢達哥拉斯的門徒們也記錄下許多口耳相傳的宗教和哲學觀念。其實我們對這些記錄者的真正身分知之甚少，因為他們為了提升自己著作的可信度與說服力，會將作者假託為其他知名人物。舉例來說，基督教福音書的內容都是口耳相傳而來，表面上作者為「路加」、「馬可」人，但他們的真實身分仍舊是謎團。而作者有明確的個人身份是近代才有的創新文化。

在古埃及、地中海諸城邦、《聖經》發源地、印度、中國以及日本等地，政府、軍隊、學院和法院都有專屬的抄寫員。許多經典作品的作者是否真有其人，其實沒人敢肯定。舉例來說，《道德經》的作者是否為老子一人、而他的生平又為何，迄今仍沒有定論。《孫子兵法》的作者孫子（約公元前五四四年至前四九六年）是中國春秋時期的軍事專家，但上千年來歷史學家一直在討論這本書的真偽、實際作者與內容增刪的問題，直到二十世紀七〇年代隨著考古資料的出土才有定論。

人類最古老的文字作品是占卜書，即中國的《易經》，其中包含六十四卦的圖形。這本書的作者可上溯至伏羲，是中國傳說中的三皇五帝之一，有點像威爾斯神話中的亞瑟王。同樣地，我們也不知道荷馬的真實身分，也不知道其史詩的作者有多少人。此外，畢達哥拉斯所構想的思想體系與數學公式，也並非由他本人親自書寫。他曾在今日義大利的克羅托（Crotone）設立學院，其門徒在他過世後的數百年間才整理出他的思想與理論。

希臘化的埃及經典也一樣，其作者都是赫密士．崔斯墨圖（Hermes Trismegistus），意思是「三倍偉大的赫密士」。祂就是古埃及的寫作與智慧之神「托特」（Thoth），埃及人認為，這位朱鷺頭人身的神祇，比希臘人的智慧、溝通和文字之神赫密士（即後來的羅馬神祇墨丘利）還要「三倍偉大」。晚期的希臘文人和建築師都非常崇拜祂。

由此可知，神祕學的源頭大多是非常古老、來源不明、內容又不確定的典籍，所以爭議非常多。在參照歷史文獻時，我們往往忽略了這方面的複雜度，畢竟它們都是在時間長河的洗禮下才傳到我們手中。

宗教學者大衛・立塔瓦（M. David Litwa）在他的著作《赫密士文集二》（*Hermetica II*）中寫道：「赫密士第一次被冠上『三倍偉大』這個稱號，似乎是出自亞歷山大的色拉西勒斯（Thrasyllus of Alexandria），他是羅馬皇帝提比略（Tiberius，在位時間為公元十四至三十七年）時期著名的占星家。」

默默無名的埃及抄寫員為了讓自己的作品看起來真實與可信，經常會在其手抄本上署名為赫密士，並藉此向祂致敬。在十七世紀之後，這些作品被統稱為《赫密士文集》（*Hermetica*）。

在歷經時間長河之後，許多零散、雜亂無章的赫密士著作也遺留至今。當中有些談到儀式、魔法、咒語、祈禱文或煉金術，也就是偏重操作性；其他有些則涉及哲學和存在主義思想。我們在這些文獻中發現到一個清楚、鮮明又帶有哲學性的核心概念：所有的創造物都源自於一個更高位階的偉大意識，希臘人稱之為「智性」（*Nous*）。這個意識在思維中創造萬物，以同心圓或行星運行軌道的模式從現實領域向外擴展，而人類也在其中。

關於哲學性的赫密士文獻，最關鍵的史料就是《翠玉錄》（*The Emerald Tablet*）。十七世紀的數學家牛頓將這部神祕的文本從拉丁文翻譯成英文，當中最著名的格言便是：「如其在上，如其在下。」（as above, so below）這與《聖經》的教義「上帝照著自己的形像造人」相對應。[6]

牛頓對古代煉金術的熱情直到二十世紀中期才為人所重視。他對神祕學的興趣要歸功於十七世紀煉金術士菲拉萊斯（Eirenaeus Philalethes）的著作，後者曾在哈佛接受教育，本名為喬治・斯塔基（George Starkey）。科學史專家邁克爾・邁耶（Michael Meyer）指出：「斯塔基的文章討論了物質的屬性及結構，這些觀念深深影響了牛頓的思想和研究，尤其是光學領域。他想知道，白光如何像物質一樣可以分解和重組。」[7]

牛頓對於神祕學的興趣，其實是經濟學大師凱恩斯獨家揭露出來的。眾所周知，他對經濟繁榮和衰退週期的分析，幫助許多政府穩定了市場經濟。在一九三六年，凱恩斯買下了積灰已久的牛頓文稿，才發現他不是堅定的唯物論者，而是一位博學的魔法師。十年後，為了紀念牛頓誕辰三百周年，皇家學會舉辦了一場講座（原本應在一九四二年舉辦，因為二次世界大戰而延遲舉辦），凱恩斯以「牛頓，這個人」（Newton, the Man）為題發表演說：

> 牛頓並不是理性時代的第一人。他是最後一位法師，是最後一位巴比倫人和蘇美人。近一萬年來，無數的智者不斷補充人類的知識寶庫，而他是最後一位有同樣偉大心靈的思想家。他們有非凡的洞察力，看出了物理與知性世界的諸多真相。牛頓生於一六四二年的聖誕節，出生後就失去了父親，是最後一位奇蹟之子，連《聖經》中的三智者都會向他致以真誠且恰如其分的敬意。

回到哲學性的赫密士文獻，其作者反覆強調的理念是，既然人類是由無限的意識「智性」所創造的，那也能在自己的存在領域中創造其他事物。人類發展的奧祕便在於探索心靈的源頭與渴望，並朝它們前進。

在文藝復興時期，有一份重要的赫密士文獻從希臘文被翻譯成拉丁文，其內容指出，人類在受到啟發後，就會意識到自己的心靈能力；我們能想像任何事物，創造新概念、超越物質界限並反映出自己的內在神性：

> 看看你所擁有的力量——你有多麼敏捷！既然你能做到這些事情，神豈不也能做到？你必須把世上的一切——宇宙、神以及這個世界——看作是神的思維。除非你努力提升自己的神性，否則就無法理解神；相似之物才能理解相似之物。成長到無限的浩瀚，超越所有的形體、超越時間、成為永恆，你就能理解神。當你發現自己無所不能、是不朽的，就能理解塵世中的一切，包括所有的藝術、學科以及存在物的特質。[8]

然而，人類因為有自我實現的成長能力，所以比神更偉大，因為神的存在特質是亙古不變的，這也導致我們的生存焦慮感：雖然有成長的空間，卻又受到物理性的肉體侷限。正如《詩篇》寫道：「你們是神，都是至高者的兒子。然而，你們要死，與世人一樣。」(82:6-7)

因此，在你所身處的宇宙框架中，你有能力開創新思維。但該文的作者也提出警告：「雖然你們擁有這種高層次的思維能力，但必然受制於同心圓裡的物理性。這並不是絕望或宿命論的態度。再次強調，赫密士主義的核心原則是「個人始終在成長、逐漸接近神」。赫密士文獻的第一卷為《普伊曼德雷斯》(*Poimandres*，這是希臘化時代的詞語，意思大概是「人之牧者」)，其內容指出，人類的靈魂在誕生前由上而下穿越各層行星，吸收了它們的負面能量，所以在誕生後必須努力由下而上攀升，以擺脫先前所染上的惡習。每顆行星都掌管著一種罪惡，神祕學學者斯莫利（Richard Smoley）認為這就是「七宗罪」的起源。

赫密士主義也有類似輪迴或永劫回歸的概念，也就是說，個體的物質形式終將消散，但靈魂會重新歸入到普世存在的生命型態（即思想）。在那之後，靈魂會再次轉化為新的生命（但不一定能保留原先的性格），在這樣的反覆過程中，靈魂便有可能穿越各個同心圓，逐漸接近存在的中心。

赫密士文獻的第十二卷闡述了「循環性重現」（cyclical recurrence）的概念，它多少跟輪迴轉世有關。赫密士告訴他的門徒塔特：「靈魂分解後不是被摧毀，而是變成了新的靈魂。」[9] 公元五世紀的赫密士主義者斯托貝烏斯在《文集》（*Anthology*）描述了伊西斯跟荷魯斯的對話：「我的孩子荷魯斯啊！被派來統治世界的那些人是從上層區域來的。在解脫生命後，若沒有違反本性的尊嚴和神聖法典的規範，他們就能返回原地、甚至升得更高。」[10]

在神祕學專家哈內赫拉夫於二〇二二年出版的著作《赫密士靈性與歷史想像》（*Hermetic Spirituality and the Historical Imagination*）中，他對研究者提出了重要的警告：「這些文本在古典時代晚期就有人大幅重組、重寫和抄寫。因此，若我們從中讀到一些熟悉的元素，並用當代的概念和想法去詮釋它們，就有可能產生誤解。」

如今，這些古代概念看似熟悉或現代化，是因為抄寫員用當時的規範、概念與口語來重新整理文獻（許多經典文學也被改寫過）。另一個關鍵問題是，這些抄寫員在整理古代文獻時，也會受到自己的宗教觀點和偏好所影響。因此，純正的赫密士主義已不復存在。

赫密士主義的尋道者還從「煉金術」（alchemy）中發現如神一般的創造力。我們並不確切知道這個字的起源，只知道它首次出現在公元後的阿拉伯文獻中。若能用它來串起現代文明與古埃及文明的連結，一定會成為令人雀躍的研究成果。

在波斯、北非、地中海以及西方世界，都曾出現過煉金術；尋道者和早期的科學家試圖將粗糙物質轉化為精細物質，比如將鉛變成黃金。除了物理性，這套方法還帶有心理以及神祕的面向。古代世界中的每種思想系統都相互交織，古人並不會區分今日所謂的科學與精神世界，反而會用數字來解開宇宙的神祕法則和運作。因此，占星術包含天文學，藝術和神聖幾何學中有數學，建築語彙有宗教含意，而煉金術則結合了化學和神祕學。

事實上，煉金術是化學（chemistry）的詞源。學者推想，煉金術可追溯自古埃及人對自己的稱呼，後來才轉變為拉丁文和英文。目前所流通的「埃及」（Egypt）是從古希臘語來的，而埃及人則是用Kemet來自稱，意思是黑色的土地，即尼羅河帶來肥沃的土壤。沙漠地區則被稱為紅色的土地，既貧瘠又難讓人生存。希臘化時期的埃及人把Kemet唸成Chemi，後來再加上阿拉伯語的「這個」（Al），就變成Al-Chemi，最後就變成煉金術（alchemy）。

現代人談到魔法或巫術時，總會覺得它們帶有黑暗和不祥的色彩，在文藝復興時代以後還被當成邪術。但如果我們上面的推斷沒錯，煉金術的黑色是指土地，而這只是一套用來轉變物質的技藝。

誕生自亞歷山大城的還有占星術，它比煉金術還古老，但也早已失去它原有的樣貌。占星術與赫密士主義的世界觀密切相關：「如其在上，如其在下」；一切都是相互連結的，包括靈魂與宇宙。

占星術的起源可追溯到公元前兩千年至一千六百年的美索不達米亞，雖然以巴比倫帝國聞名，但也只是伊拉克歷史的後段。至少在公元前兩千年，人類就開始用占星術來預測未來。在公元前兩百年的美索不達米亞，更完整和系統化的占星術出現了。亞歷山大城的希臘抄寫員和思想家結合了美索不達米亞和古埃及的占星術，這就是現代占星術的基礎。

在公元一百五十年左右，亞歷山大城的數學家托勒密（Claudius Ptolemy）發表了《占星四書》（*Tetrabiblos*），這是占星術系統化的重大進展，影響力直到今日。克麗奧佩脫拉去世兩百年後，亞歷山大城仍是神祕學的重鎮。許多希臘人都試著將占星術系統化，而托勒密的著作歷久不衰，也是現代哲學的重大轉捩點。

托勒密強調，黃道十二宮（牡羊、金牛等等）與季節變化密切相關。這個細微而重要的原則反映出兩種分歧的系統：吠陀占星術（基於恆星位置）以及熱帶占星術（基於四季變化），它們分別在東方與西方文明中佔有主導地位。（附帶一提，中國的十二生肖是基於陰曆，因此與這兩者沒有太多共同之處。）為了理解兩種體系的差異處，我們先要理解到，今時今日所見到的夜空與古代人所看到的並不相同。雖然天體的位置不變，但地球的自轉軸會輕微擺動，所以觀測的視角會跟著改變，並導致了春分點的歲差，而黃道十二宮看來會慢慢地反向循環。首次觀察到這個現象的，是希臘天文學家希帕克斯（Hipparchus，公元前一九〇至一二〇年）。

不論是在古代的美索不達米亞地區或是現代，若有人在春分（三月二十一日前後）的黎明時分走出戶外，便能看到太陽在天球赤道和黃道的交叉處。所謂的天球赤道，就是想像地球的赤道延伸到太空中；如果把地球當作太陽系的中心，太陽在天空中的移動弧線，便是所謂的黃道。因此，若在早晨看到太陽位於那兩條假想線的交叉處，便能預見春天的到來。

在公元前幾世紀，春分日的太陽是位於牡羊宮的交叉處。牡羊宮的拉丁語意為公羊，象徵著豐饒、誕生、勇敢和新開始，正如春天的來臨。由於地球自轉軸的擺動，春分日每七十二年就會後退一度，而每個星座涵蓋了三十度。因此，在兩千一百六十年內，春分日會穿過一個星座，然後再進入下一個星座。依此推算，春分日每隔兩萬五千九百二十年就會穿越整個黃道十二宮，而那年就是「柏拉圖年」。

君士坦丁大帝於公元三一三年改信基督教，而教會崛起至主導地位時，春分日進入了雙魚宮。在《馬太福音》中，耶穌跟漁夫說：「來跟從我，我要叫你們得人如得魚一樣。」（4:19）此外，耶穌也曾施行神蹟，用「五餅二魚」餵飽五千多人。春分日在雙魚宮中停留了好幾個世紀，同樣每隔七十二年便後退一度。時至今日，春分日已進入了水瓶宮，因此有人認為現下是「水瓶時代」或「水瓶時代的初曉」。例如，在六〇年代的反文化音樂劇《長髮》（*Hair*）中，便有〈水瓶座〉（Aquarius）一曲。

傳統上，水瓶宮的具體形象就是攜水者，象徵神祕主義、革命、創新以及變化。因此，水瓶座時代充滿了靈性和社會試驗。在諾斯底教義中，水瓶座代表黃道帶往上升，而獅子座代表黃道帶開始下降。水瓶座也有低層次的一面，包括機械化、虛假的美德。在二十世紀初，許多靈性作家都談到了水瓶時代的曙光，比如說，美國內戰時期的牧師萊維・道林（Levi H. Dowling，一八四四至一九一一年）在一九〇八年就出版了《耶穌基督的水瓶座福音》（*The Aquarian Gospel of Jesus the Christ*）。

回到公元一五〇年的亞歷山大城，托勒密解釋道，他知道歲差現象，但這不會改變占星術的基本原理：以季節交替來觀測宇宙的運行軌跡。大多數的西方人都使用托勒密的占星系統，包括固定的熱帶座標。

不過，也有不少人使用以星體為基礎的座標（即恆星黃道座標），也就是以地球的視角標出恆星和行星的實際位置，並以星座為紀年。吠陀及其他東方占星家認為，恆星系統更為準確，他們在預測未來時也會納入歲差現象。占星術至今仍然是印度教的一環，印度夫婦在結婚前會先去諮詢星相，以確定生孩子、買房子以及結婚日期等。

托勒密引發了一系列難以收尾的辯論，但它們觸及了實相究竟為何等核心問題。除了歲差現象，人們還會討論天體對塵世事物的影響力有多大。美索不達米亞和古埃及的占星家認為，黃道同步呈現了地球上正在發生的事情，兩者互為關聯。而在希臘化世界則是以托勒密的觀點為主，他認為天體位置就是萬物的肇因，因此，個人在呱呱落地後經歷到的一切事情，都是直接受到火星、金星和木星的影響。

有些研究者認為，古代占星術對現代人的影響小很多，因為今日生活變動太大了。在古代，大多數的人都可以確定，自己從出生到死前都在相同的社會階層。

深入研究這些文獻後，我發現神祕學是分歧的，不管是煉金術、占星術以及赫密士主義，並沒有所謂綿延不斷、代代相傳的學派。

正如前文所提到的，在中世紀和黑暗時代，許多神祕主義的元素被融入到基督教之中（特別是季節性的慶典和節日），或是被完全抹去了。例如，萬聖節根源於古代凱爾特人（Celtic）的夏末節（Samhain，每年的十一月一日）；信徒會在這慶典的前一夜點燃篝火，以追思、崇敬已故的親人。他們認為，人間與靈界的分隔在這一天最模糊。在中世紀早期，教會便將這個流傳已久的節日改編收納，成為十一月一日的萬聖節。現今的歷史學家會避免用黑暗時代這個術語，因為它暗示了文化上的休眠期，但確實，某些傳統和信仰在此時斷了傳承。

基督教逐漸在西方、中東和近東成長茁壯時，古代的宗教觀念慢慢失去影響力、受到打壓、禁止，而有些仍殘存於民間。現代人有時會得出與古人相同的見解，也會重新了解或轉化古老的信仰，例如共濟會或巫術，但不可能原原本本地認識原貌。

因此，我們才用「神祕」才描述這些古老的思想。如今，長期被邊緣化的神祕學正在復興，人們重新接觸那些曾經興盛一時、但被強勢文化所打壓的靈性思想與實踐法。

許多現代人認為，神祕學與黑魔法一樣，都是害人的學問，這其實是文化上的誤解。希臘化時代的埃及人比現代人更邪惡嗎？史達林、希特勒、毛澤東……都是在二十世紀犯下屠殺罪行的領導人。常言道，勝者為王、敗者為寇，基督教在古典時代晚期贏得話語權後，便將自然崇拜和神祕傳統都歸類為邪惡的異端。事實上，假設是某些異教徒主導了文化發展，也會一樣貶低基督教。這就是人性，並沒有「好」和「壞」之分。附帶一提，異教徒（paganus）這個詞是原本基督徒用來指稱對基督教知之甚少、也沒興趣的鄉下農民。顯而易見的是，神祕學並不邪惡，只是被打壓了、查禁且漠視了好幾百年。

在古典時代晚期的社會中，另一個長久流傳但也受到打壓的思想體系，就是諾斯底主義（Gnosticism）。這個重見天日的信仰體系，其原文源自希臘文的gnosis，意為更高層次的認知，它在十七世紀開始被引用時也帶有貶意。諾斯底主義結合了祕傳教義、猶太教和經典以及早期基督教的概念，其思想與修行法獨特而引人入勝，在當今的學術界和靈修界掀起新的熱潮。

諾斯底主義的基本觀點是：在造物之神的能量中，物質的邪惡性與精神的和諧性永恆對立。其中一派主張，世界被一個報復心切且邪惡的神所統治，其名字是「巨匠造物主」（Demiurge）。在《希伯來聖經》、《出埃及記》、《申命記》和《以賽亞書》中，也有提及這樣的懲罰和嫉妒之神。

而在諾斯底神話中，智慧女神索菲亞（Sophia）帶著負面情感受孕後，就生下了巨匠造物主，力量也被祂取走了。

這位偽神將男人和女人放進了伊甸園，人類籠罩在陰影中，無法了解自己的精神本質。在某些版本中，啟蒙智慧的蛇反而是英雄，因為男人和女人被困在肉體中，心靈被幻覺和表象的世界所蒙蔽。在吠陀傳統中，也有「幻象」（maya）與「生死輪迴」（samsara）這樣的概念。在諾斯底神話中，許多「執政者」（archon）在這個墮落的物質世界替偽神統治人類。

巨匠造物主就像殘酷又嚴苛的父母，只要人類不夠忠心，就會施以懲罰。相對地，基督才是真正的神，具有解放、創造、慈悲和提升心靈的力量，使人類征服幻覺和惡念，並掙脫束縛。這套說法在現代的基督教懷疑論中不時出現。

諾斯底主義有分成不同的派別，各自的核心信念也不同，而有些教派非常重視「次經」（Apocrypha）。它們成書的時間與《聖經》差不多，教會官方不認可它們的正當性與正統地位，但有些教派還是會參考。接著還有「偽典」（pseudepigrapha），即托名假造的書，內容通常跟《聖經》人物有關，但作者的身分非常可疑。其中一部是《所羅門之約》（*Testament of Solomon*），它於公元前一世紀出現，以希臘文寫成。在故事中，大天使米迦勒賜予所羅門王一枚帶有五芒星的戒指，允許他指揮惡魔來建造聖殿。有些偽經的內容與《聖經》和拉比典籍有許多共同處。

希伯來文版本的《以諾書》（*Book of Enoch*）是流傳最久且最具有影響力的偽經，大約出現在公元前三百年至兩百年之間。以諾這個名字在《聖經》中多次出現。亞當和夏娃的大兒子叫該隱、三子叫塞特；該隱的兒子叫以諾，塞特遙遠的後代也叫以諾，是挪亞的曾祖父。在《創世記》中，有如此謎般難解的敘述：「以諾與神同行，後來他就不見了，因為神把他取去了。」（5:24）《以諾書》由五個部分，內容講述某位聖經人物的故事，後世公認為就是塞特的後代。在某次的靈性感知（gnosis）中，這位長者突破了幻象，感受到了真實而看不見的世界。故事中還有天使名為「守護者」（watcher），當中有些墮入凡間成為叛逆天使，隨後教導人類什麼是人性，並與女性交配，生下了邪惡的拿非利人（Nephilim）。

地中海地區的各個斯諾底教派會擷取基督教和猶太教的元素，再加上殘存的異教儀式，最終形成了充滿融合色彩的信仰，當中有基督教的救世福音，也有古代的祕傳活動。有些教派還會崇拜波斯神話中的太陽神阿卜拉克薩斯（Abraxas）。這些團體常受到教會和政府的暴力鎮壓，並在一二〇九年達到高峰。當時十字軍長期迫害南法地區的卡特里教派（Cathar），持續長達一世紀之久，在某些屠殺事件中連兒童都不放過。

《以諾書》自十八世紀以來就普遍流傳（英文版在一八二一年問世），但重要的是，許多諾斯底主義的相關著作，如《多馬福音》和《腓力福音》，是直到二戰結束後的一九四五年才重見天日。在上埃及的納格哈馬迪（Nag Hammadi），一位農夫發現一個密封罐子，裡面有十三份用皮革包裝的莎草紙手稿。這項發現再次喚起了人們對諾斯底主義的興趣。

過去的八十多年來，諾斯底主義在西方世界再次盛行，許多新著作也隨之出版。在納格哈馬迪的手稿出土前，只有少數學者和神祕學小圈子在研究諾底斯主義，但手稿出土後，相關文本便在大眾領域廣為傳播。在那一批文獻中，甚至還有赫密士主義與柏拉圖的篇章。

因此，身處二十一世紀，我們對於諾底斯主義的熱情，有如文藝復興時期的人重新認識赫密士主義。當代文明與古老神祕學碰撞後，產生了意想不到的火花與發展。

透過各領域專家的研究、翻譯、整理與詮釋，現代人更加認識赫密士主義與占星術。舉例來說，直到一九二〇年代，學界都還認為《翠玉錄》是在中世紀偽造的拉丁文經典。但隨著手稿殘片與相關譯本問世後，我們才知道八世紀時《翠玉錄》就有阿拉伯文版。[11]二十世紀初期的德國煉金術研究者魯斯卡（Julius Ruska）估算，《翠玉錄》大約在公元六百年至七五〇年問世，原始版本可能是以希臘文寫成。事實上，許多赫密士主義的著作都被翻譯成拉丁文和阿拉伯文，如今都是重要的史料。[12]

至今還有不少宗教學者認為赫密士主義是摻雜了古埃及思想和新柏拉圖主義的偽學問。但隨著古老文件的出土，我們發現赫密士主義和古埃及文明有許多一致之處。關鍵是一九八六年劍橋大學出版的《埃及的赫密士》（*The Egyptian Hermes*）一書，其作者是加思・福登（Garth Fowden）。再加上七〇年代古埃及科普特人（Coptic）的相關文本出現，如今學界已經正視赫密士主義，並將這些文獻視為反映出古埃及文明的史料。

我們這個世代享有第一批實用的英文版赫密士文獻，包括歷史學家科本哈弗（Brian P. Copenhaver）於一九九二年所出版的《赫密士文集》（*Hermetica*）、克萊門特・薩拉曼（Clement Sa-laman）於二〇〇〇年出版的《赫密士之道》（*The Way of Hermes*）、漢斯·迪特·貝茨（Hans Dieter Betz）於一九九六年出版的《希臘魔法的紙卷譯本》（*Greek Magical Papyri in Translation*）。這些素材既有學術價值又相當易讀，為我們打開了塵封已久的神祕學大門。

喬治·米德（G.R.S. Mead）於一九〇六年所出版的《三倍偉大的赫密士》（*Thrice-Greatest Hermes*）更是一套詳盡又徹底的譯著。米德本人才華橫溢，曾在倫敦擔任神智學領袖海倫娜·布拉瓦茨基夫人（Madame H.P. Blavatsky）晚年的祕書。在米德之前，最重要的譯本得上溯自十七世紀的英國牧師埃弗拉德（John Everard），而米德的譯本填補了這一大段歷史缺口。雪梨大學的古典學家斯科特（Walter Scott）也於一九二〇年代也推出了自己的譯本，但學者都認為，他跟埃弗拉德在歷史考證上不夠確實。

米德的譯著確實是極為重要的參考資源，但行文卻是維多利亞時代的生硬文體，明顯是要仿效《欽定版聖經》，以創造經典的感覺。儘管如此，這本譯著對心理學大師榮格、作家赫爾曼·赫塞以及愛爾蘭詩人葉慈產生了重大影響，並為現代讀者提供了探索赫密士主義的入門點。哈內赫拉夫在《赫密士靈性與歷史想像》中評述道：「米德的版本以前都遭到學界所忽視，因為他是神智學的信徒……但比起那些賣弄學問的學者，米德才能清楚道出赫密士主義的原貌……」

一九九三年，美國學者羅伯特·施密特（Robert Schmidt）發起了「後見計畫」（Project Hindsight），他召集眾人來把希臘文、拉丁文和阿拉伯文的古老占星文獻翻成英文，但其成果一樣被學術界貶低。

這個世代正在經歷一場小型的文藝復興，許多人都首次接觸到神祕學與祕傳的著作。用詩意的角度來看，神祕學預言了自己的復興。赫密士經典中最感性的是《阿斯克勒庇俄斯》（*Asclepius*），書名指的是赫密士的一位弟子，其內容便是這對師徒的對話。這部作品的希臘文版尚未出土，我們只有拉丁文完整版以及以古埃及科普特文的殘篇。在《阿斯克勒庇俄斯》中，作者預言了古埃及的分裂和沒落。他悲傷且哀愁地低吟著：

> 哦，埃及，埃及，妳的宗教將只剩下傳說。
>
> 追隨妳思想的人將被視為瘋子。貶低妳的人將受到讚揚、歌頌且推崇。世界將被顛倒過來，但是，埃及啊！未來有一天，眾神終將重返他們的寶座，妳將再次在榮耀中備受讚美。

這個預言近似於吠陀傳統中的「爭鬥時」（Kali Yuga），也就是四個宇迦循環的最後一個，是人類目前所在的墮落時代：

> 這些君主們統治四方。他們性情粗暴、脾氣暴躁，總是沉迷於虛偽和邪惡的事物……財富和虔誠的心日益減少，直到世界完全墮落。[13]

亞歷山大圖書館（興建於公元前二八五年）經歷了多次的災難，包括火災以及戰亂。作為羅馬的行省之一，埃及在公元二七〇年與來自帕米拉（Palmyra）的入侵者決戰，圖書館因此毀於一旦，不過有些卷軸和手稿早已被安全轉移到其他地方。

公元五世紀末的馬其頓作家斯托巴厄斯（Stobaeus）是最後一批赫密士主義者。公元五二九年，羅馬皇帝查士丁尼關閉了位在雅典的柏拉圖學院，斯托巴厄斯等學者便無處可寫作和教學，甚至被當成異端邪說的提倡者。許多歷史學家認為，柏拉圖學院的關閉代表羅馬古典時代的終結。公元五世紀時，新柏拉圖主義的末代哲學家普羅克洛斯（Proclus）也主持過這座學院。

在這座異教徒最後堡壘遭到廢除前約三十年，為了回應《阿斯克勒庇俄斯》，斯托巴厄斯寫道：「起來、起來、眾神啊……正義之日的黎明正在召喚著我們。」[14]

《阿斯克勒庇俄斯》的作者和斯托巴厄斯宣告了赫密士主義的終結，也預言它終有復甦的一天。作為本書的開場白，我要強調，無論是出於巧合抑或是真知灼見，這些赫密士主義者並沒有偏離事實太遠。

# 第二章　文藝復興時期：神祕學歸來

古典晚期的神祕學被封存與打壓後，直到文藝復興才逐漸復興、重生並繼續發展。這段時期大約從十五到十七世紀初期，歐洲的藝術與文化蓬勃發展。

想了解西方思想的變遷、帝國的起落以及各個時代的興衰，並不是容易的事情。羅馬帝國所統治的區域包含北非、地中海、近東、波斯、東西歐、英倫群島等。這些不同種族的人們都在努力求生存、尋找意義並過穩定的生活，並投入商業、文化、宗教、農業、建築和狩獵等活動。不過，他們的生活細節很少保存到現在。受限於篇幅，某幾段歷史我只能略過不談。我只能強調，不管在哪個時代、說哪種語言或居住在何處，人們每天都得投入日常要務，並從此獲得人生的意義甚至遠大的目標。

公元前三十年，就在情人安東尼自殺後沒幾天，克麗奧佩脫拉也結束自己的生命，而埃及就變成羅馬帝國的行省，不再是獨立的國家。羅馬在軍事和經濟上的統治手段非常高壓，但各地屬民能擁有些許的宗教自由。

羅馬帝國內有多種宗教文化，它們相互對抗、也會吸收彼此的元素，執政當局也會利用各派的矛盾來分化人民。基督教與歷史悠久的多神信仰和自然崇拜不斷發生衝突，直到君士坦丁大帝定基督教為國教後，羅馬的軍事、經濟和文化發展便都以教會為主軸了。

包括君士坦丁在內，好幾世代的羅馬人都在努力結合基督教、多神教的儀式和在地的宗教活動。由於後世統治者的腐敗、邊疆衝突不斷以及外國入侵，到了公元四七六年，羅馬城被攻陷後，西羅馬帝國就滅亡了。

不過，君士坦丁大帝以降，羅馬的統治核心便轉移到君士坦丁堡；東羅馬帝國延續了上千年，軍事和經濟實力仍非常強大。到了公元五二九年，查士丁尼大帝奪回了西歐部分地區，卻關閉了位在雅典的柏拉圖學院，結束了它數百年來在畢達哥拉斯主義、赫密士主義和新柏拉圖主義上的教學研究。這項命令嚴重阻斷了古典主義和神祕哲學的傳播。

在接下來幾百年，西方文明的主要權力結構逐漸瓦解，羅馬帝國的軍事、經濟和文化優勢不再有影響力。人民繼續努力從事生產，而封建勢力、地方強權所統治的侯國慢慢成形。民族和氏族各自團結起來，削弱了當局的權力結構。而地方勢力的衝突也導致歐洲許多地區分崩離析。除了瘟疫、天花、飢荒等天災外，當時盜賊也非常猖獗，再加上公路和水路交通中斷，貿易因而受阻，經濟中心跟著瓦解。歷史學家在探究公元六百至八百年的西方經濟和文化衰退時，很難發現沉船並從中尋找史料，因為當時的航運並不興盛。

基督教的修道院制度在古典時代晚期便已存在，到了中世紀發展得更為完備。許多文獻和作品會記錄在書籍、卷軸、莎草紙、羊皮紙或畫布上，它們都是在修道院裡面製作的。包含古埃及科普特教派、羅馬天主教以及東正教等，各教派都有修道院，當中有圖書館以保存在天災人禍中未被摧毀的文獻。

在黑暗時代，人類依然努力創造文明，包括宗教、文化、農業和軍事都有所發展。然而這時代的焦點仍在於求生存，而不是發展公民文化。這種情況在十三世紀晚期開始有所改變，尤其在但丁的著作出現後，文學、詩歌、繪畫、宗教討論和教會建築皆蓬勃發展，許多大教堂都融合了神祕學與幾何原素。

歷史學家戈德溫在其二〇〇七年的著作《黃金線索》（*The Golden Thread*）中寫道：

> 從數量上來說，哥德式大教堂與金字塔一樣令人驚奇。從一一八〇年至一二七〇年，光是在法國就出現了八十座大教堂和近五百座修道院，其建設費用佔國家經濟的絕大部分。想想看，如何在一個識字率低、紙張又不普遍的社會中建造大教堂？古代建築師和工匠的絕技在於，他們能在腦海中描繪建築藍圖。從英國的巨石陣到法國的沙特爾大教堂，上頭都充滿了神話和宗教符號，可見這些工匠的想像力有多麼驚人。在腦海中構建神殿和教堂時，他們也得揣摩這些神話的意義，而在殫精竭慮的思索中，他們便可能看到異象。

歷史學家所觀察到的現象，與希臘語中的「內殿」（adytum）含義相符，而這也是共濟會最注重的記憶力練習，它的可貴之處後面章節會再提及。

藝術和知識在佛羅倫斯蓬勃發展，文藝復興也隨即展開。在十四世紀，人民生活穩定、貿易路線重啟、商業活動更為熱絡。回想一〇九五年到一二九一年的十字軍東征，西方各國為了奪回耶路撒冷和其他聖地，與伊斯蘭勢力爭戰不斷，個人、社會和政府的負擔都很沉重。戰爭結束後，返鄉的戰士帶回了流傳在外地的古老神話和宗教故事。

十字軍東征結束後也有負面現象。隸屬於天主教的軍事組織「聖殿騎士團」（Knights Templar）在這些戰事中扮演了重要角色，既提供資金也參與戰鬥。然而當戰事在十三世紀末結束時，聖殿騎士團的角色就變得很曖昧。據傳，法國王室和梵蒂岡教廷都欠騎士團很多錢，也害怕它越來越壯大。為了鞏固對銀行和軍隊的控制權，教會指控聖殿騎士團為異端，許多成員被迫認罪，還被監禁、施以酷刑甚至處死。

有些受害者被迫承認，聖殿騎士團崇拜惡魔「巴風特」（Baphomet），這個字很可能是「穆罕默德」（Mohammed）在古法語中的變體，而巴風特的形象與古埃及公羊神巴尼布傑德（Banebdjedet）類似，其信仰中心在門德斯（Mendes）。法國神祕學作家艾利馮斯．李維（Éliphas Lévi）在一八五五年將巴風特視為「安息日之羊」（Sabbatic Goat），後者是著名的異教象徵（在中世紀時期被教會妖魔化）。

基督教在西方和東方的各支派不斷分裂。一四三八年至一四四五年間，教廷舉辦佛羅倫斯大公會議（也是第十七次大公會議），旨在尋求拉丁語族和希臘語族各個教派的和解。這次會議歷時數年，眾多神職人員、學者和哲學家前來參與，而大部分的研討內容都集中在禮拜儀式的細節。過程中，佛羅倫斯的領袖科西莫．德．麥地奇（Cosimo de' Medici）聽到新柏拉圖主義者普萊頓（Gemistos Plethon）的生動演說後，便對古代學術非常著迷。

科西莫注意到，這位八十歲的老人在闡述希臘哲學時，就好像他經歷過這些思想的創立過程。學生都稱他為「柏拉圖第二」，他也認為自己是最後一位古典希臘學者。事實上，這位哲學家刻意隱藏了自己的真正信仰，以免被當成異端。相對於亞伯拉罕諸教，普萊頓更渴望復興希臘的多神教，並融合波斯先知瑣羅亞斯德的智慧。在大公會議上，有一位學者與普萊頓針鋒相對，他後來回顧道：

> 我在佛羅倫斯聽到他說：「再過幾年，全世界會一起信仰同一個宗教、遵從同一套思想和教義。我問他那是基督教或伊斯蘭教，他竟然回說：「都不是，應該是某一個異教派別。」

科西莫非常欣賞這位高調又獨特的哲學家，進而想在佛羅倫斯開辦一間新的柏拉圖學院。

文藝復興初期的激發動力正是源自於普萊頓，他喚起眾人對於古代文明的興趣。此外，十字軍東征的文化逆輸入也是一大因素。因此，這時期許多思想家、神學家和翻譯家開始研究「古老神學」（Prisca Theologia）。這個術語首次出現在十五世紀學者菲奇諾（Marsilio Ficino）的作品中，但其概念則是始於普萊頓在大公會議的演講內容。學者們推測，應該有某種比基督教更古老的原創神學，並開始找尋證據。

果然，在希臘、科普特以及阿拉伯文獻中，有不少古老神祕學的殘餘篇章被保存在修道院中，在翻成拉丁文後，人們得以一窺其奧妙之處。不過，宏偉的圖書館、學院和教團都已經永遠消失了。古埃及的壯麗已變成模糊的記憶，只有旅人、商人和十字軍看過歷史遺跡，並向同胞講述自己的閱歷。對文藝復興時期的思想家來說，古典時代非常遙遠。同樣地，公元前五世紀的希臘史學家希羅多德見到金字塔時，古埃及文明也消失兩千多年了。不過，有些文藝復興時期的思想家仍堅信，一定還有古老神學的文獻未被發現。

稍微離題一下，那些思想家對古文明的感動，也就是布拉瓦茨基夫人創辦神智學會的動力。她於一八八八年出版了《神祕教義》(*The Secret Doctrine*)。她相信，世上有種原創、但已被遺忘的思想體系，它是所有現代宗教的根源。布拉瓦茨基夫人所探究的歷史時代更古老，後續我們會繼續談到。

文藝復興時期的尋古狂熱在一四六〇年前後達到了高峰。一四六二年，某件小事發生了，它不但形塑了文藝復興的樣貌，也留下了許多神祕學知識。來自馬其頓的拜占庭僧侶李奧納多・達・皮斯托亞（Leonardo da Pistoia）進入了科西莫・德・麥地奇的王宮。[1]

這位僧侶可能是接受科西莫的指示去尋找古代文物，並帶回了一批莎草紙手稿，其內容描述了赫密士・崔斯墨圖的神祕哲學。我們在第一章提到，祂就是埃及的寫作與智慧之神「托特」，外形是人身朱鷺頭，拿著筆在黏土板上刻字，比起希臘的赫密士（智慧、寫作、文化與商業之神）

還要偉大三倍。

科西莫非常興奮，他認為這批手稿可能是失落上千年的原始神學，於是指示他聘請的學者馬西利奧・菲奇諾（Marsilio Ficino）深入研究與翻譯，並希望自己在有生之年能讀到這些內容。[2]菲奇諾在一四六三年翻譯出其中十四篇，一年後，科西莫過世了。

菲奇諾將這些手稿翻譯成拉丁文，也就是當時知識階層的通行語言，而內容則提到赫密士主義的世界觀：人類是由偉大而無限的意識「智性」所創造的，而世間萬物就依祂的思維排列成一層一層的同心圓。可想而知，人類也有一樣能思考因果的心智能力。在永劫回歸的過程中，人類的靈魂和自性就在同心圓間輪迴來去，並逐漸靠近位於創造中心的意識，並最終攀爬上神的層次。

這些文獻的篇幅都很短，統整後的書名為《赫密士文集》（*Corpus Hermeticum*），一共有十七篇，但從今日的角度來看只是本小冊子。[3]後來大多數的版本都擴展到十八篇，但當中第十五篇卻是增補上去的；它是十世紀的拜占庭百科全書《蘇達辭書》（*Suda*）中的一段內容，再加上馬其頓作家斯托巴厄斯的三段文字。《蘇達辭書》的作者認為赫密士是異教徒，而且預見了基督教的興起：「祂被稱為崔斯墨圖，是因為祂讚美三位一體。」[4]許多早期的基督教作家也同意這樣的說法，當中還有人很欣賞赫密士，認為祂是在基督之前的救世主。不過，也是有學者像聖奧古斯丁一樣對此不以為然。第十五篇在一五七四年被納入文集中，但後來被判定為偽經而遭刪除。直到今日，雖然第十五篇的內容闕如，但目錄上仍有十八篇，以維持各個版本的一致性。

菲奇諾的翻譯工作代表古代神祕學再次回到文學與研究領域。當時許多思想家都將赫密士視為先知、神人，甚至認為祂是亞伯拉罕和摩西的精神導師，也是靈魂嚮導和冥府的使者。還有人主張，赫密士是真實的歷史人物。有些狂熱者認為，赫密士親自寫下或說出這些手稿的內容，所以這就是最原初的神學。不過這些想法後來都無疾而終，熱衷者感到失望，赫密士主義也再次沒落。

直到現在，我們又再次對赫密士主義充滿期待。

在人類文明史上的各個轉折點，都會有重要的著作問世或出土，包括技術性赫密士主義的文獻，其內容涉及咒語、護身符、煉金術、占星術、占卜、預言以及召喚靈魂等。這些文獻源自於希臘、埃及、美索不達米亞、中東以及歐洲各地，當中提及的方法和理論在基督教前就已經存在，甚至比猶太教的歷史還久，之後就被統稱為「神祕學」(occult，拉丁文為occultus)，並在一五四五年收錄於《牛津英語詞典》。

十六世紀的德國神學家阿格里帕（Heinrich Cornelius Agrippa）是神祕學知識體系的建立者，致力於統整這些重建天日的哲學和思想。一五一〇年，他開始用拉丁文撰寫三卷的《神祕學哲學》（*De Occulta Philosophia*），其內容極具爭議性，而他憑著無比的堅毅與耐心，直到一五三一年才出版第一卷，兩年後第二、三卷才接連出版，並於一五三五年過世。

阿格里帕身為作者與出版者，不斷致力於說服教會，以取消對神祕學的出版限制。他成功了好幾次，因為他巧妙地運用教會的祈禱文和註解來包裝這些古老的宗教文獻和思想。這位學者在

《神祕學哲學》卷首放上特里特米烏斯（Johannes Trithemius）的推薦文，後者是德國本篤會的修士，本身對神祕學有濃厚的興趣。

《神祕學哲學》在一六五一年首度出現英文版，譯者未具名（可能是為了自保），只有標記J.F.，因此有些人猜想他是古物學家詹姆斯．弗雷克（James Freake）或是化學家約翰．弗倫奇（John French）。英譯本出版後，相關著作不斷傳播，它也成為三百多年來各界必備的參考文獻。直到二〇二一年，神祕學學者艾瑞克．普度（Eric Purdue）推出了新譯本，並成為重要的研究資源。對我而言，一九九二年唐納．泰森（Donald Tyson）的註解版是最普遍又可信的，因為它是奠基於一六五一年的初版英譯本。

阿格里帕在著作中時常使用「魔鬼」（demon）一詞，對此普度在他的英譯版中有加以澄清：

> 阿格里帕對於拉丁文「魔靈」（daemon）的理解，是依照文藝復興時期的學術用法。現代人認為那是指邪惡的神靈，但它的意義非常複雜。從古希臘語字根daimon來看，隨著脈絡不同，它可能是指神祇或靈魂。到了文藝復興時期，魔靈指的是低層次的靈魂，是存在於人世間而非天界。有些「魔靈」是善良的，有些則是邪惡的。在第三卷中，阿格里帕引述了新柏拉圖主義者伊安布利古斯（Iamblichus）的說法：魔靈是人、地域或者各種生命的守護靈。有些魔靈帶來幸福，有些會帶來災厄。

從這個典型的例子可看出，在不同世代、不同的文化下，我們得用另一種角度詮釋神祕學的術語，正如「魔鬼」在以前指的是靈魂。

阿格里帕在著作中記錄下了許多修煉法，包括製作外形像木星（也意指古羅馬的眾神之王朱比特）的銀製護身符，只要戴上它，就能同時獲得眾神之王和木星的力量。一八四四年，摩爾門教先知約瑟．斯密（Joseph Smith）命喪於伊利諾州迦太基市（Carthage）的暴力衝突時，脖子上就帶著這樣的護身符。斯密成長於紐約州中部，應該沒有看過阿格里帕的著作，而是受惠於英國占星師巴雷特（Francis Barrett）在一八〇一年出版的《法術師》（*The Magus*）。我在二〇〇九年所出版的《美國神祕學》（*Occult America*）中寫道：

> 魔法和神話是斯密家庭生活中的一部分。在一九九七年出版的《早期摩爾門教與魔法世界觀》（*Early Mormonism and the Magic World View*）中，歷史學家奎因（D. Michael Quinn）指出，約瑟夫的家人有各式各樣的法器，如符咒、占卜杖、護身符、刻有天蠍座和火星封印的儀式匕首，以及十八世紀的羊皮紙，上頭印有流傳於英美民間傳說中的神祕符號。約瑟夫的母親露西（Lucy Mack Smith）在一八四五年出版的回憶錄中提到，斯密家族對阿卜拉克薩斯（Abraxas）非常有興趣。在諾斯底主義中，這個字是指太陽神，也是魔法咒語的意思。如今它已經演變成家喻戶曉的阿布拉卡達布拉（abracadabra），也就魔術師要施展技法時的口訣。[5]

約瑟夫本人非常崇敬木星，因為這顆行星在他的星盤中有很大的影響力。約瑟夫的第一任妻子艾瑪說過，丈夫隨身帶著有保護力的木星護身符，直到他生命終結。它上面有許多神祕符號，都是起源自阿格里帕的著作，不過英美的讀者是經由神祕學家巴雷特的著作才得知。巴雷特將阿格里帕的著作通俗化、甚至抄襲當中一些段落。約瑟夫對神祕學的興趣充分反映出當時紐約州中部的文化思潮。

我們可以看到，經典的內容以及流行地區會在某些時刻轉變。其實，阿格里帕在撰寫《神祕學哲學》時也借鑒了一些中世紀時期的「魔法書」（Grimoire，這個術語也是從古法語而來）以及《智者的目標》（*Picatrix*）。

《智者的目標》在十一世紀中葉問世，最初是用阿拉伯語寫成的，雖然有些學者主張該書出現在更早的時期，內容包括巫術與占星術。有些人認為作者是阿拉伯學者阿爾—馬格里蒂（Maslama ibn Ahmad al-Majriti）。這本書在十三世紀中葉被翻譯成拉丁文和西班牙文，與此同時，赫密士主義的著作也被翻譯成阿拉伯語、拉丁語和科普特語。從廣義上來說，《智者的目標》是屬於技術性的赫密士主義。舉例來說，書中提到，古埃及的占星師將三百六十度的黃道劃分為三十六組，每組各佔十度，稱為「旬星」（decans）。阿格里帕相當重視這個概念，所以《智者的目標》是現代占星術的重要文獻。

在文藝復興時期所盛行的神祕學體系中，最關鍵的是「卡巴拉」（Kabbalah），具體來說是「帶有基督教色彩的卡巴拉」。這項與宇宙論有關的猶太哲學引起了眾多思想家的關注：包括天主教神學家呂爾（Ramon Llull）、哲學家米蘭多拉（Giovanni Pico della Mirandola）；德國神學家勒赫林（Johann Reuchlin）、魔法師約翰．迪伊（John Dee）以及博學者托馬斯．布朗爵士（Sir Thomas Browne）。[6]

這些大人物將古典時代晚期與中世紀流行的猶太神祕學融入基督教的框架中，並把卡巴拉當成基督教的先驅，以此來規避教會的迫害。與此同時，阿格里帕等了二十多年才看到《神祕學哲學》出版。在文藝復興時期，對神祕學感興趣的學者都得有高度的交際手腕，並將自己鑽研的思想納入基督教的脈絡，以贏得當地主教的支持。此外，在其著作的前言，他們還得聲明自己對耶穌基督的虔敬與忠心。

有兩部主要的卡巴拉作品被翻譯成拉丁文，在服膺基督教的思想家中廣為流傳。第一部是《創世之書》（*Book of Formation*），它出現於美索不達米亞，跟《塔木德》的成書時間差不多，大約在公元三至六世紀。這部作品的內容取材自多部猶太教文獻。另一本是《光輝之書》（*Book of Splendor*），它出現在一二七五年的西班牙，作者可能是當地的拉比莫西．德．萊昂（Moses de Leon）。

《光輝之書》和《創世之書》不但晦澀難懂，而且分別是以希伯來文和亞蘭語（Aramaic）寫成的，所以對於使用拉丁文的思想家來說難以理解。時至今日，相關的評註非常多，內容也都很有挑戰性，涉及猶太人的神祕學以及赫密士主義的創造論。《光輝之書》中列了許多創造天地的模式，舉例來說，組成萬物萬物的十個基本單位叫作「質點」（sefirot），尋道者必須努力穿越它們（類似於赫密士主義的穿越行星觀念）以理解生命的運作機制，包括權力、智慧、公正、愛、和諧和同理心。

在穿越過程中，個體越來越接近神性或智性，有如卡巴拉的「生命之樹」，而後者首次完整出現在十六世紀德國神學家勒赫林（Johann Reuchlin）的著作中。與赫密士主義類似，卡巴拉教義中也有靈魂轉世的概念，因為即便是最專心致志的神祕學者，窮盡一生也無法穿越所有的質點。

在卡巴拉思想與猶太教傳統中，許多名稱和數字都有魔法。據傳，神有七個名字，其中最神聖的名字是由四個子音字母Y、H、V、H所組成；當前學界認為，這些字母的真實發音已不可考。煉金術士相信，所有的物質都來自於某種原始物質，它以古希伯來文編成「四字神名」（Yod Hey Vav Hey），或可唸成「雅威」（Yahweh）或「耶和華」（Jehovah）。許多虔誠的猶太人認為四字神名已遺失，所以改稱呼神為「阿多乃」（Adonai）。根據猶太傳說，若能正確發出四字神名，就會變得無所不能。對於許多煉金術士來說，它代表著創造萬物的基本物質；類似的想法也出現在赫密士主義中。

希伯來文有二十二個字母，根據《光輝之書》的記載，排列組合出七十二個名字，就是神的名字。據傳，神在創造萬物的過程中將自己的神性注入到這些名字中。摩西能將紅海分開，就是透過這些知識以及靈性技術。基督教裡的卡巴拉主義者和魔法師都深信，透過神聖的思想體系，尋道者便可找到與運用創造萬物的各個要素。他們渴望超越現實的束縛，朝真正的力量和恩典邁進——正如前文所提過的「如其在上，如其在下」。

帶有基督教色彩的卡巴拉思潮在十六世紀開始風行，但信徒都是受過教育、擁有相關書籍以及贊助宗教活動的有錢人，大多隸屬於教會組織或外圍團體。麥地奇家族就資助了相關書籍的翻譯與印刷。因此，儘管神祕學在文明中有一席之地，但在當時只有神職人員、翻譯家、數學家、家庭教師和王室貴族能夠接觸到。至少這些思想有人書寫、記錄和討論、並流傳到後世。

與神祕學有關的活動最終引起了反彈。教廷和地方教區開始反對神祕學、赫密士主義、卡巴拉思想、煉金術和占星術，並指控許多人為女巫，再施以酷刑。這種行為在中世紀就時有耳聞，但在十六世紀末再次爆發、越演越烈。

在當時，獵巫狂熱不僅限於農村地區，也遍及歐洲各地，這些受害者通常是獨居、未婚或年長的婦女，被無端指控施法或下詛咒害人。有些住在家中的婦女也會被認定是自然崇拜的狂熱信徒，是異端。每當有動物死去、作物枯萎、瘟疫或流行病蔓延時，她們就會變成代罪羔羊。當權者總是有辦法捏造潛在的敵人，而且千篇一律都是無助的人。

獵巫行動的受害者有多少，史學家並沒有準確的數字，但估計從一四五〇年到一七五〇年間，至少有四萬人遭到殺害，或被迫接受殘酷又可怕的審判。[7] 一六九二年，美洲殖民地發生了塞勒姆女巫審判案（Salem Witch Trials），受害者被施以絞刑、重物輾壓或在獄中被虐待，最終造成二十五人死亡。此後，歐洲與美洲地區的巫審事件與暴力迫害逐漸減少。[8] 最後一起審判案發生在一七八二年的瑞士，有名女僕戈迪伊（Anna Goldi）遭到酷刑虐待還被斬首。瑞士是繁榮富裕的國家，也是啟蒙時代的重鎮，但一樣會發生獵巫事件。甚至到了二十一世紀，在經濟弱勢或較為貧困的地區，還是有人被指控為女巫並暴力對待。[9]

文藝復興晚期的反神祕學聲浪也影響了貴族圈和教會當局。一五九二年，英國劇作家馬洛（Christopher Marlowe）於去世前不久發表了《浮士德博士》（Doctor Faustus），且內容對神祕學有所批判。馬洛在隔年於倫敦遇刺身亡，但兇手的動機不明。《浮士德博士》非常經典，是經由民間傳說改編而來，主角把靈魂賣給魔鬼，因此墮入地獄。許多人認為，這齣戲是在諷刺某些神祕學者，例如阿格里帕以及約翰·迪伊，他們曾是伊莉莎白女王的宮廷魔法師和占星家。因此，《浮士德博士》有如開了第一槍，預告神祕學者的災禍將至。

該劇的主角也許真有其人，他就是煉金術士暨赫密士主義者約翰·浮士德（Johann Georg Faust），他生活中歐的德語區，大約在一五四〇年左右辭世。根據當時的民間傳說，這位神祕人物與撒旦締結了獲取知識和力量的契約。這位浮士德可能是馬洛劇作的原型，不過當時還有幾位魔法師、哲學家和醫生也叫這個名字。

另一個備受尊崇的浮士德故事出自德國大文豪歌德，它完成於一七七五年，情節與內容更加精妙。主角也是煉金術士，他與魔鬼「梅菲斯特」締結契約，以服侍對方來換取無限的知識。但這個版本的浮士德與梅菲斯特互相懷疑對方，所以不斷鬥智。浮士德懷疑梅菲斯特是否會兌現承諾，為他帶來幸福、知識和滿足。因此，梅菲斯特提出了一個奇怪的交易；他會兌現承諾，以換取這位煉金術士的永遠服侍，不過若後者的生命出現崇高的時刻，並渴望活在其中，他就會死去、靈魂被撒旦帶走。這個賭注被稱作浮士德式交易，而這位煉金術士也同意了。

不過，浮士德的人生從來沒有達到那樣的時刻，到了臨終時還在想像那種感覺和畫面，因此梅菲斯特無法取走他的靈魂。話說回來，如果有人罵你「永遠都不知足」，你就可以反駁說，浮士德也是如此，還因此保住了自己的靈魂。從另一個角度來看，不管達成哪些世俗成就，人永遠都不會滿足，但這種心態確實有其他的好處。

馬洛的戲劇是一則寓言，他藉此猛烈了批判文藝復興時期的神祕學。我認為歌德的作品比較偉大，因為作者更有人道精神，更細緻地探討了人類的奮鬥精神。從出版時間來看，馬洛的作品反映並助長了反神祕學的潮流，即使是顯要人物也無法倖免。義大利哲學家布魯諾（Giordano Bruno）被綁在火刑柱上活活燒死。在經歷了七年的監禁後，梵蒂岡的宗教法庭認定這位哲學家犯下多項異端罪行，包括施行魔法、教導輪迴轉世和靈魂投胎的觀念，以及贊同「宇宙多元主義」（cosmic pluralism），也就是相信其他世界和生物的存在。

最讓教會當局感到不安的，應屬布魯諾的去中心化宇宙觀。一五八四年，這位異教者在他的著作《無數的宇宙與世界》（*On the Infinite Universe and Worlds*）中寫道：「宇宙間存在無數個太陽，而無數個地球圍繞它們旋轉，就像七個行星繞著我們附近的太陽旋轉。」[10] 但在當時的人都相信天動說，即地球位於宇宙的中心，太陽和行星乃是繞著我們轉。

這個觀點早已在一五一四年被天文學家哥白尼推翻掉了，但被教會當局壓了下來。遊歷甚廣的布魯諾影響力很大，也比哥白尼更加堅持，太陽才是行星運轉的中心。布魯諾和審訊官的衝突越演越烈，最終在一六〇〇年遭到火刑燒死。布魯諾是文藝復興時期的絕頂巫師，他深深沉浸在赫密士主義中，時至今日，甚是還有人把文獻中的話當成他的創作，如我們在第一章引述的：看看你所擁有的力量——你有多麼敏捷！

這份誤解可追溯自二十世紀的英國歷史學家弗朗西絲．耶茨（Frances A. Yates），她有許多著作都在探討文藝復興時期的神祕學復興。在富有啟發性的《布魯諾與赫密士主義傳統》（*Giordano Bruno and the Hermetic Tradition*）中，她以優雅的詞句描述到布魯諾的出身背景，包括他所承接的赫密士主義和古埃及傳統。從這套祕傳來看，太陽是創造萬物的核心力量，是賦予生命的宇宙中心。布魯諾也受到了哥白尼的影響，但他的世界觀、思想和哲學都屬於赫密士主義，並帶有文藝復興時期的色彩。因此，後世很難區分出布魯諾的洞見哪些是神祕學、哪些來自於啟蒙思潮；這兩者密不可分，而且前者往往啟發了後者。

英國魔法師約翰．迪伊的命運比起布魯諾要好一點，但其生涯發展也令人不勝唏噓。迪伊是伊莉莎白一世的宮廷占星師，還幫對方挑選加冕的時辰，但後者還是會跟他保持一定的距離。

迪伊寫信給伊莉莎白時，都會在信末簽上〇〇七，所以後世有許多人會想像他是一名特務，還以為這是詹姆斯・龐德的起源。不過，並沒有證據顯示迪伊從事過諜報工作，所以〇〇七可能是代表眼睛再加上神聖數字七。

一九六八年，大眾歷史學家麥考密克（Donald McCormick）在《約翰・迪伊：科學家、地理學家、占星家以及伊莉莎白一世的神祕學特務》（*John Dee, Scientist, Geographer, Astrologer and Secret Agent to Elizabeth*）中提到，歷史上很多名人都做過諜報工作。不過這套說法引起很多爭議，較為可信且符合神祕學的著作是《約翰・迪伊與天使帝國》（*John Dee and the Empire of Angels*），作者是當代美國作家傑森・洛夫（Jason Louv）。

迪伊的生涯也有一些爭議性。一五五五年，瑪麗女王的衛士逮捕迪伊並將其囚禁在倫敦塔，罪名是「使用咒語召喚靈體，以及用神祕學去預測或改變某些事態」。事實上，他只是為皇室成員算命，但確實有將瑪麗女王的命盤告訴伊莉莎白，因而深陷牢獄之災。迪伊的叛國罪後來被撤銷，並於同年獲釋。

伊莉莎白於一五五八年登基後，迪伊才有了靠山，進而擔任宮廷魔法師。我們在不少文獻中見到，許多藝術家和神祕學信徒會稱她「女神伊莉莎白」或「神聖的伊莉莎白」，以表彰她在文化上的自由主義。無論如何，伊莉莎白至少正式聘用了迪伊，並經常召他入宮。在文藝復興晚期，魔法師的命運就是如此：有時受歡迎、有時受譴責。

迪伊的地位穩固後，便開始為神祕學的發展做出貢獻。一五六四年，他發表了《神祕的象形文字》（*Monas Hieroglyphica*）一書，內容主要是介紹「神祕紋章」（Monas）：它是主結構是十字架，頂部有占星用的太陽和新月符號，底部則是白羊宮的羊角形。這個符號結合了黃道星座與煉金術的理論，並打開了通往神祕學的大門。歷史學家阿斯普雷姆（Egil Asprem）指出：「迪伊那個世代的人滿腔熱情，試圖要讀出大自然的話語。他在光學、卡巴拉、符號象徵、數學、占星術以及魔法等領域找到了線索。」[11]

迪伊在三十年內發表了許多著作，也展開了自己的神祕旅程（於一五八一年開始），試圖與天使或靈魂進行交流互動。他與另一位學者愛德華・凱利（Edward Kelley）密切合作，用兩年的時間研究出一套包含二十二個字母的「天使語言」，後人稱之為「以諾語」（Enochian）。迪伊發現，方舟製造人挪亞的曾祖父以諾是最後一個了解這種隱密語言的人。伊甸園的人也使用它，所以迪伊稱之為「亞當語」，是人類最原始、最共通的語言。迪伊和凱利便用這套語言與靈魂進行「天使對話」。

在凱利之前，迪伊也與不同的通靈者合作。他們兩人的合作始於一五八二年，這是迪伊工作成果最豐碩、但生活也最怪誕的時期。在凱利的指示下，兩人一度交換了妻子，還稱這是天使的旨意；許多傳記作家認為，迪伊個性天真又輕信人言，才會被對方這樣玩弄。凱利習慣凝視著某些光滑的物品（如鏡子、水晶或水碗）來做預言，迪伊用一顆黑曜石作為「靈魂之鏡」。

在當代，要完整重現那些魔法師的儀式非常困難，因為許多紀錄都含糊不清，有如柏拉圖洞穴寓言中的陰影。澳洲學者斯金納（Stephen Skinner）勤勉地進行各項研究，試圖再現迪伊和凱利的魔法儀式，並放入《約翰・迪伊博士的靈性日記》（*Dr. John Dee's Spiritual Diaries*）一書。以下引述的內容非常生動，也呈現出古典魔法師的努力與耐心：

為了施行召喚術與舉辦降靈會，並和靈體及天使溝通，迪伊和凱利設計了一間密室，並放了一張「聖桌」，桌面上刻有神祕的圖案和花紋。根據咒語書的記載，地板上刻魔法圈也有一樣的效果。在迪伊的密室中，靈體或天使出現後會被困在桌面上，並被迫說出真相。聖桌邊緣及中央的二十二個以諾語字母也是由天使傳給迪伊和凱利的。附帶一提，希伯來語的二十二個字母也反映出卡巴拉教義中的四個世界，從高層次的神性到物質世界。

回頭繼續說，聖桌的桌腳墊著四個蠟製的封印圓盤，其上面刻有「神的真理之印」（Sigillum Dei Aemeth），可以限制靈體和天使的活動。此外，桌上也有一個蠟盤，上頭墊著絲布，並放著一顆水晶占卜石，迪伊稱其為「天然純淨石」（Diaphanite）。每次集會開始前，迪伊會先深沉地祈禱，並朗誦〈懺悔詩篇〉（Penitential Psalms），以確保儀式的純淨性。然後凱利會坐在水晶前，凝視著水晶數分鐘，有時會長達一個多小時。凱利會在水晶中看到一道帷幕，在它自己掀開後，就能看到某個靈體或天使坐在王座上。

問題在於，他們得設法判定出現的是靈體（會傳達假訊息）還是天使。迪伊和許多魔法師一樣，制定了各種測試和問題，以判定他究竟是靈體或天使。凱利會說出他在水晶中所聽到和看到的事情，迪伊會精準且快速地記在粗糙的紙上，之後再整理成完整的報告。

過程中，迪伊會不時發問，凱利則代替靈體或天使回答，但不會給直接而明確的答案。不論是預測未來、政治局勢或煉金術，天使都能解答，還會對迪伊、凱利和其他贊助人的惡行進行冗長的說教和訓斥。

迪伊特別想知道，耶穌基督何時再次降臨人間並建立新的國度。他曾向那時代最有權勢的人（包括波蘭國王斯特凡・巴特里、匈牙利國王魯道夫二世）介紹過這些儀式，但卻錯失了加官進爵的機會。因為他從天使那邊聽到「火與硫磺」般的訓誡後，就原原本本地轉述給這些潛在的贊助人聽。他沒有運用那些靈性知識來確保穩定的贊助費用，也沒有拿來推動自己理想中的宗教革新。這著實令人困惑，像迪伊這樣有智慧的人，為何從不厭倦這些不曾實現的預言和模稜兩可的回答。應該是他太虔誠了，也深信天使是善良的，所以從不懷疑這些預言與回答。

這時期還有一位重要的預言家諾查丹瑪斯（Michel de Nostradamus），他也是用水晶球來占卜，還以此來創作預言詩，集結成冊後名為《諸世紀》（*Centuries*），每個「世紀」包含了一百首四行詩（quatrains）。諾查丹瑪斯在其四部作品中總共創作了十個「世紀」（其中有些四行詩已經缺失，另有一些來源可疑）。

諾查丹瑪斯用中古法語寫作，與皇室的關係也時好時壞，而他的主要贊助人是法國王后凱瑟琳・德・麥地奇。諾查丹瑪斯在今日會受到關注，是因為他的許多預言在二戰時實現了，尤其是他在作品中提到「希斯特」（Hister），令人聯想到「希特勒」。對此，神祕學學者斯莫利解釋道：「希斯特是多瑙河的古名，諾查丹瑪斯指的是奧地利。根據他的預測，那一帶會發生腥風血雨的戰事。事實上，這就是一六一八年發生的三十年戰爭——歐洲各國對抗哈布斯王朝。」

斯莫利於二〇〇六年撰寫《諾查丹瑪斯必讀指南》（*The Essential Nostradamus*），我出版了這本著作並大力推薦，他的翻譯精準、注釋又詳實。我把任務交給他，讀者才有機會讀到忠於原意的文本。坦白說，某位已故的作者就竄改過諾查丹瑪斯的四行詩，導致許多人以為〈第十世紀〉的第七十二首四行詩預言了九一一事件。他翻譯的文句為：

> 一九九九年七月，
> 恐懼之王將從天而降，
> 安哥盧穆瓦的偉大王者毀滅一切，
> 戰爭之前與之後，他將幸運地統治。

第三句「毀滅」的原文是ressusciter，在中古法語的意思是復活或甦醒，但那位已故作者卻翻譯成毀滅，意思完全相反。我致電向他指出這項錯誤時，他一開始還拒絕承認，最後才坦白說：「這樣翻才有點娛樂性。」我回答說：「我理解這種作法，但在此處並不適合。」長久以來，我都致力於讓讀者吸收正確的知識。許多人都相信諾查丹瑪斯預測到許多歷史事件，都是後見之明或斷章取義的虛構內容。

總之，諾查丹瑪斯的四行詩與二戰沒有顯著的連結。他如今是各個八卦小報以及影片創作者的靈感來源，但回到歷史的脈絡，他只是文藝復興時期的知名魔法師。相反地，從諸多文獻來看，迪伊才華出眾，斯金納指出：「在那個時代，迪伊精通數學、幾何學、天文學、光學、地理學和航海學等多種硬科學，也寫過許多相關的文章。」

但這位魔法師的下場卻非常悲慘。伊莉莎白一世於一六〇三年去世後，迪伊在倫敦的住家和圖書館遭到狂熱基督徒的惡意破壞，後者可能是受到反神祕學劇作家馬洛的影響。王室的繼任者詹姆斯一世欠缺伊莉莎白女王的寬容心，所以取消了迪伊的職位和津貼。他與女兒過著卑微的生活，還得變賣家產以求溫飽。一六〇九年，他在貧困中去世，死後連墓碑也失蹤了，到了二〇一三年，有心人士才為他立了一塊紀念碑。一六五九年，文學評論家梅瑞克・卡索邦（Meric Ca-saubon）還用中古英語來鞭屍，指責迪伊與魔鬼勾結。

歷史學家阿斯普雷姆寫道：「卡索邦在那年出版了《真實揭露：約翰・迪伊博士多年下來與靈體的勾當》（*A True and Faithful Relation of what passed for many yeers between Dr. John Dee..... and some spirits*）。他想讓公眾知道，善良但易受欺騙的迪伊，是如何被狡猾的亡靈召喚師凱利帶壞和陷害。這本書出版後馬上引起爭議，因為讀者反而更想嘗試迪伊的魔法儀式，而不是遠離它。」平心而論，卡索邦整理並保存了迪伊的工作精華與日記，後代的研究者因此受惠良多。斯金納在二〇一二年重新出版關於迪伊的著作，其內容便是奠基於此書。恰巧的是，梅瑞克・卡索邦的父親就是語言學家伊薩克・卡索邦（Isaac Casaubon）。

前文已指出，文藝復興時期的知識界受到「古老神學」的理想所啟發，認為，那套體系比任何文明都更加古老。學者們在科西莫的宮殿裡見到赫密士文獻時，深信這是眾所期盼的原始神學。

但在一六一四年，一項奇特又關鍵的新研究浮出學界，震撼了文藝復興時期的赫密士主義者，最終使他們幻滅。他們原本期盼能在這些古老文獻中找到如聖杯般的原始神學。這項發現至關重要，卻也間接導致了西方思想界的重大誤解，直到今日才逐漸認清，並且重新擁抱原始神學。

語言學家伊薩克・卡索邦對《赫密士文集》進行了突破性的分析。他研究了諸多方言、文本和文獻，並在一六一四年發表結論：《赫密士文集》成書時間是古典時代晚期，也就是耶穌降臨人間後的近幾百年間。在伊薩克做出這項分析前，已有多位語言學家探索了數十年，並寫下相關的筆記。他們指出，赫密士的論調與亞伯拉罕和摩西不同，也不屬於最古老的傳說。當時的知識分子因此感到相當沮喪，持續了數十年之久。一股奇怪的聲浪隨之浮現，時至今日都還有影響力。

伊薩克的分析問世後，人們對於「古老神學」的復甦夢想逐漸淡去。不過，在隨之而來的啟蒙運動時代初期，另一種觀點開始浮現。有些人認為，既然《赫密士文集》的起源這麼可疑，那它的內容也有混雜、虛假和腐敗的成分。而其他的神學思想，不論是亞伯拉罕諸教還是東方宗教，都沒有被冠上這項罪名。這種跳躍式的推論是西方文明的重大錯誤。

在我看來，斷然將《赫密士文集》歸為有問題的文本，是源於西方思想界之根深蒂固的弊病，亦即「非白即黑」或「要麼接受，要麼拒絕」的二元思維。這乃是奠基於亞里士多德的絕對公式（例如「矛盾律」與「排中律」等邏輯原則，即一個命題不能同時為真又為假）。精神病學家雷蒙德·穆迪（Raymond A. Moody）在他一九七五年發表的著作《死後的世界》（*Life After Life*）中創造了「瀕死經驗」（Near-Death Experience，簡稱NDE）一詞。他觀察到，絕大多數的西方教育都是以二分法來思考，但其實還有第三種選擇：除了真、假，有些是難以理解的。

對現代人來說，這項觀察很有洞見。以不明飛行物和外星人的議題為例，就知道當代文明有許多不確定、易變的因素。唯一能確定的是，人類在知識上有所侷限，有時你只能選擇當「信徒」，或是否定一切的「懷疑論者」。人們對於《赫密士文集》的反應便是如此。既然它不像狂熱信徒和學者所相信的那樣古老，眾人就直接認定，這場復興運動背後有陰謀，而文獻本身有改編和偽造的成分。

在這些爭議中，人們往往忽略掉研究歷史的原則，沒有把古文放在正確的的脈絡，所以才無法理解《赫密士文集》的價值。對比同時代的其他文本、進行詞彙分析並找出能標記時代的線索，就能找出某書的成書日期，但其內容仍有可能出自更早的思想體系。

這些古代文本經歷過一次次的抄寫與謄錄，還會被翻譯成不同語言的版本。前文提到，人類的故事大多有口耳相傳的成分，不論從宏觀或微觀的角度來看都是如此。嬰兒只能發出聲音來表達意念，比如用哭泣來表示肚子餓了。接下來，幼童會發展出肢體的運動能力，然後是語言能力，最後學會書寫。本質上來說，書寫就是說話的副產物，就這點來看，人類整體與個體的發展過程是一樣的。許多古老文明的宗教、寓言甚至於科學理論都是源自於口耳相傳，包括《聖經》、《荷馬史詩》和畢式定理。

前面提到，畢達哥拉斯去世好幾百年後，其門徒才用文字記錄下他的想法，而希臘化時代的埃及文明也應該經歷了相同的過程。因此我認為赫密士文獻是寶貴的時光膠囊，讓我們連結到古老的文明。這個文化傳承曾經斷裂，也曾與其他相關或無關的思想交織在一起；它曾遭到打壓，但迄今仍然存在。《赫密士文集》也是自古從口耳相傳而來，所以絕非人類思想史的旁門左道。

隨著啟蒙運動的進行，《赫密士文集》遭到思想界摒棄，甚至受到嘲弄。托馬斯．布朗爵士在一六四三年出版的《醫生的宗教》（*Religio Medici*）中寫道：「只要是名門正派，絕對不會說自己的思想是出自於赫密士主義。那些神祕主義者竟然認為這個可見的世界只是不可見世界的一幅畫而已。」在伊薩克的研究發表兩百年後，瑪麗．雪萊的小說《科學怪人》出版了。雖然這不是雪萊的立場，但書中有些角色會看輕赫密士主義；科學怪人自己也會一邊閱讀《赫密士文集》一邊加以嘲笑。

撰寫本章時，我在網路上看到了一個研究「文本人類學」的部落格，其作者非常博學，對早期的基督教著作提出不少見解，也探討了伊薩克的研究。他指出：「我知道《赫密士文集》是偽造的，但不知道這麼做的動機為何。」他跟許多研究者犯的錯誤一樣，判定古文的創作日期後並揣測作者有意混淆事實，卻沒有想到那些內容也許是承接自更古老的思想。[12]

這樣的質疑也不是沒有道理，只是不該那麼果斷。《赫密士文集》確實出自多位不同作者的手筆，所以後世才無法用相同的標準去加以審視。事實上，在《赫密士文集》的第十六卷，有段話可以回應那些批評者：

> 希臘人想將我的書翻譯成他們的語言，但內容可能會混亂和不清。用母語表達出來，論述的內容以及詞語的意義才能清晰準確。事實上，埃及文的發音與語調正能呈現出論述的力度。[13]

不過，我不會刻意袒護自己偏愛的文本。數學家華倫．韋弗（Warren Weaver）在一九六〇年談到心靈研究時，不禁哀嘆道：「超心理學帶給我知性上的痛苦。根本問題在於，我無法否認反駁專家提出的證據，但也無法接受其結論。」由此可見他內心的矛盾與困惑。

事實上，文本的創作日期不一定能反映出該思想形成的時代，而且《赫密士文集》中的篇章也不是出於同一位作者之手。然而，第十六卷的作者為何如此自負？加思．福登一直致力於恢復赫密士主義在古埃及研究中的正當性，他寫道：「既然攻擊就是最好的防禦，那麼這位埃及作家想說服讀者，該篇不過是從他母語翻譯過來的。但他別無選擇，只能用希臘語來寫作。他和許多希臘化的東方知識分子一樣，懷疑翻譯會削弱了原著的力量，也會削弱埃及的傳統與獨特性。」[14]這的確是種良性的自信。

當然，許多爭論與反駁會隨之出現。後代人若重新判定某份文本的完成年代，大眾就很容易認定它有造假的成分。這種跳躍式的推論，使得《赫密士文集》被排除在哲學和靈性經典之外。這部作品在文藝復興時期至關重要，但最終近乎遭人遺忘。事實上，在一六五〇年英文版本問世後，它就不時被錯誤引用，直到今日，赫密士主義已被打入冷宮。在哈佛大學的洛伯古典叢書（Loeb Classical Library）中，就沒有赫密士主義的原典。幸好布拉瓦茨基女士在十九世紀末發起神祕學復興運動，一些品質中下的翻譯作品才在維多利亞時代問世。與此同時，喬治．米德也付出了很多努力。直到一九九二年，歷史學家科本哈弗的翻譯版本問世，當代人才有第一本實用的《赫密士文集》英文版。[15]

數百年來，知識界對赫密士主義的排斥，導致神祕學的研究停滯不前，人們無法接觸到古典時代晚期蘊藏的存在主義哲學。許多研究者對於思想的傳承方式有所誤解，並以嚴格的二分法去判定真偽。不過，這當中還是有特殊的例子，令人看到生命的奧妙及多樣性，以及神祕的互補過程。

在一六一四年，人們發現《赫密士文集》其實是誕生於公元二世紀之後，因而在知識界中罷黜了赫密士．崔斯墨圖，文藝復興時期的神祕學熱潮也跟著消退。這時，在中歐地區卻開始流傳一本神祕的德文小冊：《玫瑰十字會宣言》（*Fama Fraternitatis*）。

這部作品早在一六一〇年就存在了，但直到四年後才浮上檯面；它是某個祕密兄弟會或神祕學派的宣言，其正式名稱為「玫瑰十字兄弟會」（Brothers of the Rosy Cross）或「玫瑰十字會」（Rosicrucians）。赫密士遭到知識界流放時，《我們兄弟會的故事》啟發了一個尚未被世人察覺的智者團體，它旨在開展全新的知識時代，並推動神祕學、祕傳學以及激進普世主義（radical ecumenism），最終瓦解教會的政治權力以及對靈性追求的規定。

神祕學的那把火尚未熄滅，也許正要開始燃燒……

# 第三章 啟蒙時代：玫瑰十字兄弟會、共濟會與光明會

祕密社團應該是神祕學中最具爭議的主題。我們正處於一個充滿陰謀論的時代，播客節目、YouTube頻道和小眾暢銷書都曾提到：有個名為「光明會」（Illuminati）的祕密組織正在操縱世界、剝奪人們的權利。我們在許多媒體都會聽到這個詞，所以對它非常熟悉、也深信其真實性。

有一次在某個串流平台的節目中，我大為讚賞光明會這個歷史組織，因為它捍衛了許多現代的原則和價值觀，如政教分離、思想自由、發揮潛能以及宗教經驗的傳承。結果我收到了大量的咒罵郵件。我公開談論不少禁忌的話題，從超感官知覺到撒旦崇拜，但從未收到過這麼多的抗議信。基本上，立場強烈的人總會認定自己隸屬「光明的一方」，正如諾斯底教義所言。那些寄信給我的觀眾顯然也是如此。

雖然大眾的心態值得探究，但本章沒有要討論當前文化對於祕密社團（特別是共濟會和光明會）的執迷與情感，以及其背後的社會或心理性觸發因素。至於排他性很強的兄弟會以及私密的政商菁英社團，比如耶魯大學的骷髏會（Skull and Bones）、加州的波希米亞俱樂部（Bohemian

Grove），也不在我們的討論之列。我將著重於祕密社團在神祕學中的歷史以及功能，並用來理解當前的發展，因為人性是始終如一的。事實上，許多議題都圍繞著近代各個祕密社團，並延續到今日。

祕密社團究竟是什麼？歷史上，為了追求利益與互助，人們不斷組織社團、俱樂部、兄弟會、壓力團體和遊說團體等，這是可以理解的。而在神祕學和祕傳體系中，祕密社團扮演非常重要的角色。在追求靈性發展時受到打壓時，許多人就必須加入群體來反制。不過，祕密社團就像船隻，有好有壞，上面裝載著各種神祕思想，而成員的人身安全也可能受到危害。

尋道者會遇到的危險不光是精神上的。進入啟蒙時代後，教會對巫術和神祕學家的迫害仍沒停止。在一七九〇年，義大利魔法師卡利奧斯特羅（Alessandro Cagliostro）被誘騙到羅馬，並遭到梵蒂岡宗教裁判所逮捕。他在一七九一被判處死刑，儘管後來暫緩執行，但在聖利奧堡（Fortress of San Leo）的地牢中關了四年後，最終死於疾病。他的罪名是什麼？參與異端與共濟會的活動。

前面提到十六世紀科學家布魯諾和魔法師迪伊的悲慘下場。從現代的角度看，他們只是生錯了時代跟地點，才承受了莫須有的罪名。比如說，研究共濟會和它的神祕儀式，學習神祕學或祕傳知識，或是表演耶穌受難劇，這些活動在許多中東國家是違法的。因此，許多人迄今還沒有探索神祕學的自由。在二〇二一年，有名縱火犯燒毀了位於紐約波基普西（Poughkeepsie）的撒旦教會古宅，當時有兩名居民在屋內熟睡，所幸逃過死劫。[1]

在過往的歐洲社會，獵巫行動很常見，許多老百姓被逮捕和監禁，喪失了財產、權利或生命。神祕學與靈性探索曾經是顯學，但後來也變成了危險的禁忌。一六一八年，三十年戰爭爆發，歐洲大陸哀鴻遍野，萊茵河谷以西和波希米亞以東的德語區更是慘烈。不久前，這片廣闊的土地是文藝復興時期神祕學的孕育搖籃，也是宗教改革的實驗室，但如今變成天主教和新教的殺戮戰場。

一六四八戰爭結束，但中歐地區仍飽受饑荒之苦，還有盜賊土匪和退伍士兵在作亂。有許多原因導致了這場戰事，羅馬教廷與哈布斯堡帝國也想藉此削弱宗教自由精神，並阻斷神祕學和靈性活動的發展。某些宗教激進派因此受到迫害，甚至得離開歐洲，跨越大西洋投奔美洲殖民地。不過我們先來看看那些留下來的人們的命運。

面對戰亂和教會的打壓，許多人並沒有停止探索，但也沒有前往危機四伏的大西洋之旅。他們創立各種祕密社團，在安全的環境中與他人一同學習、成長和探索知識。我認為，在一個封閉的社會中，不論是在精神或在政治意義上，祕密社團都是很重要的。從天性來看，人類就偏愛位階、戲劇、象徵符號以及盛大儀式，而這正是祕密社團的吸引力。不過，文藝復興晚期的歐洲祕密社團會擴散到其他地區，大都是為了反抗壓迫。

點燃三十年戰爭的重大歷史因素很多，當中包括了祕傳學與靈性的追尋者，而最具影響力的，就是哈布斯堡王朝的魯道夫二世。哈布斯堡家族是歐洲的權力核心，在十六世紀時所擁有的領土無人可及，還與梵蒂岡等強權結盟。魯道夫二世熱衷於煉金術、占星術，並著迷於卡巴拉學者勒赫林、約翰．迪伊、煉金術士麥克．邁爾（Michael Maier）和帕拉塞爾蘇斯（Paracelsus）的研究。

帕拉塞爾蘇斯是十六世紀的名醫，在職業病、現代醫學理論、毒理學和藥理學方面都有重要且劃時代的貢獻。作為赫密士主義者，帕拉塞爾蘇斯也相信，心靈與宇宙之間、心靈與身體之間都有對應關係。他推測出會導致疾病的心理因素，可說是身心醫學的先驅。帕拉塞爾蘇斯的職業生涯並不順遂，他自大又好爭論，時常抨擊前人、數落同儕，甚至焚燒他們的書籍。儘管如此，帕拉塞爾蘇斯仍是瑞士人的驕傲，還被譽為「北方的赫密士」和「瑞士的崔斯墨圖」。時至今日，瑞士有家連鎖藥房還以他的名字命名。

回到魯道夫皇帝。一五八三年，身兼波希米亞國王的他將哈布斯堡王朝的根據地從維也納遷至布拉格，而此地也是祕傳學的研究中心。波希米亞王國逐漸成為赫密士主義者、虔信派（Pietists，路德宗的神祕主義分支）、煉金術士、和卡巴拉學者的聚集地。一六〇九年，魯道夫頒布了《大詔書》（Letter of Majesty），提高了波希米亞地區的宗教自由度，並有助於新教的發展。但對於哈布斯堡家族來說，這是極端又激進的做法。

如前所述，哈布斯堡家族的成員皆與梵蒂岡結盟，所以都想抵抗宗教改革的浪潮，打壓多樣與創新的思想與宗教活動，更要抑制路德宗等新教的發展。而對於魯道夫的自由精神，哈布斯堡的家族成員都非常憤怒。不過，他們沒有機會採取反制行動，因為魯道夫在一六一二年就去世了。兄弟馬提亞斯（Matthias）繼位後當了五年皇帝，雖然他對宗教的態度偏向保守，但也沒有積極的作為，只想當個和事佬。哈布斯堡家族感到非常沮喪，因為馬提亞斯維持了魯道夫治理時的局面。

到了一六一七年，哈布斯堡家族終於隱忍不住，把年老無子的馬提亞斯踢下王位，換上作風鐵腕又反對宗教改革的費迪南二世（Ferdinand II）。一六一八年，費迪南廢除了魯道夫的《大詔書》，並引發哈布斯堡家族與波希米亞新教勢力的緊張關係。同年五月，新教支持者將費迪南的三名顧問從布拉格城堡三樓的窗戶扔出，史稱「布拉格拋窗事件」。雖然三人沒死，但隨後爆發了數週的暴動，並引發了三十年戰爭。

在波希米亞地區，新教徒、虔信派、神祕學家和祕傳主義者都習慣了宗教自由。費迪南上台後改變政策，人們為了反抗費迪南，只好向哈布斯堡家族的另一位成員求助。這位救星便是年輕的腓特烈五世（Frederick V），他是喀爾文主義的信徒，並娶了英格蘭國王詹姆士六世及一世的女兒。反抗者敦請腓特烈揮軍進入波希米亞，並擔任他們的統治者，也指望英格蘭國王能派兵幫助自己的女婿。腓特烈像魯道夫一樣具有宗教自由的精神，並沉浸於神祕學和祕傳主義。他接受了反抗者的請求，再加上大部分選民的支持（波希米亞王國是選舉君主制），遂在一六一九年取代了費迪南。然而，災難也隨之而來。

哈布斯堡家族為了幫助梵蒂岡奪回宗教的控制權，於是集結軍隊準備推翻腓特烈。在統治波希米亞王國一年後，腓特烈面對大軍壓境，最終在一六二〇年於布拉格郊外的白山戰役中被徹底擊潰。英格蘭國王詹姆士不想涉入這場衝突，任由他的女兒和女婿孤立無援，最終被迫逃亡。費迪南再次上台，但隨之而來的就是大小戰役不斷、塗炭生靈的三十年戰爭。

與此同時，波希米亞地區的宗教自由於焉告終，神祕學實驗幾乎消失殆盡。在此之前，哲學、藝術、占卜、煉金術、占星術、符號系統、詩歌祈禱等活動蓬勃發展，豐富了波希米亞人的心智。事實上，正因如此，我們今日才會使用「波希米亞風格」來形容那些特立獨行、直言不諱、富有藝術氣息的叛逆分子和自由愛好者。然而，這種生活方式當年可是受到當權者的嚴厲禁止。

盛行於波希米亞地區的多樣性文化在轉眼間就凋零枯萎，但一些倖存的實驗者、探索者、知識分子、異教徒、改革者和激進分子並未完全消失。他們就像過去受到迫害的尋道者一樣，形成地下思想團體。歷史學家詹姆斯·韋伯（James Webb）在一九七四年所出版的《地下神祕學》（*The Occult Underground*）中寫道：「事實上，波希米亞不再有地理上的侷限，連重鎮都轉到巴黎了。」它的前哨站遍布世界各地。

如前一章所述，一六一四年，有份神祕手稿在中歐流傳。這份手稿是匿名者以德文撰寫而成，稱為《玫瑰十字會宣言》。這份文件至少從一六一〇年起就已在民間流傳，後來慢慢浮出檯面。[2]作者宣稱，有個隱祕團體致力於改善社會體制，它強調普世主義、重視個人成長並推動政教分離。成員們強調，透過祕傳學的體系，每個人都能學會自律、發揮潛能，不再需要外部權力（教會、貴族、軍隊、法律）來介入與控制

這份宣言震驚社會，也引起熱烈的回響。世人都很好奇，這個自稱為「玫瑰十字兄弟會」的

神祕團體究竟是由哪些人所組成的？一六一五年，另一份作者匿名的手稿出現後，大眾對這個團體就更好奇了。這份《玫瑰十字會自白》（*Confessio Fraternitatis*）是用拉丁文寫成的，還附上約翰·迪伊《神祕的象形文字》的部分內容。玫瑰十字會以此向大眾透露它的由來，包括其領袖羅森克魯茲（Christian Rosenkreuz）的經歷。他遊歷了世界上許多地方，包括中東地區，研究了各個宗教；據說他活了一百零六年，死後被人祕密安葬。

這本小冊最引人入勝的部分是，後來祕傳兄弟們找到了羅森克魯茲的墳墓，更神奇的是，裡面的光線不是陽光，而是來自於一股未知的力量：煉金術。附帶一提，煉金術不光是能用來將普通金屬轉變為黃金，也能淨化和轉化心靈，使靈魂散發出純潔與光明。在這座七邊形的墓穴中，布滿了加密過的符號與設計，以傳達出兄弟會的各項守則。《玫瑰十字會宣言》和《玫瑰十字會自白》預示了新靈性時代的來臨，屆時，每個人都可以接受教育、上醫院看病，特權不再是出自於血統，而是奠基於個人的功績。

一六一六年，第三份、也是最後一份原始文件出現了，它是宗教寓言《羅森克魯茲的化學婚禮》（*Chemical Wedding of Christian Rosenkreuz*），與第一份文件一樣是用德文寫成的。學界普遍認為其作者是新教神學家安德烈（Johann Valentin Andreae）。安德烈的宗教觀點不斷在轉變，但許是真心的，也可能是為了自保。在《化學婚禮》中，他引用了約翰·迪伊的文章，並提到煉金術的原則。具體來說，結合男性和女性能量，就能創造神聖的雌雄同體；這個完美的個體有各種能量、性質和潛能。故事中，年輕的探索者羅森克魯茲被召喚前往協助舉辦一場皇室婚禮，也是男性和女性能量的結合儀式；過程中，主角也一步步踏上祕傳之路。

接下來還有一六一八年的《玫瑰十字會智慧之鏡》（*Mirror of the Wisdom of the Rosy Cross*），作者署名為提奧菲魯斯（Theophilus Schweighardt），但他應該就是煉金術士莫格林（Daniel Mögling）。這本書有張美麗的插圖，主題是裝有輪子、會移動的大學塔樓，以此象徵十字會這座「隱形的學院」。

這些文本是出自於神祕的兄弟會，或是某些作家提出的思想實驗？尋道者渴望知道答案，也想加入這個神祕的兄弟會。不過，就算玫瑰十字會真實存在，我們也沒有證據能證明。從文獻來看，我們找不到會員名冊、會議記錄、執勤人員表、內部刊物和集會守則。

英國歷史學家耶茨指出，約翰・迪伊的追隨者為了替先師出一口氣，才捏造了這些文件。[3]也有人指出，作者是激進的路德宗教徒；他們不滿於宗教改革進展緩慢，也痛恨波希米亞的宗教自由被剝奪。作者也有可能是赫密士主義者和神祕學實驗者，他們對於各大政權非常失望，尤其是英格蘭，因為詹姆士六世及一世不肯捍衛宗教自由，還拋棄了腓特烈五世。由此可知，在當時的歐洲社會，許多人都有充足的理由去化身為玫瑰十字會的成員。

不過，這個神祕社團也有可能是思想運動，而不是實際的兄弟會。沮喪的人們因此再次點燃希望，甚至準備起義去對抗反宗教改革的貴族以及陰魂不散的梵蒂岡。

後世許多團體都聲稱自己與玫瑰十字會有一脈相承的關係。從十九世紀中葉以後，確實有幾個人自稱為玫瑰十字會的傳人，並與其他團體互爭誰是正統。但我認為，玫瑰十字會是思想運動，而不是有具體活動紀錄的兄弟會。根據可靠的歷史文獻來看，從未有人證實玫瑰十字會的存在。因此那些自稱為玫瑰十字會的傳人，只是出自於浪漫的想像。

當代美國有許多相關的團體，包括一九一五年由哈維・路易斯（Harvey Spencer Lewis）創辦的「玫瑰十字古老神祕教團」（AMORC），以及一九〇八年由馬克斯・海因德爾（Max Heindel）創立的「玫瑰十字友朋團」（Rosicrucian Fellowship）。一九八九年，玫瑰十字古老神祕教團的領導人在接受《靈知》（*Gnosis*）雜誌採訪時承認，他們與文藝復興時期的玫瑰十字會沒有任何淵源或傳承。當然，每個世代的尋道者都可以認同玫瑰十字會的理念，包括實現公民平等和普世主義、尋求生命意義等。我不鼓勵大家去追求浮誇的儀式、神祕怪誕的事物，或聲稱自己有古老的血脈。祕傳思想或組織總會受到打壓而中斷傳承，當今世界與某些古文明已沒有直接的連結。但有相似的智慧和價值觀。

對某些人來說，若想傳承文藝復興時期的神祕主義理念，只能透過內在的啟蒙之光，就像映照在羅森克魯茲墳墓裡的心靈之光。這是追求靈性啟蒙、內在轉化與永恆智慧而來的光，也是玫瑰十字會的真實理念。有趣的是，在玫瑰十字會的相關文獻浮出檯面後，人們開始察覺到還有另外一個更真實的組織存在，其成員、聚會所、名冊、章程和幹部都有紀錄。那就是「共濟會」（Freemasonry）。從今日來看，這樣的組織非常罕見，因為對於其起源與創立的目的，其內部成員也沒有共識。

共濟會培養出了許多一流的歷史學家，然而在共濟會內部，無論是成員、幹部或是學者，對組織的起源都沒有共識。根據古老傳說，共濟會的成立可以追溯至所羅門王聖殿的建造過程，也有文獻指出它出現於中世紀，是為了建造哥德式大教堂和修道院而成立的石匠行會。後者的說法比較可信。共濟會的英文Masonry的原意是石工，而他們建設神聖的建築，所以其行會也帶有宗教的意義與象徵。但我們需要更多的證據和紀錄，否則光是基於巧合的連結和理論，就算再怎麼合情合理，也還是不夠充分。

除了行會的淵源，有些早期證據也指出，共濟會與心靈修煉有關。歷史學家亨利．亞當森（Henry Adamson）於一六三八年完成了史詩作品《繆斯的悲歌；或關於加爾先生之死的歡愉哀悼》（*The Muses Threnodie; or Mirthful Mournings on the death of Mr. Gall*）。這部結構鬆散的早期浪漫主義的作品，是亞當森在失去好友後所寫下的哀歌，內容描繪了蘇格蘭鄉村生活的樣貌。當中有這樣一段饒富興味的文字：

> 我們是玫瑰十字會的兄弟；
> 我們有共濟會的密語和第二重視界，
> 我們可以準確預言未來的事物。

在原書中，亞當森有強調「共濟會的密語」以及「第二重視界」。在目前所有的相關文獻中，亞當森首先提及共濟會的祕傳方法。

某幾位共濟會的早期成員其記錄有被保存下來，包括十七世紀英國科學家羅伯特・莫雷（Robert Moray）。眾所周知，英國皇家學會是啟蒙時代的思想堡壘，而莫雷就是創始成員之一。他在紐卡斯爾（Newcastle）加入愛丁堡會所的會議紀錄是非常珍貴的文件，他上面的簽字與日後在其他信件上的署名一樣，都在名字旁邊附上了畢達哥拉斯五角星，這是共濟會的符號。

另一份早期的入會記錄可以追溯到一六四六年，是英國收藏家阿什莫爾（Elias Ashmole）的日記。他提到：「在蘭開夏郡的沃靈頓，我與亨利・曼韋林爵士一同獲准加入共濟會。」阿什莫爾在此前就很著迷於玫瑰十字會，甚至親手抄寫了英文版的《玫瑰十字會宣言》和《玫瑰十字會自白》。在現存文件中，學者找到他親筆寫的玫瑰十字會申請書，但不清楚這份申請書是否有送出，也不知道他是否跟其成員接觸過。

這些紀錄至關重要，因為共濟會的英格蘭聯合總會所（United Grand Lodge of England）到一七一七年才浮上檯面。此後，共濟會的會所逐漸擴展至美洲殖民地、西班牙、法國和義大利。直到近兩三百年，共濟會才成為公開的組織。但從上述資料看來，共濟會及其會所是在玫瑰十字會的影響下發展起來的。

玫瑰十字會和共濟會有許多相同的理念：

每個宗教都是合法且平等的。

個人可以藉由啟蒙和學習發展自我。

靈性覺醒與血統無關，也不是來自宗教權威，而是經由自我提升而來。

神職人員不得具有政治權力。

地位和權力來自於同儕的推崇，而非血統。

玫瑰十字會和共濟會都會運用煉金術和祕傳學的象徵符號，而前者所認可的理念，後者大多會加以實踐。

反制力量很快就到來了。一七三八年，為了消滅共濟會，教宗克萊孟十二世發布。在天主教規章中，敕令最神聖又最具權威。根據敕令，天主教信徒嚴禁參加共濟會，因為它是與教會對立的異端團體。後續幾任教宗也都頒布了相關的教令和通諭。一八八四年，教宗利奧十三世發布了一封通諭，重申天主教徒絕不能加入共濟會。本篤十六世還在當主教時，曾在一九八三年再次搬出這封通諭，以強調教廷的立場（許多教徒都是共濟會的成員）。二〇一三年，就連素來溫和的教宗方濟各也公開譴責了「共濟會的遊說團體」。[4] 長久以來，天主教一直反對共濟會，事實上，梵蒂岡對於許多宗教和靈修團體都沒有好感。共濟會和梵蒂岡在歐洲的多項政治衝突中也是針鋒相對。

我認為，共濟會是歷年來最為廣布的靈性運動，是現代祕密社團的原型。它是奠基於這三個要素：玫瑰十字會的理念、三十年戰爭的餘燼以及人民的失望。伊莉莎白女王過世後，官方不斷打壓神祕學的發展，而共濟會是最後的堡壘。

接下來，我想探討聖殿騎士團的起源以及它與共濟會的關係。

正如前文所述，聖殿騎士團有錢又有武裝力量，在十字軍東征期間，它在教會內部展現了自己的強大影響力。東征於一二九一年結束，到了十四世紀初，人們開始質疑聖殿騎士團的角色。該團體有自己的權力結構，所以法國貴族以及梵蒂岡的高層無法介入其運作。除了武力堅實外，聖殿騎士團財力雄厚，就連法國國王和梵蒂岡高層都欠它錢。因此，當權者深怕聖殿騎士團會成為強大的競爭對手。

一三〇七年，教宗克萊孟召喚聖殿騎士團的大團長德・莫萊（Jacques de Molay）前往法國亞維儂討論新的東征計畫。在十月十三日的破曉之時，法國國王腓力四世派出特務逮捕莫萊和騎士團的成員，並沒收他們的財產。莫萊等人被監禁後屈打成招，承認犯下了異端之罪。他們被控膜拜羊頭惡魔的巴風特、褻瀆十字架以及與男子發生性行為。一三一〇年，有五十四名成員被活活燒死，但莫萊翻供而暫時保住性命。

梵蒂岡在一三一二年解散了這個團體，並於一三一四年燒死莫萊。聖殿騎士團並沒有真的從事神祕或異端的活動，但其強大的軍力和財力威脅到了王室和教廷的無上地位，所以被安上了莫須有的罪名。這一切是出於人性的黑暗面，並在歷史中不斷上演。據傳，有支失蹤的聖殿騎士團飄洋過海去幫助蘇格蘭英雄羅伯特・布魯斯對抗英格蘭，還在一四五六年建立的羅斯林教堂

（Rosslyn Chapel）上留下專屬的標記。

一九八九年，英國歷史學家麥克·培金（Michael Baigent）和理查·雷伊（Richard Leigh）發表名著《聖血聖杯》（*Holy Blood, Holy Grail*），本書也是丹·布朗《達文西密碼》的靈感起源。此外，這兩位歷史學家在《聖殿與會所》（*The Temple and the Lodge*）一書中推測，倖存下來的聖殿騎士團成員就是共濟會的創始元老。我在二〇二〇年對此書發表評論：

> 我研究歷史，也和這兩位作者一樣欣賞共濟會，但我認為他們過於重視隱密的思想傳承，也就是說，有嚴明階級的家族和小圈子會隱藏和保存它們的血脈與傳統。
>
> 坦白說，當今沒有任何教派是直接繼承自古文明的神祕體系。針對古老宗教或思想的系譜，相關史料都很雜亂，難以完整流傳到今天。許多祕密社團和組織，都是假裝自己是古老文明的正統支派，許多追隨者被蒙在鼓裡，以為自己在學習古代的祕傳智慧，但那些都是十九世紀神祕學復興後的產物。
>
> 不過，這兩位歷史學家的其他觀點還是很精闢。他們認為，神祕學的各種哲學觀從古代流傳至今，帶來許多重大的影響。相關的思想、符號、實踐和見解在時間長河上漂流，有時還形成難以察覺的原理和原則。共濟會對當今社會的影響尤為顯著。看一下一元美鈔背面的圖案。上面的眼睛和金字塔類似於共濟會的符號，且充分展現其哲學觀和核心理念：如果欠缺了上帝的全視之眼，物質生活（金字塔）就不完整。

在《聖殿與會所》中，兩位作者明確地指出，共濟會影響了美國的開國元勛和革命者們。直到今日，大多數的歷史學家都沒有發現、甚至忽略掉這個事實。在美國這塊殖民地上，兄弟情誼勝過哲學思想。培金和雷伊寫道：「大多數來到這片殖民地開墾的人們，沒有讀過洛克、休姆、伏爾泰、狄德羅、盧梭的大作，英國士兵也一樣。」但美國的智囊們都效忠於共濟會，包括華盛頓、富蘭克林和漢考克（John Hancock）。這片殖民地是農業社會，舉目所及就只有教堂、農舍和農場，所以兄弟情誼的影響力極大。

共濟會的理念，包括宗教寬容、政教分離和以人為尊，成為美國建國者的認同和原則。不論是軍事將領或憲法簽署者，都有一致的理想與目標。培金和利甚至暗示說，在共濟會的影響下，英國的指揮官也發揮同理心，沒有強力鎮壓殖民地的百姓。

聖殿騎士團遭到鎮壓與屠殺的那天是十三號星期五，後世認為這是不祥的組合，是跟某些神話傳說有關。

對數字十三的恐懼感是非常古老的迷信，可追溯自印度。古印度人認為十三個人坐在一起吃飯不吉利。在北歐神話中，詭計之神洛基（Loki）是天界宴會的第十三位客人，且帶來了爭吵與暴力。在「最後的晚餐中」，第十三位客人也很邪惡，也就是背叛耶穌的猶大。

在某部赫密士主義的著作中，作者提到某一種「交感巫術」（sympathetic magic）：製作一個蠟人，然後用十三根針去刺它，戀人就會聽你的話。威卡教派（Wicca）的術士以及新異教主義者（Neopaganism）認為，古凱爾特德魯伊人（Celtic Druids）在進行神祕的儀式時，會以十三個人為一組，接續圍成同心圓。

就連耶穌也是在「聖週五」被釘在十字架上。以此看來，十三號星期五是歷史悠久的民間傳說，聖殿騎士團的消亡只是增添其神祕色彩。

接著繼續談英國皇家學會，它成立於一六六〇年，旨在推動藝術與科學研究，是啟蒙時代的文化堡壘，至今仍然相當活躍。

其中一位創始人是化學家羅伯特·波爾（Robert Boyle），他在一六四六年和一六四七年的信件中都提到某所「隱形學院」，其成員有思想家、哲學家和尋道者，而且信中也出現跟玫瑰十字會有關的術語。

另一位創始成員約翰·威爾金斯（John Wilkins）擔任過波希米亞國王腓特烈五世的牧師。他曾在文章中引述了《玫瑰十字會宣言》的內容，並大為讚許。

另一位創始成員阿什莫爾在一六四六年加入了共濟會，他不但抄寫了《玫瑰十字會宣言》和《玫瑰十字會自白》，還親筆寫下加入玫瑰十字會的申請書。

羅伯特·莫雷則是在一六四一年加入了共濟會，他也是皇家學會的創始成員。這些人都是共濟會的奠基人物。

雖然尚未成定論，但神祕思想的系譜、波希米亞短暫的宗教自由、玫瑰十字會手稿的隱藏意涵、共濟會早期成員以及皇家學會的創始人們，這些檯面上下的因素環環相扣。有時，光明必須轉入地下，那些不斷壯大、獲得保護的真知灼見終將重新浮現，以嘉惠廣大的人群。但這些理念背後的神祕起源卻如此難尋。

最後，我們花點篇幅來探討歷史上最具爭議的祕密社團「光明會」。直到十八世紀末，各國君主和教會高層仍大權在握。儘管經歷了多次改革，但啟蒙時代的活力在公共和政治領域中卻施展不開。特權階級和不平等的法律都紋風不動；巴伐利亞、西班牙、法國、英國、普魯士和義大利的君主都穩穩在位。人民的宗教自由和知性發展依然受限，「隱形學院」依然不見天日。

許多人都對現況不滿，包括巴伐利亞的法學家魏斯豪普（Adam Weishaupt）。一七七六年，魏斯豪普和四位夥伴共同創立了「完美主義者教團」（Order of Perfectibilists），以對抗「人性與理性」的敵人。一七七八年，他們開始自稱為「光明會」。這幾位尋道者認為，雖然玫瑰十字會、共濟會和皇家學會都致力於改革社會以及發展人類潛能，但都不夠激進、也沒有成效。畢竟在那個時代，權力核心外的人民團體是無法推動任何實質改變的。

魏斯豪普和夥伴們深信，歐洲社會需要一個祕密社團來復興共濟會的早期理念以及文藝復興時期的神祕學。既然個人是宇宙的一部分，只要獲取古代智慧、努力穿越各層障礙，便可成長為完美、受啟蒙的生命。這麼一來，我們就人能擁有真正的自由，擺脫教會和國家所強加的宗教教條和不平等法律。因此，光明會成員們相信，歐洲社會需要來場革命運動，正如北美殖民地一樣。

大陸議會（Continental Congress）在一七七六年七月四日宣布脫離英國王室前兩個月，光明會也成立了。魏斯豪普知道，若直接挑戰貴族階層，應該會被監禁、流放甚至處死。因此他們成立了祕密會所，那有如羅森克魯茲的發光墓穴，它能孕育出革命思想、改善公共生活，並鍛鍊出新世代的政治領導人；他們將會帶著祕傳學的智慧，用政治力量解除教會和貴族施加在百姓身上的束縛。

在光明會的鼎盛時期，成員大約有六百五十人。以祕密結社來說，光明會保存了許多珍貴的組織紀錄。有些成員具有社會影響力，比如克尼格（Adolph Knigge），他在一七八〇年加入光明會，擅長招募新人和設計典禮儀式。不過他跟魏斯豪普始終處不來，所以於一七八四年退出光明會。[5]

大文豪歌德於一七八三年加入了光明會，在此前幾年，他創作了《浮士德》舞台劇。莫札特在一七八四年加入了共濟會，並待到一七九一年去世，他父親利奧波德也是共濟會成員。莫札特的歌劇《魔笛》在父親逝世那年首次公演，內容充滿了共濟會的元素，有些樂曲甚至受到其內部儀式的啟發。此外，莫札特還為共濟會的活動和節慶譜寫樂曲。

莫札特曾加入奧地利的社團「慈善會所」（Beneficence Lodge），其領導人奧托・馮・格明根（Otto von Gemmingen）與許多成員都出現在光明會的名冊上。莫札特還曾出席「真實和諧社」（True Concord）的講座，裡面有許多成員也是隸屬於光明會。雖然莫札特不曾加入過光明會，但他確實裡面許多重要人物關係密切。

光明會有多項發展計畫，包括滲透共濟會、從中招募成員，進而重塑成列寧式的革命組織。因此，光明會可說是革命版的共濟會。時至今日，還是有不少祕密組織自稱為共濟會，但跟總會所沒有任何關係。旨在推翻政權的社團不會公開自己的真正意圖，因此許多成員還以為自己加入傳統的靈性社團。

巴伐利亞政府的祕密警察截獲了光明會的文件，發現其內容大逆不道，所以迅速加以鎮壓。一七八四年，巴伐利亞公爵查理斯・西奧多（Charles Theodore）強行通過法律，無論是知識性、學術性、科學性還是宗教性的社團，都必須提出申請才能成立。次年，西奧多公爵頒布了另一條法律，乾脆直接解散光明會。一七八七年，光明會的會所被政府查封、成員的財產充公。最後到了一七九〇年，巴伐利亞貴族開始處死光明會成員。自此之後，檯面上便再也沒有出現過光明會的活動。

在目前僅有的文獻中，我們找不到光明會成員的處決紀錄，但遭到放逐是確實有的。遭到當局鎖定的成員被剝奪了工作、財產、地位和特權，甚至還被驅逐出國。當權者鎮壓了好幾年，並在一七九一年達到高峰。有些人在討論這類議題時，不會具體談到遭受牽連的個別成員，例如克尼格、魏斯豪普、歌德或莫札特，而是當成抽象的概念，就像拉什莫爾山的總統雕像一樣冰冷。

受害者是誰？他們經歷了什麼苦難？投入革命的動機為何？光明會不全是聖人，他們跟很多人一樣有缺點、也渴望權力與聲望。有些人在深入接觸光明會後，反倒對其不屑一顧，包括莫札特的父親利奧波德。他們不滿光明會的滲透計畫，不樂見各個會所變成革命基地。聖雄甘地雖然也受過祕傳學的影響，但他強調過，祕密行動違反民主精神。這位非暴力革命家很讚賞布拉瓦茨基夫人和神智學會，但他從未加入。甘地在一九二六年在《新印度》（Young India）上談到：「我不願意加入神智學會，它有不為人知的一面，尤其神祕主義。我對此從不感興趣。我渴望融入普羅大眾，遮遮掩掩的事只會阻礙民主精神。」

光明會的創始人魏斯豪普倒是很愛密謀與策劃。以當年的規模來看，他認為共濟會太弱小了。他在創立光明會前就研究過共濟會的問題。他發現，規模大的組織太被動、太封閉、支出也過高。他的副手克尼格也認為，共濟會沒辦法挑戰君主制、也無法有效宣揚古典自由主義。即便如此，這些幹部仍然試圖滲透共濟會，實在有點卑鄙。

但人們確實應該想想，如果生活各方面都被君主箝制，日子會變成什麼模樣。王室有絕對的權力，政府、法院和監獄都歸他們管。只要他們不斷擴權，人民要保留自己的生活方式、財產和地位就很困難。一七八五年，巴伐利亞當局開始解散光明會，某位成員梅根霍芬（Ferdinand von Meggenhofen）因此被監禁在慕尼黑的方濟會修道院。他寫信魏斯豪普：

> 我的老師，我的摯友，
>
> 這個孤獨的牢房，是我因迷信和狂熱所得到的懲罰。進來之後，我第一個想到的就是你，我想告訴你那場審判的驚人故事。我的老師，你是否還記得，幾年前我們的組織成長、

而國家在知識和文化上也有大幅的進展，那時我們有多興奮！但你應該沒預料到，自己努力換來的回報，是與妻兒一同被流放到外國，我則是被囚禁在修道院裡。[6] 我們試圖啟蒙同胞、阻止強勢的靈性專制主義，但優柔寡斷的政府卻任由邪惡勢力生根發芽，害我們敗退了下來。

哦，我的摯友！我應該像先知耶利米一樣，為祖國滅亡而悲嘆，為我們偉大事業的殘骸而流淚。但也許沒那麼悲慘。橡樹仍然穩固地生長著，盲信者的雷電劈裂了枝幹，但我們組織因而開枝散葉，在其他地區平和地繼續生長。

最困難的任務是告知我的父母。軍事法庭做出審判後，在幾經猶豫後，我還是直接說出被解雇的消息。我的摯友！在那一刻，我得抓住自己的人生信念、掩蓋這殘酷的場景，否則我的心會碎裂、會陷入瘋狂。接下來，我還得繼續接受審問……

首先，他們拿出了朋友們寫給我的信，要我詳細解釋其中的內容。我不想害到寫信給我的人，但又得捍衛事實。那些蠻橫的人只會懷疑，既卑微、可笑又殘酷。在他們那盲目的雙眼中，友誼的話語和純潔的自由言論，竟然都意味著反叛和侮辱……

然後，審查官竟然厚顏無恥地問我，既然信件中有提到我們組織，那為什麼我沒有交出朋友寫給我的信件？我以無比的輕蔑眼神回答道：「敬愛的長官，您難道以為我會背叛朋友，棄道義、榮譽感和做人的義務於不顧嗎？」

歷史學家凱瑟琳．湯姆森（Katherine Thomson）整理了梅根霍芬的所有信件，她在注釋中寫道：「梅根霍芬獲釋後下定決心，從此要過著低調且隱密的生活。一七九〇年十月二十六日，梅根霍芬所乘坐的小船在因河翻覆了，但沒人找到他的屍體。有名牧師還宣稱，梅根霍芬是魔鬼的門徒，所以屍首直接去地獄了。事實上，他的屍體在一年多後才被找到。」

梅根霍芬在信中還提到，他喪失了生計和財產，被迫與家人分開，在修道院中接受思想上的再教育。即便如此，他也設法在院內傳播教義，並按照光明會的原則過生活。

而光明會的創始人魏斯豪普則在哥達（Gotha）度過了餘生，並於一八三〇年過世。被流放後，他仍繼續撰寫關於光明會的著作。但生活過得很困苦。

人們今天談到光明會時，總想到它是個神祕黑暗的組織，但只要回顧梅根霍芬的信件，看到光明會成員的真實人生，才能理解到它運作上的難處。而當權者想打壓思想運動時，其成員就會付出如此慘痛的代價。

根據傳說，光明會仍然存在。一七八九年，法國大革命爆發，但不到十年的時間，就有許多的反動派跳出來捍衛已被廢止的君主專制。這些人出版了許多小冊子，繪聲繪影地分析法國大革命背後的陰謀。我們在歷史課本上學到，人民為了翻轉階級、擺脫政治和經濟上的壓迫，才起身對抗王權。但陰謀論者認為，某些異端教派長期以來被打壓，所以才煽動民眾反抗政府。

貴族階級迅速而徹底地消失了，大眾所熟悉的舊秩序蕩然無存，所以許多保守分子無法接受。但大革命的起因不難理解，人民被壓迫了好幾百年，當然會累積怨氣、終至掀起暴動。但保守人士長年來在情感和財務上都依附於貴族和教團，所以無法接受自己所熟悉的生活瞬間消失。他們只想接受陰謀論：有群看不見的敵人才是大革命的背後推手。

由此之故，某種陰謀論的學派於焉誕生，並在二十一世紀獲得了廣大的迴響。那些神祕團體雖然被當權者擊潰，但至今依然眾所周知，並參雜了許多幻想與事實。第一部歷史修正主義（revisionist）的論著是《陰謀的證據》（*Proofs of a Conspiracy*），作者是蘇格蘭物理學家羅比森（John Robison）。這篇一七八九年發表的論文結構混亂又冗長。羅比森的結論是，某些激進的共濟會分支是耶穌會創立的，而且還扶植了光明會。這個說法流傳很久，當然是謬論。諷刺的是，當時還有一部類似的著作《揭開雅各賓主義歷史的回憶錄》（*Memoirs Illustrating the History of Jacobinism*），作者是耶穌會的神父巴魯埃爾（Abbé Barruel）。

巴魯埃爾主張，由數百名藝術家、知識分子和宗教自由主義者組成的光明會，就是法國大革命的幕後推手。然而，美國開國元勛湯馬斯・傑佛遜在一八〇〇年與人通信時，指稱巴魯埃爾的著作是「瘋子在胡言亂語」。他寫道：「魏斯豪普相信，耶穌降生於世是為了提升人類的德性。魏斯豪普的理想很單純：恢復自然宗教、傳播道德之光並教導人們自律。」這位《獨立宣言》的作者進一步指出：「魏斯豪普若是活在當今的美國，他就不需要躲躲藏藏或籌組神祕組織，而是可以公開教導大家如何變得更聰明和善良。」

這些神祕的反叛者真的改變了世界嗎？他們的存在是否只是加油添醋的傳言、矯揉造作的臆測，並在當代的網路媒體上被拿出來大做文章？

一七七六年七月四日，就在巴伐利亞光明會成立的兩個月後，大陸議會成立一個委員會，由共濟會成員班傑明．富蘭克林擔任主席，旨在設計這個新國家的大紋章，最終於一八八二年正式生效。國徽的正面圖案是眾所知悉的美國雄鷹，右爪上握著象徵和平的橄欖枝，左爪上握著象徵軍事力量的箭。在國徽的背面則是引人注目的眼睛和金字塔。金字塔的頂端為不可或缺的全視之眼，與古埃及的荷魯斯之眼相同，都代表內在知識。這兩個圖案放在一起，意味著若欠缺心靈知識或深層理解，物質上再怎麼進步都不足以形成完美的人生。

再看看美元鈔票的背面，眼睛和金字塔的周圍印有一段拉丁文語「上帝應允美國建立新時代的自由政治秩序」(Annuit Coeptis Novus Ordo Seclorum)。這種神祕印記既不屬於共濟會，也不是光明會的。但它反映出了相似的價值觀和意象。接下來我們將探索，從舊世界流傳下來的神祕學和祕傳學，是如何擴展到新世界。

# 第四章 十八至十九世紀的美國：震顫派、摩爾門教與通靈術

這一章對我來說意義重大，因為我從研究這個議題開始成為歷史學家。我的第一本書《美國的神祕學》（*Occult America*）於二〇〇九年出版，而背後也有段故事。幾年前，我讀到英國歷史學家弗朗西絲．耶茨的著作，令我印象深刻。

耶茨寫過幾本精彩的著作，內容是關於神祕學和赫密士主義對早期現代生活的影響。對我影響特別深遠的是《伊莉莎白時代的神祕哲學》（*The Occult Philosophy in the Elizabethan Age*），這是她在一九八一年去世前所出版的最後一本著作。這本書內容詳盡又有啟發性，也明確指出人類心靈的本質：渴望知道真相，並探索經常被忽視的基本問題：下一個轉角處會有什麼？

耶茨不但有理念，研究態度很嚴謹，也敢於走自己的路，不怕他人的眼光。在現今社群媒體推波助瀾下，人們越來越憤世和消極，然而耶茨讓我們看到，只要結合理想與知識，就能看見不同的世界。我也告訴自己要像耶茨一樣，勇於堅持信念，以歷史學家的探索精神、批判眼光和治學方法，為現代的神祕學和靈性運動做出貢獻。

二〇〇五年夏天，洛杉磯哲學研究協會會長奧巴戴亞・哈里斯（Obadiah Harris）對我這個紐約人說，如果我有機會到西岸的話，一定要前來發表演說。我掛上電話，立刻排好行事曆，並發了電子郵件給哈里斯，告訴他我會在九月過去。既然有人要給我磨練技能的機會，當然要先答應再去思考細節問題。二〇〇五年九月，我前往協會位於格里菲斯公園的校舍，那棟建築物帶有埃及及瑪雅色彩，是美國建築少有人知悉的瑰寶，由斯泰西—賈德（Robert Stacy-Judd）所設計。為了向耶茨致敬，我演講的題目訂為「美國的神祕哲學」，並成為我第一本著作《美國的神祕學》的基礎。我花了一年擬大綱與草稿，然後才開始寫作。

因此，這個主題對我意義重大，從歷史來看更是如此。不可否認，美國這個國家有許多問題和災難，但卻成為全球靈學的重鎮，許多新穎和實驗性的思想與流派都在此萌芽，包括神祕學的重生。布拉瓦茨基夫人在一八七三年抵達紐約時，她說道：「來到現代通靈術的搖籃，有如穆斯林朝聖者接近先知的誕生地。」[1]日後她又提到美國是個理想的地方，可以自由進行靈性探索，否則在沙皇專制下的俄羅斯，任何活動都會被警方騷擾。儘管有不少反對聲浪，但美國在全球靈修界確實有獨特的地位。從殖民時代開始，美國就常常為來自舊世界的宗教實驗者提供避風港，這就是本章故事的起點。

前一章在探討各個祕密社團的發展，以及保守派對神祕學復甦的強烈反彈，在中歐地區尤為猛烈，西至萊茵河谷、東至波希米亞和布拉格。文藝復興晚期，在神聖羅馬帝國皇帝魯道夫二世的影響下，許多尋道者在此地鑽研煉金術、占星術、數字命理學、赫密士主義以及畢達哥拉斯學派和帕拉塞爾蘇斯的理論。在一六一八年至一六四八年間，這個玫瑰十字會和光明會的發源地遭到戰爭的蹂躪，而主要的肇因是天主教與新教勢力的衝突。教會當局企圖壓制文藝復興時期的神祕學活動，並打壓在各處萌發的宗教寬容主義。戰爭帶來了饑荒和破壞，整個地區經濟衰敗、農業不振、文化停滯、盜匪橫行。一六四八年，歐洲各國共同簽署了《西發里亞條約》，教會重新掌權，繼續箝制大眾的宗教生活。

萊茵河谷及其周邊地區被劃分為數個公國和自治市，人民過得很壓抑、精神生活也很貧瘠。熱愛自由的朝聖者、僧侶、異教徒和知識分子紛紛出走，甚至冒著生命危險穿越大西洋，因為他們都聽說，在新興的北美殖民地上，人民享有更多宗教自由。

一六九三年，年輕的僧侶凱爾皮烏斯（Johannes Kelpius）帶領四十名朝聖者離開萊茵河谷，穿越歐洲大陸向西而行，在搭船前往英國後，又花了六個月橫跨大西洋。一六九四年六月，他們抵達了當時只有五百棟屋舍的費城。這些赫密士流浪者會選擇這個「博愛之城」(City of Brotherly Love），是因為它以宗教寬容而聞名。一六八二年，貴格會的威廉·佩恩（William Penn）建立了這座城鎮。回到一六六八年，佩恩因撰寫含有異端思想的著作，不但在英國備受歧視，還曾被囚禁在倫敦塔。

與許多宗教激進分子不同，佩恩來自於一個富裕家庭。英國王室欠佩恩家族很多錢，所以在一六八一年給予他們一大片土地，也就是現在的賓夕法尼亞州。佩恩是賓州的創建者，他在一六八二年擬定《賓夕法尼亞施政大綱》以建立博愛之城，讓人民可以敬拜任何神祇。但他理想中的社會還不夠自由，因為猶太人和非基督徒雖然可以保留其信仰，但不能參與投票或擔任公職。此外，佩恩也明確表示不歡迎無神論者。

當時只有羅德島有真正的宗教自由。一七七七年，湯馬斯・傑佛遜撰寫了《維吉尼亞宗教自由法令》（Virginia Statute for Religious），並於一七九一年獲得認可，成為美國憲法第一修正案的內容。從此以後，政府不得偏袒任何宗教，而且得不斷檢討相關的法規。因此，傑佛遜在宗教思想上是非常前衛的。

歷史學家亨利・威爾德・福特（Henry Wilder Foot）在其所撰寫的《傑佛遜傳》中寫道：「即使是提倡政教分離的英國哲學家洛克，也未曾為天主教徒或無神論者爭取如此的宗教自由。因此，歐洲思想界所夢想的自由權，還遠不及《維吉尼亞宗教自由法令》的精神。」

距離費城市區不遠，凱爾皮烏斯和他的追隨者們在威薩希肯溪（Wissahickon Creek）畔的林地建立了一座修道院和農場。為了研究占星術、從天像觀察末日徵兆，他們從歐洲帶來了一架望遠鏡，將其安裝在一個十二平方公尺大的木製帳篷頂部。此外，他們還研究聖歌和音樂的魔力、製作草藥和護身符。雖然這裡土壤貧瘠、生活不易，但他們甘願遠渡重洋、踏上這塊土地，在不受騷擾的情況下研究赫密士主義、煉金術、數字命理學、天文占卜、草藥、咒語及各種療法，並進行修道院般的儀式。他們離開了自己所熟悉的世界，過著困苦、飽受風霜的生活，卻能堅持長達十五年，直到一七〇八年凱爾皮烏斯因肺結核去世。但一粒種子已經種下。

關於這個農場的消息逐漸傳開，有人還稱之為「逃到曠野的婦人」，正如《啟示錄》寫到：「於是有大鷹的兩個翅膀賜給婦人，叫她能飛到曠野，到自己的地方，躲避那蛇；她在那裡被養活一載二載半載。」（12:14）也有些人稱其為「森林中的帳篷」。這些消息也傳回到了大西洋的彼岸，許多歐洲人也踏上艱辛的旅程，希望像凱爾皮烏斯那樣找到自己的天地。

在一七二〇年，另一位來自萊茵河谷的神祕主義者約翰・康拉德・拜塞爾（Johann Conrad Beissel）動身前往費城，想要加入凱爾皮烏斯的農場生活。抵達後，他發現這位先鋒早在十二年前就去世了。拜塞爾沒有氣餒，並於一七三二年在賓州的埃弗拉塔（Ephrata）建立了自己的的神祕學基地。那一大片農場的建築物許多仍保留至今，可以其經濟上的穩定、繁榮和自給自足。埃弗拉塔的居民同樣研究聖歌、音樂和咒語的魔力。他們的生活方式可視為一種「基督教共產主義」（biblical communism），即《聖經》中所描述的集體生活與平等主義（佩恩也贊同這樣的生活方式）。埃弗拉塔因而成為美國這片大地上的永恆地景。

再次，消息傳回到舊世界：非正統信徒可以在北美殖民地找到避風港。在曼徹斯特，有位新教徒安・李（Ann Lee）也決定出發。李是貴格會分支「震顫派」（Shaking Quakers）的教友，而他們會在禱告的狂喜中扭動身軀、做出奇特的手勢。

一七七〇年代初期，曼徹斯特當局指控李是女巫，所以將她關入大牢並加以虐待。但李和八名追隨者（包括她那不忠的丈夫）最終逃離英國。一七七四年，他們穿越大西洋來到了紐約市。接下來的那一年，他們只能以卑微的工作維持生計，如掃煙囪、擦地板和清理便壺。李的丈夫最終拋棄了她。一七七六年，不屈不撓的李和其他十二名信徒離開紐約。他們用四處湊來的錢沿著哈德遜河谷向上游行進，在尼斯卡尤納（Niskayuna）建立起自己的基地，也就是今日奧爾巴尼的沃特弗利特（Watervliet）。

被教徒尊稱為「安媽媽」（Mother Ann）的精神領袖李就在這個雜草叢生的沼澤地創立了全美國第一個震顫派聚落。他們崇尚和平主義，過著禁慾的生活，並拒絕參加獨立戰爭，所以當地人都懷疑他們是英國派來的間諜。這群人熬過了濕熱的夏天、泥濘冰封的冬天，組織也日益壯大，並在紐約州的新黎巴嫩鎮和麻州的漢考克鎮建立新據點。對於這些追隨者來說，安媽媽是靈性的化身。今日在沃特弗利特，許多古早的教會建築物仍然存在，包括安媽媽本人的簡樸墓碑。

安媽媽不光是創立新教派，她的遷徙方式也成為典範，為美國以及世界各地的靈性發展建立了重鎮及路線。這個區域後來被稱為「延燒地帶」（Burned-Over District），也就是被如火焰般的靈性與宗教熱情「燒過」。這片地帶長達四百八十公里、寬四十公里，從東邊的奧爾巴尼延伸到西邊的水牛城。許多美國人向西遷移至此，不但孕育了商業活動，也建立了信仰中心。歷史學家卡爾．卡默（Carl Carmer）稱其為「廣闊的心靈高速公路、神祕學的大道」。[2]

延燒地帶取代了遭受重創的萊茵河谷，成為現代人的宗教實驗基地。李和震顫派點燃「靈性之火」，照亮了這個地帶。更重要的是，有條馬車道穿越了整個地帶，也就是今日美國現今最長的二十號州際公路，從波士頓一直延伸到奧勒岡州的尤金。沿著這條路，安媽媽所開啟的宗教運動不斷蔓延，北至緬因州、南至肯塔基州。

這個教派不斷壯大，消息也傳了美國其他地區和大西洋彼岸。震顫派宣稱，他們可以接觸到靈界的訊息和亡魂，包括被征服的美洲原住民。延燒地帶曾是易洛魁聯盟（Iroquois）的家園，其中包含六支原住民：莫霍克族（Mohawk）、奧奈達族（Oneida）、奧農達加族（Onondaga）、卡尤加族（Cayuga）、塞內卡族（Seneca）和塔斯卡羅拉族（Tuscarora）。他們都是所謂的「長屋住民」（People of the Long House），而整個聯盟由五十位酋長共同統治，連美國開國元勛富蘭克林都研究過這個治理系統。易洛魁聯盟是世上最古老的民主體制之一。包括莫霍克族在內，許多原住民在獨立戰爭期間站在英國那邊，殖民地政府便正好有藉口將易洛魁聯盟趕出肥沃的農田和森林，讓新英格蘭人在紐約州中部定居和炒地皮。歷史學家戈德溫在《上州坩堝：紐約州早期的非正統靈性運動》（*Upstate Cauldron: Eccentric Spiritual Movements in Early New York State*）中指出：「十八世紀，美洲原住民被捲入法國和英國殖民者的爭鬥中，而源頭是這些國家在歐洲的大小戰事。」

保持中立的震顫派繼續過著自給自足、禁慾、不飲酒、不吸菸的苦行生活。有些評論家斷然認定，禁慾的後果就是信徒會減少，但殊不見天主教的修道院遍布全球。震顫派海納百川，不光是接納各地尋道者，也為寡婦、孤兒、更生人等弱勢族群提供庇護所。到了十九世紀後期，美國的生活和社會變得更加多樣而有彈性，尋道者就不需要過著遁世的生活了。結果，導致震顫派沒落的不是禁慾，而是社會進步。

安媽媽於一七八四年去世，但其影響力不減反增。到了一八三〇年代末期，震顫派最狂熱、最有影響力的時期來臨，他們稱之為「安媽媽的工作」。這位已故的精神領袖化身為無形的心靈導師，帶來了許多超自然的現象與訊息。

虔誠的信徒們接收到了如鬼魅般的異象後，將其轉化為奇特美麗的畫作和動人的聖歌，當中許多至今仍在傳唱。他們常常聚會到天亮，用奇特的外國語交談或在地板上翻滾，還能感受到「靈恩」，有如飲酒和抽印第安煙草般狂喜。當時美國尚未展開通靈術的浪潮，還沒有人舉辦降靈會來跟亡靈交談，但震顫派預言，靈體很快就會出現在全國每間房屋和每個村莊，美國將再次與無形的世界產生連結。

人類在各時期的遷徙浪潮往往會伴隨著新的宗教運動。移民們會把家鄉的教會、信徒和親族拋在腦後，試著接受新的信仰。靈性之火照亮延燒地帶，每個人都屬於某種組織，比如舊教會的新派別，或熱衷於超自然現象的社團、教派和公社。改變信仰的人越來越多，整片大地彷彿燒焦一般。後面我們會談到，在二十世紀初期，加州也出現了類似的文化變革。

在安媽媽與教徒們建立根據地的同時，延燒地帶還出現一位不尋常的女性，她是來自新英格蘭的潔米瑪．威金森（Jemima Wilkinson）。

潔米瑪出生於羅德島的一個富裕家庭。一七七〇年，她在十七歲接觸到了「大覺醒運動」（Great Awakening）的最後一波浪潮，也就是浸信會的復興運動。那一年，極具渲染力的英國牧師懷特菲爾德（George Whitefield）最後一次在新英格蘭各地宣講，接著在九月底去世。潔米瑪在開明的貴格會家庭中長大，並於青春期時經歷到深刻的靈性轉變。她的生活習慣都改變了。她常常獨自坐在房間裡，沉浸在《聖經》的話語中。當一個人在靈性上獲得了啟蒙，未來的發展就難以預料。

一七七六年秋季，潔米瑪感染了傷寒。十月四日那天她臥病在床，發燒又意識不清，卻經歷了奇幻般的夢境，當中有天國和其他世界的景象。家人們都擔心這位消瘦、憔悴的女子撐不過去，只能坐在她的床邊徹夜守護。就在三十六小時後，潔米瑪突然從床上一躍而起、嚇壞眾人。前一刻她瀕臨死亡，但下一秒臉色就變得紅潤又有生機。她對著目瞪口呆的親友宣布，潔米瑪已經死了，如今站在他們面前的是聖靈的化身，應稱之為「普世之友」（Publick Universal Friend）。

在她復活後的第一個星期日，普世之友走到當地的一個教堂墓地，在一棵樹下開始講道。當地人驚訝不已，除了死而復生的奇蹟，他們也第一次看到女性公開演說。普世之友開始在羅德島、紐約和費城等地演講，甚至在英國和美國的戰線間來回穿梭，當時沒幾個人有這個能耐。

普世之友的追隨者在賓州的埃弗拉塔接觸到了由拜塞爾所創立的公社，除了學他們將安息日改到星期六，也決定為自己的聖靈建立根據地。一七八八年，這些新英格蘭人隨著靈性潮流來到延燒地帶，並向西推進，移居到奎卡湖（Crooked Lake）畔。在他們的開墾下，兩座城鎮誕生了：賓揚村（Penn Yan）和耶路撒冷村（Jerusalem）。他們在前者為普世之友建造了一座大宅，而這位心靈導師也一直住到一八一九年去世。這座宅第如今是私人的住所。

潔米瑪和她的信徒付出很多心力去經營那個地區，歷史學家威斯比（Herbert A. Wisbey, Jr.）還以《女先知開拓者》（*Pioneer Prophetess*）為她立傳。[3] 如今在當地的電話簿上，我們還能查到初代信徒的名字。在賓揚村整潔的街道上，當地居民還會聊起普世之友的故事。據傳，普世之友有天帶領信徒來到當地的一條運河，宣布她要在水上行走。「你們相信我能做到嗎？」普世之友問道。「是的，我們相信！」「如果你們對我這麼有信心，」普世之友繼續說道：「那麼我就沒有必要進行任何庸俗的表演了。」語畢，她搭上了她的馬車（上面印有普世之友的英文縮寫U＊F），然後就離去了。

這些尋道者不但是移居紐約州中部的先鋒，美國人也因此開始接受主題明確的社區以及女性宗教領袖。從以上內容，讀者應該能了解到北美殖民地的確是宗教實驗的重鎮。在此，我想推薦二〇二一年由賈尼斯（Kier-La Janisse）所執導的紀錄片《黑暗林地和著魔的日子》（Woodlands Dark and Days Bewitched）。我在片中也有露臉，也在拍攝現場認識了我的伴侶、法國名導卡斯特（Jacqueline Castel）。這部影片非常重要，當中有許多恐怖的民間傳說，雖然它們是虛構，但充滿文化意涵，尤其是反映了當年殖民地的生活。類似主題的電影有《異教徒》（The Wicker Man）、《玉米田的小孩》（Children of the Corn）、《收穫時節的祕密》（The Dark Secret of Harvest Home）、《陰森林》（The Village）和《仲夏魘》（Midsommar）。

時至今日，新黎巴嫩鎮還有一所老牌的靜修中心，就位於震顫派第二座公社的遺址旁。這個中心成立於一九七五年，但在二〇二〇年新冠疫情爆發後，當地經濟衰敗，它的營運也岌岌可危。這座蘇菲派的公社名為「訊息的住所」（Abode of the Message），一位長期住民告訴我，在一九七〇年代初期，為了建立自己專屬的社區，中心的創辦人團隊懷著「權力歸花兒」的理想主義以及早期殖民者的勇敢精神，來到了新黎巴嫩鎮的震顫派遺址，而當時那裡還居住著兩位年老的修行者。

其中一位婦女對這些蘇菲派的客人說：「聖靈說，你們就要來了，我們已期待很久了。」對於這些長髮青年來說，這是有如接力賽跑般的傳承。

延燒地帶也孕育出了摩爾門教、基督復臨安息日會、聖潔運動、基督教共產主義以及婦女投票權運動。

事實上，美國文化上最新奇和激進的的事物，都在十九世紀初期孕育於紐約州中部這一道狹長地帶。今日，若我們前去造訪延燒地帶的這些古城鎮，如耶路撒冷、賓揚和尼斯卡尤納，只會見到美麗又肥沃的農田，或是凌亂無章的都市發展；有些地方有商場，但整體來說仍是充滿湖泊和綠地的樂土。來到此地的觀光客應該會問：「這些地方有什麼神奇之處？」

我在前文已闡述了這地區的文化、社會背景以及原住民的傳說。易洛魁聯盟的人認為，這個地區是印第安人最古老的祖傳之地。摩爾門教先知約瑟．斯密認為那是以色列人的部落，但鮮為人知。一八三〇年《摩爾門經》出版時，也納入了這個說法。有些當地人認為，這個部落的思想與靈魂從未消散，而且自成一片天地。一八一一年，紐約州的第七任州長德威特．克林頓（DeWitt Clinton）在紐約歷史學會上發表演講，強調他對這個未知部落的信念：

> 我們有足夠的理由相信，在印第安人的祖先進駐前，當地還有一個種族人口更多、文明程度更高。我們還發現，這地區有許多古老的防禦工事，數量多到足以證明，第一代住民的人數遠遠超過了稍後來的印第安人。

克林頓認為，在十九世紀的易洛魁聯盟中隱藏了很多兄弟會，有些還很像共濟會。尤其是塞內卡族的領袖「紅夾克」（Red Jacket）以及紐約州的其他印第安人都佩戴了代表共濟會的「方矩羅盤」徽章。一九〇三年，在紐約州立博物館的論文〈紐約州印第安人的金屬飾品〉（Metallic Ornaments of the New York Indians）中，考古學家博昌普（William M. Beauchamp）詳細記錄了這項發現。

各界對這項發現有許多不同的解釋。史密斯是個寶藏獵人，他宣稱自己在住家附近的克謨拉（Cumorah）山上挖掘到了埋藏已久的黃金版，而上頭刻著「改良過的埃及象形文字」。這位年輕的探索者還說，他有一對希伯來祭司掛在胸前的占卜石「烏陵與土明」（Urim and Thummim），他用它們來將黃金版內容翻譯成英文，並收錄於《摩爾門經》裡。

這部經書所記載的內容與我們所熟知的歷史相當不同。有個以色列部落逃離聖地巴勒斯坦後，便前往美洲，並在當地接受到基督的福音。《摩爾門書》中寫到：「事情是這樣的，在克謨拉慘烈而可怕的戰役後，看啊，逃進南部地區的尼腓人被拉曼人追捕，直到全被消滅。」（8:2）《摩爾門經》所涵蓋的歷史與地理範圍很驚人，信徒們也據此認為，在斯密故鄉所流傳的故事都是真實不假的。

斯密很欣賞共濟會的儀式，並認為那是古希伯來殘餘的宗教儀式。更令人驚訝的是，他還娶了共濟會叛教者的遺孀。一八二六年，紐約州巴塔維亞的一名共濟會成員威廉．摩根（William Morgan）對組織非常不滿，威脅要將其祕密儀式公諸於世。摩根隨後遭人綁架並人間蒸發，看來很有可能是遭到狂熱分子謀殺。

司法單位對這起案件毫無頭緒，也找不到任何證據。人們懷疑共濟會在警局和法院很有影響力，所以不滿的聲浪開始浮現，更對政府的腐敗感到失望。美國有五十二家報社開始反對共濟會，而數十名帶頭抗議的領袖當上了州議員。這次風波在不久後便平息了，但共濟會的聲望從此一落千丈。

摩根的遺孀露辛達後來嫁給了喬治．哈里斯（George Washington Harris），夫妻倆向西移居，加入了斯密拓展摩爾門教的計畫。一八三六年，再婚的露辛達成為斯密的「靈婚妻子」（spiritual wife）之一。

斯密跟教徒們在全美各地尋找安身之處。他們先在伊利諾州諾沃鎮（Nauvoo）成立了一座共濟會風格的會所。在一八四〇年代初期，他將共濟會的各種象徵，如升起的太陽、蜂巢和方矩羅盤等，正式引入了摩爾門教。斯密在他的倉庫設置了臨時聖殿，並舉行入會儀式。他還跟猶太裔的信徒奈博（Alexander Neibaur）學習希伯來語和卡巴拉思想。這是摩爾門教的重大轉變期，卻在突然間就結束了。

一八四四年，斯密在伊利諾州的迦太基市遭到警方逮補，罪名是破壞私人財產。確實，斯密確實曾下令燒掉批評他的報紙並破壞報社的印刷機。但州政府也因此抓到了這位宗教領袖的把柄。伊利諾州的新城鎮也更加小心，因為摩爾門教已開始組織民兵、擴大政治勢力。

斯密和他的戰友被囚禁在兩層樓的監獄，但人身安全堪慮，因為州長的承諾形同虛設。武裝團體四處遊蕩。在當年的六月二十七日傍晚，一群暴民襲擊了監獄。據目擊者指出，在準備跳出窗戶前，斯密發出了共濟會的求救信號，他舉起手臂做出方矩羅盤的手勢，並開始大喊：「哦，我的上帝，寡婦的兒子得不到任何幫助嗎？」毛瑟槍的子彈穿過他墜落的身體。據傳，現場的信徒們看到這位先知戴著阿格里帕書上出現過的的木星護身符。

在一七八四年，延燒地帶吸引了一位不尋常的訪客：獨立戰爭的英雄拉法葉侯爵（Marquis de Lafayette）。他是共濟會會員，還師事於催眠術的先驅梅斯梅爾（Franz Anton Mesmer）。梅斯梅爾相信，所有的生命跡象都是由無形的「以太流體」（etheric fluid）所構成的，他稱之為「動物磁力」（animal magnetism）。「磁化者」和他的門徒能催眠他人，接著操控或調整對方的動物磁力，進而治癒對方的身心疾病。拉法葉侯爵前來延燒地帶，是想研究震顫派的狂喜狀態與動物磁力論是否有關。

一九四〇年代初期，美國民間開始流傳這個故事：拉法葉侯爵在動身前往美國前曾與法王路易十六面談。國王很好奇，既然拉法葉變成了梅斯梅爾的學徒，那侯爵的好友華盛頓會作何感想。

若這段對話是真的，那麼是誰在現場記下的呢？

答案揭曉。法國大革命和恐怖時期結束後，在路易十六宮廷任職多年的軍官德・阿隆維爾伯爵（Le Comte D'Allonville）出版了十卷著作，名為《祕密回憶錄：一七七〇至一八三〇年》（*Mémoires Secrets, de 1770 à 1830*）。在第一卷裡，路易十六確實開玩笑地跟拉法葉說：「若華盛頓得知你成為梅斯梅爾的草藥學徒，不知會做何感想？」拉法葉並未感到氣餒。在訪問延燒地帶期間，拉法葉遞交一封私人信函給華盛頓。原來是梅斯梅爾親自寫信給總統，請求在美國開設「和諧協會」（Society of Harmony）的分部，以利推廣催眠治療法。

這封信的署名日期是一七八四年六月十六日，目前保存在美國國會圖書館。神祕學導師在信裡告訴總統：「我們認為，國人同胞所讚賞的領導人，應該會對於增進人類福祉的革命感興趣。」梅斯梅爾強烈暗示對方，自己也是民主革命的同路人。這絕非是刻意攀親帶故。有些支持者認為，透過催眠講習會和降靈會，就能找出人性中深層且共有的面向。不論是奴隸或貴族，在催眠中都能擺脫社會地位和標籤，進而呈現出超凡或深層的自我。這種眾生平等的說法融合了神祕學、革命精神以及啟蒙思想。

拉法葉在一七八四年十一月二十五日結束訪美之旅，華盛頓以謹慎的外交措辭回應了梅斯梅爾：

非常榮幸能從拉法葉侯爵手上接到您於六月十六日的親切來信。侯爵也向我解釋您的磁力論。如您所說，若這項發現有廣泛的益處，那一定能造福全人類。而對於提出這個學說的天才，我們也應該給予崇高的敬意。您成立協會是為了向全人類傳播這些益處，冀望眾人過得更好。感謝您對我的高度信任以及評價，也懇請您接受我的感激以及無比的尊敬和崇拜。

謹呈，您最忠實而謙卑的僕人

華盛頓和拉法葉的友誼基礎在於，兩人都是共濟會的成員。事實上，美國開國元勛中有許多人都是共濟會會員，如富蘭克林、約翰．漢考克、保羅．瑞維爾（Paul Revere）等。在簽署獨立宣言的五十六人中，有九人是共濟會會員；在三十九位憲法簽署者中，有十三位是共濟會會員；在首都華盛頓的七十四位將領中，有三十三位是共濟會會員。共濟會的英格蘭聯合總會所成立於一七一七年，而北美的第一個會所也於一七三一年在費城成立。[4]

加入祕密會社、結交如親兄弟般的夥伴，就能在北美殖民地過得更安穩。費城會所成立後的百年間，美國的骨幹還是農村跟莊園，主要的公眾機構是合作社、交易站、堡壘、酒館、港口和教堂。想要看書、交流思想和接受教育，就只能去教會，而許多非正統的宗教活動仍然很活躍。

加入共濟會後，就會產生獨特的社會連結。這個兄弟會有各種神祕符號，頭骨、十字架、方尖碑、萬能之眼、蛇、智慧之梯和金字塔，透過它們就能提升德性。這些符號在古代的宗教思想中佔有一席之地，如今共濟會重新運用，還加入了受難劇和神祕儀式。此外，共濟會也承認各個宗教的價值，包括基督教出現前的古老教派。這是多麼進步的宗教觀！雖然從教規和文獻來看，共濟會仍讚美造物主的存在，但並沒有把基督教當作唯一的救贖管道，等同於承認神祕主義的哲學觀。

《獨立宣言》和《美國憲法》的宗教中立原則是源自於洛克、伏爾泰和盧梭等啟蒙思想家的哲學觀，但當時沒幾個農民接觸過這些著作（今日也一樣）。不過，只要有經濟能力參與兄弟會，就有機會了解到靈性追求是每個人至高無上的權利，不是任何教會的專利或教義。這就是共濟會的進步之處，也是它長久以來被保守宗教勢力視為威脅的原因。

一七七六年七月四日，大陸議會組成了一個委員會，由富蘭克林擔任主席，負責設計獨立新國家的大紋章。如前所述，國會直到一七八二年才通過設計圖，其正面有雄鷹，右爪抓著橄欖枝，左爪抓著箭，然而背面則藏了一個神祕的故事。該圖案也出現在一九三五年後發行的一美元紙鈔背面，當中包含了一座金字塔以及其上的全視之眼，又稱為荷魯斯之眼。若沒有這隻眼睛，金字塔便是不完整的，因為在物質上努力還不夠，必須有高等智慧來輔助。在其周圍印有一句拉丁文格言「上帝應允美國建立起新世代的自由政治秩序」。

雖然這並非共濟會專屬的符號，但它應該是受到了共濟會的啟發。在它的哲學觀中有所謂的「上帝之眼」，而在智慧之光的照耀下，人間的事業才會完整。懷抱理想的開國元勳都知道，繼埃及、希臘和羅馬後，美國將成為偉大文明的一環。這些國家的理念都包括對創造的永恆追求與崇敬，因此，華盛頓的政府機關才會帶有希臘化時代的建築風格。

有一個共濟會分支對美國歷史很重要卻常被忽視，那就是由黑人組成的普林斯・霍爾共濟會（Prince Hall Masonry）。在一七七〇年代，波士頓的皮革工匠普林斯・霍爾與十四位黑人同事組成了這個兄弟會，但沒有被共濟會總會認可，於是就自稱為共濟會第一號非裔分會。

普林斯・霍爾共濟會的歷史一直都被搞錯。根據一七九五年麻州歷史學會的記載，此分會成立於一七七五年，而眾人也依此為定論。但直到二〇一六年，貝伊（John L. Hairston Bey）和阿利恩（Oscar Alleyne）這兩位傑出的歷史學家出版了《前人的篳路藍縷》（*Landmarks of Our Fathers*）後，世人才知道它正確的創立年份是一七七八年。

普林斯・霍爾是這個分會的第一任特級導師（Grand Master），其他的分支也以他的名字展開黑人共濟會運動。如今，普林斯・霍爾分會也受到傳統共濟會的認可。霍爾的名字出現在兩份請願書上：一份是在一七七七年，另一份是在一七七八年，也就是第一號非裔分會成立的那一年。它們是最早的廢奴主義請願書。而美國第一個黑人發起的廢奴主義運動就是以共濟會為主幹。當然，廢奴主義的思想源頭很多，包括貴格會。但既然霍爾的簽名與第一號非裔分會是同一年出現的，我們就不該忽視它們在廢奴運動中的重要性。[5]

美國最重要的神祕主義運動是「胡督」（hoodoo）魔法。民俗學家赫斯頓（Zora Neale Hurston）在她一九三五年所出版的《騾子與男人》（*Mules and Men*）中寫道：「胡督在很久很久以前就已經存在了……沒有人能清楚說出它是從哪裡開始或在何時結束的。」

人們有時會將胡督與「巫毒教」搞混。巫毒教是源自加勒比海地區，有自己的神祇、祭司階層和儀式，海地人寫成Vodou，而美國南方人寫成Voodoo。胡督也有自己獨特的傳承，它起源於美國社會底層，是遭到奴役的人們所創造出的魔法體系。

胡督源自西非和中非的傳統宗教，並結合美國黑奴的儀式、賓州德國移民的民間傳說、天主教的聖徒崇拜以及卡巴拉等。這個名稱可能來自於「胡都巴」（huduba），是西非和中非的豪薩族（Hausa）語，意思是激起對某人的憤恨感。在有些藍調歌曲中，歌手會悲嘆地吟詠著自己被施以胡督魔法，也就是中了魔法或咒語。具體來說，巫師會使用日常用品來施法，如植物、肥皂、礦物、動物肢體、香水、釘子或別針等，對於流離失所的人們來說，這些物品能藉此產生意義，並與古老的儀式和神靈產生連結。

廢奴運動的大將弗雷德里克・道格拉斯（Frederick Douglass）認為，接觸胡督是他人生的轉折點之一。他沒有提到「胡督」這個詞，但在三本自傳裡都提到某個相同的事件，但歷史學家們從未注意到它所隱含的神祕學意義，直到我在撰寫《美國的神祕學》時才證明它的重要性。[6] 我研究道格拉斯的生活後，發現那件事所隱含的文化符號和訊息，被學界忽視的神祕面向也就此浮現出來。

道格拉斯並不知道自己出生於何年，也許是一八一七或一八一八年出生，生來就是奴隸，小時候就被迫與母親分開。她住在另一個莊園，有時為了與道格拉斯相見，她會自己做薑餅，走好幾公里來到道格拉斯的住處，甚至哄他入睡。馬里蘭州的聖麥克家族收了道格拉斯為奴，到了青春期時，便把他送去他們在巴爾的摩的家，不久後又帶回馬里蘭。

但是，家族的主事者認為，道格拉斯在城市生活過，不再適合在田野裡工作。因此，在一八三四年一月，即道格拉斯十六歲生日前夕，他被送到當地的農夫愛德華・柯維（Edward Covey）那裡。柯維專門訓練奴隸，他是個虐待狂，以毆打和折磨奴隸而自豪。柯維三不五時就鞭打道格拉斯。有天晚上，道格拉斯逃離柯維的農場，返回了聖麥克的老家，但他們不肯收留他。這位恐懼、飢餓又遍體鱗傷的年輕人只能步履蹣跚地回到了柯維的農場，躲藏樹林中，不知道該怎麼辦。

就在那個時候，他遇到了另一位奴隸桑迪・詹金斯（Sandy Jenkins），大家都都說他是有智慧的非洲靈學專家，還懂得許多古老的宗教儀式。

道格拉斯於一八五五年寫道：「桑迪是虔誠的信徒，但那是我完全陌生的體系。他是真正的非洲人，並繼承了許多來自非洲和東方的魔法力量。」桑迪帶道格拉斯回到他的小屋，不僅提供盥洗和食物，也教導他許多事情。道格拉斯在一八四五年寫道：

> 他非常嚴肅地告訴我，我必須回到柯維那裡。但我得先跟他進入森林的某個角落，那裡有棵特殊的植物，只要我取走其根部的一些組織，隨身放在身體右側，柯維先生或其他白人就再也無法鞭打我。他自己也帶著它好多年了，也從未被鞭打過，心裡覺得很有安全感。起初我拒絕了，我不相信帶著植物的根部會有這種功效。但桑迪認真地說，就算真的沒效，反正也不會有害處。最後為了取悅他，我就把那根部放在我的身體右側。

沒有其他文獻能證實這件事的真偽。但我猜想，桑迪指的是某種堅硬的球形根，在神祕學中被稱為「征服者約翰」(John the Conqueror）或「高約翰」(High John），在有些民謠中被稱為「約翰．德．康克」(John de conker）。它是具有終極保護力，可以保護人身安全或展現陽剛之力，傳統上是給男性攜帶。根據「以形補形」的魔法原理，這種根部在乾燥後像睪丸，所以才有那樣的功效。不過它到底是哪種植物，歷來說法不一，在神祕學圖鑑中也有各種樣貌。今天大多數神祕學的研究者都同意，它應該是薯蕷的根，在乾燥後會形成粗糙的球形瘤。

道格拉斯帶著這個「魔法根」回到柯維的農場，沒想到對方竟然很有禮貌地接待他。道格拉斯寫道：「柯維先生的古怪舉動反倒讓我開始覺得那塊根不大對勁。」但隨後他想到，當天是禮拜日，即便像柯維這樣的惡人，也會遵守基督徒的教義休息一天。果然到週一柯維就故態萌發。道格拉斯繼續寫道：「魔法根的力量在這個早晨就能得到驗證了。」柯維在穀倉裡抓住道格拉斯，用繩子捆住他的腿，準備鞭打他。

「正當柯維先生以為我任憑宰割時，我不知道從哪裡生來勇氣，決定要起身對抗柯維。」道格拉斯生命的重大轉折點出現了：「我下定決心，無論未來還要當多久的奴隸，我的本質上都不會再受奴役了。」

道格拉斯並不相信魔法，但在前後三本回憶錄中，他都忍不住要提起這段往事，對桑迪的敬意也始終表露無遺。他在一八五五年寫道：「桑迪對人性的洞察十分深刻。他有各種迷信，但我還是很尊重他給我的建議。不管他的迷信是光明或陰影，多少都影響了我。」這位「聰明的靈魂、年邁的導師以及真正的非洲人」為殘酷的世界帶來罕見的建言。他的威信根植於神祕的傳統，這是任何奴隸主都無法了解的。

魔法根事件為道格拉斯帶來了內在革命。他終於了解，即使他身為奴隸，但精神上不會再受人宰制。他解放自己的心靈後，決定抓住他所遇到任何機會以解除自己的奴隸身分。一八三六年，道格拉斯試圖逃跑但卻被抓回。兩年後，他第二次嘗試並且成功了。他從巴爾的摩逃到了紐約市，然後輾轉前往紐約州北部，距離「延燒地帶」不遠。他後來成為了美國和全球廢奴主義的代表人物。

在後來的兩部回憶錄中，道格拉斯留下了沉重又令人遺憾的結尾。他在一八九三年的著作中猜測，在他與眾人第一次試圖逃跑時，桑迪出賣了大家：

> 從幾件事實就能猜出，桑迪就是背叛者。他知曉我們的逃跑計畫，也曾參與其中，後來卻決定退出。他宣稱在夢境中看到眾人被捕，還有股不祥的預感，說眾人會遭到出賣。我們被抓到後，他卻安然無恙。所以我們懷疑叛徒就是他，但我們太愛他了，所以將罪行推給了其他人。

一九〇四年出版《震顫派的意義與訊息》（*Shakerism, Its Meaning and Message*）是非常珍貴的論著，作者安娜・懷特（Anna White）和萊拉・泰勒（Leila Sarah Taylor）談到一段神祕的異象：「一八四二年，一股不可思議的浪潮出現。各國代表紛紛來到位於黎巴嫩山上的震顫派社區，印第安人、阿拉伯人、古猶太人、迦勒底人、波斯人、印度教徒……來自遙遠之境和古文明的貴客蜂擁而至，造訪這座象徵理想社會的村落。」這些靈界的訪客在此生活了十年後，接著「向世人宣布，他們將告別震顫派社區，走向世界各地，造訪各個城市、村莊、豪宅或小屋。」

一八四八年，有些人認為這項預言實現了，就在紐約州的海茲維爾（Hydesville），也一樣在延燒地帶。那年冬天，福克斯家的小木屋不時出現轟隆聲、爆裂聲和敲擊聲。這一家四口都是衛理公會教徒，除了父母外，還有十一歲的凱特與十四歲的瑪格麗特。夫妻倆被這些聲音嚇到，但兩位女兒說那些是來自靈界的訊息。透過這些聲響，她們建立起一套跟靈體溝通的方法。

牧師、記者、法官和科學家紛紛來到福克斯家，想要問凱特和瑪格麗特更多問題。這些人包括紐約州最高法院法官愛德蒙斯（John W. Edmonds）、廢奴主義者加里森（William Lloyd Garrison）和《紐約論壇報》的總編輯格里利（Horace Greeley），他們都證實了女孩們的說法。一八五〇年，格里利邀請福克斯一家人到他位於紐約市的家中作客。不久後，這位隸屬於歸正宗的總編輯安排凱特與他的妻子一起住在他們在查帕誇（Chappaqua）的老家。在那座陰暗、雜亂的房子裡，她們度過了四個月，而且孤獨又難過的凱特每晚都得試著聯繫這對夫婦已故的五歲兒子。[7]

至此，與靈界溝通的通靈術（Spiritualism）的時代來臨了。許多美國人相信，在午夜出現的敲擊聲響是有意義了，還組織了各式各樣的降靈會和通靈俱樂部，甚至還發行報紙和期刊。這項運動的領袖和先知出現在紐約州哈德遜河谷的波基普西，這個地方位於延燒地帶的西南方。首先是年輕的皮鞋匠安德魯・傑克遜・戴維斯（Andrew Jackson Davis），他在十七歲時遇到一名巡迴各地的催眠師。被引入恍惚狀態後，戴維斯開始談論看不見的維度和「夏季樂園」，即死後的世界。被新聞界稱為「波基普西先知」（Poughkeepsie Seer）的戴維斯和梅斯梅爾一樣都使用「降靈會」（séance）這個詞。戴維斯於一八五一年出版《靈界交流的哲學》（*The Philosophy of Spiritual Intercourse*）中提到，眾人坐在餐桌或客廳的桌子前，手牽手圍成一圈，就能與靈界交流。

戴維斯所看見的異象不是每個人都買單。小說家愛倫・坡當時還沒出名，身為小記者的他前去觀察這位先知的通靈聚會。參加了幾場後，愛倫・坡認為那不過是低級的騙術罷了。一八四九年，愛倫・坡在他的短篇小說《未來的事物》（*Mellonta Tauta*）中諷刺戴維斯的活動，還故意將他那響亮的名字改寫為「馬丁・范・梅維斯」（Martin Van Mavis），也將「波基普西先知」改寫成「塔基普西先知」（Tougkeepsie）。[8]

事實上，愛倫・坡在無意中推廣了梅斯梅爾的催眠術。在暢銷小說《弗德馬先生一案的真相》（*The Facts in the Case of M. Valdemar*）中，愛倫放入了跟通靈會有關的主題。故事中，有位催眠師讓一名男病人處於磁性出神（magnetic trance）狀態，以防止他病死。愛倫在認識戴維斯的那年完成這篇小說，但他從未明確強調這是虛構的作品，文體也很像醫學研究案例，所以許多英美讀者把它當成紀實報導。倫敦的《星期日泰晤士報》於一八四六年一月重新出版這本小說，但標題改為《美國的催眠術：駭人聽聞的報導》（*Mesmerism in America: Astounding and Horrifying Narra-*

*tive*），而且未加上任何註解。

戴維斯也不是沒有重量級的支持者，比如喬治・布希牧師（George Bush）——沒錯，他是前總統老布希和小布希的遠房親戚。布希牧師是受人尊敬的宗教學者和演說家，曾與詩人愛默生同台演講。一八四五年，布希牧師在眾人驚嘆中離開了長老教會，加入了新耶路撒冷教會（Church of the New Jerusalem），後者是以瑞典科學家史威登堡（Emanuel Swedenborg）的神祕思想為教義。布希牧師是史威登堡的忠實信徒，也是戴維斯的堅定支持者。

布希在他一八五七年的著作《梅斯梅爾和史威登堡》（*Mesmer and Swedenborg*）中寫道：「事實上，他在演講中向世人傳遞的訊息不是在離開鞋匠工作後的兩年內所獲得的，而是窮盡一生、勤奮學習而得來的。這世上任何天才都無法與他相提並論。」

在那段日子，全美境內出現了許多與通靈術有關的社團和出版社，也包含六十七家報社，堅定的支持者應該有數十萬人，感興趣的可能有上百萬人。在十九世紀中葉，美國總人口數落在三千至三千五百萬之間，我們可以大膽推測，有十分之一的成年人相信通靈術的說法。

因此，到了一八五〇年代末葉，延燒地帶所點燃的靈性火焰已遍地生根。芝加哥、波士頓、紐約、費城等許多城市和鄉鎮都有相關的社團、報社和教會，其內部也不斷在改革與創新。通靈術不光是地區性的熱潮，而是全國性的運動。

通靈術的吸引力在於，幾位代表人物都是來自於平凡的環境。凱特和瑪格麗特姊妹來自貧窮的農家，戴維斯是還未出師的鞋匠。他們聲稱自己已突破神祕遮障，穿越到了另一邊的世界，與靈界建立了溝通管道。這引發了人們對於自救的渴望，大家開始深信，《聖經》所預言的時代不再只是遙遠的過往，而是將在熟悉的生活中實現。根據統計，一八五三年紐約市的死亡人數中有一半是五歲以下的兒童。對於因幼兒過世而承受巨大傷慟的父母來說，與亡靈交流是一種生活慰藉，尤其當時社會受喀爾文派的影響，氣氛非常壓抑。

因此，美國人見證了新神祕主義的誕生，信徒不用再依賴導師的啟蒙、祕密社團或專家的研究，正如：

> 年輕的黑奴獲得了魔法根後成為廢奴主義的先鋒；
> 寶藏獵人在山上找到了新《聖經》；
> 瀕死的婦女在復活後變成神靈的化身、普世的友人；
> 被指控為女巫的英國移民開啟了新的靈性運動；
> 兩位少女創造出與靈界溝通的編碼系統；
> 未出師的鞋匠能在出神狀態中與靈界溝通。

對於貧農和工人來說，這些人物有指標性的意義。他們因此相信，憑著自己的能力從無形世界獲得訊息，生活就能過得更好。

不久之後，在巴黎和倫敦的民宅客廳中也傳來了鬼魂的敲擊聲，因為中上層階級也開始對神祕現象產生濃厚的興趣。沒想到這個從某間小木屋所開展的靈性運動，成為美國第一個向外輸出的宗教。

在美國本土，降靈會蓬勃發展，通靈術發展成為全國性運動，各地都有相關的會所、報紙甚至是教堂。更特別的是，靈媒大多數都是女性，當中有些成為宗教領袖，這也是現代宗教團體才有的特色。此外，通靈術也啟發了政治改革的聲浪，許多婦女開始渴望在公共領域中發聲。

在凱特和瑪格麗特姊妹開始傳遞敲擊聲的靈界訊息後，一八四八年七月，「塞內卡瀑布會議」（Seneca Falls Convention）的槌聲落下，女性開始為自己的權利發聲。會議舉辦的地點離福克斯家以東約二十四公里，途經二十號州際公路，即「靈性公路」（psychic highway）。在十九世紀，每位婦運人士都會參與降靈會；相反地，常常參加降靈會的女性也大多支持婦女投票權運動。

知名的女權運動領袖蘇珊・安東尼（Susan B. Anthony）對自己的演講能力很沒信心，一八五五年，她在寫給另一位婦運夥伴斯坦頓（Elizabeth Cady Stanton）的信中提到：「希望那些靈體來催眠我，並把正確的話語放進我的嘴裡，讓我成為發聲的媒介。說真的，我每天都渴望能成為自動開口的靈媒。」[9] 一八五三年，女權運動者瑪麗・芬・洛夫（Mary Fenn Love）召開了第一屆紐約州婦女權利大會，並宣布：「通靈術開啟了女性的時代。」兩年後，瑪麗嫁給了靈性運動的先知安德魯・傑克遜・戴維斯。[10]

洛夫的宣言成真，在女性尚未獲得投票權之前，通靈術成為女性投身政治的跳板。一八七一年一月十一日，美國國會首次邀請女性在聯席委員會發表演講。到了年底，自由戀愛倡導者、靈媒伍德赫爾（Victoria Woodhull）也站了出來。為了捍衛女性投票權，俊美又優雅的她發表了一篇激動人心的演說，後是稱之為〈伍德赫爾宣言〉（The Woodhull Memorial）。此外，她最著名的事蹟是與鐵路大亨范德比爾特（Cornelius Vanderbilt）舉行降靈會。她說，那篇演講的內容來自於她的守護靈，而她從小就接受這位身穿長袍的希臘老者的指引。

一八七二年，女權運動者和廢奴主義者組成平等權利黨（Equal Rights Party）並提名伍德赫爾為美國第一位女性總統候選人。不過，這位女權先鋒卻被諷刺畫家納斯特（Thomas Nast）嘲笑是「撒旦夫人」，還在《哈潑週刊》（*Harper's Weekly*）把她畫成有蝙蝠翅膀的魔鬼，手上拿的卷軸寫著「因自由戀愛而獲得救贖」。

伍德赫爾的政治生活很快就夭折了，因為她熱愛炒作話題和耍小手段，導致整場運動蒙上陰影。她挑選弗雷德里克·道格拉斯為副總統候選人，但這位廢奴英雄表示：「我從未聽說過這件事。」[11]就在投票的前幾天，伍德赫爾和她的第二任丈夫以及妹妹謊報有猥褻案件，他們遭到逮捕並關了一個月，所以無法前去投票。

# 第五章 十九世紀的復興：李維的塔羅牌與蘭道夫的性魔法

在十八世紀的理性時代（Age of Reason），有位科學家的論述對神祕學領域非常重要。瑞典人史威登堡的作品在一八四〇年代中期就被翻譯成各國語言。他所看見的異象滿足了人們對於與無形世界產生連結的渴望。在那個更大的世界中，各種力量和事件交互作用才產生了這個世界。

從一七四九年開始，史威登堡在寫作時常常進入出神狀態，靈魂出竅到各個疆界、維度和星球。他在眾多著作、文章和講座中探討了這些體驗，讓大家了解到，生活中的所有經歷都是反映了多維世界中的事件、人物和活動。

史威登堡堅信，人類的思想就像一道雙向、無限的光線，照向未見之境，它們不但會左右當前世界的運作，也會影響無限的創造物。今日我們都知道，無線電波是可以無限延伸的，但當時人們還沒有那樣的概念。史威登堡還說，人不但可以將思想投射到無限中，還能從廣大的宇宙中接收思想，端看個人的倫理觀和同理心。以此方式，人會經歷到各種心靈現象並打開無形的溝通管道。正如在睡覺時，外界的刺激減少、意識狀態改變，心靈所接收的訊息就會變多。雖然夢境、記憶、情感、欲望、道德和態度主要起自於人的認知能力和無意識行為，但一部分也來自於無限的宇宙網路。

史威登堡記錄了他在天界的飛行經歷，但他再三警告，不要隨便嘗試與靈界溝通。他在一七五八年的著作《天堂與地獄》（*Heaven and Hell*）中談到：

> 現今社會不鼓勵人們與靈界對話，因為那是非常危險的……邪靈仇恨人類，欲除之而後快，無論是我們的靈魂還是肉體都不放過。若沉溺於對靈界的美好想像，而不顧身為一般人的快樂，就會遭遇不幸的後果。[1]

史威登堡不鼓勵通靈，但他提出一種能深入個體、重組內在身分的「神聖流注」（Divine influx）法。一百多年後，美國哲學家威廉・詹姆士也談到了「轉化經驗」（conversion experience），類似於頓悟或神智清明的時刻。今日我們則以啟示、徹底領悟或心靈振動來描述這些現象。史威登堡用神聖流注來形塑工業革命時代的個人式神祕靈性觀，也就是說，每個人的心靈都可以被宇宙力量穿透；從心理學看，也就是深刻的自我認識。

雖然帶有科學唯物論的色彩，但這個想法深刻地喚醒了人們的宗教想像力。無論是透過形而上還是潛意識的能量，人們都希望能夠重塑自己的生命；而這些能量和電力、磁力、重力和無線電波一樣真實。事實上，在現代物理學誕生前，人們就不斷提出各種無形能量的流動形式。

我們在前文已約略提到與史威登堡同時代的梅斯梅爾，他對大眾的影響更為直接。一七七八年，梅斯梅爾來到巴黎，而他也有一套無形能量論。梅斯梅爾主張，所有生物的生命力都來自於無形的以太流體，或稱為動物磁力。他也親自證明，人可以在暗示中進入「磁性出神」的狀態。十九世紀初，蘇格蘭醫生詹姆斯・布雷德（James Braid）將這套方法命名為「催眠術」（hypnotism）。簡而言之，梅斯梅爾認為，人的各種身心疾病皆源自於動物磁力失衡。因此，只要患者在催眠中進入磁性或出神狀態，治療者就能調整對方的動物磁力，進而治癒身體的疾病，或焦慮、憂鬱等情緒。當年在許多人的書信或報章投書中，都有出現這樣的治療過程。

如前文所述，法國有些社會改革者對梅斯梅爾的理論很感興趣，而且不論是農民或貴族，每個人都輕易地就能進入出神狀態，這也符合了人人生而平等的理念。事實上，在法國大革命之前，科學或工業的每項進步都帶有政治色彩。對於梅斯梅爾的支持者來說，那些某黑催眠術的人，其實是在保護盤根錯節的貴族利益，例如法國科學院就會打壓不歸它管的治療方式。當今美國許多機構對於另類療法也一樣有敵意。

當時擔任美國駐法國大使的班傑明・富蘭克林認為，梅斯梅爾是個危險的騙子，甚至質疑那些被催眠的受試者被性侵。一七八四年三月，法國國王路易十六請富蘭克林主持一個皇家委員會去調查梅斯梅爾，其成員來自於法國科學院和巴黎醫學院。他們進行一系列的試驗來測試這位治療師的理論。

當時富蘭克林因身體狀況不佳，未能親自見證大多數的試驗。而梅斯梅爾本人在調查開始前就離開了巴黎。他的學生德斯隆（Charles d'Eslon）醫師對這些試驗有異議，但還是同意與委員會合作。調查人員發現磁性治療會導致患者痙攣發作（梅斯梅爾稱為「危機」），以及其他類型的激烈身體反應，包括咳血、暫時失去說話能力、身體發熱或冰冷。患者感到舒服或被治癒的情況非常少。

試驗過程中，許多患者被蒙住眼睛，若他們以為自己正在接受梅斯梅爾的治療法，就會受到暗示而出現痙攣現象。因此，小組成員在一七八四年八月的報告中指出，催眠術的療效都是想像出來的，要麼是出自於治療師的個人魅力，要麼就是類似在降靈會上所出現的痙攣模仿效應。委員會最終寫到：「這個關鍵性的實驗證明了所謂的磁力效應只是來自於想像力；只要沒有那些暗示，那套療法就沒有影響力了。」

問題正好就在於：為什麼想像力能創造可見的效果？委員會以為戳破了以太磁力論就很了不起，卻沒有再深入探討那些重要的觀察結果。儘管如此，這篇報告還是嚴重破壞了梅斯梅爾的聲譽。他沒有再回到巴黎，最終返回了他的出生地瑞士德語區並過著平靜的生活；他在一八一五年去世前，仍繼續看診並與支持者通信。

梅斯梅爾的學生們開始認為，也許老師錯了，其實所謂的以太流體或動物磁力並不存在，而是在進入深層的催眠狀態、意識思維和認知活動靜止下來時，心靈深處的未知領域出現了某種啟示。德斯隆醫師寫道：「這有可能只是想像出來的。那又如何？既然它極具威力又不被人理解，不如好好研究它，運用這神祕的力量來治癒疾病。」[2] 梅斯梅爾的一位病人也對委員會說：「假如我的健康是來自於我深信不疑的幻想，那懇求諸位明智的學者不要摧毀它，讓這些治療師持續為世界帶來光明。請允許他們繼續行醫，幫助我沉浸在那些不真實的想法中，讓他們利用我的單純、軟弱和無知，憑藉那股不存在的虛幻力量來治癒我。」[3]

十九世紀前人們並沒有潛意識或無意識心靈等概念，直到一八九〇年之後才開始為人知所，這要歸功於作家弗雷德里克・邁爾斯（F.W.H. Myers）和心理學家威廉・詹姆斯的努力。以前大部分的人都不知道，在意識生活的表象下存在著如冰川的心靈，那些未被認可的記憶、欲望和創傷左右著日常活動和人際關係。在梅斯梅爾的時代，人們都將心靈視為工具，用來計算、分析、盤點和溝通，只有少數思想家認為，潛意識中有股巨大洪流，當中藏著許多假設、恐懼和需求，所以心靈很易受影響和被操控的。過去的思想家會發明生命能量、神聖流注和動物磁力這些概念，就是為了找出那看不見的心理動力。事實上，每個人在生活中都能感受到它們的存在，只是找不到適當的詞彙來描述。

直到德國哲學叔本華出現後，人們才找到探索潛意識的橋樑。一八三六年，叔本華出版了《論大自然的意志》（*On Will in Nature*）。本書全面體現了他他早期的哲學觀。他強調，人在形塑和表現對現實的感受時，心靈和想像力的影響極大。本書出版後，叔本華成為當時最受讚譽的哲學家。從書中的論點來看，叔本華比同時代的學者更了解古代魔法的真諦，也就是將思想導向某個方向。他提到：「人類尚未學會將思辨的光芒導向內心的神祕深處……只要深入了解古代魔法，就知道它的效果來自於魔法師本人的意志……形上學的本質就是表象以外的世界，而宇宙的本體，也就是我們於自身內在所認識的一切，即意志。」

叔本華引用了德國神祕主義者伯姆（Jakob Böhme）的話：「魔法是意志的行動。」最後他指出：

> 教會一直都熱衷於迫害研究魔法的人，甚至還出版《女巫之槌》（*Malleus Maleficarum*）來教人辨別、虐待女巫。這樣做的不光是為了打擊魔法儀式中的犯罪成分，或是指出被惡魔操控的部分。更重要的是，他們對魔法有一種說不上的預感和恐懼感，擔心研究者會找到自己力量的真正來源……也就是意志。[4]

叔本華鼓勵讀者去探索看看，觀察這個「思辨之光」如何構成每個人對自我和對外在世界的感受，不僅是在表象上，而是在實質上。

此後，許多尋道者接受了這項想法，相信這股未知的生命力量真實存在。光是用靈魂或精神是很難描述的，那太模糊、太死板、也不明確。有些人更加了解這種看不見的心靈概念，他們發現，無論從生物學或形上學來看，人都是輸出和投射思想的媒介，是樹幹的分枝，也是有各種力量的感知器官。

時年三十一歲的詩人愛默生也有一樣的激情。他在一八三四年十二月八日的日記中寫道：

何不從赫拉克利特、赫密士和廣博仙人等傳說人物的斷簡殘篇，或是用羅馬哲學家普羅提諾（Plotinus）、義大利學者布魯諾和史威登堡的深刻教誨來灌溉尋道者的心靈，令他們更接近原始哲學。這是我第一次列出他們的名字，看起來都是如此神祕而迷人。

藝文界的「浪漫主義」（Romanticism）回應了這份渴望。這股潮流遍及繪畫、戲劇、詩歌和小說，創作者們重新將個人的存在添上神話色彩，有如古代故事中的英雄。這不光是種象徵性的比喻，而是要強調，在原初、自然的神祕靈性消失後，人的內在成分少了一塊。在十八世紀末，神祕學已經不再受到青睞，但浪漫主義者為其注入了新的生命力。

浪漫主義者從許多名人的身上汲取靈感，包括叔本華、英國詩人威廉．布萊克和《失樂園》的作者約翰．彌爾頓。在這本一六六七年出版的史詩中，撒旦被重新塑造為偉大的挑戰者、象徵叛逆、奪權和革命。他不是天界的分枝和客體，也積極創造事物，展現多變的存在樣貌。這位黑暗領主因叛變失敗而被驅逐出天堂，卻依然是不屈不撓又熱情的樂觀主義者，彌爾頓寫道：「心靈是完全自成一格的領地，它使地獄成為天堂，使天堂成為地獄。」撒旦的夥伴也也映出這種令人生畏的堅毅。魔鬼瑪蒙（Mammon）說：「寧可選擇艱難的自由，也不願屈從於輕鬆的束縛。」

他們的對話迴盪著赫密士主義的古老智慧。被擊敗的天使渴望取回與生俱來的權利，繼續從事創造、生產，他們想成為主動者和主體。以下這段文字是西方文學中最著名的詩句，撒旦說道：

在這裡可以牢牢握有統治權，而且是在我的自由選擇之下
這是偉大的雄心抱負，即使是在地獄中
寧願在地獄中當王，也不願在天堂裡受人奴役。

這些詩句的原版可能是凱撒說的，根據羅馬史學家普魯塔克的記載：

凱撒穿越阿爾卑斯山時，曾經過一個居民稀少且落寞的小村莊。他的同伴們輕蔑地評論道：「這裡不會有人爭奪功名，也不會有人發動戰事爭奪主導地位，更不會有強人因嫉妒彼此而發生衝突。」但凱撒嚴肅地回說：「我寧願在這裡當王，也不願在羅馬處於一人之下。」[5]

前文提到，歌德在一七七二至一七七五年間創作出生動的神話版《浮士德》，而主角與惡魔梅菲斯特簽訂協議，但彼此都沒有佔到便宜。一七八九年，歌德完成詩作〈普羅米修斯〉；這位泰坦神族的英雄從宙斯那裡偷取了天火，讓人類可以烹飪、冶金、鍛造珠寶和武器。透過這首詩，他想表達創造力和衝突的密切關聯。

浪漫主義的藝術家重新對反抗眾神、啟蒙人類的普羅米修斯產生興趣。他們也很好奇，是什

麼樣的力量慫恿夏娃從善惡樹上摘果子來吃。這兩個神話是否有新時代的意義？也許，蠱惑夏娃的那條蛇不打算腐化人心，而是要解放人類。早期的女性主義者如瑪麗·雪萊對這樣的非主流詮釋法深感興趣，也認為撒旦和普羅米修斯並不邪惡。這種力量解放了人類，但有時會帶來悲劇性的結果。雪萊在一八一八年出版的《科學怪人》中加上了這個副標題：「現代普羅米修斯」。科學怪人的發明者維克多熱愛異教文化，還有一間收藏神祕主義書籍的圖書室，他說：「我偶然發現了一卷阿格里帕的著作。我漠然地打開它，但這股冷淡馬上變成了熱情，因為他所證明的理論以及講述的事實非常驚人。一道嶄新的亮光在我的心中逐漸升起。我非常高興，趕快告訴他們我的發現……」

《科學怪人》是個悲劇故事，科學家在創造的過程中失控了。類似的情節也體現在「魔像」（Golem）的傳說中：拉比們用黏土創造一個生物來保護他們，但最終卻遭到背叛。對於那些有野心的人來說，卡巴拉的《創世之書》是製作泥偶人的艱澀指南，其註釋非常複雜，也許是用來迷惑人的。這項作業需要兩到三位猶太學者同時進行；單獨一人絕不可以，而維克多忽視這項了警告。

無論如何，以災難收場的《科學怪人》並非只是在描述人類的傲慢以及對創造的執迷，如同馬洛所改編的《浮士德》。相反地，它呈現了人對創造的渴望以及連帶的危險。也就是說，衝突與創造、誕生與毀滅、希望與風險、善與惡都是人類的共有特徵。

威廉·布萊克是浪漫主義文學的核心人物，他在一七九〇年出版了《天堂與地獄的婚姻》（*The*

*Marriage of Heaven and Hell*)。他主張，生命是一個整體，難以明確分出「上和下」，正如「天堂的信條」和「地獄的箴言」是互補的。他寫道：「獅子和牛是兩種不同的生物，不能對牠們套用同一套法則，否則就會壓迫某一方……因此，真正的朋友才敢提出反對意見。」布萊克深入探究西方的文學和道德思想，對浪漫主義者帶來了深遠的影響，包括拜倫勳爵，他將撒旦描述成遭到誤解的激進分子。

拜倫勳爵在一八二一年撰寫劇作《該隱》(Cain)，是一部有趣但被低估的「浪漫主義式撒旦崇拜」作品。他重新講述了《創世記》的故事，甚至大膽地為該隱辯護。他認為，聰明的該隱被上帝輕蔑，所以才會過得忿忿不平。而且該隱不滿一言堂式的宗教，不願向可疑又愛嫉妒的上帝獻祭，也拒絕表現出虛偽的虔誠。

該隱因憤怒而殺了哥哥，餘生都承受痛苦。但拜倫用美麗而誇張的筆觸，來傳達該隱的想法。在這部「案頭劇」中，路西法告訴該隱：「我了解、也同情人類有脆弱的一面。我與你同在。」

這場文學革命的主軸是：人的生命不易受到簡單的教條所影響，而是有計量、評價、創造和破壞萬事萬物的能力和權利。我們不是水族箱中的金魚，而是像赫密士主義者說的那樣：人人都是潛在的神祉。

現代人著迷於反叛者，邪神洛基、黑武士和黑魔女等反派角色大受歡迎，馬龍·白蘭度、詹姆斯·迪恩和貓王的狂放形象也擄獲人心。嘻哈音樂和龐克文化高舉的破壞精神也吸引了許多年輕人。這都要歸功於浪漫主義時代所強調的反英雄及大逆不道的精神，以及叔本華、史威登堡和梅斯梅爾的思想。這些思想家都認為，世上有各種生命能量可供取用，正如普羅米修斯為人類帶來煉金術，讓我們創造自己的獨特性。

一七九八年，拿破崙率領大軍入侵埃及，隔年還聘請藝術家、繪圖員、速記員、歷史學家和考古學家調查這片黑色大地，於是揭開了古老世界的神祕面紗。在戰事方面，拿破崙一開始勢如破竹，擊潰了埃及的馬木路克傭兵團，但終究被英國的陸軍和海軍打敗。之後他還率軍入侵敘利亞，還是以敗戰告終。這是拿破崙在戰場上少有的挫敗，卻也間接點燃了現代埃及學的火焰。

那群工匠和學者發現了羅塞塔石碑。這塊黑色花崗岩高約一百零七公分，製作於公元前一九六年，上面刻有托勒密五世時期的法令，文字則包含傳統的象形文字、官方用的拼音文字世俗體（Demotic）和統治階級用的希臘語。突然間，難以解讀的古代文字變得有現代意義了。

人們對於探索舊世界所產生新熱情，除了赫密士主義，還有古埃及的象形及表音文字。[6]正如羅塞塔石碑的三個組成部分，西方人的三種探索也交在一起：發現生命能量、對古文明的浪漫想像以及找回神話中的智慧。

在重塑神話的過程中，難免會出現一些神奇的道具，比如塔羅牌。這套牌卡以前是遊戲用的，而牌面上有引人入勝的圖像。塔羅牌的歷史有兩部分：原初的用途以及成為神祕學道具後的發展。

根據史料記載，塔羅牌在十五世紀初期出現在義大利北部。請先記住，紙張是中國人發明的，直到一一五〇年左右才傳入歐洲，因此直到中世紀晚期，西方才有神祕學專用的牌卡。在義大利文中，塔羅牌最早被稱為「凱旋之牌」（carte de trionfi），後才稱為「塔羅」（Tarocchi）。一五三〇年前後，塔羅牌的製作重鎮從義大利北部轉移到了法國的馬賽，因此到了十六世紀末，世人開始以法語 Tarot 來稱呼它，而今日的塔羅牌都是從馬賽的版本而來。

塔羅牌上的各種圖像——教皇、女祭司、死神、戀人、魔術師、塔樓——顯然是來自於中世紀早期的耶穌受難劇、嘉年華會和馬賽克藝術，但應該也與赫密士主義的象徵有關。不論如何，塔羅牌的圖像確實生動又迷人，而且不管是哪個文化底下的人，都能看出它們所欲傳達的寓意。我敢說，不管你去到世上任何地方，只要拿出戀人、皇帝或魔鬼的牌，對方都能大約理解其意義。

不過，塔羅牌一開始並非用於占卜，而是一種家庭遊戲，有如現今的橋牌，現在法國和義大利有些地區的人還會玩。不過，文藝復興時期它是有深度的遊戲。一六一六年，煉金術師麥克·邁爾出版了寓言小說《嚴肅的遊戲》（*Lusus Serius*），內容提及遊戲的創造性和深度。在英文中，演奏（play）樂器並沒有輕浮之意，戲劇（play）也不是小朋友的遊戲，比方說「耶穌受難劇」就是嚴肅的基督教戲劇。這些活動都有深層的意涵。在中世紀和文藝復興時期，人們家裡的物品很少，所以都被賦予重要的意義，即使是實用性的物品，也會有裝飾性的價值。他們都是經過精心設計的昂貴物品，不是廉價或用過即丟的東西。

當今最古老的塔羅牌可以追溯到十五世紀中期，以製造這副牌的米蘭貴族為名，被稱為「斯福爾扎—維斯孔蒂」（Sforza-Visconti）牌。全世界目前現存的原件只有十五副，而且完整度不等，最齊全的那副有七十四張（完整的應有七十八張），被收藏在紐約市的摩根圖書館（Pierpont

Morgan Museum and Library）。

值得注意的是，當時許多牌卡都會被拿來占卜，也許當年已經有人拿塔羅牌來算運勢了。但確切來說，直到一七八一年，塔羅牌才開始帶有神祕主義的色彩。法國歷史學家德・傑貝蘭（Antoine Court de Gébelin）從一七七三年開始發表充滿主觀色彩的巨著《原始世界》（共九卷），而在一七八一年出版的第八卷中，德・傑貝蘭認定，塔羅牌帶有古埃及的奧祕智慧。與許多文藝復興時期的學者一樣，德・傑貝蘭相信有「古老神學」，而且源頭就在埃及。從廣義上來說沒錯，然而他還發揮想像力，將塔羅牌視為高深的道具，可以解開奧祕的事物以及思想。但他沒有證據就是了。祕傳學研究者唐納・泰森寫道：「不誇張地說，塔羅牌到法國才有了神祕主義色彩，而且都要歸功於德・傑貝蘭的想像力。」[7]

但德・傑貝蘭是如何頓悟到塔羅牌的魔力呢？有天，他看著一些貴婦朋友在玩塔羅牌，彷彿注定般，「世界」牌引起了他的注意：

> 我把目光投向牌桌，立即認出了其間的寓意。其他人也都停下來看這張奇妙的牌，而他們從未察覺到當中有其他的含意。在眾人的要求下，我詳細解釋各張牌的寓意，並且斷言這些道理皆源自於古埃及。這個遊戲不是我們憑空想像出來的，而且當中的寓意與當前所知的古埃及思想有重要的連結。我們當下就做出承諾，將來有天要與公眾分享這些知識……

特別的是，德．傑貝蘭在行文一直稱塔羅牌為「遊戲」，可見它當時還不是普遍的占卜工具。德．傑貝蘭請了另一位學者梅勒伯爵（Comte de Mellet）撰文來介紹塔羅牌，並因此得到更多靈感。熱愛赫密士主義的梅勒伯爵將塔羅牌稱為「托特之書」（Book of Thoth）。他找出牌面圖案在占卜上的意義，並發現大牌有二十二張，正如希伯來字母有二十二個。在《原始世界》第八卷，德．傑貝蘭明確地指出，塔羅牌源自於埃及的神祕主義，是從有形世界通往無形世界的鑰匙。這項發現是神祕學史上重要的一刻。

法國神祕學研究者阿利埃特（Jean-Baptiste Alliette）採納他們的觀點並加以發揚光大。他非常熱愛「基督教卡巴拉」（Christian Kabbalah），所以還模仿希伯來字母的排列方式，從右到左來得出他的筆名埃特拉（Etteilla）。一七八九年，埃特拉製作了《大埃特拉塔羅牌》（*Grand Etteilla Tarot*）。這是第一套專為占卜設計的塔羅牌，這套牌卡就此重生並獲得新的意義，成為與古埃及文明和卡巴拉教義有關的神祕學道具。

對於占卜師來說，這套牌卡的圖像精美、生動而戲劇化，它融合了早期浪漫主義和西方人對古埃及的想像。馬賽和北義大利的舊牌卡畫風就比較簡約，除了二十二張大牌以外，小牌上的權杖、硬幣、杯子和劍都是走寫實風格。十五世紀末的索拉布斯卡塔羅牌（Sola Busca）比較特別，雖然畫風細膩，但氛圍有點令人不安。

直到十九世紀末才出現華麗的塔羅牌，最吸睛的當屬英國畫家帕梅拉．史密斯（Pamela Colman Smith）和神祕學專家亞瑟．韋特（Arthur Edward Waite）共同設計的牌卡。它發行於一九〇九年，此後塔羅牌開始變成為流行的占卜工具。

想要了解神祕學的歷史，便必須接受真實的原貌，而不是像我一樣對它懷著浪漫的想像。當然，有些奇特的事件確實發生過，有些古老且普遍的觀念卻是以訛傳訛而來的。我們也不該看輕一些新創、充滿奇想或修正過的觀念。數千年來，每個宗教都會不斷吸收外來的概念和思想，並加以轉化和重塑。從某個物件、想法或儀式找出新的故事，或從斷簡殘篇中重新詮釋一些主題或概念，就能更貼近某個思想的原意。新的表達形式不見得站不住腳，但追本溯源還是必要的。

教宗約翰保羅二世在其任期內共冊封了四百八十二位聖徒，但在他之前的六百年來，所有教宗所冊封的聖徒總數卻大約只有三百位。[8] 教宗認為，聖人多一點，人們才更容易認識天主教。這個想法相當合理，任何宗派想要有新發展、擬定新教義和嘗試新做法，都要修正舊的想法或以新方式運用舊理論。因此在探索歷史時，讀者得在主觀偏好和客觀史實間找到平衡。想理解事物的本質，就不該過度投射自己的理想、期待和觀念在其中，也不該否定舊思想的新樣貌或修正版。

有位歷史人物便是知識淵博又內心充滿矛盾。在他的努力下，神祕主義獲得了新生命和新形態，其影響持續至今。他本來是法國的修道士，但因懷抱基督教共產主義的理念而兩次遭到監禁，後來便投入神祕主義的實踐中。他原名為康斯坦特（Alphonse-Louis Constant），後來改名為艾利馮斯・李維。

李維深深著迷於基督教卡巴拉教義，所以才改為有希伯來發音的名字。他在年輕時進入修道院，很快就發現這並不適合自己。他關心神祕學、性渴望和社會脈動，這些獨特性令他成為早期的基督教社會主義者。一八四一年，李維出版了《自由的聖經》(*La Bible de la liberté*)，隨後便被政府查禁，本人也因叛亂罪入獄服刑八個月。[9]在殘酷的巴黎監獄裡，李維唯一的慰藉史威登堡的作品。他出獄後繼續研究魔法，但又因反對拿破崙三世而再次被判入獄六個月。

李維是個不斷掙扎的局外人。一方面，他不滿於神職人員所必須恪守的教義和獨身誓言，而為了自己的政治觀點，他也願意犧牲自由。但在這兩條路他都找不到令人滿意的答案。他希望搞清楚，權力從何而來？生命的意義又在哪裡？

在李維身處的年代，各種思想和潮流縱橫交錯，有些人在復興古老的思想，也有人將古代的教誨被改編為戲劇。有些人在探索神祕力量，也有人在全力追求自由。李維想把這些精神統合成一套思想。身為激進分子、卡巴拉學者和前修道士，李維找到了方法，那就是復興古老的魔法與儀式。在一八四九年所出版的《五十個建議》(*Fifty Suggestions*)中，愛倫．波抱怨了李維：「有一群思想家正在作亂。他們還沒意識到自己正在形成學派，也沒有稱號。但他們都一樣沉迷於古老的事物。」

的確，李維找到了新的東西，也改了名字，並與政治活動保持距離。他在一八五四年發表了這份宣言：

在古代教義的神聖與神祕寓言之中；在啟蒙儀式的陰暗和詭異面背後；在神聖文獻的封

印之下；在尼尼微和底比斯的廢墟深處；在古代神殿風化的石頭上；在亞述和埃及人面獅身像那黝黑的側面上；在印度教《吠陀》中傳遞神意的驚奇、駭人畫作中；在煉金術書籍中的奇特符號裡；在神秘教派的秘密儀式中……我們都發現某個學說的痕跡，其內容在各處都是一樣的，也都被小心地隱藏著。神秘學思想是所有宗教的乳母或教母，是所有知識力量的祕密槓桿，是解開所有神祕謎團的關鍵，也是古老社會的無上女王，專門教育祭司和國王。[10]

這段宣言成為《高級魔法教義》（*The Doctrine of High Magic*）的前言。一八五五年，李維寫了續作《高級魔法儀式》（*The Ritual of High Magic*）。次年李維將它們合併名為《高級魔法的教義和儀式》（*Doctrine and Ritual of High Magic*），並成為神祕學復興運動的經典。它有如現代神祕主義的法典，從新發現的西奈山上流傳下來。世人因此再次認識神祕學的思想、奧妙以及實踐方法。

李維接受了德・傑貝蘭的論點，認為塔羅牌是解開神祕現象的寓言之鑰，是潛藏內在真理的智慧之書。李維寫道：「塔羅牌，那本奇蹟般的書，是各民族聖典的靈感來源。它的圖像與數字精確地類比出世間萬象，是最完美的占卜工具。人們可以安心相信它的預測。」李維也借鑒了梅勒伯爵的想法，將塔羅牌與卡巴拉教義連結在一起，包括將大牌和小牌分配到到卡巴拉的十種生命力量，即「質點」（Sefirot）。

此外，二十二張大牌可對應到卡巴拉「生命之樹」的二十二條路徑。這個圖呈現出卡巴拉的宇宙論，並首次出現於《光之門》（*Sha'are Orah Gates of Light*）於一五一六年的拉丁文譯本。本書的原作者是猶太教經師吉卡提拉（Joseph ben Abraham Gikatilla），翻譯者是德國神學家里基奧（Paolo Riccio）。生命之樹的架構可追溯自里基奧的友人、德國神學家勒赫林。日後還有更多版本的生命之樹問世。

在眾多的新詮釋中，流傳最久遠的就是將大牌連結上希伯來文的二十二個字母。每個字母對應一個數字，這就是希伯來的數字系統「數字祕義」（gematria）。[11]李維還將塔羅牌連結到黃道十二星座，並將小牌連結到四大元素（火、水、風、土）、煉金術的要素（硫磺、水銀、鹽、氮，最後一項能「激發靈魂的活力」）以及希伯來文的四字神名。李維的崇拜者安科斯（Gérard Encausse）於一八八九年出版晦澀難解的《波希米亞人的塔羅牌》（*Tarot of the Bohemians*），並把塔羅牌連結到更多的神祕學元素。

因此，在李維的詮釋中，解開煉金術的密鑰就在塔羅牌與卡巴拉的連結中。李維並未完全解釋他的依據為何，我也必須指出，卡巴拉文獻中並沒有提到塔羅牌，而且後者晚了好幾百年才出現。[12]以色列歷史學家舒倫（Gershom Scholem）於一九四六年出版《猶太神祕主義的趨勢》（*Major Trends In Jewish Mysticism*）重新點燃了人們對古典卡巴拉的研究熱情。他提到：「李維的詮釋相當精彩，卻充滿了誤解。英國魔法師克勞利及其追隨者的理論更是胡說八道……」

這位學者還提到，就連猶太教自己也不重視卡巴拉的研究和文獻，而神祕學研究者雖然錯得離譜，但至少維持了卡巴拉的能見度。他心有不甘地指出：

在猶太學術界，真正了解這個主題的作家並不多，其作品也沒人出版過，甚至連引用都沒有。這太不光彩了，連猶太學者都不感興趣。更丟臉的是，十九世紀的猶太學界盛行理性主義，所以把卡巴拉排除在外，而有洞見的思想和觀點，都是由熱愛神祕主義的基督教學者們所提出的，例如英國神祕學專家韋特以及德國學者莫利托（Franz Josef Molitor）。遺憾的是，這些卡巴拉學徒雖有優秀的哲學思維和理解力，但卻對歷史和語言學資料欠缺批判意識，所以完全沒有能力處理與事實有關的問題。

對許多當代研究者來說，塔羅牌與卡巴拉教義的對應關係是神聖不可挑戰的。但事實上，這都是李維所創造出的新詮釋。但我們也沒有理由放棄這個連結。熟悉不等於真理、新穎不等於虛假，許多人在這個體系中發現了深層的意義。但我們有必要了解它的來龍去脈。

在此，我推薦塔羅牌專家普萊斯（Robert M. Place）於二〇〇五年出版的《塔羅牌》（*The Tarot*），本書揭開了塔羅牌的神祕面紗與歷史。此外，歷史學家德克（Ronald Decker）與人合著的《邪惡之牌：神祕塔羅牌的起源》（*A Wicked Pack of Cards: Origins of the Occult Tarot*）以及《神祕塔羅牌的歷史：一八七〇至一九七〇年》（*A History of the Occult Tarot, 1870-1970*）也是很重要的參考書籍。普萊斯警告說，在研究李維以及「黃金黎明協會」所提出的塔羅牌系統時，無須太認真背誦、統整和調整牌卡的相關性，否則你會把它當成封閉的系統，並對牌卡的象徵意義不感興趣，而後者才是其迷人之處。雖然這些都是個人的選擇，但至少我們應該了解前人所打下的基礎。因此，卡巴拉學者應該了解希伯來文，占星家應該研究天文學，而塔羅牌占卜師應該認識這副牌卡的歷史。了解它的來龍去脈，就能更加了解它的奧祕以及意義。

除了塔羅牌之外，李維還為大眾文化帶來了新生命，並讓人們接觸到了各種晦澀難解的神祕符號，包括五芒星、大衛之星、四字神名以及羊頭惡魔巴風特。

這個擁有不死之身、雙腳交叉、雌雄同體的神祇非常迷人，又稱之為「門德斯的山羊」、「安息日之羊」。李維繪製了巴風特的圖像，並放入《高級魔法的教義和儀式》第二部的扉頁。這張手繪的圖像廣為人知且不斷被後人修改：右臂向上，前臂上寫有「溶解」(solve)，左臂向下，前臂上寫著「凝固」(coagula)。李維藉此表達出平衡的原則：生命沒有高低，也沒有天堂或地獄、內在或外在之分，而是一個整體。煉金術的「終極目標」或「大智慧」(Magnum Opus)，就是要去統一和克服這些矛盾。

巴風特的形象與現代神祕學緊密相關，也可追溯到古希臘時代。在《歷史》第二卷中，希羅多德談到自己在古埃及城市門德斯所見到的景象：

> 埃及人不用山羊來獻祭，無論是公的還是母的。門德斯人將潘(Pan)列入八元神之一，這比希臘十二眾神的歷史還早。埃及人所描繪的潘與希臘人畫的一樣，有山羊的頭和腿。

但埃及人並不認為潘的形象真的如此，也不認為潘與其他眾神不同。我並不想指出如此呈現的原因。

門德斯人認為山羊是神聖的，尤其是公羊，對於牧羊者也特別尊敬。當地有隻公山羊非常神聖，牠死去時，門德斯各地都舉行了盛大的哀悼儀式。在埃及語中，「門德斯」指的是公山羊或潘。這地方還發生了一件怪事，我聽說有個女人與山羊在公眾場合發生了性關係。[13]

自中世紀以來，山羊就與女巫安息日（Witches' sabbath）有密切的關聯，這可能是源自於迦南人和埃及人的神聖山羊有關。無論如何，在李維之前，法國人已再次對巴風特感興趣，這要歸因於拿破崙入侵埃及，以及隨之而來東方神祕主義的浪潮。

在李維的核心見解中，「星光」（astral light）是魔法的重要能量來源，是實現「終極目標」的關鍵。這反映出當時的人們對於無形力量或生命力的觀點。布爾沃－李頓（Edward Bulwer-Lytton）也因此在一八七一年推出的科幻小說《弗里爾：未來種族的力量》（*Vril, The Power of the Coming Race*）。還有叔本華對於想像力的看法：「人類尚未學會將思辨的光芒導向內心的神祕深處。」克勞利也說：「魔法是引發變化以符合意志的科學和藝術。」[14]

就「星光」一詞而言，李維確實參考了叔本華的「思辨之光」，以隱喻的方式來命名有焦點的思想，而從現代腦科學來看，「星光」就有如腦神經中的電流脈衝。在當時，他用這個名詞來描述人類尚未理解的力量、心靈的運作以及如冰川般的潛意識。

他以這種生動鮮活的方式將星光詮釋為內在意志，而藉由魔法就能喚醒它，有如「《創世紀》裡的那條蛇」。他進一步寫道，性衝動能引發這股力量，並以專注的想像力加以引導。它可以被稱為情感化的思想，或是由性衝動激發的思想和意志力。李維相信，古文明裡的各種象徵，包括塔羅牌、煉金術的符號、五芒星、蛇、巴風特、神話、寓言，一方面反映了這股力量，也是喚醒及的運動方法。以蛇為象徵，性、思想、意志結合在一起，朝著同樣的目標邁進。

克勞利後來將魔法定義為「意志投射」（Will projected），這也是李維首創的概念。李維以自己的方式創造新聲音，當中有梅斯梅爾的理念、叔本華的觀點以及浪漫主義者的文學隱喻。藉由欲望、需求、專注、符號和性，就能喚醒超自然的思想之力，並加以運用。最後，我們還需要古老而神祕的「賢者之石」（Philosopher's Stone），這是煉金術的關鍵之鑰，足以開啟魔法之門，進而實現「終極目標」。

歷史學家伊德（Andrew Ede）和科爾馬克（Lesley B. Cormack）在《文明社會中的科學史》（*A History of Science in Society*）中寫道：

> 原始物質不具有特定的「形態」（pattern），所以煉金術士認為可以把它們轉化為大地形

態。轉化過程的關鍵是某種催化劑，也就是「賢者之石」。早在公元三百年，埃及的煉金術士佐西莫斯（Zosimos）就在《手作之物》（*Cheirokmeta*）中提到這個名詞。[15] 賢者之石究竟是實際的物體、煉金術的產物或是某種精神狀態，取決於不同的煉金術理論。

為了教導人們獲得力量，李維說道，生命之火（élan vital）就存在於內在，可以透過欲望、符號、儀式、畫面和寓言來喚起。專注和平穩就能保持力量，分心和濫用則會稀釋它。因此，李維對新興的魔法文化立下座右銘：

知道才敢做，
敢做才堅定，
堅定才能成王，
沉默才能統治。

過去，人們都不希望見到宗派出現分支，也不支持新的教義。而李維改變了這樣的觀念。他在《高級魔法的教義和儀式》中多次提到了路西法，有時將這位叛逆天使解讀為上帝最至誠的僕人，有時則惡毒地批評他。

後世有無數的學者都在探討「撒旦」、「魔鬼」、「路西法」、「光之使者」在不同文化中的樣貌。

幾百年來，隨著聖經編纂學的發展，這些詞已變成了同義詞，代表與上帝對立的力量。撒旦的希伯來文是השטן，發音為「哈撒旦」（ha-sa-taan），也有執行者之義。

李維在一八六〇年出版了《魔法史》（*The History of Magic*），並由英國神祕學專家亞瑟・韋特於一九一三年譯成英文。在序言中，李維說道：

> 路西法——光之使者——黑暗之靈居然有這樣奇怪的名字！應該是因為他自帶光芒，使軟弱的靈魂變盲目。各個傳統文化都有神聖的啟示和靈感。聖保羅說，撒旦自己也變成了光明的天使。基督也說：「我曾看見撒旦從天上墜落，像閃電一樣。」先知以賽亞也說：「明亮之星，早晨之子啊，你何竟從天墜落？」[16]

這段話也被收錄在美國共濟會領袖派克（Albert Pike）於一八七一年所出版的鉅著《古代與公認的蘇格蘭共濟會的道德與教條》（*Morals and Dogma of the Ancient and Accepted Scottish Rite of Freemasonry*）。派克寫道：

> 對於共濟會第十九階的會員來說，《啟示錄》是至上完美的信仰。他們只仰望上帝，輕蔑路西法的浮誇與作為。路西法，光之使者！竟然給黑暗之靈這麼奇怪又詭異的名字！路西法，晨星之子！是他自帶光芒，使那些軟弱、耽溺於感官享樂的自私靈魂變得盲目。

> 畢竟，所有的傳統都充滿神聖的啟示和靈感……

這段話後來引發爭議，一直延續到二十一世紀。陰謀論者和反共濟會的人聲稱，共濟會與路西法主義有緊密連結。在一八九〇年代，法國作家塔克西爾（Léo Taxil）還宣稱，共濟會其實低調地在信奉巴風特。塔克西爾虛構的故事獲得許多迴響。基督教右派的漫畫家傑克・奇克（Jack Chick）還發行宣傳小冊《那就是巴風特？》（*That's Baphomet?*），並引用了派克和李維的文字為證。[17] 然而，只要認真讀過派克和李維的著作，就知道他們是在譴責反叛者。共濟會歷史學家德霍亞斯（Arturo De Hoyas）於二〇一一年重新編注派克的著作，他提到：

> 路西法為何是光之使者？拉丁語的「光」（lucis）以及「帶來或攜帶」（ferre）合在一起就是「攜帶著光」（lucis-ferrer），唸起來就是「路西法」（Lucifer）。諷刺的是，黑暗之靈為何會有光之使者的名號？使徒保羅解釋說：「這並不足為奇，原來撒旦自己也裝做光明的天使。」（《哥林多後書》11:14），所以批評者才對路西法這個名字多做聯想。那為什麼路西法會被稱為「晨星之子」？《以賽亞書》寫道：「明亮之星，早晨之子啊，你何竟從天墜落？」（14:12）根據《聖經》評論家的說法，這節經文所指稱的對象不是魔鬼，而是在譴責迫害以色列人的古巴比倫國王。

採取你什麼樣的神學觀點，以上段落都清晰解釋了李維和派克文章背後的含義。由此可見，哪怕是提到基督教出現前的祕傳象徵，早年神祕學的復興運動還是從亞伯拉罕諸教的角度出發，甚至讀來有點老學究氣息。

後世的人在修復永恆主義（Perennialsim）的世界觀或復興「古老神學」時，難免會與傳統的西方觀點有所分歧。派克和李維的論述直到今日依是反共濟會人士的最愛。在論戰中，他們斷章取義，將共濟會設想為撒旦的代理者。受到李維所影響的組織和個人都很喜歡發明繁雜且難解的公式，甚至漸漸地流於形式。而新一代的魔法師都在努力擺脫這個窠臼。

十九世紀中期後，現代神祕主義已吸取了各種古代的概念、圖像和戲劇。並混合了工業時代的希望、理想和奮鬥精神。機械性的力量支配了當時的世界。達爾文在一八五九年所提出了天擇論以強調生命的有序發展，也就是說，物種的分化和演化都是依照既定的生物學法則。但對於叛逆者、探索者、神祕主義者來說，世界有其他的運行法則，而人類有自決力、不會墨守成規。這時期最重要的魔法師就是美國的帕斯卡爾·蘭道夫（Paschal Beverly Randolph）。

蘭道夫在一八二五年出生在下曼哈頓那臭名昭著的五點區，他有非裔血統，但不是奴隸。他父親拋棄了家庭，留下蘭道夫和他的母親在貧民窟生活。母親很快便離世了，死因可能是斑疹傷寒。之後蘭道夫被一個寄養家庭以及同父異母的姊姊輪流扶養。他不想流落街頭和打零工，所以年紀輕輕的就去當水手，也得以離開紐約前往近東地區和歐洲。

蘭道夫立即對李維的神祕主義產生了濃厚的興趣。這位黑人從六歲起就是孤兒，得在殘酷的奴隸制社會中自食其力。透過神祕學研究，他努力找尋力量、自我和各種潛在的發展。這是他其中一段旅程日記（或許帶有點幻想的成分）：

> 有天晚上，記不清是在遙遠的耶路撒冷或是伯利恆，我與一位有阿拉伯血統的深膚色少女相戀。在那次的經歷中我學到了愛情白魔法的基本原則。後來我加入了許多托缽者和苦行僧團體，透過他們，我找到了取得其他知識的道路。我成為了神祕主義者，還當上崇高兄弟會的首領。我發現了長生不老之藥、普世之道以及賢者之石。[18]

從二十一歲開始，他整個人生都在創立、解散、然後又重新創立了他自己的神祕團體。其中一個是尤利斯兄弟會（Brotherhood of Eulis），它創立於一八四六年，並於一八七四年在蘭道斯的手上改組。這個兄弟會的名字是取自希臘女神厄俄斯（Eos），也就是黎明的化身。蘭道夫的重要著作《尤利斯！》（*Eulis!*）也是在這個時期完成。該書於一八七四年出版，主要在探討「愛的哲學」。

蘭道夫所創立的另一個團體是成立於一八五八年的「玫瑰十字兄弟會」（Fraternitas Rosae Crucis），它最初位於舊金山，後來搬到賓州的夸克敦（Quakertown），後來美國神祕學家克萊默（R. Swinburne Clymer）成為其最高宗師。事實上，美國境內的玫瑰十字會很多，彼此都在爭自己才是嫡傳和正統的。蘭道夫聲稱，自己是從文藝復興時期的思想流派中創造出這個社團名稱，並且重新塑造其意義。他將玫瑰十字兄弟會定義為一種理念，而不是具體的組織，並自封為各分會的精神領袖。

「力量不能用金錢買來，」蘭道夫在一八六七年的著作《靈視指南》（*Guide to Clairvoyance*）中寫道：「我想要最好的靈魂來到我這裡。這樣的人才能成為玫瑰十字兄弟會的成員！」

蘭道夫生涯總計出版了超過二十本書籍，其中有許多見解是透過靈視、出神狀態和服藥而來的。蘭道夫是最早使用毒品（尤其是大麻）來獲得幻象和特殊見解的西方人，還參與了大大小小的降靈會。最重要的是，他成為性魔法（sex magic）的先驅，還將其稱之為「感情煉金術」（Affectional Alchemy）。

一九三一年，他的門徒幫他出版遺作《性魔法》（*Magia Sexualis*）時，則是以拉丁文來稱呼這套方法。根據蘭道夫的教導，尋道者與伴侶在達到性高潮時刻，就把注意力集中於自己所渴望的事物，以此提高意志力。與日後類似的學派不同，蘭道夫明確地規定只有伴侶才能一同操作，有婚姻關係者更好。即便如此，蘭道夫仍然被控散布淫穢思想，並在一八七二年短暫入獄，導致他財務出問題。性魔法就此成為現代神祕學的重要派別。如今，這種方法通常要與符咒搭配使用，求道者必須將某個願望轉化為抽象的圖案。英國藝術家斯貝爾（Austin Osman Spare）認為，在觀看符咒時達到狂喜或性高潮，就能為它「充電」，也就是說，符咒有如意志的代表物或導線。

除了性愛、毒品、靈視和降靈會，蘭道夫還從英國魔法師約翰・迪伊那裡得到靈感，他強調，凝視鏡子並專注於內心的渴望，便可以將鏡子轉變為思辨之光的通道；這種心理狀態類似性高潮，還可投射出內心的願望。布里斯托（Claude M. Bristol）於一九四八年出版的《信念的力量》（*The Magic of Believing*）也有提到這個方法。蘭道夫積極尋找各種物件來當作無形力量的增波器，並為一般人提供自助且簡單的操作準則。

就像許多的靈媒和通靈術研究者一樣，蘭道夫也積極參與廢奴運動。宗教學者休・厄本（Hugh B. Urban）寫道：「一八六六年九月，效忠聯邦的南方人（Southern Uniolist）在費城聚會，一方面支持共和黨解放黑奴，也希望外界看到他們對國家的忠誠。這群南方人急切地呼籲，選舉權應擴及至效忠政府的黑人（loyal Negro）。」蘭道夫也前往費城發表演說，他激情澎湃的言詞則被刊登各家報紙上：

> 我不是蘭道夫，我是上帝的聲音，我必須對這個正在爆走著國家呼喊著：「停下！停下！」
> 我是數百萬政治弱勢者的嘴唇，以真理之名要求公平的對待。
> 我是當代的隱士彼得，因反對不義而發起新的十字軍聖戰。
> 我是進步的天才，呼籲社會建立學校。
> 我是人民的辯護者，為世界帶來救贖的工程師。

厄班指出：「蘭道夫對現代神祕主義的最重要貢獻，就是他獨創的性魔法，或稱為感情煉金術。在性愛中，蘭道夫見到世界重生的希望，以及個人實現自我以及社會轉變的關鍵，也是解放型文明的基礎。」[19]

蘭道夫以無政府主義式的自決精神寫作並建立組織。他沒有接受過正式的教育或進過神學院，也沒有任何文學底子和學位證書。他不是叔本華、梅斯梅爾、布萊克或雪萊那樣的高知識分子，而是來自街頭的自學者。他認為實踐魔法不需要任何的執照、培訓或他人的認可（但可能需要他的認可）。這個人敢於嘗試，有不受拘束的叛逆精神，但也帶著深深的悲傷。蘭道夫始終懷疑妻子對他不忠，而他本人也深受債務所擾。一八七五年，這位情緒不定的尋道者在俄亥俄州的托萊多（Toledo）以四十九歲之齡舉槍自盡。

蘭道夫留給後世許多重要的遺產，除了魔法系統，他還留下了一句簡潔的座右銘：試就對了（TRY）。

蘭道夫於一八六一年出版了《與死者交易》（*Dealings with the Dead*），他寫道，有一個名為湯特摩爾的智者靈魂告訴他：「這座星球上有個更大的兄弟會。我們的團體在地球剛出現文明曙光時就存在，其座右銘就是『試就對了』。」

他在《尤利斯！》中還用拉丁語「意志」（Volantia）來詳細說明「試就對了」原則：「以安靜、穩定、平靜、不狂暴、不吃力的方式去行使個人意志。」這個座右銘也呼應了《薄伽梵歌》的教誨；黑天克里希那對戰士阿周那下的命令很簡單：「戰鬥吧！」由此可見，這個道理以各種形式在各地發展起來。

蘭道夫於一八七五年結束了自己的生命，同年五月，紐約市發生了另一件與神祕學有關的重大事件。有一位紐約人、前聯邦軍的上校亨利・斯蒂爾・奧爾科特（Henry Steel Olcott）結識了一位非比尋常的俄羅斯貴族，她是布拉瓦茨基夫人。兩人一拍即合，便開始進行一系列的神祕實驗和研究。

一八七五年五月，奧爾科特召集了一小群尋道者並成立「奇蹟會所」（Miracle Club）。他們準備研究神祕力量、透視力、卡巴拉、埃及幾何學、東方靈性學以及輪迴。布拉瓦茨基在她一本龐大的剪貼簿中記錄到，該會所是「從T那裡收到的命令而成立的」。她指的可能是圖伊提特貝（Tuitit Bey），是指導她的「隱世大師」之一。

會所成立後，奧爾科特擔心進展太慢。這時卻意外地收到貝伊的信，上面註明「路克索兄弟會第五支部」。這位行蹤神祕的導師告訴他說：

新進的弟兄，我們向你致敬。

渴望我們的出現，就會找到。試就對了。

安心，放下有毒的自我懷疑。我們會保護忠實的士兵。布拉瓦茨基是一位勇敢、值得信賴的僕人。敞開你的靈魂、保持信念，相信她會帶領你走向真理的金色大門。她不懼怕利劍和烈火，但她打從內心深處痛恨不光彩的事，她有理由不信任未來……

你周圍有很多優秀的媒介，不要放棄你的會所。試就對了。

這是東方神祕的至尊上師（Mahatma）給亨利的第一封信，而且是透過降靈寫下的。布拉瓦茨基夫人背後有幾位這樣的導師。一八八〇年十一月二十六日，在「至尊上師的第五封信」中，庫特．胡米（Koot Hoomi）告訴印度神智學家西內特（A.P. Sinnett）：「記住，這些信不是用寫的，而是聖靈所降下的畫面直接成形，錯誤的部分也都自動修正好了。」歷史學家戈梅斯（Michael Gomes）檢查過這些信件，他告訴我，從物理性質來看，紙張上確實沒有下筆的壓痕。

這封信在一八七五年五月送抵奧爾科特手中，正是李維去世的同一個月，蘭道夫也在兩個月前過世了。奧爾科特確實遵照「試就對了」原則。在他的艱苦經營下，奇蹟會所成為另一個大型組織的核心，即「神智學會」，後者在精神、藝術和政治上大大改變了人類世界。

# 第六章 二十世紀：神智學會與布拉瓦茨基夫人

布拉瓦茨基夫人的事蹟在歷史上一直有爭議。二〇一二年我在從事出版工作時，推出了歷史學家拉克曼（Gary Lachman）所撰寫《布拉瓦茨基夫人：現代靈性之母》（*Madame Blavatsky: The Mother of Modern Spirituality*），以探討這位維多利亞時代的代表性人物。

結果許多報章雜誌都發表了嚴格又帶有批判性的評論，包括《巴黎評論》（*Paris Review*）和《哈潑雜誌》，我們甚至並未寄送書給它們。無論是我本人或作者拉克曼，也不曾詢問他們對此書的想法。我感到非常驚訝，這些權威學者竟然感到自己有必要去評論這位在一八九一年去世的神祕學者。

他們以大量的篇幅和粗糙的二元論去批評她，而忽視了靈修活動的複雜性與灰色地帶。一如既往，布拉瓦茨基被說成靠神祕主義賺錢的騙子，並導致社會上出現許多假靈媒和江湖郎中，還引發社會各界的反感和批評。正因如此，神智學研究者恩德斯比（Victor A. Endersby）才以《魔鏡迷宮》（*The Hall of Magic Mirrors: A Portrait of Madame Blavatsky*）為書名，描繪她多樣而複雜的人生。不管這些爭議是否有結論，布拉瓦茨基夫人確實對當代社會有重大的貢獻。

有太多的非凡人物都受到布拉瓦茨基的影響：作曲家史特拉汶斯基和史克里亞賓、聖雄甘地、印度前總理尼赫魯、美國前總統華萊士、詩人葉慈、愛爾蘭作家喬治．威廉．羅素、美國詩人艾略特、現代主義畫家佩爾頓（Agnes Pelton）、瑞典藝術家克林特、俄羅斯畫家洛里奇、荷蘭畫家蒙德里安、抽象藝術家康丁斯基、《綠野仙蹤》作者鮑姆（L. Frank Baum）、搖滾歌手朗德格倫（Todd Rundgren）、電影導演大衛．林區和搖滾巨星「貓王」等。

此外，她的影響力還遍及其他的靈性派別，包括那些引介東方靈性思想的運動、威卡教和女巫文化。

布拉瓦茨基的夥伴也都能力非凡，當然也包括奧爾科特上校。

一八七七年冬天，在「地獄廚房」曼哈頓西區第八大道與第四十街的轉角處，有一棟矮胖的紅磚公寓。這棟五層樓高的建築如今仍然佇立，已成為伊克諾旅店（Econo Lodge）的分店。它以前沒有電梯，還二樓有一堆狹小的房間，外觀來看起來就像西藏的寺廟，還被藝文界戲稱為「喇嘛寺」。布拉瓦茨基夫人熱愛周遊各國，並於一八七三年來到紐約市。她之所以來到這裡，是想探訪降靈術的發源地。美國的宗教風氣非常自由，有助於她重新點燃神祕學的火焰。

定居紐約一年後，她遇到了她的室友，也就是曾在南北戰爭時期擔任聯邦軍上校的奧爾科特。入伍前，他可是眾人稱讚的農業奇才，服役後還調查過林肯遇刺案。後來奧爾科特對降靈術產生興趣，並研究各種靈異現象，並收錄於他在一八七五年出版的《來自另一個世界的人》（*People from the Other World*）。

一八七四年，奧爾科特受紐約某報社的委派，前往佛蒙特州的奇滕登（Chittenden）調查由艾迪兄弟（William and Horatio Eddy）所經營的「鬼魂農場」。這對兄弟說自己能召喚靈魂以及誘發靈異現象。

一八七七年十月十四日，在這個陽光燦爛的中午，奧爾科特於農場門廊上遇見了一位氣勢逼人的女性。他展現風度幫她點菸。這位女士當天才剛到鎮上，身上穿著蓬鬆的紅色加里波底襯衫。加里波底是義大利革命家，也是共濟會成員。他統一了分裂中的義大利，使之成為單一的民主共和國。許多人便仿效他的穿衣風格。一八七〇年，加里波底的部隊還曾與梵蒂岡的衛隊發生軍事衝突。加里波底是個熱情、浪漫又充滿理想的革命家，也特想別打擊逐漸沒落的歐洲貴族。

布拉瓦茨基告訴她的新朋友，她曾與加里波底並肩作戰，還掀起襯衫展示身上的彈痕。目瞪口呆的他被她深深所吸引。他們沒有成為戀人，但成為密不可分但又常有爭執的朋友，共同熱衷於探索未知領域。

他們所建立起的第一個組織是在一八七五年五月成立的「奇蹟會所」，存在時間並不長，不久後在同年十一月，兩人在紐約市又創立了「神智學會」。一八七六年夏末，奧爾科特將這兩項機構都搬到喇嘛寺。

一八七七年冬季，某天夜晚，奧爾科特經歷一生中最重要的轉變。布拉瓦茨基夫人已經入睡，他獨自坐在房間裡，靠著煤氣燈的微光閱讀探險家史蒂芬斯（John Lloyd Stephens）的回憶錄，內容談到作者在墨西哥考察瑪雅遺址的經歷。周圍唯一的聲音是蒸汽暖爐的嘶嘶聲。奧爾克特邊讀書、邊吸菸，突然有位高大、戴著頭巾（fehta）的男子出現在他面前。可是從頭到尾，他都沒聽到任何腳步聲、地板嘎吱聲或開門聲。此人便是東方的智者莫里亞大師（Master Morya）。

奧爾科特在他的回憶錄《舊日記頁》（*Old Diary Leaves*）中寫道：

> 讀書時，我肩膀微微偏向門口，突然瞄到右邊角落閃現一絲白色的光芒。我轉過頭來，一放下書，就看見一位高大的東方人站在我面前。他身著白色長袍，頭戴琥珀色條紋的頭巾，上面還有黃色的手工刺繡。

這位也是布拉瓦茨基夫人的從年輕時就皈依的「隱世大師」之一。奇蹟會所成立後，奧爾科特也開始收到大師們的來信。現在，莫里亞大師就站在奧爾科特的面前；大師請上校放心，他現在走的道路是正確的，可繼續進行研究與調查，並與布拉瓦茨基夫人密切合作。此外，莫里亞還交代，希望他們倆動身前往當時還在被殖民的印度。因為英國和歐洲的教會憑著軍力和財力在當地傳教，而導致印度教的影響力被瓜分。

為了證明這次的會面是真的，讓奧爾科特相信他並不是在做夢，莫里亞取下了他的頭巾，將其擺放在桌子上，隨後便消失了。[1]

一八七八年十二月，奧爾科特和布拉瓦茨基夫人真的離開了紐約市，前往今日的孟買，並於一個月後抵達。他們在印度重起爐灶。對大多數的西方人來說，印度如同另一個星球。兩人資金有限又不熟悉當地的語言、文化和風俗，也沒有人際網絡。兩人都已步入中年，也一樣行動不便；布拉瓦茨基夫人過於肥胖，奧爾科特則患有痛風。

奧爾科特和布拉瓦茨基在維多利亞時代搬離了文明的紐約。在那座大城市裡，中上階級的住戶都有僕人，晚上有照明、夏天能享受冰鎮飲料、冬天有煤氣取暖。他們可以乘坐馬車在城裡四處遊覽、看表演、享用各種美食，或坐火車去康尼島遊玩。這兩人還是紐約藝文界名人，經常與小報記者打筆仗。一八七七年九月，布拉瓦茨基出版了她的第一本史學著作《揭開伊西斯的面紗》（*Isis Unveiled*），內容涉及浩繁的神祕思想。奧爾科特也是受人尊敬律師和記者，他曾報導廢奴主義者約翰·布朗被處決的過程，還逮捕了刺殺林肯的嫌疑人。外界都很狐疑，為何這兩人能投入神祕學的研究，但他們終究變成了名人，儘管受到的責難也非常多。

但兩人卻將這一切都拋在腦後，選擇定居在印度這個古老的國家，和追隨者們一同扶助國大黨。獨立建國後，國大黨肩負打造新國家的大任，並由甘地擔任精神領袖。這位反殖民主義的領袖非常欣賞布拉瓦茨基的宗教普世主義，他也提到，在求學階段受到她的影響甚深。

在二十世紀的歷史中，有一項重要的事實常被忽視：甘地曾公開承認，世神智學讓他重新回歸印度教，並把聖典《薄伽梵歌》當成人生的指引。甘地在自傳中寫道：「布拉瓦茨基的《神智學之鑰》（*Key to Theosophy*）激發了我對印度教的興趣。我因此消除了被傳教士們灌輸的觀念，不再把古老的宗教當作迷信。」[2] 甘地還向傳記作家費舍爾（Louis Fischer）說道：「神智學是印度教的精髓，代表了人類的兄弟情誼。」[3] 在獨立運動期間，甘地與神智學會合作，雖然偶爾會有爭執，但他認為神智學有助於消弭國大黨內部印度教和穆斯林徒的矛盾。

神智學在印度政治史的地位，可以追溯到一八八五年國大黨成立之初。神智學專家艾倫・休姆（A.O. Hume）是創會元老，他是退休的英屬印度政府祕書，自稱「在進階入會者的建議和指導下」行事。[4] 一九七三年，被列為印度獨立的功臣，其肖像還出現在印度的紀念郵票上。一九一七年，布拉瓦茨基的後繼者安妮・貝贊特（Annie Besant）當選為印度國大黨主席，她是第一個擔任此職務的女性，也是最後一個坐上這位子的歐洲人。

至於奧爾科特，他則在印度、日本、斯里蘭卡、緬甸等地巡迴演說，並協助發起大規模的佛教復興運動。有位斯里蘭卡的英格蘭教會主教寫信回家抱怨道：「有位不知名社團的祕書在煽動僧侶，還稱讚他們能帶來知識上的進步。」[5] 奧爾科特運用了基督教的方法來幫助佛教，還寫了《佛教問答》（*The Buddhist Catechism*）一書。該書至今在斯里蘭卡仍廣為流傳。奧爾科特模仿基督教的運作模式，試著將佛教組織化。

奧爾科特協助設計國際佛教旗，並成功游說殖民政府將佛陀生日定為斯里蘭卡的國定假日。他還籌措資金在當地建設學校與推廣教育。佛教復興運動於是如火如荼地展開。在奧爾科特踏上斯里蘭卡後的二十年內，當地的佛教學校從四所增加到二百多所。[6] 為了表彰他的貢獻，斯里蘭卡還將他逝世的二月十七日定為「奧爾科特日」。一九六七年，奧爾科特的肖像也出現在斯里蘭卡的郵票上。

維多利亞時代的西方人還不流行去印度來趟心靈之旅。他們沒有把印度當成是宗教思想的源頭，而是當成是文化上的邊陲地帶，只是大英帝國的商業和軍事基地。數十年後，英國作家毛姆和保羅．布倫頓（Paul Brunton）等人才前往印度進行心靈之旅。在奧爾科特定居於印度的一百年後，舉世知名的披頭四合唱團也在一九六七年造訪印度，前往印度北部的瑞詩凱希參加瑪哈禮希．瑪赫西．優濟（Maharishi Mahesh Yogi）的靜坐訓練營。如今西方世界盛行的靈修之旅，就是由布拉瓦茨基和奧爾科特所打下的基礎。

那個冬夜，在紐約曼哈頓西區的煤氣燈光下，奧爾科特的房裡究竟發生了什麼事？那個奇幻故事是他想像出來的嗎？真的有戴頭巾的神祕男子突然現身嗎？同樣令人難以置信的是，這對革命夥伴相遇且拓展事業的過程既離奇又不合常理。若批評者是對的，那麼這段故事只是十九世紀神祕主義復興運動的童話，只是後人為神祕主義加油添醋的插曲。無論如何，布拉瓦茨基、奧爾科特以及他們的靈修夥伴確實創造了歷史。

從史實上來看，布拉瓦茨基夫人的生平確實成謎。從官方紀錄來看，她在一八三一年出生於俄羅斯的貴族家庭，曾結過兩次婚，一段是被家人逼的，另一次是在費城的短暫婚姻。自少女時期起，她就經常夢見東方的大師來傳授道理。她從年輕時就開始四處旅行。一八五一年，她在倫敦海德公園水晶宮的萬華博覽會上，首次遇到了東方的隱世大師；他身材極高，跟著尼泊爾皇家代表團前來參觀。她聲稱去過西藏、埃及、波斯和遠東地區旅行，但相關記錄有很多爭議，包括遇到了高深的莫里亞大師、庫特・胡米、瑟拉斯貝（Serapis Bey）和圖伊提特貝。她說這些人物不受到時空維度或肉體所侷限，因此能隨心所欲地突然現身。

在大師們的指導下，布拉瓦茨基發動了一場心靈革命，旨在拯救西方世界免受唯物主義的宰制。當時的學界認為，人只是物質的產物，只有肉體、骨頭、運動和認知能力，而心靈僅只是大腦在運作時的附加現象，就像蘇打水中的氣泡。因此，東方大師才拜託她來拯救蒼生，以免古老思想被殖民政權消滅。

布拉瓦茨基說的這些故事，包括在喜馬拉雅山、波斯、埃及和印度遇到的大師，為西方文明帶來了非比尋常的影響。早期的超驗主義思想家如詩人愛默生、作家梭羅和布朗森・奧爾科特（Bronson Alcott）等人都讀過些許英譯版的吠陀文本，並在日記、詩作和散文中提及一二，但大眾較少留意到。同樣地，英國詩人阿諾德（Edwin Arnold）於一八七九年以佛陀生命歷程為本創作的史詩《亞洲之光》（*The Light of Asia*），也鮮少為人所知。

令大家跌破眼鏡的是，在十九世紀末之前，古代和東方思想的翻譯著作在西方世界並不普遍。一八四一年，在愛默生發表第一本散文著作時，全美境內就只有五本《薄伽梵歌》的英譯本，當中有一本在哈佛大學圖書館，一本在詩人自己的圖書室，還曾拿去借給梭羅和幾位同儕。剩下的三本收藏在其他的私人圖書館。自一七八八年開始，天主教的修道士才接觸到不完整的《道德經》譯本，而完整的拉丁文和法文譯本直到一八三八年才問世，英譯版則在一八六八年才完成。

赫密士主義的譯著也非常少，可見當時的西方社會對東方文明其實很陌生。

由於布拉瓦茨基夫人的奇特作風和戲劇性的人生，再加上新聞媒體的大肆報導，大眾開始認識到，原來遙遠的東方國度有眾多古魯（guru）、斯瓦米（swami）等了不起的智者。美國人以前不知道有這樣的世界，或以為那裡只有迷信和滑稽的部落文化。而布拉瓦茨基周遊列國的神祕啟蒙故事，為西方人提供了不一樣的文化視角。

因此，當第一批古魯踏上西方國度時，美國人已能理解其文化背景。斯瓦米・維韋卡南達（Swami Vivekananda）於一八九三年前往芝加哥參加世界博覽會，並在接下來的兩年遊歷美國各地，講解業力、無執著和輪迴等概念。[7] 尤伽南達大師（Paramahansa Yogananda）也於一九二〇年來到美國，教授涵蓋心靈層面與身體技巧的克里亞瑜珈。超覺靜坐的創始人優濟大師於一九五九年造訪加州南部時，大眾已能從東方的脈絡去理解他的思想。《檀香山星報》（*Honolulu Star Bulletin*）寫道：「在中央基督教青年會（Central Y. M. C. A.）四樓的一個小房間裡，有位不凡的人坐在一張鹿皮上，雙腿交疊。他的眼神有如小狗般的純真。他沒有錢，什麼也都不想要，他在塵世所擁有的財物一隻手就能拿光。瑪哈禮希・瑪赫西・優濟正在展開世界之旅……他安靜地坐在四二四號房間裡。他每晚只睡三小時，一天只吃一餐素食，從不去設想明天。」[8]

一九六五年，美國的移民法案通過，文化交流活動益發頻繁。許多亞裔人移居美國，包括斯瓦米・普拉布哈帕達（Swami Prabhupada）。披頭四於一九六七年再次去瑞詩凱希拜訪優濟時，西方人對於漫遊東方世界已不陌生了。布拉瓦茨基夫人可說是培養這種文化適應力的第一人。

除了描述她與心靈大師的故事，布拉瓦茨基還教導一種神祕的哲學，並於一八八八年出版巨著《神祕教義》。根據她的說法，此教義是屬於原初的「神聖歷史」，這是伊斯蘭教研究者亨利·科爾賓提出的概念，也就是文藝復興學者提倡的「古老神學」。這項祕傳教義非常古老，甚至可說是所有現代宗教的基礎。

布拉瓦茨基還主張，人類的存在時間比考古學家所考證的更久遠。人類在漫長的演化中感官能力會越來越細致，最終就能擺脫物理法則的限制。她以「根種族」（root races）這個概念來描述人類在各時代的靈性發展狀態。在濫用達爾文理論的社會風氣下，布拉瓦茨基也提出了自己的種族進化論，就有如維多利亞時代的人一樣，既古板又草率。我們在後面會繼續談政治與神祕學的關係。

在《祕傳教義》一書中，布拉瓦茨基提到了七個根種族，其發展歷程跨越數萬年，比所有史書和史料所涉及的事物都還要古老，當中有幾支是來自於「失落大陸」的亞特蘭提斯和雷姆利亞。這七個根種族之下各自還有七個亞種族，而人類的靈性發展也隨著不同的種族階段向上提升。

布拉瓦茨基寫道，當前的人類是第五個根種族裡的第五個亞種族，到了二十一世紀初，人類會進入第六個亞種族，但至少需要七百年才會發展成熟。而且要再經過兩萬五千年，第七個亞種族才會萌芽。

針對這種以萬年為單位的進化論，神智學研究者森德（Pablo Sender）於二〇一九年在《探尋》

（*Quest*）雜誌中撰文分析整理。在〈文明的曙光：前三個根種族的神祕論〉（The Dawn of Civilization: An Esoteric Account of the First Three Root Races）一文中，他提到：

> 根據布拉瓦茨基的《祕傳教義》，第一個根種族是缺乏意識的非物質性存在，於十五億年前開始出現。迄今一千八百萬年前，直到第三個根種族出現，人類才擁有所謂的自我意識。而根據考古史料與歷史文獻的描述，當前的人類是屬於第五個根種族。

這套理論與吠陀的「宇伽週期」（yugas）相呼應。四個宇伽（圓滿時、三分時、二分時、爭鬥時）需要四百三十二萬年才能完成一次循環，然後再重新開始。人類當前處於爭鬥時，靈性墮落又充滿衝突。這段時期始於公元前三一〇二年，並將結束於四二八八九九年，共計四十三萬兩千年。令人驚訝的是，其他宗教派別也提到類似的數字。法國永恆主義哲學家勒內．蓋農（René Guénon）也提出了他的祕傳史觀，他的爭鬥時為六千四百八十年，在公元前四四八一年至一九九九年之間。換句話說，當今的人類已經回到了圓滿時，相對於希臘人所謂的黃金時代。然而，歷史學家戈德溫在《亞特蘭提斯和時間週期》（*Atlantis and the Cycles of Time*）中指出：「蓋農如果活到現在，應該不會認為當今的世界有那麼美好。」

讓我們回到更容易理解的時間尺度。布拉瓦茨基在一八八八年的《祕傳教義》中寫道，第五根種族的第五個亞種族將轉變為第六個亞種族，而地點就在美國的西岸。布拉瓦茨基的繼承人貝贊特更具體地指出，變革將發生於南加州。

十九世紀末的加州都是橘園、牧場、礦山和海岸，而氣候非常乾燥。一八四〇年代的淘金熱帶來了一波移民潮，但主要的經濟活動還是畜牧業。第一次世界大戰期間，航運業帶來了繁榮，加州才開始發展，最終成為今天的經濟重鎮和移民磁鐵。人們來到這裡的理由很多，包括賺錢、養生和拍電影。如同「延燒地帶」的發展史，人口流動會伴隨新宗教的誕生，因此不少激進與新創的靈性教派在加州蓬勃發展，迄今仍然如此。

布拉瓦茨基出版《祕傳教義》時，沒人預見到美國的靈性運動會如此興盛。她寫道：「我們從神祕思想得知，新的種族與亞種種正在形成，變革將在美國發生，並且已在悄悄地在進行了。」她明確提到，這個過程將在「幾百年之後」的太平洋沿岸地區展開。

在《祕傳教義》的一開頭，布拉瓦茨基就告訴讀者，她正翻閱《贊書》（*The Book of Dzyan*）的智慧詩篇，並一字一句地記錄下來。這是一本存在於虛空的西藏佛經，而她並未明確說明自己看的是實體書，或是以通靈的方式去閱讀，她提到：「這部古老的手稿出現在我面前，看來是用特殊工藝製作的貝葉書，且不受水、火和空氣所侵蝕。」

在一八九五年的文章〈布拉瓦茨基的著作考察〉（The Sources of Madame Blavatsky's Writings）中，靈性作家科爾曼（William Emmette Coleman）調查了布拉瓦茨基的學經歷後，認為她的諸多想法都是東拼西湊出來的，且參考資料只有幾本書而已。這種說法當然太武斷了，但細心的讀者會對這種論點有所保留。[9]

在此，我要引用另一位專家的說法。在一九〇四年四月的《神智學評論》（*The Theosophical Review*）中，布拉瓦茨基的祕書喬治·米德密德撰文寫道：

> 我對於布拉瓦茨基著作的了解程度，應該高於那些勤奮的批評者。那些是她的思想遺產，我仔細讀過了她寫下的字字句句，也都親自編輯過。我可以毫不客氣地說，我最了解她所引用的書籍以及段落。坦白說，她在這方面的工作並不嚴謹，就像中世紀及早期基督教的作家一樣。但我也認為現代人太強調引文的精確性。事實上，她作品中最有趣的部分，恰恰是沒有註明來源的那些內容，所以她的思想才會有那麼多謎團。我不斷在思索，她究竟是從哪裡得到這些資訊，它們明顯是轉譯自許多文本與註解，但西方世界對其出處卻一無所知。

如前文所見，在一八七五年五月，奧爾科特在一個不可思議的時間點收到了一封信件，是由路克索兄弟會發送來的，署名為圖伊提特貝，還稱呼他是新進的弟兄。他們表達了對他的關心，也對他的進步感到很欣慰。信件結尾預言般的口吻說：「不要放棄你的會所。試就對了。」

奧爾科特繼續經營奇蹟會所，也感到需要成立更大、更正式的組織。同年九月十七日，布拉瓦茨基在公寓裡舉辦埃及幾何學演講會，吸引了艾瑪·布里頓（Emma Hardinge Britten）等人來聆聽。布里頓是早期神智學家也是政治改革者，曾支持林肯的競選活動。[10]她認為，降靈術的領導者都是女性，內部結構跟一般社團不同，是建立新宗教的基礎。

那天晚上，奧爾科特向夥伴們提議要成立新組織，以研究古代和當代的靈性奧祕。十一月十七日，他們正式成立了神智學會，並發表三點原則來說明組織成立的宗旨：

一、建立全人類的普世兄弟會，無論種族、信仰、性別、種姓或膚色為何，都能參加。

二、鼓勵大家共同研究宗教、哲學和科學等不同的思想體系。

三、調查自然界的未解之謎以及人類潛在的力量。

奧爾科特被任命為神智學會的第一任主席。這三項原則點燃了靈性革命的火苗，並在下個世紀席捲全世界。它們也與玫瑰十字會的宣言相符，即每個人在公民、社會和靈性層面都是平等的，所有的宗教也是。這也就是今日主流的的宗教觀：「追尋靈性成長而不死守教義」。現代人可以自由選擇自己的靈修道路，探索各種超自然現象和人類的潛力。這些基本精神都總結於該組織的座右銘：「沒有比真理更高階的宗教」(No Religion Higher Than Truth)，既懷抱理想又帶有反叛特質。

發明家湯馬斯．愛迪生也參與了神智學會的活動。愛迪生說，他精心製作了一個儀器，一端連接到額頭，另一端連接到擺錘，藉此測試心靈的感應力。道布爾戴（Abner Doubleday）將軍也加入了神智學會。在南北戰爭時期，他在曾蓋茨堡指揮一支重要的部隊。他為李維的《高級魔法的教義和儀式》推出最早的英文譯本，並於一九一二年開始在他們的月刊《聖言》（*The Word*）連載。道布爾戴常與夥伴們討論業力的概念，他表示，自己多次在戰場上受重傷，都是靠這些觀念來自我鼓勵。學會早期的成員包括學者、牧師、記者、社會改革者等。

奧爾科特第一次遇見布拉瓦茨基時，就放下了庸俗的享樂主義，並對她的經歷心往神馳，因為她「在東方世界旅行、在金字塔底部尋找古董、欣賞古老又神祕的印度寺廟並在武裝者的護送下深入非洲內陸」。

布拉瓦茨基熱愛旅行。一八七一年在埃及遇到了志同道合的庫倫伯（Emma and Alexis Coulomb）夫婦。他們於一八七九年再次與她聯繫，說他們被困於斯里蘭卡，而且身無分文。次年，布拉瓦茨基夫人協助他們移居到孟買，並在神智學會任職。後來雙方出現摩擦，布拉瓦茨基指控這對夫婦不斷要錢，於一八八四年五月解雇他們。九月，庫倫伯夫婦寫了許多封信給友人，指責布拉瓦茨基是神棍跟騙子。[11] 同年十二月，善於刁難人的調查員霍奇森（Richard Hodgson）抵達馬德拉斯，代表倫敦的心靈研究學會（Society of Psychical Research）調查這起爭端。就像一八七五年圖伊提特貝在神祕信件中提出的警告：「但她打從內心深處痛恨不光彩的事，她有理由不信任未來……」。

在這起爭議後，布拉瓦茨基於一八八五年三月離開了印度。到了十二月，完整「霍奇森報告」（Hodgson Report）出爐，霍奇森指出，布拉瓦茨基是騙錢的神棍，而奧爾科特是她的傀儡。事實上，奧爾科特也發現，布拉瓦茨基曾寫了一封私密的信給她在印度的夥伴欽塔蒙（Hurrychund Chintamon），後者卻不守信用地散布信件的內容。布拉瓦茨基說，奧爾科特「在心理上變成了嬰兒……被我用催眠術控制了」。奧爾科特無法承受這個打擊。他在《舊日記頁》中寫道：「我參與心靈運動這麼多年，這次事件對我的影響最大。我徹底絕望，隨時準備到海邊自殺。」欽塔蒙的失信也讓心地善良的史學家戈德溫失望，他寫道：「我查不到欽塔蒙人生的後續發展，所以無法確定他是否被人暗殺身亡，雖然這確實是他應得的下場。」[12]

於是，布拉瓦茨基再次成為一名流浪者，甚至成為受人嘲笑。她在歐洲旅行了兩年，期間開始撰寫《神祕教義》。一八八七年，這位神祕學家已搬到倫敦的諾丁丘，住在神智學會的成員家裡。隔年，布拉瓦茨基出版了兩卷本的《神祕教義》，細數神祕學的歷史和宇宙論。

經過一段健康不佳的時日後，一八九一年五月十八日，布拉瓦茨基在倫敦去世。她當時只有五十九歲，但看起來卻比實際年齡老了十多歲。奧爾科特則繼續主持神智學會。一八九四年起，他與另一位成員威廉・裘治（William Q. Judge）陷入紛爭。裘治聲稱自己也接收到多位大師的神祕指引，但奧爾科特並不認同，學會因此分裂。[13]隔年，奧爾科特出版《舊日記頁》的第一卷（共六卷，最後一卷到一九三五年才出版，當中包括他的遺作），行文清晰且易讀。一九〇六年十月，奧爾科特在從紐約前往義大利的客輪上嚴重摔傷。一九〇七年二月十七日，他在阿迪亞爾的神智學會國際總部去世。

在兩位創辦人相繼離世後，神智學會的營運改由由安妮·貝贊特和查爾斯·利德比特（Charles Webster Leadbeater）掌舵。貝贊特是政治改革家，也是布拉瓦茨基的門徒，而利德比特則是前英國聖公會牧師，具有犀利的智慧和鮮明的個性。他們對神智學的貢獻非常重大，包括在一九〇五年出版了《思想形式》（*Thought Forms*）一書，可說是催生了抽象藝術的萌芽。[14]

創作時，貝贊特和利德比特會進入出神狀態，用心靈「閱讀」彼此的想法或概念，並「看見」各種抽象的圖像或光環。接著，他們向藝術家描述這些畫面後，後者再藉以創作出前所未見的作品，其中包含各種形狀、波動、色彩、和符號。只要翻閱《思想形式》中帶有迷幻色彩的插圖，就能看見表現主義和抽象藝術的雛型。[15] 學界認為《思想形式》影響了抽象主義先驅康丁斯基。他也是神智學會的成員，並擁有該書一九〇八年的德文版。他不斷從中找尋靈感，在一九二〇年代的作品中還可以看到許多影子。[16]

貝贊特和利德比特認為「思想」是真實的存在物，有它專屬的領域和維度，也可以以物理的形式表現出來。康丁斯基在其一九一一年的著作《談藝術中的心靈》（*Concerning the Spiritual in Art*）中寫道：「思想是物質，而且相當精細而。」貝贊特也認為，思想和情感狀態可從物理性質來辨識，如光環、螺旋圖像、抽象形狀或色調等。

《思想形式》的神祕之處在於，兩位作者是如何將自己的幻覺準確地傳達給藝術家。在一八九六年九月的《路西法：神智學期刊》（*Lucifer: A Theosophical Magazine*）中，貝贊特談到他們所付出的心力：

我們兩位靈視神智學家觀察到彼此思想的物理性質，也發現其他人在各種情緒下所反映出的物理性質。我們詳細和精確地向身旁的藝術家描述這些現象。他反覆繪製草圖並上色，直到符合與我們所述說的圖像。

貝贊特還強調三個關鍵因素：「思想的品質決定顏色；思想的本質決定形狀；思想的明確度決定輪廓的清晰度。」

《思想形式》出版四年後的一九〇九年，利德比特在印度阿迪亞爾附近的河岸邊上遇到了一個貧困又營養不良的十四歲男孩。利德比特驚嘆地說，這個男孩的心靈光環散發出完全無私的精神。他和貝贊特都認為，這位少年有救世主特質，是「世界導師」和彌勒尊者的化身。[17]

這位十四歲男孩就是基督．克里希那穆提（Jiddu Krishnamurti），是二十世紀最難以歸類、最非凡的心靈導師。貝贊特和利德比特希望克里希那穆提如同天神的化身（avatar）一樣，可以領導嶄新的靈性運動，開啟心靈進化的時代。對這位早熟青年來說，貝贊特有如母親一樣，但他在十八歲時就開始追求獨立。一九一二年十月三十一日，他在給利德比特的信上說：

我的事情該由我自己負責處理了。過去幾年來，我被迫接受大師庫特．胡米的指示，但我可以做得更好。[18]責任背在自己的身上，我就會盡力而為。我已經十八歲了，只要旁人稍微提點，我就可以應對許多事情。我還是會犯錯，但我知道自己的職責所在。我沒有獲得任何機會去負起該承擔的責任，而只是像個嬰兒一樣被抱來抱去。我之前沒有提這件事，是因為不想讓貝贊特太擔心。但我認為你們現在已清楚全部的情況了。[19]

他們的關係和預定的計畫仍然不變，但加入了克里希那穆提堅定了自我信念。這可能是因為他開始接受美國富有的神祕主義者瑪麗・道奇（Mary Hoadley Dodge）的資助。

克里希那穆提所鍾愛的弟弟尼蒂亞（Nitya）在一九二五年去世，而這樁悲劇毀了一切。尼蒂亞體弱多病，又患有肺結核，過世時才二十七歲。格雷戈里・蒂萊特（Gregory John Tillett）在他的博士論文中寫道：「這項悲劇徹底改變了克里希那穆提的整個哲學觀，並摧毀了他的信念。他不再想跟隨利德比特和貝贊特夫人的預定計畫。」

一九二九年八月，這位未來的「世界導師」在荷蘭的神智學會大會上，石破天驚地宣布中止計畫：

真理是一片無路之地，你無法藉由任何途徑、任何宗教、任何派別來接近它。我絕對且無條件地堅持這個觀點。真理是無限、無條件、無法經由任何途徑來接近、也不能被組織化的。不該由任何團體來引導或強迫人們沿著特定的道路前進……這不是什麼偉大的創舉，我只是不想要有追隨者，如此而已。一旦追隨某人，就停止了對真理的追求。我不關心你是否在意我所說的話。活在世上，我只想做一件事情，也將專注不移地去進行它：使人自由。我希望解除人類所有的心靈牢籠，化解所有的恐懼，而不是去建立新宗教、新教派，也不是設想新的理論和哲學……你們可以組建其他的組織，期待其他人去引領自己。我完全不關心那樣的事，也不在乎你們要為這些牢籠創造出哪些新裝飾。我只想讓人類享有絕對且無條件的自由。

克里希那穆提解散了貝贊特為他建立起的組織「東方之星教團」（Order of the Star in the East）。儘管他和貝贊特返回了阿迪亞爾，隨後一年也繼續在神智學會大會上發表演講，但於一九三〇年離開學會。

這是現代心靈運動的大事，但很多人都以為，這位導師此後便與神智學劃清界限，事實絕非如此。[20]他只是不想要有任何層級組織，包括神智學會。貝贊特當然感到很痛苦，畢竟她有如克里希那穆提的母親一樣，不過兩人一直保持聯繫，直到她去世。克里希那穆提於一九八六年去世前，也依然在各個神智學分會演說。

一九三三年五月，在貝贊特去世前四個月，克里希那穆提前往阿迪亞爾探視他的教母。她床邊圍起了守夜的人群，但她很快就把他打發走了，擔心她那日益衰弱的能量會影響他的心靈。有位導師跟克里希那穆提說：「我不能和她相處太久，因為待在病人的房間對我會有負面影響。」[21]

不管人們對貝贊特的評價如何，她確實為神智學會付出了很多。她愛克里希那穆提如同自己的兒子。在年老體弱的時候，她並沒有把握和他相處的時間，甚至草草結束那次的探視。貝贊特對曼利．霍爾（Manly P. Hall）的態度也一樣。這位年輕的學者曾在南加州向貝贊特求教，也想加入神智學會，但貝贊特鼓勵他去進行自己的靈性探索。[22]

# 第七章 吸引力法則與新思想運動

二〇一七年，我有幸出版了歷史學家凱文·丹恩（Kevin Dann）所撰寫的梭羅傳記《期待偉大的事物》（*Expect Great Things*），此書著重於探討這位先驗主義者在心靈與倫理等方面的探索。這個極具渲染力的書名是來自於梭羅寫給鄰居的信，表面上在談植物，但實際上有更多的意涵：

麻薩諸塞州康科德鎮，一八五九年五月十九日

瑪麗·布朗小姐，

請原諒我還沒答謝您之前所贈送的美麗五月花。我忙於土地勘測工作，但這份遲來的謝意，代表我絕沒有忘記此事。那些花在送來的路上耽擱了一些時間，但它們依然芳香，遠比我所熟知的任何花朵更為美麗。

在它們送達的那天，我正在隔壁鎮進行勘測工作，也見到許多株五月花，比起這附近的其他區域都還要多，因此我在我的地圖上將它命名為「五月花路」。植物學家的生活總是

充滿了巧合。經常想著某種從未見過的花，就很有機會在某天突然發現，它其實就生長在你周邊的環境。從長遠來看，我們終會找到自己所期望的東西。因此，滿心期待著偉大的事物，就能躬逢其盛。

請代我向您的父母問好。
您最真摯的好友，
亨利．大衛．梭羅

「期待偉大的事物」，這種心態深植於先驗主義和自我改善的思維中，也是「新思想運動」（New Thought）與正向思考的理論依據。新思想運動的方法論反映在各種概念中，諸如「正向思考的力量」、「吸引力法則」和「顯化」等。正向思考是當代文化中最普及的思維模式，而相關的步驟和觀念，都是源自於神祕學和祕傳學。

前人思考過的觀念一直都與我們同在。無論從心理學還是形而上學來看，「心靈的主動影響力」（influencing agency）並不是新發現。在各種與心靈和倫理有關的古代經典中，作者都提到了心靈的關鍵力量，包括《吠陀經》、《法句經》、《薄伽梵歌》和《赫密士文集》。

要找出這套心靈理論的源頭，就得從近代史談起。十八世紀早期，聖公會的主教喬治．柏克萊（George Berkeley）提出了顛覆性的哲學理論。他主張在個人的心智感知外，並不存在任何的物質性實體。外在世界的事物其實只是心智觀察活動的結果；若缺乏觀察者，任何在外現象就沒有立足之地。這套見解代表了哲學上觀念論的興起。然而，這位英國哲學家並未將個人視為外在現實的創造者，他堅信，在心智外還存在著「萬物的本質」（rerum natura）。

接下來的觀念論哲學家還有康德與黑格爾，他們也都認為外在現實是個人感知的產物，而人類的感官能力有限，無法探知存在的本質。也就是說，心智只能感知到其自身，而無法觸碰到終極的真理。像柏克萊一樣，康德和黑格爾也多少相信永恆的普遍法則，而覺醒的人會成為強有力的行動者，但不會是終極的創造者。

到了十九世紀中後期，不少現代主義者頌揚人類的意志力，並把內在自我視為無形力量之源頭。這些哲學家包括叔本華和尼采。在此複習一下叔本華的名言：「人類尚未學會將思辨的光芒導向內心的神祕深處。」然而他們並未將心靈提升為現實的創造者。雖然觀念論哲學家和作家都認為，每個人都能吸收普世力量，從而獲得偉大或完整的生活方式，但沒有人推翻柏克萊的論點。在一七一〇年的《人類知識原理》（*Principles of Human Knowledge*）中，主教強調：「外在現實的形狀和陰影，並非我意志的創造物」。

但也有反潮流的。前面章節，十八世紀時，瑞典科學家史威登堡提出了「神聖流注」的概念：各種能量與思想組成一股驅動力，貫穿了整個自然界和個人的心靈。這個概念與赫密士主義相呼應。美國詩人愛默生也受到史威登堡的啟發，他認為心靈就像「神聖影響力」的微血管系統一樣，而人類的思想與意識會像同心圓那樣向外擴展，最終達到神的境界。詩人讚嘆道，思想能塑造生活。他於一八四一年所撰寫的散文〈心靈法則〉（Spiritual Laws）中指出，「每項行動的背後都有一個驅動它的想法。」

這些有趣的觀點都展示了人的可能性。但即使到了十九世紀中葉，不論是改革派或保守派的教會，都沒有這種賦能的神祕觀念，也就是鼓勵大家主動創造外在環境。現代西方人並不認為思想（包括健康的自我價值感）能形塑現實，不論是大學、神學院或主流學界都不看重心靈力量。唯有在熱衷於靈性實驗的次文化中，才有人在探索它的神奇之處。

催眠術的先驅梅斯梅爾在一八一五年去世，他一輩子都在推廣自己的生命力理論，也就是「動物磁力」。然而，這位治療師的門徒逐漸遠離乙太能量的概念，轉而採用更接近心理學的語彙。當中最有才華的是普伊賽居侯爵（Marquis de Puységur），他在一七八四年開始做實驗，發現梅斯梅爾療法的效果在於暗示力以及醫病關係。

普伊賽居寫道：「動物磁力所依據的生命力原理，不是身體對身體的作用，而是以思想影響身體。」[1] 他將心靈和身體連結起來，卻沒有解釋清楚所謂的「生命力原理」為何，但這個術語已有自我發展概念的雛型了。一七八五年八月，普伊賽居被派往斯特拉斯堡指揮炮兵團，也在當地的共濟會分會教授梅斯梅爾療法。課程結束時，他送給學生們這段話：

> 我相信在我體內存在著一種力量。

並因此產生了去行使它的意志。
動物磁力的全部原理包含在這兩個概念：相信和意志。
我相信我有能力去開發人類的生命力原理，並用它來助人。
這是我所擁有的科學知識和方法。
各位先生，憑著信念與意志，你們就能和我一樣無所不能。[2]

儘管追隨者們充滿熱情，但梅斯梅爾療法在法國卻逐漸沒落。一七八九年法國大革命爆發後，許多貴族逃亡，甚至有人被送上斷頭台，當中有梅斯梅爾的學生，也有當初調查他的委員。普伊賽居被關了兩年。降靈術和動物磁力退場，人們只關心政治宣傳和革命分子的鬥爭。

梅斯梅爾療法在歐洲的影響力減弱了，但這位治療師的哲學以及其追隨者加以延伸的理論，穿越大西洋來到了美國。這些來自英法的治療師在新大陸發現了渴望新知的社會大眾，包括前面提到了「波基普西先知」安德魯．傑克遜．戴維斯。他將降靈術、心靈療癒與社會進步（social progress）等領域結合在一起，而人們也越來越相信正向思考的潛力。

從少年時期開始，戴維斯就宣稱他可以在受到磁化的狀態下，以星體以進入肉眼看不見的維度。此外，他說自己不打開書封就讀到書本的內容，還能透視病人的身體找出病源。戴維斯還描述了靈魂出竅的經歷，包括旅行到其他行星和天界。這些描述與史威登堡的說法相呼應。

一八四四年的某個冬夜，在完成深沉的靜坐後，年方十八的戴維斯難以回到平常的意識狀態。他說他的心靈被照亮了，而且身體變得輕盈，並隨即展開「心靈飛行」，還穿越了紐約州卡茨基爾（Catsill）山。我們不清楚這趟旅程他是以星體或肉體的形式進行，因為他真的消失了，直到第二天才出現。[3]

戴維斯的旅程結束於森林中的一處墓地。他在那裡遇到了史威登堡的靈魂。瑞典科學家告訴這個男孩：「透過你，新光芒會顯現。」戴維斯還獲得了一根「魔杖」，並附帶一道星光訊息：「看哪！這就是你的魔杖——在任何情況下都要保持平靜而安穩的心。拿著它、使用它、相信它，帶著它踏上旅程，直到永遠。」這根魔杖並不是一個物品，而是一項原則。戴維斯也因此將他的自傳命名為《魔杖》（*The Magic Staff*）。

第二天，戴維斯重新出現在當時下榻的友人家中，他們都是梅斯梅爾療法的信徒。戴維斯跟眾人講述了傳道工作的新方向，尤其是不再表演特異功能給那些觀光客看。戴維斯還表示，「遠方隱現的新山脈」召喚他要完成使命。接下來，這位先知開始在靜坐狀態下教授形而上的道理。戴維斯變成居於森林中的史威登堡，運用「心靈的光照」來探索宇宙的真理和創造機制。

一八四五年秋天，戴維斯離開波基普西前往曼哈頓，開始與一對新的助手合作。草藥專家里昂（S.S. Lyon）負責引導他進入催眠狀態，而費什博（William Fishbough）牧師擔任他的速記員，負責記錄他從靈界接收到的訊息。這三人每天都會舉辦靈修會。他們資金短缺，只能在簡陋的房間裡舉行，但有一股非比尋常的能量在推動著他們，所以靈修會有時可進行數小時。里昂會請戴維斯躺在椅子，使其進入靜坐狀態，而費什博在一旁記錄。戴維斯說，他旅行的地點有天堂、星球、其他維度以及宇宙的創造核心。

一八四六年一月十三日，費什博在《紐約論壇報》上投書，概述了戴維斯的哲學觀，尤其是正向心靈的力量：

> 然而，在肉眼可見的自然界背後，存在著一個隱蔽的原因。相較之下，機械式和有機的動力因都只是次要和附屬的。接受這項不可否認的事實，我們的心靈會更加開放，更願意去相信那些早已得到證實的現象，尤其是心靈的神祕運作機制。物質最初是由靈性成分所形成的，在精煉化的過程中，從大地變成到植物、從植物到動物、再從動物到人類，最終形成個體化的心靈。知識的積累和精煉是無止境的，人會不斷接近那偉大而永恆的正向心靈，即一切存在的基礎和掌控者。

戴維斯的某些願景乃借鑑於史威登堡的思想（雖然也不斷地加以挑剔），但這篇投書確實勾勒出一種令人期待的形而上學。戴維斯只差沒有直接將心靈稱為通往正向心智的大門。只要善加利用，人類就能運用這股力量去進行創造性活動。確實，下一代的探索者接棒完成了戴維斯所開啟的這項理論，而這位先知在尚未出版第一本書之前，已經奠定了正向思考運動的基礎。

一八四七年，戴維斯出版了形而上學巨著：《自然的原則、她的神聖啟示、及對人類的教誨》

（*The Principles of Nature, Her Divine Revelations and a Voice to Mankind*），其內容是他在一百五十七次出神狀態的宣講內容。他重述了創世的故事：「神聖的正向心智有永恆的掌控力、影響力以及活躍的能量，能使所有的意義轉化為實存之物，並成為龐大整體的組成部分。」

儘管內容繁複且冗長，不過這本巨著在發行第一週就售出了九百本。戴維斯反覆談及「偉大的正向心智」和「偉大的積極力量」。而熱愛這本書的讀者因此深信，所有的創造都來自於心靈活動，它源自最高層次的智慧，還能把所有形式變成現實。

在十九世紀中期，戴維斯創造了一項概念，而且比他本人的名字更為人所知，那就是吸引力法則（Law of Attraction）。但戴維斯對它的定義與後人的詮釋有所出入。從來都不喜歡簡潔論述的戴維斯，在一八五五年推出了一部六卷本的形而上學論著《偉大的和諧》（*The Great Harmonia*）。在第四卷中，他將吸引力法則定義為支配生命週期的宇宙法則，而不是後世所設想的因果法則。

戴維斯寫道：

> 人類靈魂中的原子是由土壤和大氣中的生命元素合成的。這些原子被組織起來或個體化之後，透過無以計數的存在途徑，就會在個人的關係中呈現為吸引力法則，無論是內在關係還是外在關係。

他強調：「所有生命的基本原則，就是吸引力。」吸引力法則無處不在，無論在宇宙或人類事務中都會有同性相吸的現象。人在世上所表現出的特性，會決定他自己在來世居於何處。透過這個法則，我們就能解釋了人際間相吸或互斥的現象。在降靈會活動中，參與者的性格也會左右前來現身的靈魂的類型。

戴維斯明確指出，吸引力法則支配著物質和世俗性的目標：「這根神祕的法杖會引導著旅行者的方向。」就如同約瑟夫・坎伯（Joseph Campbell）的格言「跟隨你的天賜之福」（Follow Your Bliss），這位神話學家的對吸引力法則的理解的確更深刻。不過，推廣正向思考的作家們修改了戴維斯的想法，變成思想和客體的直接連結。

有些史學家誤認是布拉瓦茨基發明了吸引力法則，因為她在一八七七年的著作《揭開伊西斯的面紗》中寫道：「對於物質中的能量運作原理，物理學家有一套說法，但這種微妙的關係是儀器檢測不到的，是物質以外的東西。這就是吸引力法則，它支配著物質，也會影響到其他的事物。」布拉瓦茨基夫人其實是借用了戴維斯的說法。她和奧爾科特上校知悉戴維斯的論述，也在書中稱他為「偉大的美國先知」。

戴維斯的吸引力法則被改頭換面始於一八九二年。幽默作家普蘭提斯・馬福德（Prentice Mulford）在《你的力量，以及如何使用它們》（*Your Forces, And How to Use Them*）中寫道：「只要思思念念某位朋友，那麼吸引力法則，他必將來到你身邊。」一八九七年，勵志作家羅夫・崔恩（Ralph Waldo Trine）在他的暢銷書《與無限產生共鳴》（*In Tune with the Infinite*）也提到吸引力法則。新思想運動的先驅海倫・威爾曼斯（Helen Wilmans）在一八九九年的著作《征服貧困》（*The Conquest of Poverty*）中也提到類似的道理。同年六月，新思想運動的領袖查爾斯・帕特森（Charles Brodie Patterson）在期刊《心靈》（*Mind*）上發表了極具影響力的文章〈吸引力法則〉。帕特森讚頌道，吸引力法則是形而上學的超級法則：你周圍的一切事物，都是產自於你腦海中的主要思想。

與此同時，另一位改革者也獲得青睞，他就是來自緬因州貝爾法斯特市的鐘錶匠菲尼斯・昆比（Phineas Quimby）。一八三三年，昆比低調地展開一項心理實驗，卻意外地成為推廣正向心靈的開端，尤其在健康療效上。

三十多歲的時候，昆比罹患了肺結核，並根據醫生的指示服用氯化汞：這種療法在十九世紀上半葉相當普遍，但副作用非常嚴重，患者會大量流涎和口吐白沫。這就是所謂的「英勇醫學」（heroic medicine），其理論基礎在於，排出體內的液體（如血液、汗水或排泄物）就能擺脫疾病、強化健康。除了氯化汞，放血療法在當時也很常見，醫生會在患者身上弄出傷口，甚至使用水蛭來吸血……

一八三〇年代初，昆比因汞中毒而變得面目全非。他後來在日誌中回顧道：「我服用太多氯化汞，身體中毒了，還掉了許多顆牙齒。」[4]他繼續說道：「在這種情況下，我也沒辦法做生意，人生無望，只能做好赴死的心理準備。」當時昆比有兩個兒子和一個還在襁褓中的女兒。

在山窮水盡之時，他轉而採用他人推薦的療法。昆比回憶道：「有個朋友靠著騎馬而把病治好，但我太虛弱了無法騎馬，所以就駕駛馬車試試看。」[5]實際上，這便是古希臘人常用的騎馬養生法。

有一天，昆比駕著馬車離開了住處。但那天他的馬有點不聽話，一直停下來休息、不肯前進。最後，這位鐘錶匠只好下車牽著牠一起跑。跑上山後，昆比筋疲力竭地倒在馬車裡。這裡離家有三、四公里，昆比只好在附近田裡找人來幫忙：

> 那時候我虛弱得快舉不起鞭子。但興奮感突然佔據全身。我駕馭著馬兒，騎得越來越快，上山、下坡、回家。進入馬房時，我感覺自己像以往一樣強壯。從那時起，我身體逐漸好轉，不過當時我並不知道那股興奮感就是主因……

那次瘋狂的馬車之旅改善了他的病況。他的心靈狀態向上提升，身體也越來越有活力。昆比開始推測，心靈會影響身體的作用。在接觸到巴黎傳入的催眠術後，他才開始設想這套理論的可能發展。

一八三六年，昆比在緬因州東北邊的班戈市（Bangor）遇到了催眠師查爾斯・波揚（Charles Poyen）。這位法國移民四處巡迴演講，也剛好來到緬因州。波揚熱愛梅斯梅爾的學說與法國大革命，並反對奴隸制度。在經歷一個奇異的事件後，他決定畢生都奉獻給催眠術。[6]

一八三二年，波揚在巴黎學醫的時候，患上了消化系統方面的疾病和神經性疾病。在經過八個月的無效治療後，這位醫學生轉去嘗試梅斯梅爾療法。他找到一位有創新精神的催眠師。在治療過程中，他的助手會先進入「磁性睡眠」狀態以喚來靈體，而後者會以透視能力來診斷波揚的疾病。波揚大感驚訝。在靈體的建議下，波揚決定到他家族在法屬西印度群島的甘蔗園休息一段時間，以放鬆神經。

在馬丁尼克（Martinique）和瓜地洛普（Guadeloupe）島上，他看到有些農場的奴隸主也精通催眠術，還示範給田間工人看。看到奴隸和主人都進入了出神狀態，波揚深受感動。這證明了人類的基本相似性，也令他更加厭惡奴隸制度。

波揚在島上停留了十四個月之後，他的消化方面的病症並沒有好轉，所以決定去體驗新英格蘭的寒冷氣候。一八三四年底，波揚抵達緬因州的波特蘭市，翌年定居在麻州的羅威爾（Lowell）。這個城鎮是廢奴運動的大本營，波揚還與市長結交為好友，後者是布朗大學畢業的醫生，對催眠術也很感興趣。在市長的鼓勵下，波揚於一八三六年展開了教學巡迴演講。

但波揚的英語不流利，聽眾大多聽得很吃力。波揚曾考慮返回西印度群島享福，但島上的奴隸制又令他難受。[7]但如果放棄教學巡迴演講，催眠術就會在美國消亡，於是波揚決定在演講中示範催眠術來增添戲劇效果。而一八三六年八月在班戈市的演講中，昆比便深深受到吸引。

幾年後，這位鐘錶匠遇到了一位更加有趣的催眠師。一八四一年秋季，英國醫生羅伯特・科利爾（Robert H. Collyer）來到貝爾法斯特。[8]科利爾的口才流利多了，也吸引了大量的觀眾。當地的《共和報》在一八四一年十月一日報導了演講過程：

醫生帶來了一位十八歲的年輕人作為受試者。兩人的椅子擺在平台上，好讓觀眾可看見全部的過程。醫生將男孩的膝蓋夾在自己的腿間，並握住他的雙手，然後開始相互注視對方的眼睛。過程中，醫生輕微地搖動頭部、頸部和胃部，就這樣保持了十分鐘，然後男孩逐漸閉上了眼睛，身體偏向一側倒下入睡……就像被固定住一樣。正常人入睡時，身體是放鬆的，但這個男孩卻是僵硬不動。

看到科利爾能改變年輕助手的身體狀態和感官知覺，昆比就對梅斯梅爾的理論更感興趣了；原來有這種連結心靈和身體的方法。他突然領悟到，當年在駕馭馬車時的暢快感，就是心身的交互作用。如果心靈能影響身體，那也許還有其他的力量？

法國心理學家艾米爾・庫埃（Émile Coué）也留意到這種自我探究的精神，所以他提出了這句著名的口號：「每一天，在各個方面，我都變得好上加好。」（Day by day, in every way, I am getting better and better）這句話反映了美國人的特質與想法。庫埃在一九二三年的著作《我的方法，包括對美國的印象》（*My Method, including American Impressions*）中寫道：「針對某個原則，法國人喜歡先辯明其背後的原理，然後再去探討它們於生活中的適用性。相反地，美國人會立即找到這個原則的實踐方式，並且試圖拓展它的概念，甚至超越原創者的設定範圍。」

昆比不是哲學家，而是實驗者。他有敏銳的頭腦，又對機械構造十分理解，但文字能力還不到小學的水準，也為此感到很羞愧。

昆比保留了大量的筆記，有些是請他人記錄自己的口述內容，有些是請朋友重新整理他的筆記。但昆比想出書，除了重新詮釋梅斯梅爾的啟示，也結合自己的實驗，並設計出一套治療方法，讓病人自己幫助自己。

見識過科利爾的催眠表演後，昆比拜訪了當地一位少年伯克馬（Lucius Burkmar），後者也能在出神狀態下診斷疾病，並用靈視來窺探對方身心狀態。一八四三年秋季，昆比和十七歲的伯克馬組成了一個團隊，遊歷緬因州和加拿大的新不倫瑞克，並在當地醫生的陪同下治療病人。[9] 一開始，師徒兩人會先對坐，接著昆比會凝視伯可馬的眼睛，輕輕地在他臉部周圍揮動雙手，使他進入出神狀態。接下來，伯克馬會用心靈掃描患者的器官，繼而開立民間常用的藥方，如花草茶。有時昆比會誘導患者進入「梅斯梅爾式的痲痺狀態」，好讓醫生進行完整的診療。伯克馬和昆比的療法引起了很大的關注，許多人宣稱自己的病況有好轉，如偏頭痛或結核病。

但昆比再次感到不滿。他發現伯克馬的診療與一般醫生的無效治療沒有什麼不同，唯一的明顯差異是，患者覺得被靈體喚醒了舒緩的感受。因此，昆比深信真正有療效的不是靈視、也不是花草茶，而是希望。「患者的疾病存在於他的信念中。」昆比在他的筆記中如此寫道。[10] 他在一八六二年二月十四日投書到《波特蘭每日廣告者報》（*Portland Daily Advertiser*），當中寫道：「治癒之法不在於藥物，而在於醫生或靈媒給的信心」。

雖然昆比沒有跟梅斯梅爾的學生們有所交流，但都得出了類似的結論：「對患者有實質幫助的是心理作用，而不是磁性流體。」

因此，昆比在一八四七年停止與伯克馬合作。[11]他開始單獨治療患者。過程中，他會帶著高度的同情心與患者面對面坐著，並坦承說出對方生病了，但鼓勵患者去了解並深信「疾病源自於心靈」這個道理。只要患者產生充足的信心，他就會敦促去省思：「為什麼我不能自行治癒？」[12]他大膽推論，所有感受都是由感官能力所決定的，他在筆記中寫道：「幸福和痛苦的感覺都是來自於內在信念。」[13]

昆比在筆記中還提到「一種未被承認的無意識力量」、「看不見且並未意識到的智慧」，這清楚展現了他在心理學上的洞見。昆比的理論有時讀起來像是中世紀的煉金術士，有時又像是當代的心理學家。他確實將兩者融合在一起了。

昆比的追隨者主要是農民、家庭主婦等一般百姓。但他的理念吸引了一些宗教學者的關注，其中最重要的就是華倫．艾文斯（Warren Felt Evans）。他本來是衛理會牧師，在一八六四年初離開教會後，全心致力於探究史威登堡的思想。

在前一年的夏天，艾文斯前去尋求昆比的指導，以結合自己的信仰、心理療法和史威登堡。史威登堡的信徒們都願意接受昆比的療法，因為這意味著，心靈能引導和控制史威登堡所描述的宇宙法則。艾文斯隨後在六本書中寫到了心理療法，並成為正向心靈文化的重要基礎。

從一八五九年起，艾文斯一直在與腸道疾病奮鬥。這位博學的牧師在九月十九日的日記中寫道：「我的健康在去年四月完全崩盤，所以半年多都沒有上台講道，有時甚至完全無法閱讀。」[14]

在疾病的折磨下，艾文斯轉向宗教和心靈領域尋求解決之道。到了隔年春天，他漸漸康復，並開始回顧疾病與心理狀態的關聯性。艾文斯懇求上帝治癒他的心理疾病。他在一八五八年開始接觸史威登堡的神學，並試圖加入衛理公會的教理。一八六二年，他的努力宣告失敗。他出版了《天堂黎明》（The Celestial Dawn），但因為內容涉及史威登堡的神祕主義而激怒了教會當局。次年，艾文斯離開了衛理公會，加入了位於賓州的新耶路撒冷教會。

艾文斯開始規劃自己的生涯發展，並成為多產的作家。他在一八六九年出版的《心靈療法》（*The Mental Cure*）今日已鮮少有人閱讀，但內容卻很現代。在一八七六年出版的《靈魂與身體》（*Soul and Body*）中，更是出現了如今廣為流傳的「思想即現實」（thoughts are things）這個概念。他以史威登堡的角度來加以說明：「在那個世界中，思想即是實體，而觀念即是宇宙中最真實的存在。」一八八六年，幽默作家馬福德於《你的力量，以及如何使用它們》的第一卷中也說明這個概念，從此它就更加流行了。

在史威登堡的啟發下，他離開衛理公會，還讓接觸到了一種心理治療神學。史威登堡於一七七一年最後一本著作中提到：「個人心靈的某個成分都可對應到身體的某個部位，這就是思想的具體化。」[15]

艾文斯於一八八六年出版《祕傳的基督教和心理療法》（*Esoteric Christianity and Mental Ther-*

*apeutics*），他在書中強調：「就算是意外或偶然事件也離不開因果關係，事出必有因，而所有的原因都是心理上的。」這段話在日後濃縮成一句廣泛流傳的格言：「世上沒有偶然。」（There are no accidents）。

不過，艾文斯並沒有完全理解史威登堡的理論脈絡。從完整的段落來看，史威登堡要講的是另一回事，而且更有思辨性：

> 個人心靈的某個成分都可對應到身體的某個部位，這就是思想的具體化。因此，慈善動機與信念若只存在於心中，沒有融合到這個人的全身上下，那他就是虛幻的人，是幽靈。就像代表名聲的希臘女神「菲墨」（Pheme）一樣，頭戴著月桂花冠，手中持著豐饒角（cornucopia）。

也就是說，如果空有道德感，但卻沒有相應的行動，生活就會變成逢場作戲的場景。《雅各書》也說：「要知道，就像身體沒有靈魂是死的，照樣，信仰沒有行為也是死的。」（2:26）。史威登堡從未提到艾文斯所做出的結論，即所有事件（無論是悲劇還是快樂的事情）都只是出自於心靈。

儘管如此，幽默作家馬福德還是迅速掌握這個概念並出版了《成功法則》（*The Law of Success*）。他寫道：「任何業務或事業的成功都是透過某種法則來實現的。它們都不是偶然發生的。在自然法則的運作下，沒有碰巧或意外的事情。」

於是，「世上沒有偶然」便開始流行起來了，並成為吸引力法則的前身。馬福德改造的格言變成隨處可見的人生哲理，並出現在咖啡杯、冰箱磁鐵等日常用品上。這都是艾文斯對史威登堡的誤解，卻陰錯陽差地深植人心。[16]

在一八六二年十月，昆比開始治療來自新罕布夏的瑪麗・帕特森（Mary Glover Patterson）。多年後她再婚，名字也變了，也就是靈性運動史上有名的瑪麗・貝克・艾迪（Mary Baker Eddy）。

在一八七〇年代，艾迪創立了美國最重要的新興宗教，即基督教科學會（Christian Sci-en-ce）。艾迪並未歌頌思想的力量，而是將心靈視為疾病、暴力和幻覺的源頭。為了克服這些難題，我們必須去認識到唯一真實的存在，也就是上帝的神聖且無所不在的智慧。她強調，人類的心靈和大自然的物質都不是終極的存在，而一切都植根於上帝的心靈之中。偏見、疾病和悲傷都是人類對於虛幻世界的錯誤感知。[17]

細心的讀者會在艾迪身上發現諾斯底主義的思想脈絡。但這並不是有意的。在她思想萌芽的階段人還住在鄉村，並沒有機會去接觸到相關的文獻，也讀不到翻譯版。她寫書時也沒有參考諾斯底主義。但兩者之間的相似性非常令人玩味。

基督教科學會重新探索屬靈定律的真正意涵，並提出激進的形而上學主張。他們否認地球上有實際的物質存在，而且要復甦耶穌的醫治事工。這項運動在十九世紀末影響力極大。不過當艾迪遇見昆比之初，她還未踏上自己的神學之路，而她是否借鑒了其神學思想，迄今各方仍爭辯不休。

艾迪不只孤單、困惑，身上還有慢性的脊椎痠痛，於是她在一八六二年秋天去找昆比治療，也確實感覺到自己的力量逐漸恢復。接下來從一八六三至六五年間，艾迪多次造訪昆比。艾迪對心靈療法有濃厚的興趣，常與他討論、做筆記，也投書地方報紙，並發表相關的演講。

然而彷彿命中注定一樣，艾迪與昆比的相處時間相當短暫。這位心靈醫生於一八六六年一月去世，距他們首次碰面還不到四年。艾迪的父親也在三個月前去世。她的第二任丈夫不常陪伴在艾迪身旁、甚至對她不忠。更糟糕的是，在昆比去世後一個月，艾迪在林恩市的人行道上摔倒，之後就神經緊繃、臥床不起。

艾迪的心理狀態已達臨界點。然而她卻表現出鋼鐵般的決心，立誓要恢復行走能力，並自修《聖經》以尋求安慰和洞見。日後回顧這段時期時，她認為這是自己重大的心靈探索期。這段時間她失去了父親、心理治療師和丈夫，這些痛苦都因健康情況不佳而變本加厲。在苦惱焦慮中，艾迪渴望找到一位新導師。一八六六年，她寫信給昆比以前的學生朱利斯．德雷瑟（Julius Dresser），他也是艾文斯的同事。

德雷瑟當時在緬因州亞莫斯市（Yarmouth）當記者。艾迪絕望地寫信給他：「希望你能挺身而出……我相信你會做很多好事，在我認識的人當中，你最有能力接替昆比的位子。你能幫幫我嗎……請立即回信。」[18]

德雷瑟直到三週後才回信。因為當時他的妻子剛生下了他們的第一個孩子荷拉斯（Horatio），恰巧就在昆比去世的前一天。荷拉斯長大後成為威廉・詹姆斯的學生，而他本身也是著名的歷史學家。德雷瑟夫妻非常感謝昆比長年來的醫治之恩，但他們不想重提過去。德雷瑟在回信中拒絕了艾迪的請求：「成為醫生？我不應該考慮這個選項，嬰兒能做壯漢的工作嗎？即使我做得到，我也不會去做。」

孤立無援又情緒不穩的艾迪向外求助不成，於是自行回應了自己的靈性呼喚。艾迪開始回顧昆比的治療方法，並勇敢地閱讀聖經，為她的基督教科學神學奠定了基礎。然而艾迪的詮釋，不論是在細微處或大方向，都與昆比的論點不同。那位鐘錶匠將人類的心靈視為神聖力量的容器，艾迪卻將其視為製造幻覺的道具。她推斷，「凡人之心」必須被消滅，才能看到唯一絕對的實存，也就是上帝的心智。

一八七二年，艾迪已將昆比的教導拋諸腦後。她曾讚美他為「用基督的真理來治療他人」，但她轉而著手撰寫自己的證詞和願景，也就是《科學與健康》(*Science and Health*)。[19]艾迪在書中強調，基督的醫治事工並不是一次性的奇蹟，而是一種「永恆有效的神聖原則」，每個人都可以受惠。在她看來，昆比只是她思想旅程的中繼站，而不是導師。接下來幾年，艾迪慢慢將自己視為受到啟蒙的宗教領袖，她的追隨者也這麼認為。她不想再與昆比一派的催眠術和世界觀有牽連，也不想參與艾文斯所期望的新時代運動，儘管後者的宗旨在於肯定人生、引導人們正確思考，並對靈性發展保持開放態度。[20]一八七一年七月十一日，艾迪在信中跟朋友抱怨，艾文斯只是半調子的科學家（即使兩人認識不深）。[21]從此以後，基督教科學會與其他的靈性運動的就分道揚鑣了。

《科學與健康》出版後，艾迪的理念迅速受到大眾的歡迎。她公開教授自己獨創的祈禱治療法，也撰文加以推廣。比起副作用極高的英勇醫學，這種無害的方法深受歡迎。然而，艾迪改頭換面獲得成功，卻引來了一個不受歡迎的人物。一八八二年五月，昆比以前的病人朱利斯・德雷瑟在波士頓重出江湖，而且對艾迪的自立門戶義憤填膺。然而這個人在一八六六年拒絕接替昆比的學派，對艾迪的理論更是興致缺缺。

德雷瑟的支持者說，他是來捍衛昆比的聲譽，因為艾迪剽竊了那位心靈醫生的想法。艾迪的支持者則認為，德雷瑟會回到波士頓，是因為看到基督教科學會和心靈治療蓬勃發展，想要搶佔一席之地，尤其是《科學與健康》出版後大受歡迎。我認為，德雷瑟有他的理念，也確實想撈錢，畢竟他是等艾迪紅了以後才出現。兩人在公開場合與私底下都不斷爭吵，但德雷瑟先於一八九三年去世。

而爭論沒有停息，德雷瑟的批評逐漸變成對艾迪的成見。有位靈修中心的圖書館員曾跟我強調：「她的想法都是從昆比那邊偷來的！」許多歷史學家也這麼認定。艾迪在回應各項指控時的態度也對她很不利。在一八八七年六月的《基督教科學雜誌》（*Christian Science Journal*）中，她稱昆比的著作都是「胡言亂語」，還說他是文盲。

一八八〇年代開始，相關的辯論在數不清的文章、書籍和演講中不斷進行，持續了四十年。這是心靈療法史上的里程碑。然而，若我們細究兩造的核心觀點，就會發現差異其實不大。假設艾迪承認自己多少受到昆比的影響，又或者德雷瑟承認艾迪學說的獨特性，那這場爭議就可以停息了。只要認真研讀艾迪的作品，就知道她沒有抄襲昆比，因為後者的文章冗長又雜亂無章。只要翻閱艾迪的傳記，也可以知道昆比對她的影響有多深遠，畢竟她當年還是個焦慮、病弱又喪父的年輕女子。就像大多數的爭論一樣，雙方陣營的差異大多是出自於情感上而非實質上的理由。

一八八四年，有位住在新罕布夏州曼徹斯特的三十多歲家庭主婦，離開了丈夫和年幼的兒子，搬到波士頓去跟隨艾迪夫人。這位主婦的動機很明顯，也有深奧的一面。在一八八三年聽到艾迪的演講後，她就深深受到吸引，並於同年前往波士頓上課。這位年輕婦女對於宗教和知識的興趣越來越濃厚。隔年八月，她就決定離開丈夫和九歲的兒子去加入位在波士頓的基督教科學會。

她就是艾瑪・柯蒂斯・霍普金斯（Emma Curtis Hopkins），神祕主義者、婦女投票權運動者和基督教科學會的門徒。她本應該是艾迪最信任的夥伴，但最終卻點燃了艾迪的怒火，並成為令教主痛苦的競爭對手。但也因為兩人的分裂，才迸發出更新、更受歡迎的心靈學派，即「新思想運動」。[22]

霍普金斯第一次遇到艾迪是在一八八三年秋天，當時這位治療師借住在曼徹斯特的學生家中。女主人請艾迪跟鄰居們上一堂課，而霍普金斯就是聽眾之一。對她來說，這場短講有如知識上的摩西分紅海那麼神奇。

艾迪當時闡述的理念令霍普金斯印象深刻，即「神聖心靈會滲入所有的生命中」。到了十二月，她寫信跟艾迪說，那位女主人用基督教科學會的方法治癒了她的重病，所以她想將自己奉獻給教會。「我願意把整個生命和所有才能都獻給這份志業。」她在信中如此寫道。[23]

一八八四年夏末，霍普金斯還沒離家前，艾迪就已把重要的職位授予這位博學的年輕女性——《基督教科學會期刊》（*Christian Science Journal*）的編輯。除了教主本人外，霍普金斯是第一個擁有這個頭銜的信徒。她被安排住在麻州形上兒學學院（Massachusetts Metaphysical College）的女生宿舍裡。霍普金斯對教會只有一個要求，不要向外人透露她沒有支薪，免得她家人懷疑她的決定是否正確。

霍普金斯於一八八四年九月開始擔任編輯，但到了一八八五年十月，僅僅過了一年又一個月，在沒有明顯警告的情況下，她就被解雇了，並被驅逐宿舍。迷人且聰慧的霍普金斯開始相信，這是因為她違反了艾迪的不成文規定：不可提及自己與神有直接的交流。一八八五年九月，她在該會期刊的社論〈形上而上學的教師們〉（Teachers of Metaphysics）中稍微提及這一點，但該文的主旨是在捍衛艾迪的清白。霍普金斯寫道：「我得以親自與那位在過往只聽過名字的神面對面地相遇。」然而，無論寫得多麼含蓄，艾迪都會感到不安。

一八八五年十一月，霍普金斯寫信跟朋友訴苦，也提到宿舍裡令人不寒而慄的氛圍：「你也說過，那篇文章會給我帶來很多麻煩。自那之後，我所說的話和做的一切都受到監控、渲染並向上匯報。我在心理上承受了沉重無比的壓力……但他們無法理解我複雜的表達方式，也不知道我正在挖掘事實。」

「挖掘事實」顯然是指艾迪和昆比的爭議。在這個問題上，霍普金斯毫不猶豫地支持艾迪。她寫道：「我看過艾迪夫人寫給德雷瑟和昆比的信，但內容都不足以當作證據，以推翻她理論的原創性。」然而在調查過程中，有一股難以察覺的衝突逐漸浮上檯面。

霍普金斯不僅是在挖掘事實，也在挖掘思想。她廣泛地閱讀形而上學、東方宗教和神祕主義等理論，這比她的社論更加違背了艾迪所建立的組織文化。到了一八八〇年代，基督教科學會的教規已經非常嚴格，其禮拜儀式包含禱告和讀經，旨在顯示基督的醫治力量。艾迪下令，教會的核心文本和實踐方法不得進行任何的調整、創新或受外部影響。霍普金斯入住後的幾個月裡，艾迪明確地宣布，學生們不應該去翻閱新英格蘭地區豐富的宗教藏書，尤其是形上學、神智學和心靈治療方面。

受到法庭攻防的沉重打擊，再加上她所創造的詞彙常遭到盜用，艾迪只好將「基督教科學會」註冊為商標。到了一八八〇年代中期，她趕走了許多追隨者以及堅毅無畏的信徒，因為他們善於獨立思考、或跑去研究昆比和艾文斯的相關作品。

到了一八八〇年代末期，派系分裂使艾迪失去了三分之一的追隨者。今日的尋道者可以自由選擇想鑽研的思想，所以很難理解怎麼會有這麼多人湧向一個保守、規範嚴明的教派。不過，她的靈修方法的確反映出了高度的人性和同情心。以床邊禱告療法為例，這比副作用極高的十九世紀末醫療手段溫和多了。就連正規的醫生都沒有學過這些方法：信徒坐在病人旁邊禱告時，會關注對方的情緒，包括恐懼感和情感需求。過往的患者從沒有過這種體驗。從這方面來看，艾迪的神學甚至間接影響到二十世紀晚期人道主義醫學的發展。

在十九世紀，美國醫學界還沒有訂立醫師執業的資格與規範，所以許多鄉村醫生仍然在採用「英勇療法」，諸如放血、暴露傷口、服用迷幻藥和汞類等等，甚至在兒童身上也使用。這些療程序對女性特別危險。在維多利亞時代的美國，醫生常常診斷女性有歇斯底里症或神經衰弱，還將子宮視為憂鬱症等情緒問題的源頭，並且對她們施以殘酷的療法。歷史學家馬特拉（Gary Ward Materra）所指出的：「治療方法包括放血、注射毒藥、卵巢切除術以及切除陰蒂。醫師會將水蛭放在陰部或子宮頸上，有時水蛭會進入子宮內部，引起患者的劇烈疼痛。」

因此，艾迪讓女性得以遠離當時最不衛生的地方：診療室。儘管基督教科學會沒有轉變成政治運動，但艾迪的確是美國第一位女性宗教領袖，在知識和宗教層面都是非凡的人物。

基督教科學會主要成員都是女性，這在當時是引人注目的現象。在一九〇〇年，組織內有兩千五百六十四名治療師，將近有八成是女性；十年後，治療師成長到四千三百五十名，其中高達九成是女性。[24]許多信徒都深具智慧、獨立自主，也特別欣賞女性教會的解放精神。在組織裡，他們很少感到失去主動性。只要在那些得到治療而病症緩解的人，都可以接受培訓而成為治療師。從健康，宗教和社會層面來看，科學會都顯露出了男女平等的精神。

諷刺的是，那些有抱負或思想不純的信徒被艾迪剔除後，反倒成為一群熱情、好學又不受拘束的思想實驗者。她們都相信，在生活中就能接收到並運用神聖法則。就像歷史上的神祕學思想家一樣，這群注重靈性發展的人脫離了教會的束縛，雖然她們當初都被艾迪的女性領導風範所吸引。

霍普金斯在短時間內加入了艾迪的教派，也隨即就被趕走，但她迅速地依自己的方式成長為獨立而受歡迎的老師。事實上，她離開後所颳起的旋風，至今仍然留存在靈性思想界中。一八八五年，霍普金斯動身前往芝加哥，在沒有奧援的情況下，建立起自己的形而上學體系與療法。

對於當時的非正統尋道者來說，芝加哥是令人期待的朝聖地。這個中西部城市有基督教科學會的分會，也有許多艾迪以前的信徒。此外，神智學、神祕主義和形而上學的社會在當地也蓬勃發展。這個城市還有一個吸引人的特點：與新英格蘭區相隔千里，所以霍普金斯不需要向外界解釋離家的原因以及與艾迪的恩怨情仇。

在接下來的十年，這位富有進取心的尋道者努力經營在芝加哥的事業。這位受人尊敬、聲譽卓著的靈性導師教導中西部的學生運用神聖的思想力量。霍普金斯慢慢脫離健康和疾病的範疇，並開始闡述她修正後的「基督教科學」（Christian Science），而把重點放在追求幸福。這是艾迪難以想像的發展，事實上，霍普金斯在早期的文章中已有伏筆，因為當中融合了卡巴拉、佛教、印度教和神智學的教義。

這位前學生仍然尊敬艾迪，並擴大解釋她的多項關鍵概念，如邪惡、疾病和物質世界的虛幻性。霍普金斯繼續將「基督教科學」用於她的課程和出版物之中，並將艾迪視為自己的靈感來源。她有和解之意，但終究沒有實現。她在一八八六年的聖誕節最後一次寫信給艾迪：「真希望妳心中還有足夠的空間能看到我的成長與成就。請給我時間，讓我來彌補過去、一同走出當年的陰影……因為當時我突然接到命令被迫離開你們。」但艾迪並沒有回信。[25]

霍普金斯越來越激進。她借用艾文斯首創的概念，鼓勵人們運用正向的肯定句來追求個人幸福，更大膽地主張：心靈是幸福的引擎。她對學生們說：「每天都有各種可能。在空白的牆上寫下你的宣言：善良和真理獲得勝利了！大聲說出你希望實現的美好事物，宣告它已實現了。」[26]她還讚揚艾文斯的另一個主張，即每個人的內心都住著一位神明，祂是上帝的延伸。這就是艾迪當初最厭惡的觀念：內在的「神性自我」(God-Self)，它後來也在新時代運動中流行起來。

更甚者，霍普金斯還敦促她的追隨者從事寫作、教學、傳播教義。而這些學生也成為下一代的思想導師：

**菲而摩夫婦**（Charles and Myrtle Fillmore）：堪薩斯「聯合教會」(Unity Church）的創始人，其業務範圍相當廣泛，包括出版雜誌、書籍和開立課程。

**厄尼斯特・霍爾姆斯**（Ernest Holmes）：「心靈科學」(Science of Mind）的創始人，二十世紀極具影響力的心靈力量理論家。

**馬琳達・克萊默**（Malinda Cramer）：她所領導的神聖科學（Divine Science）運動在舊金山和丹佛地區蔚為風潮。

**海倫・威爾曼斯**（Helen Wilmans）：廣受歡迎的女權運動者。

**威廉・阿特金森**（William Walker Atkinson）：芝加哥知名的心靈書籍出版商。

**安妮・米利茨**（Annie Rix Militz），在西岸建立多個真理之家（Homes of Truth）靈修中心。

**弗朗西斯・洛德**（Frances Lord）：精力充沛的英國學生，在一八八〇年代就推出各種招財的心理工具。

**艾麗絲・斯托克漢姆**（Alice Bunker Stockham）：全美國第一批女醫生之一，也是廣受歡迎的女權運動者，特別強調婚姻中的兩性平等。

**艾拉・威爾科克斯**（Ella Wheeler Wilcox）：鼓舞人心的詩人。她創作出了世界著名的詩句：「你若是笑，世界會和你一起笑；你若是哭，你將獨自哭泣。」

霍普金斯的心靈形上學有許多名稱，但詩人愛默生的定義最切中要旨：新思想。一八五八年十二月，愛默生開設「成功」（Success）講座，並在一八七〇年將授課內容整理成一篇文章。他寫道：「透過新思想與堅定的行動來彌補失敗。這並非易事，只有神聖的人才能做到。」他在一八三六年的〈自然〉（Nature）一文中也寫道：「有新的土地，有新的人，有新的思想。」但等到一八七〇年的文章廣受歡迎後，「新思想」的意義才更加明確。「彌補失敗」——這條準則定義了新運動的目標，也標誌了霍普金斯及其前輩的思想路徑。

到了一八八〇年代中期，「新思想」開始出現在心靈治療的書籍和期刊中。一八八七年，芝加哥的順勢療法醫生霍爾康姆（William Henry Holcombe）出版了一本小冊子《基督教科學會的思想入門》(*Condensed Thoughts About Christian Science*),當中提到:「新思想總是在你我的心中與拒絕退出的舊思想搏鬥。」一八九二年,幽默作家馬德福也在他死後才發表的文章〈新思想的到來〉(The Accession of New Thought)中著重使用該詞語。一八九四年,《新思想》成為了麻州的一本期刊的標題。隔年,一群知名的心靈科學思想家開始在波士頓形上學協會(Boston Metaphysical Club)中使用這個詞語。最後,在一八九九年二月,眾人在康乃狄克州哈特福德市舉辦了一場「新思想大會」,並於十月在波士頓續辦,而且規模更大。這場運動的名稱才終於確定下來。

此時,新思想的基本語彙和方法論已然成形,但缺少了一項眾所周知的要素:金錢。新思想運動的主要目標是用思想得到健康和幸福,而不是財富。霍普金斯仍然堅守艾迪的教理:物質世界是腐敗的。一八八八年,她告誡學生道:「不要賣弄從物質交易而來財富、利潤和優勢。」這是她從未動搖過的觀點。一九一九年十一月二十日,她寫信跟朋友說:「生活不是由琳琅滿目的物品所組成的」。[27]

確實,賺錢並不是新思想倡導者所關心的活動,甚至還加以排斥。前面提到的詩人艾拉・威爾科克斯在一九〇二年的著作《新思想之心》(*The Heart of the New Thought*)中承認,心靈力量可以用於獲得財富。她寫道:「但是,若只是為了賺錢才去培養心智和精神力量,這種人是可悲的。腦袋清楚和細心的人都知道,生活的主要目標只有一個,那就是建立品格。」

威爾科克斯的原則呼應了英國詩人華茲華斯(William Wordsworth)的詩作〈快樂戰士的品格〉(Character of the Happy Warrior),後者在描述看重靈魂和品行的戰士。當時許多英國作家在美國聽到激勵人心的演講後，也加以改編和推廣。另一方面，與新思想運動有關的「成功神學」也在一八九〇年代起斷斷續續地發展起來。兩個原因促成了成功神學的出現。

首先，十九世紀晚期的美國社會經濟上充滿變化，既帶來希望又令人不安。從玻璃器皿到各式家具，消費品大量生產，充斥在商店櫥窗和郵購目錄之中。美國的經濟活動也從農業轉向以城市為中心的製造業。金流和市場正在迅速擴展，消費主義所帶來的渴望感和焦慮感也在攀升。

針對社會變遷，歷史學家和記者便急著將新思想運動歸類為想快速致富的心態。但這並不足以代表成功神學的全貌。對於那些廣受歡迎的新思想作家來說，這個哲學觀是一種心靈補充劑，以因應「進步時代」（Progressive Era）的變革以及個人經濟的自給自足。「社會福音運動」（Social Gospel）的倡導者華勒斯．華特斯（Wallace D. Wattles）為例，他也是受歡迎的新思想作家。他曾經在衛理公會服務，但因拒絕接受血汗工廠老闆們的金錢奉獻，而被趕出教會。華特斯懷抱民主社會主義，支持罷工權和婦女投票權，並且預言新社會體制的出現；在未來，相互合作將取代競爭。華特斯在一九一〇年所出版的《致富科學》（*The Science of Getting Rich*）一書中大力宣揚這份理想。他的出版商伊莉莎白．唐恩（Elizabeth Towne）也是著名的女權運動者，還於一九二六年成為麻州霍利奧克市的第一位女性議員。

華特斯曾三次代表的美國社會黨（Socialist Party）競選公職，並於一九一一年在其著作中《成就偉大的科學》（*The Science of Being Great*）中向創黨元老德布斯（Eugene V. Debs）致敬。華特斯於一九〇八年首次競選印第安納州的國會議員，但慘遭滑鐵盧。次年，他回到家鄉競選埃爾伍德

（Elwood）競選市長，最終以第二高落選。最後在一九一〇年，他出馬競選麥迪遜郡的檢察官，並以第三名作收。

在競選市長期間，當地一家錫廠爆發勞資衝突，這位瘦弱的男子在現場面對著一千三百名罷工工人，承諾會支持他們。[28] 但華特斯那時已經是眾所皆知的求財大師。在二十一世紀初，暢銷書《祕密》的作者還聲稱《致富的科學》是她的靈感來源，因此後來就沒人記得他的政治立場。只有少數讀者注意到，華特斯在書中還預言了商業巨頭的衰落和工人組織的崛起，這多少透露出他的馬克思主義思想。

接下來我們要介紹早期的黑人民族主義者馬庫斯．加維（Marcus Garvey）。他所提倡的人生觀「信仰自我」、「無止盡地自我改進」等，都可以追溯到新思想運動。歷史學家羅伯特．希爾（Robert A. Hill）和芭芭拉．貝爾（Barbara Bair）在《加維傳：人生與課題》（*Marcus Garvey: Life and Lessons*）中寫道：「許多人把它們當成新的民族運動口號，但實際上加維是從新思想運動中得到靈感，並應用於黑人的各種境況……加維明確地將形而上學和政治活動連結在一起。」

加維發行的報紙和小冊子都充滿了新思想運動的語彙，例如：

在《黑人世界報》（*Negro World*）中，他呼籲大家喚起「普世的商業意識」（universal business consciousness）。

為了推銷「黑人工廠公司」（Negro Factories Corporation）的股票，他強調「熱情是成功的重要關鍵」。

> 《黑人報》（*Blackman*）的頭版標題寫著：「讓我們散發出成功的氣息，勝利終將到來」。他還加入了不可或缺的新思想名言：「人如其思」（As Man Thinks So Is He）。[29]

加維最具影響力的談話，是在一九三七年他對加拿大新斯科細亞省的聽眾們說：「我們必須從精神奴役中解放自己。他人頂多只能解放我們的身體，但自身的思想只有自己才能解放。」類似的精神在鮑伯．馬利（Bob Marley）的〈救贖之歌〉（Redemption Song）中也能聽到。

隨著在經濟和社會上的變遷，美國診療室的進步也終於姍姍來遲，患者們不再那麼絕望情緒。「英勇醫學」終於退場，正規的治療與藥物更為安全且有效。為了支持對抗療法以及回應醫師們的呼籲，各州的立法機構開始訂立相關規範以及證照制度，以禁止非正規的醫療行為，如心靈治療、順勢療法和草藥。

經濟和醫學上的進展改變了大眾的需求，也改變了新思想運動的面貌。拿破崙．希爾（Napoleon Hill）於一九三七年出版的《思考致富》一書便引起許多人的討論。不過，在戴爾．卡內基（Dale Carnegie）、諾曼．文森特．皮爾（Norman Vincent Peale）、詹姆斯．艾倫（James Allen）以及希爾的勵志暢銷書，都看不到「新思想」這個術語。到了一九五二年，皮爾的暢銷書《正向思考的力量》（*The Power of Positive Thinking*）便扎扎實實地將新思想運動的原則深植在現代人的心中。

# 第八章 大師輩出的年代與終結：克勞利、葛吉夫和榮格

然而易見的是，想法總會伴隨某些後果，而且通常是當事人所意想不到的。瑪麗．貝克．艾迪創立了基督教科學會，訂下了嚴格的教規，並攆走有獨立思考的追隨者。結果，她在無意間催生出了一群有實驗精神又自由的尋道者，孕育出了無孔不入的新思想運動。

一八八〇年，布拉瓦茨基夫人和奧爾科特上校移居到印度，並成為首批正式皈依的西方人。就在他們認真研究印度教和佛教教義時，部分追隨者卻悄悄地反其道而行。布拉瓦茨基放下過往所重視的赫密士主義，但歐洲和美國的尋道者卻渴望專研西方的魔法，於是開始創立了自己的團體。

不難理解，神智學會以及相關的團體會受到印度教和佛教的吸引，並把其教義當成思想核心，是因為這些古老的宗教都有一脈相承的傳統、精心設計的儀式與經典。而赫密士主義和神祕主義則受到歷史事件所影響，教義四分五裂、東拼西湊。

現代西方人重新探索、改造古老魔法，改變了二十世紀的神祕主義面貌。最具影響力的團體

就是「赫密士主義黃金黎明協會」（Hermetic Order of the Golden Dawn）。雖然它內部發生多次派系爭鬥，但也因此帶來各種創新與變革，並啟發新的神祕學。

黃金黎明協會的發展可追溯始至一八八七年秋天，當時倫敦共濟會成員威廉．維斯科特（William Wynn Westcott）偶然取得一本用英語、法語、拉丁語和希伯來文寫成的手抄本，而內容有煉金術符號和祕密儀式。這本六十頁的手抄本附有一張紙，上面寫著斯普倫格爾（Anna Sprengel）伯爵夫人的姓名和地址，而拿到這張紙的人可以聯繫她。

維斯科特說，這份「密碼手稿」是從已過世的共濟會夥伴伍德福德（A.F.A. Woodford）牧師那裡得來的。那伍德福德又從哪裡獲得這份手稿？答案眾說紛紜，有人說是一八八〇年從一位古董書商那裡買的，有人說是從共濟會成員麥肯齊（Kenneth R. H. Mackenzie）那裡得到的。

但爭議不斷延燒下去。有人指控，維斯科特為了成為教主（這在神祕主義史上很常見），所以偽造了這份手稿。也有人質疑他是否真的有與伯爵夫人通信。

維斯科特宣稱，伯爵夫人告訴他多位隱世大師的消息。他們是「祕密領袖」（Secret Chief），負責帶領一個玫瑰十字會，並邀請維斯科特入會。他後來將這些資料給兩位朋友看。這兩人分別是威廉．伍德曼（William Robert Woodman）和麥克格雷戈．馬瑟斯（S.L. MacGregor Mathers）。然而，祕密領袖這個詞似乎是馬瑟斯發明的。

維斯科特等人一起研究這份手抄本，原來裡面的密碼是來自於一五一八年的《多重書寫法》

（*Polygraphia*），其作者是德國本篤會修士特里特米烏斯，他與前文提到的神學家阿格里帕合作過。維斯科特等三人共同設計黃金黎明協會的基本架構，而目的是為了保護該份手稿以及祕密系譜。

漸漸地，黃金黎明協會成為藝術家、知識分子和魔法尋道者的孕育地。其中包括詩人葉慈、英國魔法師阿萊斯特・克勞利、歷史學家伊芙琳・安德希爾（Evelyn Underhill）、舞台劇演員佛羅倫斯・法爾（Florence Farr）、英國神祕學專家亞瑟・韋特、《祕法卡巴拉》作者荻恩・佛瓊（Dion Fortune）和英國作家以色列・雷加迪（Israel Regardie）。

創會元老馬瑟斯孜孜不倦地研究魔法。神祕學研究者唐納・泰森《塔羅牌重要文獻》（*Essential Tarot Writings*）中寫道：

> 馬瑟斯有超感知能力，又是天賦異　的靈媒。他和妻子莫娜（Moina）共同合作，跟許多靈體學到黃金黎明魔法系統的奧義。
>
> 後人往往忽視這項的關鍵事實。馬瑟斯不是設計了這套魔法，而是從靈界接收來的。他經常與這些靈體們交流，也就是所謂的祕密領袖。他們才是黃金黎明魔法的設計者，而這套魔法是植根於西方的祕傳傳統。

瑪麗・格里爾（Mary K. Greer）於一九九五年發表歷史著作《黃金黎明的女性》（*Women of the Golden Dawn*）。這本書內容精彩，作者的文筆又很優美。她在書中談到協會內部的活動：

學員必須學習一系列的工具和技巧，才能施展這套魔法，比如：

- 能在星光層（Astral plane）產生共振的「力量詞語」。
- 符號與其象徵物的對應法則。
- 透過魔法師召喚靈體，或他自己成為某個神祇的代言人。
- 觀察月亮、行星和季節變化，以此掌握施法的時機
- 經由星際通道穿越不同的能量層與行星，以影響現實、帶回訊息。

正如塔羅牌中的魔術師卡所示，在天使和高階靈性振動力量的幫助下，魔法師從上方吸收力量，然後經由自己身體引導到現實物質中。他們首先運用各種儀式以接觸到靈性力量，然後再帶回人間，以實現他們所預想的效果。

麥肯齊可能是密碼手稿的起草者，他將魔法定義為「科學的心理學分支，運用石頭、藥物、草藥和活體，運用想像力和反射力來產生共鳴效果」。許多作家都將魔法視為一種心理治療，如弗朗西斯．金（Francis X. King）和雷加迪，有些作家則認為，魔法是用來統合所有的二元對立以及探求幻象背後的真理。

葉慈則是要探索「單一的能量心靈」以及「自然的單一記憶」，而這兩者都可以用符號召喚出來。但我個人最喜歡佛羅倫斯．法爾的定義：「魔法能讓人感受到無所限制」。也就

是說，我們都以為自己受俗世、心靈的法則所約束和強迫，但魔法能消除這些限制。我們可以成為任何事物，因為我們就是一切。

一八九一年，馬瑟斯和他的妻子莫娜搬到了巴黎，打算要更接近祕密領袖。莫娜的弟弟是法國哲學家亨利．柏格森，而她本身是深具洞察力的平面藝術家，創作主題大多為神祕學。朋友們敦促她返回巴黎繼續學畫，並認為她的丈夫阻礙了她的天賦發展。這對夫婦在經濟上有點困難，但還是在世紀之交「美好年代」（belle époque）氛圍中打響名聲。

馬瑟斯當時堅稱，只有他能與祕密領袖取得聯繫，而後者任命他為黃金黎明的領導人。伍德曼於一八九一年去世，維斯科特則是雇主的壓力下，於一八九三年辭去黃金黎明的領導職位，並讓位給法爾。倫敦的成員們反對馬瑟斯擔任領導人，他只好任命意志堅定的克勞利為副手來平息眾怒。克勞利在組織裡的稱號是Perdurabo，其含義為「堅持不懈」。

克勞利和馬瑟斯於一八九九年在巴黎會面，兩人的結盟雖然不緊密，但都對協會的發展方向不滿。時年二十五歲的克勞利主張無政府主義，是自視甚高的知識分子，也不喜歡協會的形式主義。馬瑟斯講求權威又愛好時髦，但個性比他的副手要溫和許多。馬瑟斯不太喜歡有些成員太獨立和衝動。但總之，兩人都很渴望掌權。

那一年，克勞利在倫敦與他大十歲的葉慈短暫相會，但過程不太愉快，葉慈當時已是享譽盛名的文學家，他不喜歡克勞利，認為他的詩文太散亂又欠缺技巧。一九〇〇年的春季，克勞利與倫敦的成員會持續發生衝突，他們拒絕承認他被授予的副手地位，也打算推翻巴黎領導人的權威。四月，克勞利整天戴著冥王奧西里斯（Osiris）的面具以防止被魔法攻擊，還換了其中一個會所的門鎖，馬瑟斯認為這些行為是針對自己，並懷疑組織內有人密謀要取代掉他，並恢復維斯科特的領導地位。四月十九日，葉慈、某位成員、房東和警官在會所門口與克勞利對質，最後把他趕出去。很快地，會員會開始互相指控並採取法律行動，也結束了這個好鬥的團體第一階段的發展。

過不了多久，克勞利便與馬瑟斯徹底決裂了，而這也是他與人相處的常態。之後，許多類似的團體相互競爭、互有消長，大家都聲稱自己繼承了黃金黎明的真正系譜。這是無可避免的後果。畢竟從教理來看，協會的知識是不能公開的，而且有自己接收神聖訊息的管道。同樣的問題也出現在神智學會的分裂過程。

馬瑟斯在第一次世界大戰即將結束時因流感而去世，成為全球流行性感冒的數千萬受害者之一。當時馬瑟斯還不到六十五歲，莫娜則是五十三歲。許多由黃金黎明衍生出來的組織已開始運作，包括「黎明之星」(Stella Matutina)，其成員包括韋特、葉慈、佛瓊以及克勞利的前祕書雷加迪，後者在一九三八至一九四〇年間出書詳述了黃金黎明的各項儀式，並引起資深成員的不滿。跟馬瑟斯親近的成員們則成立了「阿爾法和歐米茄」(Alpha et Omega)會所。

一九一九年，佛瓊也轉來阿爾法和歐米茄，但對其教學品質感到失望。莫娜解除了佛瓊的煩惱。一九二二年，她指控佛瓊洩漏了組織的祕密，所以將對方逐出會所。佛瓊聲稱，之後莫娜便不斷在「星界」攻擊她。這就是源自於藏傳佛教的圖帕（tulpa）魔法。一九三〇年，佛瓊其回憶錄《心靈自衛》（*Psychic Self-Defense*）中描述到：

> 有天吃完早餐後，我走上樓梯，突然看到一隻巨大無比的虎斑貓朝著我走來，體型比老虎還要大一倍，看來是有實體和可觸碰的。我嚇呆了一秒鐘，然後它就消失了。我立刻意識到這是特異人士所投射出來的幻象或意念。我站起來，收拾好器具，然後就地進行了驅邪儀式。

隨後，星界之戰開始了。敵人披著「高階法師的華麗長袍」現身，但最終佛瓊在這場「意志之戰」中獲勝了。隨後她驚訝地發現：「我脫下衣服準備上床時，發現從脖子到腰部有一道抓痕，就像被巨大的貓攻擊一樣。」儘管從未明說，但佛瓊認為那個對手就是莫娜。不過歷史學家格里爾認為這件事很可疑。

就在同一時期，莫娜與另一位上進的會員發生衝突；他是紐約人保羅・凱斯（Paul Foster Case）。莫娜指責他將性魔法納入了自己的教學課程中，這是組織所不允許的。兩人在信中你來我往，最後凱斯被趕出組織。

凱斯隨後組織了至今仍很活躍的「內殿建築者協會」（Builders of the Adytum，簡稱為BOTA）。在凱斯的努力下，內殿建築者協會成為美國第一所函授教學的神祕學院，教材的內容有塔羅牌、符號和神祕學。一九四七年，凱斯出版了暢銷書《塔羅牌》（*The Tarot*），可說是他職業生涯的巔峰。這本書全面介紹了黃金黎明的符號和哲學觀，十分易於閱讀。透過函授課程，凱斯讓美國神祕主義更加大眾化。

與此同時，克勞利也創立了極其神祕的組織「A∴A∴」。許多人認為，這個名字代表「銀星」（Argenteum Astrum）。美國小說家羅伯特・安東・威爾遜（Robert Anton Wilson）趣味地指出，這個名稱本身就有完整的意涵，旨在揭露那些不懂裝懂的半吊子。

黃金黎明的分裂也造就了歷史上最受歡迎的塔羅牌，即韋特—史密斯（Waite-Smith）塔羅牌，它是一九〇九年由出版商「威廉・賴德父子」（William Rider & Son）所發行的，也被稱為賴德—韋特（Rider-Waite）塔羅牌。

「史密斯」指的是繪製牌面圖案的帕梅拉・史密斯，她又名「皮克西」（Pixie）。一八九三年，這位出生於倫敦的神童跨海來到紐約的普拉特學院（Pratt Institute）學藝術。三年後她母親去世，隔年她離開了學院，但沒有拿到學位。葉慈引介史密斯加入黃金黎明，並於一九〇一年進行入會儀式。在接受了同期入會者亞瑟・韋特的委託後，史密斯在短短六個月內就創作出了第一副小牌有完整插圖的塔羅牌。在此之前，只有十五世紀索拉・布斯卡（Sola Busca）塔羅牌的小牌有各自的圖像。

史密斯的作品成為當代塔羅牌的範本，後來的出版者都採用了史密斯的基本設計和插圖元素，也有人直接複製過來。除了韋特的指示，有人猜測，史密斯在繪圖時也有請葉慈和法爾提供靈感。但無論如何，牌面上精緻又充滿戲劇張力的人物，全都有賴於史密斯獨特的洞察力。

史密斯的插圖最初是以黑白線條描繪出來的，後來在印刷過程中才加上顏色。格里爾指出，史密斯的原版作品已經遺失，而印刷模板也毀於納粹轟炸倫敦之時。

在今天，即使是從未聽說過黃金黎明的人，也能夠認出史密斯所繪製的圖像。目前在全世界二十多個國家，出版商共計發行了超過一億套韋特—史密斯塔羅牌，其插圖也出現在T恤、冰箱磁鐵、珠寶、蠟燭等用品上。[1] 史密斯針對這副牌唯一留下的評論，出現在她於一九〇九年寫給攝影師斯蒂格利茨（Alfred Stieglitz）的信中：「我剛剛完成了一項非常宏大的工作，但酬勞十分微薄！」[2] 史密斯於一九五一年在英國康沃爾去世，而她的遺物非常寒酸，有些還被變賣掉以還清債務。

魔法傳承中若缺少黃金黎明，就好像在經濟學裡面中缺少了亞當．斯密一樣。儘管如此，黃金黎明對後世的影響其實非常複雜。

我欣賞創會元老們的努力和勇氣，但他們的判斷力不太好。該組織為現代神祕學帶來美學和希望，且復興了古老的魔法和啟蒙儀式。它孕育出了風格特異的藝術家，還為二十世紀的尋道者提供了魔法的基本框架。此外，協會也呈現出兩性平等的氛圍，在成立後前三年的一百二十六名入會者中，就有四十八名是女性。[3]

同時，該組織的階層非常明確，入會也有等級之分，這種做法重現了傳統的宗教體制，但也是許多尋道者想逃避的。組織內有許多頭銜浮誇又難念，以克勞利為例，他有個稱號是「通往智者之室之門之路之主」(Lord of the Paths of the Portal of the Vault of the Adepts)，這是參考了卡巴拉的教義而來的名稱。這些做法為後來幾十年的神祕學發展增添了不少色彩。

協會還透過教義問答和明確陳述來刻意區分黑、白魔法。確實，許多以反教條為出發點的運動，最終也會變成相對立的鏡像。黃金黎明過於強調保密，反而助長甚至鼓吹領導者的權威，反而不是在保護神聖教理免受褻瀆。當保密變成習慣，只是出於情感而沒有任何理由，協會便終究要走向分裂。

就連黃金黎明的史料也有戲劇性的發展。相關的史學家一開始都是立意良善，後來卻捲入了協會的爭端，讓歷史紀錄帶著陰謀論的色彩。在撰寫本章前，我對維斯科特的原始密碼手稿極感興趣，但沒有人知道它的下落，相較之下，我們還能在大英圖書館和阿迪亞爾的神智學會國際總部看到大師們的通信紀錄。

後來我找到了一些有參考價值的文本段落，但內容都像史書或深度報導那樣晦澀難懂，這應該是為了保護消息來源。英國占卜師艾利克·豪(Ellic Howe)於一九七二年發表開創性的研究《黃金黎明的魔術師》(*The Magicians of the Golden Dawn*)。他聲稱，自己在某個私人的保險庫中發現了原始的密碼手稿和相關文件。豪解釋說，當事人跟他有約法三章，不得透露這些資料的存放地點，也不得透露他的身分。因此，光是交代這些前提他都要講得拐彎抹角。這的確是為了尊重消息的提供者，就連豪在書中所引用的內容都需要一番解析才能理解。

許多作家都在寫阿萊斯特・克勞利的事蹟與生平，因此資深的研究人員都會猶豫，究竟還有什麼補充的。包括托比亞斯・丘頓（Tobias Churton）、理查・卡茲因斯基（Richard Kaczynski）和勞倫斯・蘇丁（Lawrence Sutin）在內的歷史學家們，都對這位「靈性野獸」在每個階段的作為，做出了非凡的研究。

但哪怕是布拉瓦茨基夫人，也沒有受到學術界如此這般的嚴格調查。我不打算談克勞利的人生細節、八道消息和破碎的人際關係，只想介紹最能展現他寫作才華、也流傳最久的經典：《法之書》（*The Book of the Law*）。

文學評論家艾文・豪（Irving Howe）在一九八二年寫道：「每個作家都應該因其作品的傑出程度而被後世牢記和研究。」[4] 這就是我對克勞利的看法。他留下了無數的著作、論文、詩文、信件和文章，而《法之書》是最出色的一本。這本小書為他後來的職業生涯奠定了重要的基礎，就像《塔木德》一樣，字字句句都會引出大量的評論和註釋。它是最偉大、影響最久的現代神祕學著作。《法之書》帶有剪貼的風格，看來有如不連貫的印象派作品，並呈現出令人不安力量。它出現的時機，以及它所展現的影響力和原創性，都是神祕學中無可取代的，堪比艾略特《荒原》在文學界的地位。

一九〇四年四月八日至十日連續三天，克勞利在開羅每天花一小時寫下了這些帶有預言式的篇章。傳記作者蘇丁指出：

對於不熟悉克勞利的讀者來說，本書中最有爭議的一句話就是：「行汝意志即為全法」（Do what thou wilt shall be the whole of the Law）。這句格言立即引起了不安，甚至恐懼。這句話的音節短促又有力，展現出《法之書》對心靈的衝擊力。從它問世以來，其影響力到二十世紀末還斷斷續續存在，也將繼續影響未來的人類文明。

克勞利最巨大的成就，也是他最遭人誤解之處。《法之書》並非在讚頌放蕩不羈的道德觀或自由精神，雖然他本人在生活中是展現這樣的性格。克勞利宣稱，這本書的內容是靈界智者「愛華斯」（Aiwass）傳給他的，是為了幫助個人打開人際關係、奮鬥、靈性洞見和存在方式的新紀元，而這一整套哲學觀稱為泰勒瑪（Thelema）。

「泰勒瑪」這個詞源自於希臘文的「意志」，其源頭可追溯到文藝復興時期作家拉伯雷（François Rabelais）的作品。在《巨人傳》中，拉伯雷讚頌崇尚自由思想的「泰勒瑪修道院：「在他們這個團體裡面的所有規定與最嚴格的約束中，只有一項條款需要遵守：隨意而為。」[5]

克勞利的版本既符合其精神但又有所不同。在的引言中，他明確表示：

本書為各位建立了簡單的行為準則。

「行汝意志，即為全法。」

「愛是律法，愛在意志之下。」

「除了行汝意志之外，再沒有別的律法。」

每個人都是恆星，應該按照自身真正的軌道而運行，它由個人所處的位置、成長的規律和過往經歷的作用力組成。從理論上來說，對於每個人來說，所有的事情都是合乎法則的；從長遠來看，每件事都是必要的。但在當下的實踐與特定時刻下，只有一項行為是合乎法則的。

克勞利接著說道：「每項行動或舉止都是愛的表現。」他在整本書不斷重複這個主題。在逐漸崛起的「荷魯斯紀元」中，培養「真意志」或「真正的自我」就是唯一的法則。因此，「行使你的意志，你才擁有權利」。在這個意義上，服務自己是神聖的：「每個男人和女人都是一顆星星」。這項陳述是如此的明確而周全，是魔法師的最高境界。

克勞利的「行汝意志」之說，和尼采在一八八二年《快樂的科學》（*The Gay Science*）中所言的「上帝已死」一樣，都是現代人廣泛引用、也最常誤解的觀念。同樣地，政治學者法蘭西斯·福山於一九八九年提出的「歷史終結」論也一樣被誤解。格言金句的危險之處在於，許多人都沒有讀過原典，也沒有留意它們的出處和脈絡，所以很容易遭人誤用。

尼采寫道：

新的鬥爭展開了。

佛陀死後好幾個世紀以來，他的影子仍然顯現在洞穴中——一個巨大而可怖的影子。上帝已死，但按照人類的思維方式，還會有個洞穴繼續展示他的影子，時間長達數千年之久。而人類，也仍舊必須去征服他的影子。

尼采既不主張虛無主義，也未曾絕望地喪失信心，只是要清楚指出「流於形式的神性」已經終結。克勞利也有類似的論述。詩人艾默生在一八四一年的〈自信〉（Self-Reliance）中也表達了類似的想法：

年輕時，我曾與一位頗受敬重的前輩討論人生。他習慣以教會那套古板的教義來勸誡我。我說：「如果我只依照自己的內心意願而活，那我與傳統的神聖意義有何關係？」智者說：「這些衝動可能來自地獄，而非天堂。」我回答：「在我看來並非如此。但如果我真的是魔鬼的孩子，那麼我將遵從那樣的方式去生活。」沒有什麼法則是神聖的，除了存在於我本性中的法則。

這些作家要強調的是，形式使意義窒息，而那樣的意義與真我分離。克勞利譴責舊時代的精神生活，並看到了新天地的到來。

克勞利相信，在這個歷史階段，人類的自我概念將逐漸革新。新紀元（New Aeon）是以荷魯斯和埃及諸神為名。克勞利於一九三六年所發表的《眾神之春》（*The Equinox of the Gods*）中，描述了《法之書》當中的人類發展過程：

> 在啟示中，我們看到未來紀元的基礎了。數千年來，人類先經歷過異教時期，崇拜大自然、伊西斯、母性和過往。到了基督教時期，我們開始崇拜人性、奧西里斯和當下。第一個時期的世界簡單、寧靜、輕鬆且愉快，而且物質無視於靈性。第二個時期的世界充滿了苦難和死亡，而靈性得努力地漠視物質。跟基督教系出同源的宗教全都崇拜死亡、美化苦難、神化屍體。新紀元的教派則著重於崇敬靈性與物質的合一，崇拜荷魯斯、孩童和對未來。
>
> 伊西斯代表自由，奧西里斯代表束縛，但新的自由則來自於荷魯斯。伊西斯並不理解奧西里斯，所以被他征服了。荷魯斯則為他的父親和母親復仇。伊西斯的孩子荷魯斯是一對合而為一雙生子：荷魯斯和哈帕克拉提斯（Harpocrates），他們也與奧西里斯的毀滅者賽特或阿佩普（Apophis）合一。死亡原則被摧毀後，他們方得以誕生。建立這個新紀元以及新的根本原則，是現今我們必須去完成的偉大工作。

克勞利以此回應了基督耶穌在十字架上發出的存在主義式吶喊：「我的神啊，我的神啊，你為什麼離棄了我？」在他看來，人類已經覺醒，脫離賴以活命的物質主義而注重精神生活，但並未將這兩者結合起來一起崇敬。所以他《法之書》中化解了這種分裂：「新紀元是將精神與物質合而為一的信仰。」這是也是當前靈性探索的主要課題，也就是化解「積極進取」與「不執著」的兩難。否則當代的尋道者常常感到很矛盾，既要學會「放下」，又要跟人爭辯自己體系的優異之處，因而違背不執著的精神。

不過，這番道理為何非得用超自然的脈絡和浮誇的口氣去表達？心理學大師榮格在一九六二年的《回憶、夢、思考》一書中提到：

> 內在原型（archetype）會用高調甚至浮誇的辭藻跟我說話。這種風格讓我覺得尷尬……但我不知道它要說什麼，我別無選擇，只能以無意識自我所選擇的風格一五一十地記錄下來。
>
> 舉例來說，我的精神導師腓利門（Philemon）說話時就充滿希臘化時代的色彩，也帶有諾斯底主義的味道。

因此《法之書》的內容才會夾帶著黃金黎明的概念和語言，以及《欽定版聖經》的腔調，而後者形塑了當時知識分子特有的文風。

但克勞利指出，這不光是出於寫作風格，他確實是在跟高等生命、守護天使以及超自然智者交流。他在《眾神之春》中指出：

> 在我的左後方，愛華斯從房間最遠端的角落對我說話，而且那道聲音在我的心臟部位迴盪。這著實難以言喻。過往，當我在等待某個令人非常期待或畏懼的消息時，也會出現類似的現象。
>
> 我強烈地感覺到，那位說話者實際上就在那個角落。他的身軀是由「精細物質」組成的，透明如薄紗或煙霧。他看來是三十多歲的高大黑人，行動敏捷、強壯有力，有著部落國王般的面容。他眼睛上矇著面紗，以免其凝視破壞了所見到的東西。他的服裝並非阿拉伯風格，可能是亞述或波斯風格。我很少注意到這些面向，因為我以前在幻視中見到的愛華斯，是純粹的星界存在體。

克勞利也將一九〇四年的寫作經歷視為他與馬瑟斯和黃金黎明的最終決裂。在《眾神之春》中，他預言道：「我要創立一個與太陽力量相連結的新團體，也必須根絕舊有的組織。」在《魔法書》（*Magick*）中，他進一步提到：「黃金黎明必須被消滅，而它的歷史和文件都得印刷出版、公諸於世。大眾不再需要花錢去購買書籍和課程。我給自己設定了絕對要達成的目標；我必須達到三摩地、為神服務。我的儀式進展很順利，但需要更多轉譯的文本。」

換句話說，馬瑟斯和他的同伴們已經喪失了對黃金黎明相關素材的自然權利，克勞利可以毫不留情地將其發表出版，而不需支付任何費用。

他在一九二九年的《克勞利的自白》(*Confessions of Aleister Crowley*)中寫道：「考量各種情況後，我認為祕密領袖派遣了一位使者來授予我馬瑟斯已喪失的職位。」這位使者就是愛華斯，而馬瑟斯對他來說就沒有用處了：「祕密首領拋棄了他。他陷入悲慘的境地，就連他的學問也拋棄了他。他沒有發表任何新作品，活得像一灘爛泥，等待死亡結束他的痛苦。他在自己的生命道路上是偉大的人。願他已修正錯誤、恢復工作的能力，並以經驗做為他的優勢！」

克勞利對「新紀元」的願景，其實是符合他自己在現實上的需求。克勞利的前祕書以色列・雷加迪的指控非常公允。跟克勞利相處過的人一樣，雷加迪也與他有過激烈爭吵、也仇恨彼此。雷加迪指出，《法之書》當然不是天界的訊息，都只是克勞利的自我投射而已：

> 克勞利說過，即使是在他最有靈感的時候，他也寫不出《法之書》中反覆出現的真理。但是，這本書與克勞利其他的靈性作品有許多相似處，也明顯出自於他的手筆。即使他不是有意這樣做的。總之，無論他在有意識的狀態下如何寫作，這本書的內容終究是克勞利無意識心靈的一部分
>
> 無論這本書由超自然的智者所口述，還是克勞利本人創作的，內容都與他的立場很一致。這應該不令人感到意外。假如他生命中真有奇蹟的話，那這本書的內容應該會與他要捍衛的立場相反。但這奇蹟並未發生。書的內容精確地反映出克勞利根深蒂固的道德、社

會和宗教觀。因此，無論是超自然的訊息或是親手創作，都是他的書。

從這番評論看來，克勞利這位昔日的門徒到了晚年頭腦仍舊很清楚。在一九七〇年出版的傳記《三角形裡的眼睛》(*The Eye in the Triangle*)中，雷加迪提到了他過往的導師「與每個朋友和同事爭吵不休……總是以最微不足道的理由與摯友和學生絕交」。有一次，克勞利被他的祕書出言羞辱，於是便將後者不可告人的祕密公諸於世，並用反猶主義的難聽話去刺傷他。類似的情況在他人生中很常見。當克勞利感覺被冒犯或心情不好時，就會拿出在他童年時期吸收的社會偏見來罵人，比方說自己的母親是無腦的偏執狂。這些言行顯然不符合他心靈導師的形象。[6]

克勞利當然有好的一面，尤其是他眾所皆知的藝術才華。普立茲獎得主詹姆斯・梅瑞爾(James Merrill)說，他曾經花了二十年的時間，每晚使用自製的通靈板進行降靈會，並用那些對話內容來創作詩篇。其中一首詩文如下：「若你始終能從自己身上汲取靈感，那麼你的自我就遠比你所知道的更陌生、自由且深遠。」另一篇詩文中又寫道：「如果在降靈會中出現的靈魂不是從外界而來，那麼靈媒的力量會更令人驚奇！作家雨果說過，那些出現在他耳邊的聲音，彷彿是他自己的精神力量乘以五。」[7]

雷加迪雖然精神上受到折磨，但他的洞察力還在。他在《三角形裡的眼睛》說過：「《法之書》裡面有許多文字既優美、細緻、崇高又有力量。作者以清晰且精確的方式描述出超越性的觀點。」。

而最後他對導師的評價如下：

《法之書》也許真的是超自然智者愛華師的教誨，但可能是克勞利發自內心的創作。無論如何，這本書已經完成且出版了。克勞利成為時代的代言人，準確地表達出了我們的內在本質。這是無人能及的成就。因此，他的失敗、失控和愚蠢只是代表他的人性特徵。他自己也說，他就是帶有數字六六六的野獸，而那也是人類所配有的數字。

而這就是《啟示錄》所說的：「智慧就在這裡。有理性的人應當計算這獸的數目，因為這是一個人的數目；其數目是六百六十六。」(13:18)。

雖然克勞利的思想與他本人的性情並非總是一致，但他的著作大多引人入勝、字詞優美，也有精細的理論架構，雖然有些字句比較晦澀，讀者還是可以從中見識到令人振奮的原創性洞見。不過，由於未能擺脫馬瑟斯和黃金黎明的影響，所以書中也包含一些自成一格的儀式。克勞利的著作便是如此多元。在A∴A∴和東方聖堂騎士團（Ordo Templi Orientis，簡稱為OTO）的精心整理下，克勞利的作品與思想才得以保留下來。東方聖堂，克勞利於一九四七年去世前，都是由他在主導東方聖堂騎士團的發展。

騎士團是由德國神祕學家卡爾・凱爾納（Carl Kellner）和泰奧多・勒烏斯（Theodor Reuss）在十九世紀末創立的。克勞利於一九一〇年加入了這個祕密組織，並在一九一二年成立了英國分部。照慣例，他又開始將分部改造成他的泰勒瑪式組織。

瑞士作家科尼希（Peter-Robert König）在一九九二年七月的《神智學歷史》（*Theosophical History*）雜誌中寫道：「勒烏斯應該沒有打算讓東方聖堂騎士團成為泰勒瑪的傳播基地。但克勞利在一九二一年十一月二十七日的日記中寫道：『我已宣告自己是東方聖堂騎士團的領袖代表。』」克勞利於一九四七年十二月一日去世後，他的德國副手卡爾·格默（Karl Germer）在經歷過集中營的折磨後活了下來，並接管了騎士團。不過，由於他繼任的正當性、儀式和教規的修正等爭議，騎士團的各分部開始分裂。

歷史學家約斯林·戈德溫為科尼希的那篇文章撰寫序言。他先詳述了東方聖堂騎士團曲折的發展軌跡：「為了爭奪使徒的地位和繼承權，會員們相互指責、驅逐異己。這對熟悉神智學歷史的人來說並不陌生。但特別的是，東方聖堂騎士團一直想效法共濟會的結構，包括會員等級、入會儀式以及神祕教義。神智學會早期總部還在紐約時，也有想朝這個方向發展。」騎士團的另一個特別則是服膺於性魔法。

談到靈修工作，有位老師告訴我：「野心是一大障礙。」許多會員都會爭奪位階、職稱和領導權威，這也是神祕學復興的一大障礙。

有些靈修團體陷入僵化，但也有更多熱愛自由的尋道者與追隨者。克勞利與佛里達·哈里斯（Lady Frieda Harris）共同創作出了托特塔羅牌，就在他生命的最後十年完成。這套牌卡非常細緻，畫風獨特又鮮明，是受歡迎的程度僅次於韋特—史密斯塔羅牌。

若沒有克勞利的美學，二十世紀的藝術和文化就不會如此多彩。披頭四的《比伯軍曹寂寞芳心俱樂部》的封面、肯尼斯．安格（Kenneth Anger）的地下電影，重金屬和嘻哈歌手的特色造型，大衛．鮑伊、吉米．佩奇和Jay-Z的音樂，以及受歡迎的反派電影角色如洛基、黑武士和黑魔女。

無論你是愛他或恨他，都無法否認，克勞利的身影出沒在現代文化的每個角落。

為了更深入認識這個充滿靈性實驗的時代，我們要介紹一個冷僻的運動團體，它受布拉瓦茨基夫人的影響而崛起，並獨自走出自己的路。

有個隱身於歐洲的神祕學組織「路克索的赫密士兄弟會」（Hermetic Brotherhood of Luxor）於一八八四年出現在英國，就連名字也充滿了神祕色彩。戈德溫指出：「外界一直以來都只知道該團體的縮寫名稱HBofL，但L究竟是代表路克索抑或光明（light），始終都沒有定論。」[8]

路克索赫密士的創始人聲稱，組織於一八七〇年在埃及成立以來，一直都在地下活動。跟黃金黎明相比，它的規模和野心都比較小，傳奇會員也較少，但它應該是西方世界第一個提供魔法指導的會員制祕密組織。

該組織目前已知創始人之一是的卡巴拉專家、具有神祕傳承的馬克斯．泰昂（Max Théon），而他本人據信是出生在華沙的比姆斯坦（Louis-Maximilian Bimstein）。一九〇五年，他在阿爾及利亞指導了尋道者密那．阿爾法薩（Mirra Alfassa），後者將來成為印度哲學大師奧羅賓多的夥伴。從路克索赫密士的檔案看來，泰昂與路克索兄弟會有關，而後者也出現在神智學會出版的《大師書簡》中。而阿爾法薩也聲稱，泰昂教導過布拉瓦茨基。神祕主義學者保羅．強森（K. Paul

Johnson）認為，泰昂就是傳說中的隱世大師圖伊提特貝，後者的署名出現在神智學會的一些早期信件中。[9] 也有人認為，這個兄弟會其實是布拉瓦茨基夫人在埃及所認識的神祕學家。[10] 以上的說法都只是假設，戈德溫等人在一九九五年的著作《路克索的赫密士兄弟會》（*The Hermetic Brotherhood of Luxor*）中指出：「這兩個兄弟會的關聯性是神祕學史上尚未解決的問題之一」。

戈德溫還指出：「除了路克索的赫密士兄弟會，法國哲學家勒內．蓋農看不起任何現代神祕學團體，他嚴厲批評了同時代所有神祕學人物，除了泰昂。其次，蓋農還賦予泰昂名實不符的博士頭銜。」但是，泰昂創立了路克索的赫密士兄弟會之後，就不曾參與過該組織的活動。

在一八八〇年代，路克索的赫密士兄弟會在歐洲和美國都有分部，並與神智學會相互競爭。路克索的赫密士兄弟會的創始人還有小提琴製造商彼得．戴維森（Peter Davidson）和湯馬斯．伯戈因（Thomas Henry Burgoyne），後者曾因詐騙他人寄郵票給他而被判有罪。[11] 他們都看不起神智學會，因為它沒有訓練成員進行實作，例如使用佛法道具和練習預知力。而路克索的赫密士兄弟會的目標就是傳授魔法。

除了泰昂之外，性魔法師蘭道夫的作品也是該組織的重要靈感來源。蘭道夫於一八七五年去世之前，曾與路克索的赫密士兄弟會合作討論。他們都認為魔法必須發自內心地去實際操作。蘭道利用性能量強化意志，克勞利也使用過這種方法。實踐方法包括在到達性高潮前開始祈禱，藉以實現特定的願望。不過他們強調，這種方法只能運用來提升心靈的品質以及培養無私的愛，不能用來滿足過於雄大的野心。蓋農也表示，路克索的赫密士兄弟會的外部團體，可能根植於蘭道夫所創立的尤利斯兄弟會。[12]

關於現代神祕學和路克索的赫密士兄弟會的萌芽，有種「幕後黑手」的理論非常引人入勝，並出現在蓋農、反猶太主義者哈里森（C.J. Harrison）和女權運動者艾瑪．布里頓的作品中，後來由歷史學家戈德溫統整起來。[13]如果沒有戈德溫的精湛文筆，這條歷史線索會更難追蹤。[14]

事實上，這套理論相當複雜，光是閱讀相關資料就很燒腦；然而當中透露許多訊息，而且匯集成非常明確的觀點。

與神智學會一樣，路克索的赫密士兄弟會也聲稱他們獲得隱世大師的指導，但這些大師彼此的關係並不緊密。自一八四〇年起，大師們開始擔心西方世界會陷入獨斷的唯物主義中。而分散在各國的隱世大師與分會可分成幾派：

**自由派：**希望用神祕主義來推動世界進步。

**保守派：**致力於保持神祕智慧的隱蔽性。

**左道：**利用神祕主義以滿足私利和晦澀難解的目的。

在十九世紀中葉，自由派說服保守派在西方世界推廣降靈會活動，以抵抗不斷增長的唯物主義。而活動中出現的敲打聲和通靈現象，不是亡靈在傳達訊息，而是由「超級入會者」（super initiate）所主導的現象，包括一八四八年的福克斯姊妹事件。

但這股浪潮很快便失控了。許多靈媒宣稱，人死後除了靈魂不滅，還會繼續輪迴轉世。但不論是自由派或保守派都不能接受這種看法，蓋農也是。戈德溫在一九九〇年七月寫道：「對神祕學的高階修行者來說，靈體的形態非常多元，包括地下的元素精靈（sub-mundane elemental）和超凡天使（super-mundane angel）。此外，心靈尚未進化的人死後仍會徘徊在凡間。而一般的靈媒只相信靈異現象是亡靈造成的。」

這種發展與誤解演變成一場災難。降靈會的桌敲奇觀就像失控的科學怪人一樣，不斷傳播錯誤的觀念和偽神學。自由派和保守派試圖力挽狂瀾，但左道則出於不可告人的原因，選擇助紂為虐。

因此，自由派和保守派需要一位祕密的代理者來破解那些意料之外的迷信。於是他們便找上了布拉瓦茨基夫人。保羅．強森在《被揭露的大師》（*The Masters Revealed*）中寫道：「成員們透過星象判定，布拉瓦茨基誕生之時，這世上便出現有巨大神祕力量的人。」自由派和保守派選擇這位令人畏懼的俄羅斯女性來擔任該代理者。但是他們再次算計失誤，眾人並未認識到布拉瓦茨基的獨立性格，並高估了對她的控制力。

布拉瓦茨基在一八七三年六月被召喚到巴黎，並被告知任務的內容，但她要求進入路克索的赫密士兄弟會。眾人拒絕她的要求，並命令她下個月馬上去美國工作。布拉瓦茨基在一八七五年寫信給英國靈媒威廉·摩西（William Stainton Moses）：「他們要我去證明那些靈異現象的存在及真實性，並揭露美國靈媒在靈性理論的謬誤之處。」[15]

到了美國後，布拉瓦茨基便展現出她的獨立性格。她再次要求進入那個不為人知的團體，否則就不會去執行任務。兄弟會的成員們受夠了她。一八七八年四月，他們決定請美國的成員去迷昏布拉瓦茨基，還稱之為「心靈囚禁」。但左道的再次出於不可告人的理由去救了布拉瓦茨基。這群人也許是印度的民族主義者，所才派她前往印度，並因此點燃了獨立運動的火苗。印度神智學家艾倫·休姆也說，他是在「進階入會者」（advanced initiate）的建議和指導下推動國大黨的成立。

不過，休姆與布拉瓦茨基兩人合不來。休姆不認同她所描述的隱世大師，也發現她私底下去聯繫他所認識的進階入會者。休姆於一八八三年寫信跟友人說：「這些進階入會者大多為才華不凡的亞洲人，他們都希望推動印度社會的福祉和進步，並完全信任我的人格。」

接下來，這位退休的殖民地祕書提到，他在一八四八年被引介到巴黎某個祕密的「協會」。他曾與該組織決裂，但在一八八〇年透過布拉瓦茨基和奧爾科特與其達成和解。強森認為，這個協會可能就是那個幕後黑手。

關於布拉瓦茨基所遭受到的心靈囚禁，她的妹妹維拉（Vera Petrovna de Zhelihovsky）在一八九五年一月於《路西法》（*Lucifer*）雜誌中寫道：

> 一八七八年春天，布拉瓦茨基夫人發生一件奇怪的事情。某個早上，她像往常一樣起床工作，卻突然失去了意識，直到五天後才恢復正常。她陷入了深沉的昏睡狀態，要不是奧爾科特上校和他的姊姊有收到一封孟買「大師」發的電報，她就會被下葬了。電報上寫著：「別擔心，她既未死亡也沒有生病，但她需要休息；她過度勞累了……她會康復的。」布拉瓦茨基夫人後來確實康復了，身體完全無恙，更不相信自己已經昏睡了五天。不久後，布拉瓦茨基夫人便動身前往印度。

上述的密謀是否為真？真的有那些各自為政的兄弟會支派嗎？目前並沒有定論。不過，由於報章雜誌大幅報導超自然現象，間接催生了超心理學領域，這是神祕學人士對唯物主義的重大挑戰。此外，布拉瓦茨基夫人失去意識、決定移居印度、說服了猶豫不決的奧爾科特等，都產生了極為重大的政治影響，後面會再深入探討。明眼人也發現，布拉瓦茨基夫人不再為隱世大師服務後，才創作出了她對後世最有影響力的作品：《神祕教義》、《神智學的關鍵》（*The Key to Theosophy*）和《沉默的聲音》（*The Voice of Silence*）。

奧爾科特在一八七五年出版了《來自另一個世界的人們》（*People from the Other World*）一書，他寫道：「認識了這位非凡的女士之後，我總算相信，東方寓言中的故事都是有所本的。在某個組織的控制之下，美國才會有那麼多靈異現象，雖然背後的主導者身分成謎，但確實存在於社會中」。

勒內・蓋農難得跟神智學站在同一邊。他譴責這些組織是「偽宗教」，將祕傳學搞成不入流的靈異表演。蓋農也認為，福克斯姊妹的事件的確有幕後黑手在操作。他在一九二三年的《降靈術的謬誤》（*The Spiritist Fallacy*）中寫道：「透過路克索的赫密士兄弟會所流出的資料，我們發現，所謂的通靈現象不是由亡靈發出的，而是遠處有人操縱的，但僅有幾位進階的入會者才知道那些手法，也就是路克索的赫密士兄弟會的內圈。」蓋農認為，這個組織的存在無庸置疑，因為艾瑪・布里頓在一八七〇年左右便是他們的成員。

回到了女權運動者布里頓。她在一八七六年發表了《幽靈之地與揭密神祕主義》（Ghost Land or Researches into the Mysteries of Occultism），並稱這是一位歐洲神祕學家「B騎士」（Chevalier Louis de B.）的回憶錄。布里頓說，她負責編輯和翻譯這位騎士的口述生平，但對於其身分三緘其口。

B騎士是否是那位幕後黑手？一八三〇年代，他年僅十二歲時，就被帶進了柏林神祕學家的圈子，它隸屬於一個非常古老的祕密社團。成員們想利用這位青少年作為靈媒。他們用一氧化二氮催眠他，並指揮他去製造騷靈現象：

> 成員們用生命磁力和一氧化二氮使我進入深度睡眠。接著他們指示我和其他兩個靈體一起前往波希米亞的一座城堡，而他們的朋友居住在那裡。他們要我在那裡製造騷動，包

括扔石頭、移動沉重的物體、大力踩踏地板，並尖叫和呻吟。我以真理和榮譽發誓，這些騷動是我們三人製造的。但回到肉體後，我們完全不記得自己做了什麼事情。沒過多久，成員們給我們看一篇報導：某某城堡有鬼魂出沒。始作俑者就是我們三人。

福克斯姊妹事件發生在一八四八年三月。這個神祕的兄弟會施展靈魂出竅的祕訣，在各個降靈會上製造出靈異現象。戈德溫在討論幕後黑手的文章中也解釋道：「所謂的亡靈現身，其實是主事者用催眠術和笑氣使年輕的靈媒失去知覺，並將他們的靈體或分身投射到某處去製造物理現象。」這與布里頓著作的內容相吻合。

英國心靈研究者艾瑞克．丁沃爾（Eric Dingwall）推測，B騎士很可能是帕姆男爵（Joseph Henry Louis de Palm），他於該書出版的同一年去世。奧爾科特在紐約神智學會就任時有提到這個人的火葬儀式。

英國歷史學家喬治．米德則認為，B騎士是作家布爾沃—李頓的「內在化身」。利頓出版過《弗里爾：未來種族的力量》和《札諾尼》（*Zanoni*），這兩部小說都極具影響力，其內容探討了不朽大師的存在。

語言學家羅伯特．馬西森（Robert Mathiesen）則主張，B騎士的真實身分是普魯士貴族厄內斯特．德．邦森（Ernest de Bunsen）。馬西森在〈布里頓看不見的世界〉（The Unseen Worlds of

Emma Hardinge Britten）中寫道：「如果邦森確實是B騎士，那可能是繼承了他父親的頭銜。而他的身分之所以得保密，是因為他父親卡爾．馮．邦森（Carl Josias von Bunsen）曾在一八四一至一八五四年期間擔任普魯士駐英國大使。」

馬西森還揭露了布里頓書裡其他人物的真實身分，包括神祕的H先生。他其實是英國的占卜大師霍克利（Frederick Hockley）。

從歷史學的角度來看，幕後黑手可說是祕傳學中的祕傳學。因此，相關的術語和理論都不能用當代的概念去理解。

舉例來說，本章中所提到的「左道」是根源於梵文的「左道法門」（vamachara）。布拉瓦茨基在《神祕教義》中將該詞彙以及上下顛倒的五芒星引入西方文明。她提到：「『爭鬥時』的祕傳符號是反轉的五角星。巫師及神祕主義者只要看到兩個角指向天堂，就會認出這是左道的儀式性魔法。」

基督教學者斯莫洛（John Smulo）也同意這個說法，他補充道：「《馬太福音》也提到『耶穌把綿羊放在他的右邊，山羊放在左邊』：前者是基督的追隨者，後者則否。」（25:33）。」[16]

左道是一種倫理和靈性觀念，可簡述為「願我的旨意奉行在人間」，意義剛好與天主教主禱文裡的「願你的旨意奉行在人間」完全相反。信徒們在禱告時，也常偷偷地為自己著想。左道有時被誤解為黑暗派或撒旦崇拜，雖然這樣的歸類太過粗略，但也不能排除有這種可能性。當代有不少的人去是左道的實踐者，但不是因為相信神祇或超自然的存在，只是要使用儀式和符號來強化意志力。

回到幕後黑手論。左道的成員們並非都是邪惡之徒，只是有自己的特殊目標。他們發現布拉瓦茨基很重要又有用，是萬中選一的代理人，即便難以預測其想法。於是，他們便設法讓她脫離昏迷狀態。我們並不清楚左道的真正的目為何，也許跟印度獨立運動有關，但布拉瓦茨基從未談到這些人。這就是現代神祕學中最引人入勝又最鮮為人知的謎團。

在二十世紀初，不但神祕組織蓬勃發展，也出現了許多偉大的導師。接下來我們要介紹奧地利的魯道夫・史代納（Rudolf Steiner）與亞美尼亞的喬治・葛吉夫（G.I. Gurdjieff），是無法被歸類、非凡的智者。因為他們的教學正巧碰上這個時代的神祕浪潮，所以才被視為神祕主義者。

史代納在神祕學、宗教學、建築、農業和教育方面都很重要。他的學術生涯始於二十一歲之時，他是歌德紀念館的設計者，也是其作品的管理人。跟許多藝術家、作曲家、尋道者和哲學家一樣，史代納因為與神智學會有關而出名，雖然他從未正式加入該組織。這位奧地利天才於一九〇二年成為德國分會的負責人。兩年後，安妮・貝贊特任命史代納為德奧分會的祕傳導師。由此可知他的重要地位。但史代納後來貝贊特和查爾斯・利德比特發生衝突，因為後者將克里希那穆提指定為「世界導師」。克里希那穆提的智慧與影響力皆可與史代納和葛吉夫並列。

史代納不滿的事情還有神智學會太重視吠陀思想，但忽略了基督教的神祕主義。一九〇一年，史代納向他的第二任妻子瑪麗．馮．西弗斯（Marie von Sivers）表示，學會的這些發展令他感到十分挫折，他表示：「除了東方神祕主義，還有更重要的靈性派別。建立靈性科學是必要的，但我只想專注投入西方祕傳學研究。」[17]史代納不否認東方思想的奧妙，但他認為西方的尋道者在自己的文化與思想體系中比較容易獲得進步。

因此，史代納於一九一二年成立了至今仍持續運作的「人智學學會」（Anthroposophical Society），並於隔年離開神智學會。史代納奠基於西方的靈性思想和哲學觀，再加入他的創見，於是建立了有高度原創性的體系。這套體系有布拉瓦茨基的宇宙論、古老的文明和文化，以及他發明的術語和概念。

史代納還教授各種實用的課程，包括靈視以及接觸無形的靈體和維度。更重要的是，他創立了另類的教育系統，也就是在今天極受歡迎的華德福教育。他還闡述了深刻的人道主義理論，以照護與教育心智障礙者。後來，有人根據他的理論創立了坎培爾社區（Camphill Villages），今日全球有一百多個這樣的社區。

我在紐約的哥倫比亞區參觀過其中一所學習中心，並深受感動。這裡的居民，無論是否有身心障礙，都一起種植香草、做手工藝、烘焙食品和經營商店等。這些居民的自我掌控力和獨立性都很強，提出的問題也都很深刻。我認為坎培爾社區是史代納留給後世的最偉大貢獻。

史代納還設計了強調再生循環的生機互動農法，這對環境敏感地區特別有幫助，也是當今的有機農業的基礎。我們依此就能打造自給自足的生產系統，讓農民、生產者和消費者產生連結，並一同關懷自然環境。

史代納的建築設計也非常獨特，既有裝飾和抽象藝術的風格，又兼具實用性。這些圓潤無邊角的建築物與自然景觀融合，猶如和諧的交響樂，還能提升心靈的品質。哥德式大教堂出現後，西方世界還未曾有如此深具原創性的公共建築。

但史代納也犯過很嚴重的錯誤。他非常清楚，種族排序是過時的觀念，畢竟人類的心靈層次與種族無關，但他也像布拉瓦茨基夫人一樣，不時提出令人匪夷所思的種族論。諷刺的是，納粹也在一九三五年查禁了人智學。據說是納粹放火燒了史代納的大作：第一代歌德紀念館。這座圓頂建築於一九二〇年落成，兩年後就遭到大火吞噬，使得史代納陷入極度的痛苦中。[18]但史代納沒有氣餒，於一九二八年建造出了第二代歌德紀念館。

不過，史代納自成一格的非正統思想引起各方的不滿。歷史學家拉克曼寫道：「每個人都討厭他。天主教徒、新教徒、馬克思主義者和納粹，更不用說其他神祕主義者了。有人企圖暗殺他，地下兄弟會組織更是攻擊他無數次……他在報紙上被譴責，在講座上受到干擾，但都能保持鎮定。」[19]

史代納的偉大之處在於，他整合了科學、教育、藝術、建築、農業和靈性，構成了一套宏大的理論。他成就了許多思想家既渴望卻無能掌握的目標：對於生命的全面理解。俄羅斯名導演塔可夫斯基（Andrei Tarkovsky）也受到史代納的影響，他在一九八五年的訪談中談到：

史代納推出了一種能解釋一切事物的世界觀，並找到人類靈性發展的適當方向。在過去，人類也許還能光靠唯物主義來理解一切，以物質來解釋生命和社會的功能與意義。但那樣的時代已經過去了，如今我們需要全新的觀點，也必須發展自身的靈性，並詢問自己：生命的意義究竟是什麼？有人說，生命的發展只依靠物理法則，但那樣的生命是沒有意義的。只要稍微思考過人生問題，都無法同意虛無的觀點。

有些人會說：「不，你的生命並非毫無意義，為了讓下一代活得更好，你可以犧牲自己。」這是荒謬且不真誠的想法。一旦犧牲自己的軀體，就沒有權利為更高的目標而活。為他人犧牲當然很崇高，但與其成為餵養下一代的「飼料」，靈性成長更加重要。[20]

史代納在脫離神智學會後，才完全建立自己的理論與成就。雖說歷史沒有如果，但假設他繼續留在神智學會，是否能帶來一番不同的氣象？貝贊特看出克里希那穆提、史代納和曼利．霍爾等人的潛力，也打算把他們培養為接班人。但她無法挽留他們，只能看著他們離去。

二十世紀最具開創性、如謎樣般的靈性導師就是葛吉夫。

首先他強調，人類還在沉睡中，這不是譬喻，而是真實的狀態。許多人都在睡眠中度過人生，而且本身分裂成好幾部分。人類被動地受到三個中心的支配：思考、情感和身體，它們各自運作、彼此間並不協調。因此人類不過台「肉體機器」，無法進行真正有意義的活動。葛吉夫的名言是：

「人無法做到任何事。」大大小小的事情都一樣。

為了打破人類自動化的思考模式，葛吉夫於一九五〇年出版巨著《魔鬼講給孫子的故事》（*Beelzebub’s Tales to His Grandson*），並要求每個學生都得讀三遍。《保母包萍》（*Mary Poppins*）的作者崔佛斯（P.L. Travers）指出：「《魔鬼講給孫子的故事》就像一座巨大而笨重的飛行大教堂，其內容集結了他所教導的各項重要原則，帶領大家航向外太空。」

葛吉夫的思想體系非常廣泛，除了神聖舞蹈外，在他的嚴格訓練下，學生要學會自我觀察與面對障礙。他也提出一套兼具宇宙論、存在主義和靈性的心理學，並由其高徒鄔斯賓斯基（P.D. Ouspensky）加以統整。大師於一九四九年去世後，鄔斯賓斯基也隨即出版了他與葛吉夫的師生回憶錄：《尋找奇蹟》（*In Search of the Miraculous*）。此外，他也於一九五〇年出版《人類進化的心理學》（*The Psychology of Man’s Possible Evolution*），內容簡短卻精準地分析了葛吉夫的思想體系。

葛吉夫於一戰爆發前不久在俄羅斯發跡，並馬上招收到一群非凡的學生。當中有些人在世界大戰和俄國革命的戰火中，跟隨他橫越歐洲大陸，那是一段驚心動魄的逃亡旅程。

他的學生彼得斯（Fritz Peters）在一九六四年的回憶錄《與葛吉夫度過的童年》（*Boyhood with Gurdjieff*）中談到葛吉夫的教學方式與為師之道。彼得斯是在一九二四年、年方十一歲時來到葛吉夫的學園「普里奧雷」（Prieuré），它就位於巴黎郊外的芳登布勒—阿旺（Fontainebleau-Avon）。

有一天，葛吉夫在庭院和彼得斯說話時，突然用拳頭猛擊桌子，問道：「你能答應我做一件事嗎？」男孩堅定地回答：「可以。」老師指著莊園裡廣闊的草地。「你看到這些草了嗎？」「看到了。」「交付給你一項工作。每週都得用除草機清理那片草地。」

這還不夠。葛吉夫再次用拳頭敲打桌子。「你必須立下誓言，以你信奉的神之名……許下承諾，不論發生什麼事情，你都會做到這件事。」「我答應你。」這還是不夠。葛吉夫說道：「不只是答應，你發誓，不論發生什麼事情，不管誰出面阻止，你都必須完成這項任務。哪怕世事無常，你都得做到。」

彼得斯再次發誓。

不久後，確實發生了一件地動山搖的事情。葛吉夫遭遇一場嚴重的車禍，昏迷了好幾個星期，只能在學園中安靜休養。彼得斯覺得，這件事好像是注定的。他堅守承諾，繼續修剪草坪，但學園的長輩們認為，割草機的噪音會打擾到老師休養，甚至令他難以康復。但彼得斯記得，葛吉夫當初是如何嚴聲厲色地要他立下誓言。於是他繼續修剪草坪——沒有人能夠阻止他。有一天，當彼得斯正在修剪草坪時，他看到靜養中的葛吉夫從臥室窗戶對他微笑。

在葛吉夫的教導中，學生能獲得最大的益處，就是老師會以直接甚至破壞性的方法去戳破他們所愛護的自我形象。這種教法我自己也體驗過。現代西方人對自己觀感很矛盾，既自我膨脹又自卑。所以，只要叫一個人在他不方便的時候去執行一項陌生的任務，就能看出他有多強大或特別。不過這種人非常少。

葛吉夫不斷逼迫人們去超越自己所認定的極限。在他的遺作《與其人相遇》（*Meetings with Remarkable Men*）中，他談到與學生逃離俄羅斯內戰時的一些回憶。在名為「物質問題」的後記中，他談到了金錢上的煩惱。

一九二二年夏天，在搭上驚險航班橫越東歐後，葛吉夫和學生們帶著極少的盤纏抵達了巴黎。在某人的贊助下，他們才獲得「普里奧雷」來作為宿舍和學校。葛吉夫盡一切努力讓眾人度過財務難關。他寫道：「近期工作進展順利，但歷經了八年的辛勤付出後，這幾個月我更疲憊了，身體狀況非常不好。我仍帶著熱切的心在奮鬥，但再也無法維持相同的活力了。」

為了恢復體力及為學園籌集資金，葛吉夫帶著四十六名學生來到美國進行巡演，也就是透過神聖舞蹈來介紹他的授課內容和思想。但搭船和住宿都需要錢，再加上各種意想不到的花費，這位老師用盡了所有的資源。

「帶著這麼多人進行長途旅行，還缺乏應急的現金，真是巨大的冒險。」葛吉夫如此寫道。雖然事前計畫得非常周詳，但卻危險重重。葛吉夫繼續寫道：「在我生命中的諸多關鍵時刻都出現意外事件，這次也不例外。」

「過去數百年來，細心思考的人都會認為，那件事情代表更高的力量以公義與憐憫的精神去介入人類的生活。但對於我來說，那代表個人毫不動搖的堅持。我的所有的行動都符合預定的目標和清楚的原則，也因此得到預料中的結果。」

當時，葛吉夫坐在房裡思考財務上的困境。他年邁的母親走了進來。她幾天前剛抵達巴黎，也是逃離俄羅斯的難民。「在歷經重重難關之後，最近我才成功地將他們帶到法國。」葛吉夫寫道。

她遞給兒子一個包裹，說她一直以來都想要擺脫掉這些負擔。葛吉夫打開後發現裡面有個珍貴的胸針。當年他在東歐時交給母親，請她必要時用它來穿越邊境或換取食物和住所。他以為它早就被賣掉了，但沒想到如今就出現在眼前。在傾家蕩產之際，這群師生得救了。

「我高興到想跳舞了。」葛吉夫說，這就是「毫不動搖的堅持」所帶來的結果。事實上，他所提出的概念都以真實經歷為本，所以其教學內容才會如此深刻而發人省思；若是從平庸的老師口中說出，就會變成老古板的道理了。

接下來要以鄔斯賓斯基的一段話來結束這段討論。它既深度又有用，也讓我們看到，他和葛吉夫的觀念無法被歸類在一般人所熟悉的範疇。葛吉夫研究者雅各布．尼德曼（Jacob Needleman）也說：「它不像任何一派的學說。」

鄔斯賓斯基在某次演講中精準地闡釋了「正向態度」的本質，並收錄於《詳細紀錄：一九二八至一九四五年的授課精華》（*A Further Record: Extracts from Meetings 1928-1945*）中。鄔斯賓斯基告訴學生們：

> 光是喜歡某些事物，這不是正向態度，而是正向情感。正向態度涉及到思考、理解事物的本質，並以演化的角度找出事物的特質。會構成阻礙、沒有助益的事物就不該考慮，

無論它在現實上看來有多巨大，它們根本就不存在。眼不見為淨——不去看它們就可以擺脫其影響。但是，這並不等同於冷漠。

鄔斯賓斯基的重點在於，我們得理解哪些力量有助於發展人道精神，而哪些力量有腐蝕性。這本身就是個巨大的問題。我們不關心如何在好或壞、快樂或悲傷間取得平衡，而想找出發展力量以及它們的意義。

在靈性運動浪潮以及新生代導師的影響下，大量的神祕學著作也隨之出現。作者們都說內容包含了遠古的知識和祕密。這些作品當然經不起仔細檢視，也不會流傳後世，但有一部吸引了新時代的尋道者。這部巨著的全名是《共濟會、赫密士主義、卡巴拉和玫瑰十字會的象徵哲學百科全書，從各時代的儀式、寓言和神祕現象中詮釋其祕密教義》（*An Encyclopedic Outline of Masonic, Hermetic, Qabbalistic and Rosicrucian Symbolical Philosophy, Being an Interpretation of the Secret Teachings concealed within the Rituals, Allegories and Mysteries of All Ages*），簡稱為《萬世祕密教義》（*The Secret Teachings of All Ages*）。這本著作出版於一九二八年，並由年方二十七歲的神祕學專家曼利·霍爾統籌規劃，並以訂閱的方式流通。出版後，這部經典巨著立即成為最全面、最豐富而最多樣化的神祕學參考書。

本書的開本超大，類似於中世紀的插圖手抄本，內容廣泛又驚人：畢達哥拉斯的數學、煉金術的配方、赫密士主義、卡巴拉的實踐方式、古埃及的幾何學、美洲原住民的神話、密碼的用途、塔羅牌的分析、玫瑰十字會的符號、莎士比亞戲劇中的神祕主義、亞特蘭提斯的研究以及人類與大自然的各種象徵性聯繫等……這些都還只是一小部分。

霍爾所參考的資料非常龐大，相關條目將近一千項，主題涵蓋柏拉圖、亞里士多德、聖奧古斯丁、帕拉塞爾蘇斯、托勒密、培根、巴塞爾．瓦倫丁、阿格里帕等斯思想家，以及諾斯底主義、尼西亞、赫密士主義等各種古文明和神祕學的思想、象徵與儀式。

這位年輕人的早年生活平淡無奇，受過的教育很少，也沒有上大學。他在加拿大和美國西部與祖母一起生活，生活平順但沒有目標。從他年輕時與人的通信看來，他並沒有特別鑽研複雜的古文明世界，而是在華爾街的銀行擔任小職員。理論上來說，那本百科全書應該是某位年邁博物學家的畢生研究之作。然而，這位身材高大、沒有受太多正規教育的年輕人，究竟是如何完成這本探討古文明的奇書呢？

霍爾於一九〇一年三月十八日出生在安大略省彼得伯勒，他的父親威廉是一名牙醫，母親露易絲是一名按摩師；對於女性來說這是非常前衛的職業。

但父母在霍爾出生前就離婚了，所以他是由外婆佛羅倫斯．帕爾默（Florence Palmer）撫養長大的。一九八五年，霍爾出版了《外婆與我的成長歲月》（*Growing Up With Grandmother*）一書，這本短篇著作非常重要，因為他鮮少談到童年與青少年時期的往事。

當這位男孩兩歲時，祖母帶他到南達科他州的蘇福爾斯（Sioux Falls）住了幾年。這樣的生活非常孤獨。霍爾身體虛弱，沒有接受正規的教育，只能自己看書學習知識。他與其他孩子的接觸機會非常有限。長大後，祖母帶他去芝加哥和紐約參觀博物館，點燃了他內心的智慧火苗。

有一段時間，霍爾和祖母去芝加哥住在親戚開的高級旅店，也因此有機會與成年人相處。比方說，有位身著傳統服裝的印度主管便教導霍爾成人的社交禮儀。後來這個愛讀書的青少年被送往紐約市的一所軍事學校，幸好為期不長。

祖母在霍爾十六歲時於紐約去世，於是他前往加州與母親相聚，並接觸了歐申塞德市（Oceanside）的某個玫瑰十字會。霍爾就住在會所中，與創辦人馬克斯・海因德爾（Max Heindel）夫妻建立起密切的關係。他們聲稱自己掌握了古代的智慧，但霍爾不相信。很快地，他自己搬到了洛杉磯去住，與志同道合的人相互交流。

一九二〇年，十九歲的霍爾展開了他的演講生涯。在聖塔莫尼卡的一家銀行樓上小房間裡，霍爾向眾人講解輪迴。會後他收到了三十五美分的捐款，足以讓他和朋友去對街的冰淇淋店大快朵頤。接下來，有名少年精通於形上而學的消息逐漸傳開。他開始在一間崇尚自由的福音派教會講課，並且很快就晉升為牧師。

《洛杉磯時報》似乎欣賞這位二十二歲的青年，所以多次報導了他在教會的布道過程。一九二三年五月二十八日，《洛杉磯時報》報導說：「他身材高大、肩膀很寬，就像美式足球運動員那般。但他頂著一頭飄逸的深棕色頭髮，臉部線條和眼睛都很柔美。」這位年輕人終其一生都坐在木製的沙發椅上演講，毫無肢體動作或手勢，但聽眾都聽得深深入迷。在演講中，霍爾多次談到用古典倫理學來醫治現代人的懶散與麻木。

霍爾很快就吸引到石油商和鐵路大亨來贊助，也因此得以出國去尋找失落的古老知識。然而，他在日本、埃及、中國和印度旅行時所寫下的信件都很普通。相比之下，其他探索者都會記下在東方世界見到的奇思異想或令人大開眼界的事物。比如英國作家「阿拉伯的勞倫斯」就寫下非常精彩的遊記。

一九二二年，霍爾發表了一部簡短而發人深省的作品：《火焰的受洗者》(*Initiates of the Flame*)。他輕鬆地提到各種主題，如埃及的宗教儀式、亞瑟王的神話、煉金術以及神祕方法的心理學基礎。霍爾寫道：「人類從站立起來後就是煉金術士了。人生經歷就像哲學家的化學試劑，用來調出偉大的思想。」

霍爾對於當時日益升溫的唯物主義非常不安，他曾在華爾街的證券行工作過，經眼見到經濟大蕭條前的慘況。在《萬世祕密教義》的序言中，霍爾寫道：「我看到有人因投資失利而悲傷地了結自己的生命。」

更重要的是，當時社會大眾都不把其他地區的宗教當一回事。即使重要的學術著作，如英國宗教學家詹姆士．弗雷澤的《金枝：巫術與宗教之研究》，也都將原始宗教當作博物館裡的展覽品，而不是具有實用思想的生活哲學。霍爾寫道：「專家權威們都瞧不起哲學上的觀念論以及宗教比較學的深層意義。其實，經典著作的翻譯可以帶來很多影響，現今許多高深的思想都被遺棄或貶低……絕大多數的學術研究都奠基於貧瘠的唯物主義。」

一九二八年，霍爾總算出版他的巨著，第一版由私人資助印行了兩千兩百本，直到二十一世紀的今天，已發行了無以計數的平裝版和精裝版。事實上，《萬事祕密教義》可說是美國歷史上最受歡迎且最引人入勝的地下經典。

霍爾在洛杉磯吸引了許多贊助者，包括電影、鐵路、農業、航運和石油等各行各業的大人物。之後，他於一九三四年在格里菲斯公園成立了「哲學研究協會」。在這個幽靜的環境裡，霍爾教書、寫作，還收集了許多古老文獻以及用於膜拜、祈禱或冥想的器物。

一九四四年，這位神祕主義思想家完成了一部鮮為人知的短篇作品《美國的祕密命運》（*The Secret Destiny of America*）。該書引起了某位未來總統的注意，當時他還只是一位普通的好萊塢演員：隆納・雷根。

> 在這本簡明的作品中，霍爾用奇幻的筆法寫道，古代哲學家和祕密社團為了實現宗教自由和自治的偉大計畫，所以才催生了美國這個國家。
>
> 根據他的描述，一七七六年七月四日，有一位神祕的演說者在《獨立宣言》簽署前出現在費城州議會已上鎖的大廳，接著發表一場鼓舞人心的演講，振奮了代表們搖擺不定的心靈，然後悄然無聲地離開。

「上帝已將自由賜予美國！」神祕的演說者催促眾人克服對絞索、斧頭以及絞刑臺的恐懼。他還強調，簽署這份偉大的文件就能寫下自己的命運。代表們振作起來，匆忙上前去簽名。他們想要感謝這位陌生人，卻發現他已經消失不見。霍爾猜想，他就是祕密團體的成員，守護並指引美國的命運。

一九五七年，在尤里卡學院（Eureka College）的畢業典禮上，當時身為通用電氣公司發言人的校友雷根為了鼓勵畢業生，便提起了這個故事。雷根說道：「在這片命定之地上，我們的祖先透過神聖的揀選機制聚集在這裡。他們完成了使命，推動人類前進、爬出了沼澤之境」。

雷根隨後講述了不知名演說者的故事，但並未提及是從何處得知的。在那之後，雷根還在許多場合提到了這個故事。一九八一年，《遊行》（*Parade*）雜誌到大衛營採訪總統，想請他談談七月四日對他個人的意義。總統的助手迪弗（Michael Deaver）遞給記者一張拍紙簿的內頁，上面註明道：「這段跟七月四日有關的訊息是由總統親手寫下的。」雷根重新講述了那個傳奇故事，也交代了結尾：「代表們想要感謝他時，他卻不見了。沒有人知道他是誰，也不清楚他是如何進出那道上鎖的大門」。

霍爾又是從哪裡發現到這個故事？它起源於一八四七年的民間故事集《華盛頓和將領們，美國獨立的傳奇人物》（*Washington and his Generals, or Legends of the Revolution by American*），作者是社會改革者喬治·利帕德（George Lippard）。利帕德是愛倫·坡的朋友，非常熱愛哥德風的文學，所以自行想像了這位神祕男子的言行：「我不知道這位演說者的名字，但我猜想他穿著黑袍，說出那烈焰般的雄辯之辭。」

這個神祕故事最終變成了口耳相傳的佳話，而且事實和虛構參半，就像其他的寓言一樣：華盛頓砍倒了櫻桃樹、林肯小時候走了幾公里只為了將多收的幾毛錢歸還給顧客……如同大多數的神話一樣，細節也越變越多。到了一九一一年，霍爾說的神祕故事再次出現在一本政治演講集中，而神祕的演說者就變成了開國元勛派翠克・亨利（Patrick Henry）。

霍爾應該對這個故事的起源一無所知，而是在神智學會的內部刊物上看到的。一九三八年，《神智學者》（*The Theosophist*）登了這篇文章，編者註明：「本文來自於某本稀有的演講集，在美國應該只有百萬分之一的人看過。」但無庸置疑的是，雷根會知道這個故事，應該是受霍爾所影響。

人總是會犯錯的，霍爾也是。他的文學和宗教觀點比較狹窄。對於愛默生的〈補償〉（Compensation）一文，他就沒有看出其中的互惠哲學。一九四一年八月，他在《地平線》（*Horizon*）的創刊號中，發表了一篇愚蠢又不合時宜的文章，其標題為「格格不入的猶太人」（The Jew Does Not Fit In），內容提到：「他們看待商業活動的方式與我們不一樣。我們不能認同、也無法理解他們的亞洲人頭腦。」簡而言之，猶太人做生意像東方人一樣，與現代西方人的價值觀格格不入。

因此，後人對霍爾的評價很矛盾，他既有高明的洞察力和策劃力，但也有一般老百姓的偏見和盲點。而這樣一位謙虛又審慎的年輕人，究竟是如何在二十八歲生日前創作出獨一無二的神祕學鉅著？對於讀者來說，這本書的深度、廣度和細度能帶來罕見的知性樂趣，雖然也有不容易理解的部分。

有些死忠的讀者認為，霍爾在前世積累了許多知識，還有人認為他有照相式記憶力。這些也許都是無解的謎團，但有一點是絕對無誤的：《萬世祕密教義》是前所未有的作品。幾百年來，沒有一個作者如此認真整理神話和符號，而內容所跨越的時間和涉及的範圍，也是後無來者的。

霍爾很少透露他的寫作過程和動機，只說過他想探索一種實用哲學來指引生命的方向。唯物主義正在壟罩西方文化，這令他感到十分恐懼，所以他希望能扭轉局勢。針對大英圖書館和紐約公共圖書館的未開放收藏品和書籍，他的借閱申請總能通過，因為很少有人對它們感興趣。

霍爾在一九二〇年代初曾環遊世界，所以多少接觸到了古文明的遺址和哲學思想。他受到許多人的間接幫助，包括榮赫鵬（Francis Younghusband）爵士，後者在一九〇四年率領英軍入侵西藏，並將許多珍貴的手稿帶回大英博物館。除此之外，霍爾就未曾提及他的創作過程，這更添加了後世對他才華的想像與驚嘆。

霍爾未曾與他人發展出親密關係。他的第一段婚姻開始於一九三〇年，在十多年後因妻子自殺而告終。到了一九五〇年，他與德裔美籍的瑪麗・鮑爾（Marie Bauer）結婚，當時霍爾已經步入中年，而離婚的鮑爾已有兩個小孩了。

鮑爾對神祕學有著濃厚的興趣，她深信，在維吉尼亞州威廉斯堡的地窖中，藏有他們的偶像、英國哲學家培根的神祕學手稿。鮑爾還認為，培根是莎士比亞創作的幕後推手。霍爾在《萬世祕密教義》中有強力辯護這項推測。

鮑爾非常情緒化，在朋友和客人前也是一副高高在上的樣子。有些人覺得鮑爾令人敬畏，學識不下於她那偉大的丈夫。有些人則認為霍爾選擇伴侶的眼光有問題。霍爾去世兩年後，鮑爾的兩個門徒闖入了維吉尼亞州布魯頓教區（Bruton Parish）的墓地，打算去挖掘傳說中的培根地窖，結果被人通報逮捕。[21]

當時眾多心靈導師湧入好萊塢以吸引媒體的注意並與明星來往，但霍爾對此不感興趣，只有與歌手伯爾・艾佛斯（Burl Ives）交好，後者也是共濟會會員。霍爾多年來都有在研究這個團體，但直到一九五四年才加入。一九七三年，他在共濟會的特有「蘇格蘭儀式」中獲頒最高等級的第三十三等榮譽會員。

霍爾很少涉足電影圈，只有為一九三八年的懸疑片《你何時出生的？》（When Were You Born?）撰寫故事。電影一開場是年輕的霍爾凝視著鏡頭，解釋黃道十二宮的意義。霍爾逐漸屈從於好萊塢的浮華世界後，形象卻變得滑稽。一九四〇年，根據某篇娛樂專欄的報導，在卡洛夫（Lugosi-Boris Karloff）的《黑色星期五》中，「洛杉磯著名的神祕學家」霍爾催眠了演員盧戈西（Bela Lugosi），好讓他演出死去的片段。[22]

環球影業大肆宣傳，盧戈西的角色在壁櫥中窒息而死，是「史上第一次讓演員接受催眠而製造的效果」。在預告片中，瘦削且蓄鬍的霍爾坐在盧戈西後面，以梅斯梅爾的方法揮舞手勢催眠他。報導還說，盧戈西因此真的相信自己處於生死危機中，於是開始瘋狂掙扎，弄壞了拍攝現場的布景。這件事後來引發了另一則都市傳說：盧戈西於另一部電影扮演吸血鬼德古拉時，也接受了霍爾的催眠。

在片場外，這位匈牙利演員和我們的神祕學家成為了知己好友。他們都很喜愛古典音樂，常在一起聽黑膠唱片。一九五五年，七十三歲的盧戈西還在霍爾於好萊塢的家中與第五任妻子舉辦婚禮。要想進入霍爾的生活圈、與他結交為好友，並不需要名人的魅力。

霍爾於一九九〇年去世，但引起了不小的紛爭。在一九八〇年代末，這位老師把個人財產和哲學研究協都交給丹尼爾・弗里茨（Daniel Fritz）管理，後者自稱是自稱薩滿治療師、上輩子是亞特蘭提斯人。有些資深員工因為質疑霍爾與弗里茨的關係而被解雇了。一九九三年八月，法官哈維・施耐德（Harvey A. Schneider）撤銷了霍爾病重時修訂的遺囑，並說道：「弗里茨先生是否從霍爾先生那裡偷了東西？答案是肯定的。所有證據都壓倒性地顯示，弗里茨先生操控了他的僱主……有理智的人都無法接受這整件事情。」[23]

霍爾晚年的身體狀況相當差又過胖，每個動作都很吃力。他真的相信弗里茨是可靠的治療師，也會把他的著作傳播到全世界。就在去世前一週，八十九歲的霍爾在遺囑上說要將全部財產都給弗里茨。

有人認為霍爾是得了失智症，但他在去世前還發表了一場精采的演講。霍爾的遺孀瑪麗認為他的死因並不單純。她在一九九四年十二月二十二日向洛杉磯時報說：「我相信這絕對是一起謀殺事件。」她私下安排了第二次驗屍，結果證實了她的猜疑。

洛杉磯警察局也認為情況很可疑。霍爾去世時身邊只有弗里茨父子，而且死後過了好幾個小時才向警局通報，其屍體上有多處傷痕並引來了蟻蟲，看起來像是從室外被移至室內。新遺囑的出現時間點也啟人疑竇。弗里茨於二〇〇一年死於一種罕見的癌症，他兒子在兩年後也死於類似於愛滋病的自體免疫性疾病。雖然警方判定霍爾的死因為心臟衰竭，但洛杉磯的驗屍官曾多次修改驗屍報告。在一九九五年的前美式足球明星辛普殺妻案中，辯護律師也提醒陪審團，受害者妮可・辛普森和戈德曼（Ronald Goldman）的驗屍官在霍爾一案也犯下了許多錯誤和遺漏。路易斯・薩哈貢（Louis Sahagun）在二〇〇八年出版的霍爾傳記《神祕大師》（*Master of the Mysteries*）中也記載了這件事。

年老、肥胖、心臟負擔過重的霍爾可能不是死於非命，但他生命中最後幾天究竟發生了哪些事，仍然令人十分困惑。霍爾的一位老友很好奇，為什麼像弗里茨這樣的人能左右以獨立思想而聞名的大師。[24]

事實上，無論是狡猾的弗里茨、反覆無常的瑪麗或是偶爾諂媚的員工們都指出，霍爾沒有辦法判斷誰可以信任。他窮盡一生在培養智慧，但在最需要保護自己的時候卻全然失效。他在一九八六年的《哲學研究協會期刊》中寫道：「高尚的思想若脫離了現實脈絡，將失去大部分的保護功用。」結果一語成讖。

霍爾非常強調古代智慧的實用性，但他的生活恰恰相反。他在著作中提到：「有些人累積不少前人的智慧，從偉大的書籍、講座和研究汲取了大量的知識，但全都無法用來瞭解自己。」這樣的矛盾是人類的本質，也是倫理學的核心議題，但霍爾彷彿沒有認知到這一點。

但這些都不足以否定霍爾的貢獻。況且，若沒有他的研究，我很難有機會走上神祕學的道路。包括神話學者米爾恰・伊利亞德（Mircea Eliade）在內的專家都表示，是霍爾點燃了他們對祕傳學的興趣。不過，後人在追憶傑出人士時，不必刻意膨脹他們的貢獻，因為這無法提高他們的聲譽。唯有如實地去理解他們在研究時遇到的困難，我們才能理解自己將面對到的挑戰。

霍爾在世時，當時的文化界和學術界還沒普遍肯定他的成就，但有一位神祕學的研究者卻深受他的影響，就是心理學大師卡爾・榮格。

榮格跟史代納和葛吉夫一樣，思想體系非常廣泛，所以很難歸類。他的學說既精準又大膽，還印證了威廉・詹姆士所說的「更深層的存在」。榮格和詹姆士都同意，皈依、覺醒、頓悟或靈光乍現等經歷，確實能具體改變個人的生活境況。

匿名戒酒會的共同創始人比爾・威爾遜（Bill Wilson）也描述過這樣的感受，並因此設計出一種以信仰為基礎的成癮戒斷法。一九六一年一月，就在榮格去世前幾個月，他曾寫信給威爾遜，談到自己克服酗酒的方法是「高靈戰勝低靈」（spiritus contra spiritum）。威爾遜因此更加堅信自己過往的體驗，並成為匿名戒酒會的核心思想。

榮格在一九一三年與佛洛伊德的決裂，主要的引爆點是榮格的個體化理論。榮格認為，每個人都必須以專屬的熱情與決心去解決內在衝突，並了解自己的需求和渴望。接下來，我們得找到自己與終極真理的連結以及被壓抑的「陰影」特質。榮格認為，陰影暗藏了個人未表達出的欲望、恐懼、衝動和渴望，同時也是潛力的源泉。因此，創傷和性壓抑並不是生命的樞紐。

一般人認為，榮格與佛洛伊德的決裂等同於神祕主義與唯物主義的對立。這種說法太粗糙，也忽略了佛洛伊德對祕傳學的重視。這兩位心理學家都對神祕學、超感官知覺、靈媒、鬧鬼事件都很有興趣。所以他們的分歧點不在於神祕現象，而是佛洛伊德深信自己的理論有如一套完整的心理發展元素表。

儘管佛洛伊德將精神分析學置於現代醫學的脈絡中，但其思想體系仍有神祕學的元素。艾里克．戴維斯（Erik Davis）在一九九八年出版的《科技神祕學》（*TechGnosis*）中指出：

> 英國醫生詹姆斯．布雷德創造了「催眠」一詞來指稱過去的動物磁力療法並進行相關研究，年輕的佛洛伊德因而受到啟發，並發展出他的潛意識理論。佛洛伊德觀察患者的意識狀態，試圖以「科學方法」去治療神經症，確實有點像梅斯梅爾的療法。他們都是用醫生和患者的密切連結來發揮療效。

佛洛伊德過於堅持他的理論，包括心理創傷與化解的原則。相較之下，榮格認為，人性和人生經驗有神話般的色彩，並隱含著模糊而未被察覺到的深層意義。

諾斯底主義研究者蘭斯・歐文斯（Lance S. Owens）和史蒂芬・赫勒（Stephan A. Hoeller）寫道：「在一九一三年之前，榮格的興趣集中於神話、夢境、幻想和妄想等現象，它們代表人的意識中有創造神話的本能，彷彿心靈和靈魂用神話和符號在做自我表達。[25]歐文斯和赫勒是當今最傑出的榮格詮釋者，若沒有他們的研究，這個領域將會黯然失色。二〇一三年為里比（Alfred Ribi）的《榮格與諾斯底傳統》（*C. G. Jung and the Tradition of Gnosis*）撰寫序言，他評論道：「赫勒在一九八二年出版《諾斯底者榮格以及對死者的七篇講道》（*The Gnostic Jung and the Seven Sermons to the Dead*），讓人們全面認識到榮格與古典諾斯底主義的關聯。」

榮格的「集體無意識」論涵蓋了原始的神祕意象、符號象徵以及傳統宗教與神話的原型，並且一路延伸到煉金術和占星術。榮格認為這些元素與人類心理有各種關聯性，不光是隱喻而已。榮格發現，占星術可用來當作人格類型學，以彰顯個人獨特的性格烙印。透過嬰兒出生後第一次呼吸時的天體位置，就能分析他的命盤。占星術不只是科學，還是複雜的神祕主義，以及解釋共感性的心理學。

榮格的「共時性」（synchronicity）理論首次出現在一九三〇年的演講中，並於一九五二年的文章中充分闡述。簡單說，沒有因果關係卻同時發生的事情可能會有相近的意義和連結。這些有意義的巧合不只是偶然的機率問題。但榮格從未確切定義共時性的運作機制。精神病學家約瑟夫・萊茵（J. B. Rhine）也對超感官能力進行過統計學研究，但卻沒有多加解釋這種能力的由來。

榮格非常強調熱情（enthusiasm）在思想中的作用。榮格與萊茵通過信，也研究過他在一九三〇年代所進行的齊訥卡片（Zener card）實驗。實驗開始時，測試者會非常興奮，所以總能看出牌面下的圖形。隨著實驗的進行，他們的透視能力也會減弱，但若被激發出興趣，命中率又會再次上升。因此，榮格在〈共時性〉一文中推論道：「缺乏興趣和無聊是負面因素，而熱情、期待、希望和信念會帶來正面的結果，甚至是足能否產生結果的先決條件。」

榮格還研究了中國的占卜理論《易經》。一九四九年，理查・威爾赫姆（Richard Wilhelm）翻譯了德文版的《易經》，而榮格在前言中提到：「三十多年來，我對這種占卜術有極大的意義。它能用來探索無意識，具有非凡的價值。」《易經》是一套象徵符號系統，數千年來一直用於占卜，最早的版本可以追溯到公元前十世紀的口述傳統，最著名的英譯者有卡利・貝恩斯（Cary Baynes）以及約翰・布洛菲（John Blofeld）。

《易經》有六十四個卦象，每個卦都由六條線所組成，有的是斷開的（陰）、有的是一直線（陽），類似於二進位的代碼。占卜者會擲銅錢或撒一把蓍草來得到一個卦象，它會揭示出某種事態。就像塔羅牌一樣，每個卦象會有一個深遠的涵義，但會不斷變化和發展。因此，每次占卜的卦象會包含一條或多條的變爻。

每條卦象會連結到某種外在環境、心境、動物、景色或某種人物，因此可以從中解讀出故事。榮格多年下來和學生們進行了數千次的占卜，並逐漸感到《易經》的準確性、諷刺性和幽默感。

《易經》專家特倫斯・麥肯納（Terence McKenna）在一九八七年製作出一套曆法「時間波零」（Timewave Zero）。他與程式設計師彼得・梅耶（Peter J. Meyer）合作，發現《易經》所預測時間的結束點在二〇一二年，這與瑪雅長計曆的循環期相吻合。麥肯納認為，到那時人類意識將會轉變或有重大事件發生。再加上荷西．阿奎利斯（José Argüelles）的研究，新時代的千禧主義運動就此點燃。

榮格的學生們認為，諸如圖片、象徵符號或素描，不只是針對一個特定的時刻，而是捕捉到過去、現在和未來的多維度印象。因此，一個卦象就像是層次豐富的照片或連環漫畫，能傳達出某個特定時刻的所有面向，而不受到傳統時間觀念的束縛。榮格在一九四九年寫道：

> 古代中國人觀察天象的方式可與現代物理學家相提並論。物理學家無法否認，解釋世界的理論模型必然有心理物理學上的結構，而微觀物理事件會因為他人的觀察而改變。《易經》所描述的世界也包括了主觀與心理條件，它們共同構成當下情境的所有面向。在中國人的思想中，因果律是在描述事件的發生順序，而共時性能用來解釋巧合的意義。透過因果觀點，從某事D的前因B、更前因C，就能得出一個戲劇性的故事。透過共時性，就能看出同時發生的巧合與意義。A、B、C、D會在同時同地發生，是因為物理事件A和B與心理事件C和D有相同特質，也是同一情境的不同表現。古人將這些情境整理為可被理解或解讀的圖像，比如銅幣擲出後的結果或一把蓍草的分布狀態。某個情境必然會出現某些占卜結果，因為它們都是這幅圖像中不可或缺的一部分。如果將一把火柴撒到地板上，便會形成代表那個瞬間的圖像，但只有加以解讀與驗證，真理才會顯現出真

實意義。這全都有賴於觀察者對主觀和客觀情境的認知度，以及隨後事件的特徵。

因此，觀察者、事件、圖像和解釋會相互影響。不過，榮格並沒有涉略中國哲學所談及的無形或靈性力量，但他的理論也與量子力學有共同之處，也就是說，對某項事物的觀察或測量會改變某部分的現實。

對於投入情感的觀察者來說，感知可以產生心理說服力，但除了暗示效果外，這種方式是否能創造部分現實？這一點榮格與量子物理家都沒有完全否認。

早在一九三一年十二月初，榮格就能全神貫注地想像各種場景，並讓人物自行對話互動。在這些耗費心神的活動中，他與心靈導師菲勒蒙（Philemon）的對話成為其經典名著《紅書》的基礎。

榮格整理了一九一五至一九三〇年的手稿，並以紅皮革為封面製作了這本書，內容有精美的手寫字，還有精緻又令人讚嘆的畫作。本書主要用德文寫成，偶爾穿插拉丁文來註解他與菲勒蒙於一九一三至一九一六年的討論內容。《紅書》是榮格思想的核心，但直到二〇〇九年才出版。榮格在有生之年只向幾位學生展示了這部作品。他於一九六一年去世後，遺產繼承者拒絕了所有研究人員的借閱要求。

歷史學家沙姆達薩尼（Sonu Shamdasani）花了十三年辛苦編輯《紅書》後，繼承者的態度才軟化。他們也擔心榮格被歸類為諾斯底主義的心靈導師，而不是受到專業認可的權威醫師。一九二八年，榮格因一本書而展開了研究之旅。漢學家衛禮賢（Richard Wilhelm）寄給榮格一本他所翻譯的煉金術經典，即十七世紀問世的《太乙金華宗旨》。[26] 這本書的原始作者眾說紛紜，只知道是由口述傳統而來。這位心理學家在書中見到了永恆主義的元素，印證了他的想法。

榮格及其遺產繼承者不願意向外分享《紅書》，理由非常清楚。在一九二二年一月五日的日記中，榮格記下他與靈魂的交流：

靈魂：聽著，不當基督徒很容易。但接下來呢？更多東西將要來臨，都在等待著你。而你呢？你卻保持沉默。你應該要說出來。為什麼你受到啟示？你不應該隱藏它。因為你在意發表的形式？它有那麼重要嗎？

榮格：我應該出版我寫下的《紅書》嗎？那會帶來一場災難。而且又有誰會理解呢？

靈魂：不，聽我說……你的使命才是最重要的。

榮格：那是什麼？

靈魂：創立新宗教，宣揚它。

《紅書》的內容包羅萬象：夢境、幻境、靈體、超物理經驗和正統學術，範圍遍及諾斯底主義、煉金術、赫密士主義和心理學。

榮格在《回憶、夢、思考》一書中寫道：「我一生都在努力闡述從無意識中迸發出來的東西。

它們像神祕的溪流一樣淹沒了我，並威脅要將我撕裂。」榮格過世後許多年《紅書》才出版，的確是遲來的正義。在經歷了數十年的激辯、分析、評述、編修與考據後，在某個神祕的時機點，榮格的研究才重見天日。這位思想家的畢生心力就在此，是他殫精竭慮的成果。

最後我們以榮格在《紅書》中的話語作結：

> 世界不斷變化，當某些早已逝去的事物再次回歸時，它們就是新的東西。在新時代中孕育古老的事物，這就是創造。而這份任務讓我得到救贖。我的希望就在於完成目標，在新世界中催生古老的思想與文化，這就是創造。

這句話帶來神祕主義復興的希望。

有些人認為，在討論榮格後接上這個主題很突兀、也不公允。但要了解二十世紀初的神祕主義，就不得不介紹當時尋道者熱愛的流行文化以及暢銷著作。

一九〇八年出版的經典著作《祕典卡巴萊恩》（*The Kybalion*）是由三位「啟蒙者」完成的。該書頁數不多但非常暢銷，乃二十世紀最流行的神祕主義著作。

《祕典卡巴萊恩》的作者們評論了另一本罕見的赫密士作品，但只引用後者的幾句格言。我曾經認為《祕典卡巴萊恩》只是二十世紀初的偽神祕主義作品，其作者模仿古代人的語言和心靈哲學，提供讀者們一些實用但不深刻的靈性指引。經過多年來的深入研讀後，我承認自己最初的判斷是錯誤的。

雖然《祕典卡巴萊恩》的一些參考文獻和理論架構是現代產物，但這本書確實保留了古典赫密士主義的許多主旨。作者們聲稱自己完美地調和了形而上學、超驗思想和新思想運動。確實，本書到二十一世紀還很管用

不過，三位啟蒙者的真實身分長期以來一直受人關注，甚至超越了內容的重要性。《祕典卡巴萊恩》其實是新思想運動的要角威廉·阿特金森撰寫的，他精力充沛，身兼出版商、作家和律師。阿特金森是這場運動中最重要的理論家。他的瑜伽修行者出版社（Yogi Publication Society）發行了一系列辨識度極高的藍色精裝本。此出版社位於芝加哥共濟會大廈（Masonic Temple），其頂樓設有共濟會的會所。這座摩天大樓落成於一八九二年，在一九三九年被拆除。

多年來，網絡上一直有人在爭論三位啟蒙者的真實身分。大多數的文獻和證據都顯示，是阿特金森獨自一人完成這本書。他自己也在一九一二年的《美國名人錄》（*Who's Who in America*）中承認這一點。許多人認為紐約的神祕學者保羅·凱斯是三位啟蒙者之一，他也跟幾位同事這樣表示過。[27]不過這本書於一九〇八年出版時，凱斯只有二十四歲，而且那時他才剛到達芝加哥，因此我認為這兩人合作的可能性並不大，頂多只有通信交流。

不過傳統文獻中有提到，赫密士·崔斯墨圖有三名門徒：塔特（Tat）、阿蒙（Ammon）和阿斯克勒庇俄斯，這些可能是阿特金森找尋筆名的靈感來源。

阿特金森著作中用過許多假名，包括所謂的三位啟蒙者。但他用過的假名還有拉馬查拉卡（Yogi Ramacharaka）、杜蒙特（Theron Q. Dumont）和英可格尼托（Magus Incognito）。阿特金森是一位多產的作家，也熱衷於推廣新思想運動和心靈力量。這些思想當時正席捲西方世界，並深深扎根於美國大眾的精神生活中。

在二十世紀早期，成千上萬的讀者因他的努力而接觸到祕傳學。他單單以拉馬查拉卡這個筆名就寫了十三本書。有些評論者認為這些書籍不過是披上印度教色彩、假冒大師知名的偽作。他們也沒說錯，但從另一個角度來看，這位作家確實使許多人接觸到了吠陀和瑜伽思想，並在一九六〇年代形成浪潮。

在阿特金森改編吠陀思想前，已有許多印度教與錫克教的上師造訪美國，例如斯瓦米．維韋卡南達。但阿特金森的暢銷書就像布拉瓦茨基夫人的作品一樣，幫助美國人做好準備去迎接即將到來的東方靈性浪潮。瑪哈禮希．瑪赫西．優濟於一九五九年來到美國教授超覺靜坐，當時美國民眾都能接受這樣的上師和課程，尤其是那些原本就在接觸過神祕學的人。恩此，切勿低估好奇心所帶來的力量，它能打開心門並引起學習的興趣。

不光是其戲劇化的寫作手法，《祕典卡巴萊恩》的重要性在於，它所提及的心靈、物質和思想創造力等觀念與赫密士主義相互呼應。作者不光是將新思想包裹在古董外衣中，也真的讓讀者們讀到赫密士主義的各項主題，包括心靈發展、創造的尺度和至高創造者的心靈。阿特金森參考了許多文獻，包括神祕學作家金斯福德（Anna Kingsford）的作品，但他最主要的理論依據是喬治．米德的先鋒之作《三倍偉大的赫密士》，它出現在阿特金森的名著出版前兩年。[28]

前文提到，米德擔任過布拉瓦茨基夫人的祕書，而後者的名著《神祕教義》對阿特金森的影響極大。米德於一九〇六年翻譯了赫密士主義文獻，其行文使用維多利亞時代晚期的散文體，是當時英語世界中少數幾本相關的書籍。阿特金森運用他那敏銳且審慎的眼光，找出書中與新思想運動相符的見解。身為作家兼出版商，阿特金森用更廣闊的視角去融合古代和現代心理學的見解。

阿特金森聚焦於赫密士主義的核心原則：「心智是偉大的創造者」。根據文獻記載，至高無上的心靈（即智性）乃透過以下三重過程來作為自身的載體：次級心智（demiurgos-nous）、話語（logos）以及精神（anthropos）。這些概念呼應了阿特金森書中的想法。《祕典卡巴萊恩》圍繞著「赫密士主義的七大原則」開始，而赫密士主義中也有「自然的七位統治者」。在歷史學家科本哈弗翻譯的《赫密士文集》第一卷中有這樣的敘述：「人類有諸位統治者的能量。他們對我們驚嘆不已，所以賜予我們自身本質的一部分。」

阿特金森靈活運用了赫密士主義中的性別概念。在赫密士主義中，男性是最初的人，女性是大自然，而阿特金森則分別轉化為意識心智與潛意識心智。男性原則使女性原則受孕，從而創造出物質世界並維持宇宙的平衡。《祕典卡巴萊恩》中還有一項實用的心智因果論。他強調，從形而上學來看，心智有創造力，但也受限於物質、死亡和日常生活的規律。

在〈一切之中的造物者〉（The All in All）一章中，他指出，個體具備更高層次的因果力量，但他不等於那股力量。人類可以做到許多事，包括超越限制、影響他人的心智以及共同創造環境。然而，人類仍然會受到物理的限制。所以我們只能在限定框架內模仿那股創造萬物的力量。

阿特金森還針對節律、極點、悖論、補償以及心智性別做出定義。他認為在每個心靈中都有許多非二元的特質，結合起來就能產生創造力。《祕典卡巴萊恩》擷取了赫密士主義、新柏拉圖主義、超驗主義和新思想運動的精髓並加以運用。阿特金森更進一步將這套思想連結到二十世紀初的量子力學，這些洞見在該書出版後的幾十年內蔚為主流。他寫道：「我們不是在宣揚一種新哲學，而是描繪一項古老學說的偉大輪廓，並完美地調和了不同理論和對立的教義。」這番宣告確實很中肯。

《祕典卡巴萊恩》的要旨可以追溯到《赫密士文集》的第十一卷，內容提到，至高的心靈告知赫密士，運用想像力，就可以發現更高層次的創造力：「使自己等同於上帝，才能理解祂。因為事物會被相似的東西所理解。」赫密士得在心靈中遊歷四方、結合對立面、了解所有事物，並超越時間和距離：「成為永恆，就會理解上帝。肯定自己，你什麼都做得到。」

運用想像力，就能發揮無限的創造力、不斷向外擴展；這是人人皆有的神聖資質。不管是赫密士主義或《祕典卡巴萊恩》，這項概念都處於核心位置。《祕典卡巴萊恩》篇幅簡短，但其思想相當激勵人心，對於新思想運動或實踐形而上學感興趣的人，都應該反覆閱讀。對於現代尋道者來說，這本書統合了各種現代神祕學，可作為展開探索的起點。

查爾斯・福特（Charles Fort）的作品雖然不能歸類為神祕主義，但他打破了唯物主義與科學的疆界，為各種超自然現象做記錄並設定理論框架。

福特的四本著作：一九一九年出版的《被詛咒之書》（*Book of the Damned*）、一九二三年的《新大陸》（*New Lands*）、一九三一年的《看哪！》（*Lo!*）和一九三二年的《野性天賦》（*Wild Talents*），都在引導讀者去思考奇怪飛船、不明飛行物、神祕動物和未知力量等問題。若沒有這些著作，世人可能永遠不會去想到這些議題。

靈異事件指的是真實發生、無法用科學去解釋的現象，是源自於一般人的證詞、觀察、推測和想法，也是難以深究、被邊緣化的事物。福特收集了諸多新聞報導去了解世界各地所發生的奇特現象，包括不明飛行物體、從天上掉落的青蛙、奇怪的野獸、月亮上的光點、漂浮的島嶼、人體自燃、會說話的狗、懸浮魔術、聖痕、透視以及瞬間移動。這些詭異的真實事件違反科學定理，破壞我們對外在事物的既定認知。

福特很有魅力，媒體都稱他為「布朗克斯區的瘋狂天才」。[29]他於一八七四年出生於紐約州的奧爾巴尼，並在紐約的布朗克斯區度過了大部分人生。像曼利·霍爾一樣，這位作家在紐約公共圖書館查資料做研究，而他的著作如今也被保存在這座圖書館。二十六年來，他都在紙頁上寫下密密麻麻的筆記，因此視力很差。他是靈異事件的守門人，照料這個極少數人承認的領域。福特研究了六萬五千件相關報告，並認為有一千兩百件值得記錄在書中。[30]

福特的生涯遭遇許多難熬的挫折。他創作了十部小說，但只有一本獲得出版，而且銷量十分慘淡，即一九〇九年的描述貧民窟故事的《被漠視的製造者》（*The Outcast Manufacturers*）。此外，他還於一九〇〇年出版了回憶錄。[31]在一九一五至一九一六年，福特開始新實驗，他編寫了兩本有關異常現象的理論，書名分別是*X*和*Y*，並受到小說家西奧多·德萊塞（Theodore Dreiser）的推崇。兩人是老朋友和互相支持夥伴，但即使有德萊塞背書，這些手稿也沒有想出版。福特在心痛之餘便將它們燒毀。[32]德萊塞無法置信地說：「就像摧毀了埃及的卡納克神廟一樣。」[33]出版商很可惡，就像史學家麥克·戴許（Mike Dash）在《福特時代》雜誌（*Fortean Times*）中所寫的那樣：

> 德萊塞對X無比著迷。福特在書中談到，地球上所有事件都是由更高階的外星文明所控制的。這個世界以及你我每個人都不是真實的，而是從一個未知地點投射出來的幻覺，也就是X。出身於印地安那州的德萊賽熱愛閱讀，也接觸到不少民間信仰，所以他離傳統基督教和科學越來越遠。德萊塞還沒有發展自己的哲學觀前，就深受福特那一半嚴謹、一半諷刺的世界觀所吸引。
>
> 德萊塞在一本未發表的回憶集中寫道：「我光讀了三個段落，就覺得這部作品既華麗又精彩。」但他的推薦並沒有發揮太大的影響……沒有出版商要出版這本書。第二部非小說作品Y（撰寫於一九一六年）也乏人問津。在書中，福特主張在北極之外有一個邪惡的文明。

在親手焚毀自己的系列作之後，福特重新燃起鬥志，並閉關了幾個月努力寫作。一九一八年七月，福特寫給德萊塞一封只有三行字的信：

德萊塞！
我發現了Z！
福特！[34]

在Z中，福特找到寫作生涯的新立足點，也發現許多作家都會忽略的工作：下標。福特想出了一個新的標題，足以引發讀者的好奇心：《被詛咒之書》。他還找到的新的寫作方法！傳記作家吉姆．斯坦邁爾（Jim Steinmeyer）指出：

在過往，這位隱謀論者的寫書策略是先收集各種觀察報告，然後再歸納到某個宏大的理論之中。因此，在X中，他假定火星上有某個種族；在Y中，他推測北極之外有個隱藏大陸。相較之下，《被詛咒之書》的內容就是荒誕古怪，且背後沒有其他論述。福特不再透過數據和資料來支持某個理論，而是把這些怪奇事件攤開在讀者面前。在《被漠視的製造者》中，他也詳述了主角們的所作所為，而自己退到幕後變成畫外音，只會偶爾發出嘲弄的評論。

德萊塞也準備扭轉局勢。他告訴福特：「我帶著《被詛咒之書》去見我的出版商利弗萊特（Horace Liveright），然後把稿子放在他桌子上，叫他一定得出版。一個星期後他通知我說，那樣會害他賠錢。我回說，不照辦的話我的書也不給你出了。」於是乎，詛咒終於找到了歸屬。

公關大師愛德華・伯奈斯（Edward Bernays）當時正好在「博尼與利弗萊特」（Boni & Liveright）出版社任職，在他的推動下，這些禁忌現象也找到了讀者。伯奈斯在一九六五年的回憶錄《一個想法的傳記》（*Biography of an Idea*）中談到：「我預料這本書會激起全國人民的興趣，因為它挑戰了一九二〇年代科學界的思維邏輯。福特寫下了許多違反科學、但卻存在於自然界中的怪事，比如從烏雲中如降雨般落下的青蛙。」福特在書中多次提及那篇報導，也因此為後人所津津樂道。在一九九九年的電影《心靈角落》中，導演保羅・安德森（Paul Thomas Anderson）放入了這段情節。他跟《綜藝》（*Variety*）的記者表示：「我是先從福特的書中得知這種事，然後才在《出埃及記》查到青蛙之災。」[35]

這位年輕的導演還將這部電影的開場故事歸功於福特：

> 那故事確實是來自福特所撰寫的《野性天賦》。福特在書中寫道：「根據一九一一年十一月二十六日的《紐約先驅報》報導，有三名男子被絞死，因為他們殺了戈弗雷（Edmund Berry Godfrey）爵士。絞刑台的地點在倫敦的格林貝瑞希爾（Greenberry Hill），而兇手的名字分別是格林、貝瑞和希爾。」

公關大師伯奈斯總結道：「直到今天，我仍然不知道福特那番描述是認真的還是在開玩笑。無論他的動機是什麼，這本書獲得大量的曝光。此外，我們還將其內容連結到與科學相關的新聞。比方當時有報導指出，有某種訊號從火星發送到地球。」

福特對於這些報導的真實性總是不以為然，他在《看哪！》中也寫道：「我什麼都不相信。」但他對於世上不斷出現的怪奇現象卻極其認真。一九一九年，福特以他獨特且晦澀難解的風格為《被詛咒之書》開場：

一支受到詛咒的軍隊。

受到詛咒的人，被排擠的人。

我們將會有一支遭到科學排擠的軍隊。

這支被詛咒的軍隊會持續前進，由我挖掘出來的黯淡資料帶頭。你能閱讀它們，它們也會自行前進。它們有一些是憤怒的，有一些是狂暴的，有一些是腐朽的。

它們有些是屍體、骷髏、木乃伊，抽搐痙攣、搖搖欲墜，被活著時就受到詛咒的同伴賦予生命。有巨人會走過，但彷彿在夢遊。有些是定理，有些是破布，像歐幾里德和無政府主義的靈魂攜手而行。這裡會出現一些小蕩婦、小丑，也有很多是受人尊敬的。有些是刺客。有蒼白的惡臭、枯槁的迷信、單純的陰影和煥發的惡意，但全部都是古怪與可

> 愛的事物。天真和教條、奇異和怪誕、真誠和虛偽、深刻和幼稚。
>
> 一個刺傷和一聲笑，還有端莊卻無望的交疊雙手。
>
> 它們是受到無比崇敬的，卻也是遭到譴責的。整體外觀是尊嚴和放蕩，整體聲音是挑釁的祈禱，整體精神是列隊行進的聖歌。
>
> 有股力量曾對這些事物說它們是被詛咒的，那就是教條式的科學。
>
> 但它們將會前進。

它們確實前進了。在書中那堆如風雪般的事件報告中，浮現了一項清晰的哲學觀。福特試圖推翻人類自以為的宰制地位，並否定用實證法則去知曉現實的能力。他寫道：

> 我們都只是蟲蟻和老鼠，只是那一塊超大乳酪的不同樣子……什麼是房子？如果事物間沒有具體的差異，如果沒有做出清楚的區別，那麼就不可能明確地指出它們是什麼。

在某次觀察中，福特大膽地提出某個想法，而早年的量子物理學家和超心理學家一定會非常贊成：「假設有個相互連結的連續性整體，它透過天文、化學、生物、心理和社會現象來自我呈現，並在各領域投注積極力量。這些不同領域的現象雖然只有表面上的差異，但我們還是賦予了不同的名稱。」

對此，物理學家薛丁格應該會心一笑。福特想像現實是由潛在的和無限的事件共同組成的宇宙整體。每件事物都是即將破繭而出的部分真實。薛丁格的那隻又是生又是死、具有無限狀態的貓，也渴望被人看見。因此：

我們既不是現實主義者，也不是唯心主義者。我們是中介主義者——沒有什麼是真實的，但也沒有什麼是不真實的：所有現象都是介於真實與不真實之間，或是比較靠近某一端。人類這整個類存在都是處於確定與否定、真實與不真實的階段。就像煉獄一樣。

有些讀者認為福特是異端、是天才，是針對現代文明與科學的最偉大批判者。因為他了解到，二十世紀初期的科學界只在意正統性，只要與實證法則抵觸的東西都丟到一旁，導致人類被侷限在狹隘的高牆內，不得去理解或思考科學以外的事物。因此，福特如此挖苦自命不凡的人類：「我們不過是道具、部屬品而已。」

一九二一年，熱情的德萊塞寫信給評論家亨利．孟肯（H. L. Mencken）：「世上沒有人像福特那樣天才。他指出了表象下的深度、神祕感以及可能性。」[36]科幻小說家HG威爾斯在一九三一年寫信德萊塞時也提到了福特。不過他讀了福特的作品後，認為他是「有史以來最可惡的無聊人士，他的創作不過就是從鄉下的報紙上剪下一堆資料。他的用詞遣字很糟，跟酒鬼差不多」。[37]

而孟肯也不了解德萊塞的熱情何在。一九二〇年二月，《紐約時報》的評論是：「重點被淹沒在大量的文字、偽科學以及怪異的推測中。讀者不用讀完整本書，就會覺得自己被活埋或是瘋了。」《時代》雜誌在一九三一年三月評論《看哪！》時，稱福特為「科學的惡童」，儘管這本書已經是他可讀性最高的作品了。

不論評論家或失望的讀者們有哪些意見，福特還是獲得一項奇特的成就：他的名字變成了形容詞：福特式（Fortean）。評論家班・赫克特（Ben Hecht）創造了這個詞，用於指涉無法解釋的異常現象。他在一九二〇年一月於《芝加哥每日新聞報》上寫道：「無論福特寫作的目的是什麼，比起世上所有的作家，他為我帶來了最多的樂趣。他究竟是藝術家或救世主，都已不再重要了。從現在開始，我就是一個福特式的人！」

《福特時代》於一九七三年創刊，至今仍在發行，這本專門報導怪奇事件的雜誌製作精良又有文化深度。各出版社也不斷在重新發行福特的作品以及選集。

傳記作家斯坦邁爾在二〇〇九年出版福特的傳記，並下了這樣的副標題：「發明超自然現象的人」（The Man Who Invented the Supernatural）。無論有多少人認同這個名號，但福特確實為後世帶來了深遠的影響。後世對於不明飛行物和神祕動物學（cryptozoology）的概念都受惠於他；雖然這些詞彙在他的時代都還沒出現。他也是劃時代的先驅者，以系統化的方式記錄下各種超自然現象。*X*一書已化為灰燼，但如果沒有它，就不會出現那部著名的影集：《X檔案》。

心靈和超自然探索變得大眾化以後，出現了新的學派，它以布拉瓦茨基的願景為典範，而成為了「新神智學」（Neo-Theosophy）。這個名號是由愛爾蘭神智學者費迪南德．布魯克斯（Ferdinand T. Brooks）於一九一二年所創造的，他曾擔任印度第一任總理尼赫魯的家庭教師。印度選民的信仰五花八門，尼赫魯卻能成功駕馭這些不同的潮流，例如他的穿衣風格就結合了傳統與現代樣式，並加上印度文化裡的各種元素，他的無領尼赫魯裝尤為迷人。

新神智學這個名號最初是帶有輕蔑意味的，但它的發展方向、理論和術語等，都在非主流的思想文化中留下了顯著的烙印，特別是「揚升大師」（Ascended Master）。一九三〇年代，來自芝加哥的蓋伊和艾德娜．巴拉德（Guy and Edna Ballard）夫婦創造了這個名詞，還創立了帶有愛國主義與民族主義色彩的教派「我即強大者」（The Mighty I AM）。

從概念上來說，揚升大師源自於斯柏丁（Baird T. Spalding）於一九二四年出版的《遠東大師的生命與教導》（*The Life and Teaching of the Masters of the Far East*）。巴拉德夫婦研究過斯柏丁的作品，他們聲稱自己是在聖日耳曼（Saint Germain）大師的指導下進行學習，後者也曾出現在布拉瓦茨基和安妮．貝贊特的著作中。

受到「大師敘事法」的影響，隱世大師在神祕主義界有如鄰家老人般常見。神智學者艾麗絲．貝利（Alice Bailey）寫道，她常與自己的靈性導師「西藏人」對話。靈療大師艾德格．凱西（Edgar Cayce）多次指出，他接受一位東方靈性大師的指導，而人們因此更加重視凱西的學說。但從歷史學的角度來看，即便他們說的是事實，那也與神智學完全無關，甚至是違反神智學的理論。

許多投入新時代運動的人都在談論揚升大師。布拉瓦茨基說他們是真實存在的人物，但已進入超越時空的的靈性狀態，所以有靈視和轉化物質狀態的能力，所以她和奧爾科特才會收到那些神祕信件。神祕主義學者保羅・強森於《被揭露的大師》中強調，布拉瓦茨基口中的大師，都是改造自她在現實生活中所遇到的人物。

之後，許多神祕主義者也宣稱自己與東方聖人有密切交流。英國作家保羅・布倫頓曾與拉瑪那・馬哈希（Ramana Maharshi）合作過一段時間。學者格倫・弗里森（J. Glenn Friesen）研究了他們在一九三一年的一段對話，發現它內容簡單卻饒具意義：

> **布魯頓：**許多西方人都在練習冥想，卻看不出來有進步的跡象。
>
> **馬哈希：**你怎麼知道他們沒有進步呢？靈性上的成長並不容易辨認出來。[38]

許多靈性作家會將「阿卡西紀錄」（Akashic record）列為參考文獻，這項概念也間接地源自於布拉瓦茨基。艾德格・凱西發現到自己在昏迷狀態中能讀到「阿卡西紀錄」，他也是率先使用「靈媒傳訊」（channel）這個術語。在一九三三年二月，凱西在維吉尼亞州演講時說到：

> 處在這種睡眠狀態時，我所接觸到的訊息來源不只有一個。其中一個是某個個體或實體在時間過程中的經驗「記錄」。這個靈魂的經驗總和都被「書寫」在它的潛意識和阿卡西紀錄中。只要能正確調整自己的頻率，都可以讀取這些記錄。

凱西提出的阿卡西紀錄如今已成為新時代靈性運動的重要主題，從古代的吠陀文獻來看，「阿卡西」是一種普遍存在的以太，並在十九世紀晚期由布拉瓦茨基推廣至西方世界。她曾描述過一個記錄所有人類事件的宇宙資料庫。在一八七七年的《揭開伊西斯的面紗》中，布拉瓦茨基說它「保留著過去、現在與將來的所有紀錄……這些生動的圖像，供先知和預言者去觀看」。這個以太資料庫就是《啟示錄》裡出現的「生命冊」（Book of Life），所以也與凱西的基督教立場吻合。布拉瓦茨基在一八八八年的《神祕教義》中以更明確的吠陀術語（此時她已在印度生活了好幾年）去描述這些以太記錄。她在書中提到了「阿卡西或星體記憶」，已經很接近凱西的概念了。[39]

凱西不是第一個歌頌「阿卡西記錄」的通靈者。一九〇八年，「基督的教會」（Church of Christ）牧師利維・道林（Levi H. Dowling）指出，他透過靈視獲知一段非主流的歷史，並寫成《耶穌基督的寶瓶福音》（*The Aquarian Gospel of Jesus the Christ*）一書。道林提到，基督在散播普世信仰的福音前，曾遊歷並研究了東方的宗教文化，這是他在客廳裡昏迷時所讀到的「阿卡西記錄」。這本書為許多尋求普世信仰的人們帶來了希望。

十九世紀末出現了許多非主流的經典著作。美國靈媒約翰・紐布勞（John Ballou Newbrough）於一八八二年出版了《奧斯菲：新聖經》（*Oahspe: A New Bible*），其內容是經由自動書寫法而來，內容大部分都是英文，但也有用吠陀名詞和閃族語組成的原創詞彙。《奧斯菲》的意思是「從古至今所有俗世知識與靈性知識的總和」，而其信徒名為「信仰者」（Faithist）。紐布勞宣揚無宗派的信仰以及雌雄同體的創造者：「未來，不會再有人說自稱是婆羅門、佛教、儒家、基督教或伊斯蘭教的信徒。歷史證明這些教義只會導致戰爭和毀滅……尋求吧，人類，去相信全能者。祂永遠在場，眼睛看著你、耳朵聽著你。祂就是萬物，是通往最高階天堂的密碼。」

在這些著作中，最具挑戰性和影響力的是《玉苪廈之書》（*The Urantia Book*），一九二四至一九五五年，出版社花了三十年製作這本超過兩千頁的大作。《玉苪廈之書》收錄了許多天使的口述內容，而負責記錄的是通靈人威弗里・凱洛格（Wilfrid C. Kellogg）。他是一位商人，也是「家樂氏玉米片」的家族成員。凱洛格宣稱在一九三四至一九三五年間接收到了這些訊息。[40]《玉苪廈之書》分為四個部分，是涵蓋廣闊、令人生畏的宇宙論，當中最易讀的部分是「耶穌的生命與教導」。歷史學家約斯林・戈德溫指出：「《玉苪廈之書》與基督復臨安息日會的教義一致，後者創立於一八四四年，並以懷愛倫（Ellen G. White）看的異象為核心。但是凱洛格和薩德勒得到的啟示遠不止於此。他看到宇宙和人類歷史的全景，然後是耶穌生涯的逐年紀錄。耶穌基督就是天使長米迦勒，這是《玉苪廈之書》和復臨派的主要教義」。威廉・薩德勒（William S. Sadler）是精神科醫生，也是復臨派的牧師。有些人認為薩德勒是這些天使訊息的抄錄者和整理者。

科學家馬丁・葛登能（Martin Gardner）對異常現象非常不以為然，但又忍不住列了一長串的清單，還評論了《奧斯菲》與《玉苪廈之書》，「比史威登堡和安德魯・傑克遜・戴維斯的作品還瘋狂。」[41]儘管如此，許多公眾人物和藝術家都是《玉苪廈之書》的忠實讀者，包括前衛音樂家史托克豪森（Karlheinz Stockhausen）、藍調吉他手史提夫・雷・沃恩（Stevie Ray Vaughan）、「死之華」樂團的主唱傑瑞・加西亞（Jerry Garcia）和吉他之神吉米・罕醉克斯（Jimi Hendrix）。

在二十世紀從神智學會中出走的人裡面，艾麗絲・貝利是最引人注目的。她起初在神智學會擔任靈性導師，後來創立了自己的學校、出版社和靈性團體。

貝利出生在英國，原名為艾麗絲・拉特羅布—貝特曼（Alice La Trobe-Bateman），雖然家境富裕，童年卻過得孤獨又不快樂。貝利在未完成的自傳中寫道，父親對她漠不關心，母親又在她六歲時去世，所以童年時的他「瘦弱、害怕又驚恐」。這位未來的尋道者在十五歲前自殺過三次，最後一次失敗後，戴著頭巾的大師庫特・胡米突然現身，與她談論她的人生使命，並賜予恩典和指引。[42]

隨著年齡的增長，貝利像早期的布拉瓦茨基一樣，聲稱自己受到大師的啟蒙，包括神祕的「西藏人」迪瓦庫（Djwhal Khul）。一九〇七年，艾麗絲遇到了一位未來的聖公會牧師，兩人結成連理，並陪同他前往美國進修神學。貝利一直被對方虐待，兩人也在一九一五年離婚。貧窮的貝利得養活三個女兒，於是在加州格羅夫市的沙丁魚罐頭廠工作。[43]她寫道：「我曾經有三個星期只靠喝茶（不加糖奶）和啃麵包度日，這樣三個孩子才能獲得所需的食物。」

此時，貝利接觸到了神智學會。她和未來的第二任丈夫福斯特・貝利（Foster Bailey）積極參加學會的活動，並渴望重振布拉瓦茨基的教義。兩人在美國分會嶄露頭角，但與安妮・貝贊特的關係越來越緊張。引爆點在一九一九年，貝利聲稱西藏人開始向她傳遞訊息，而她也於那一年再婚，並在隔年離開神智學會。[44]值得注意的是，神智學會的另一位掌舵者查爾斯・利德比特仍舊很讚賞貝利的著作。克里希那穆提的傳記作者格雷戈里・蒂萊特觀察到，利德比特並不同意當時的「官方」立場，從未批評過貝利。

一九二二年，貝利夫婦成立了自己的靈性團體、學校和出版機構，包括魯西斯信託基金會（Lucis Trust）和奧爾坎學校（Arcane School），前者最初的名字是路西法，採取其「光明的使者」之意。[45]在西藏人透過心靈感應的教導下，艾麗絲出版了十七本書，另外有五本是她自己的創作，乃聚焦於「永恆智慧」。她在回憶錄中寫道：「有人告訴我，榮格認為這位西藏人其實是我自己的高層次自我與化身，而艾麗絲是較低層次的自我。若有那個榮幸能見到榮格的話，我會當面請教他，那個更高層次的自我是如何從印度寄包裹給我。」

貝利提出了一種創造理論，也就是「七道光束論」（Seven Rays），這個說法也出現在神智學、佛瓊的著作以及其他祕傳學體統中。但貝利在一九三二年出版的《從理智到直覺》（*From Intellect to Intuition*）有一項反省，在當時來說是相當罕見的：

> 「向上、向下」、「更高、更低」等詞語只是象徵。神祕主義者的入門者必須先了解到，在人類的意識中不存在這些維度，內和外、高和低只是語言文字，為了表達某些狀態才會用到，例如覺知體驗。

包括貝利在內，當代靈修人士太強調創造在概念上的高低和先後次序。然而，她的反思就像是一顆幼苗，鼓勵人們不再堅信這些系統，因為這些本體論只是用來描述現實，不該成為僵化的教條。從這個角度來看，貝利的宇宙論確實有獨樹一幟的特質。戈德溫在《亞特蘭提斯與時間的週期》（*Atlantis and the Cycles of Time*）中指出：「貝利將大師與啟蒙者排名分類，看起來就像是在仿效企業組織和官僚體系。」

貝利是也是最早使用「新時代」一詞的靈性作家，比如她在一九四四年出版《新時代的門徒》（*Discipleship in the New Age*）第一卷。事實上，後世廣泛採用的名詞一開始總有多人在推廣。威廉．布萊克在一八〇四年開始創作《彌爾頓》（Milton），直到一八一〇年才完成。詩人序言中吟詠道：「但是當新時代從容不迫地發聲時，一切將會步上正軌……醒來吧，新時代的年輕人！」新思想運動的先驅華倫．艾文斯也一八六四年出版《新時代及其使者》（The New Age and Its Messenger）來談史威登堡。另外，文學評論家阿爾弗雷德．奧雷吉（A.R. Orage）也於一九〇七年創辦《新時代》（*The New Age*）雜誌。

貝利的宇宙論涵蓋廣泛，卻也反映出了英國上層人士特有的習氣和偏見。跟阿萊斯特．克勞利一樣，她太刻意地將黑人和猶太人納入她那帶有貴族氣息的和諧社會藍圖中。

貝利的人類進化體系是奠基於靈性發展，但她與布拉瓦茨基的不同處在於，受到二戰和歐洲政局的影響，她過度著重於種族和宗教議題。她將普世意識和通婚當成社會療法，但又設下諸多限制。貝利在自傳中寫道：「我不討厭黑人，只是不相信有色人種和白人的婚姻會幸福。」另一個段落就是典型的種族歧視。雖然她先打了預防針：「我的好朋友中有些就是猶太人和黑人。」這位靈性導師接著寫道：

猶太人永遠也無法融入我們……我從未遇過任何一個猶太人願意承認自己有錯或冒犯他人。他們總是認定自己是被虐者，並堅信若基督徒能採取正確行動，所有問題就會解決。確實，成千上萬的人們都在努力奮鬥，但就是得不到猶太人的合作。

在貝利的遺作《祕傳學治療法》（*Esoteric Healing*）中，她又忍不住談到：「同性戀是當前男孩和女孩們面臨的最大威脅。」如果要從二十世紀的祕傳學中挑出最政治不正確的著作，那肯定就是貝利的作品。

一九三五年，貝利與眾人共同成立了「古代普世奧祕學」（Ancient Universal Mysteries，簡稱AUM）總會。該組織至今仍相當活躍，男女皆可參加，旨在深入探索並解開共濟會的神祕教義。該組織結合了共濟會的教義與貝利的思想。在紐約市「七道光束會所」（Lodge of the Seven Rays）裡，北方長官的椅子上掛有各種圖像，包括佛教的智慧之龍、莫里亞大師、庫特・胡米和聖日耳曼。另外還有外西凡尼亞的親王拉科齊二世（Rákóczy II of Transylvania），他在哈布斯堡王朝起義，並在失敗後遭到放逐。有些學者認為他就是不朽大師聖日耳曼的父親。[46]

貝利最為人所知的貢獻就是〈大祈禱文〉（Great Invocation）。一九四五年四月、二次世界大戰即將結束，她發表了這篇短文。一九五二年，第一夫人艾蓮娜．羅斯福在聯合國公開朗讀〈大祈禱文〉，以提醒世人在四年前所通過的《世界人權宣言》。

第一夫人說：「這篇祈禱文傳達出世人的心願。」但她可能不大了解這篇文章的本質，畢竟她才收到沒幾天。艾蓮娜引用的段落如下：

首先，知曉上主的核心旨意，
讓崇高的目的引領我們凡人的微小意志，
那是大師們所認識並服務的目的。

無論是故意還是口誤，艾蓮娜確實讀出了「大師們所認識並服務的目的」。在那個時代，各式各樣的神祕學文獻和啟示陸續問世，尋道者都想知道，神智學的大師們是否還有給出進一步的訊息？

答案就在貝贊特的繼任者、神智學會主席喬治．阿倫代爾（George S. Arundale）的身上。阿倫代爾是英國人，身兼作家、編輯和印度獨立運動支持者，還在一九一七年與貝贊特一同被英國殖民政府軟禁。阿倫代爾有計畫地管理組織，不再向外界傳遞隱世大師的訊息。儘管貝贊特告訴過他，大師們已指定他作為繼任者。[47]

阿倫代爾從一九三四年開始擔任神智學會的主席，直到一九四五年去世。他強調，包括他自己在內，成員們先前從大師那裡接收到的訊息都是真實有效的。但他逐漸遠離這項活動，因為他發現那已成為組織的分裂因素。於是阿倫代爾發起「純粹神智學」(Straight Theosophy）運動，帶領大家回歸初衷，重新鑽研神智學的經典與教義。

一九三七年，阿倫代爾在阿迪亞爾的神智學國際總部發表演說，重點在於強調「大師時代」的結束：

> 他們如此聖潔，並全心致力於一步步將所有生命提升到他們的高度。他們不要求外界承認他們的存在，也不要求眾人一定要相信他們所傳遞的訊息。就算那些真理可靠又無庸置疑，他們也不樂見它們去影響到每個人的靈性探索。自由使他們成為大師，也唯有自由才能使我們成為大師。

這番話象徵了神祕交流活動的終結。因為在克里希那穆提離開之後，組織的聲望、士氣及會員數量都下降了。當時神祕學界只關心彌賽亞何時再臨。我相當認同阿倫代爾的看法，這個時代並不再需要偉大智者、隱世大師、心靈導師和祕密傳承，也不可能再出現葛吉夫、榮格、布拉瓦茨基或史代納那樣的時代人物。

在靈性探索過程中，我自己也常感到疑惑，偉大的導師們究竟在哪裡？二十年前，我向葛吉夫專家雅各布・尼德曼提出了這個問題。他回答道：「如今，我們依靠的是團體。」我非常認為這個觀點。人類已經歷了重大的轉變過程，走向實驗的時代。偶爾也會出現值得大家關注的靈性大師，但我更喜歡阿倫代爾的路線，這也是當前的主流，即「踏上自己的探索真理之路」。

# 第九章 神祕學與政治：納粹與美鈔上的全知之眼

政治與神祕學的關聯性非常複雜，這議題也充滿爭議。但不論在歷史、文化和道德上，我們都應該要正視這個問題，尤其是二戰後的世界已經有另一番面貌了。

二〇二〇年末，我獲邀參加一場由學者、評論家和歷史學家共同參與的線上會議。他們策劃在烏克蘭設置猶太人大屠殺紀念碑，時間點就在普丁揮軍入侵烏克蘭前一年。在那之後，我常常思及那天會議上的參與者們如今命運如何。

邀請我與會的是一位傑出的策展人，他也向策劃委員會提出報告，內容包含古代的喪葬儀式，以及古人如何面對死亡和追憶故人。這份報告是為了討論紀念碑的性質和設計。他還列出了各式各樣的墳塚、墓碑和火葬法，以及與之相關的方位、曆法和天象。

會議中，我提到了神智學會的奧爾科特，他在一八七六年於紐約市舉辦了「異教葬禮」的示範儀式。他打算重新引入火葬法，時至今日，這也是一半美國人的安葬方式。然而，當年西方人都沒聽過火葬，就算有，也會認為那是東方世界的奇譚，是帶有古老異教色彩的原始儀式，頂多只會出現在怪奇博物館「雷普利信不信由你」（Ripley's Believe It Or Not）中。火葬在如今很普遍，但當時的西方人卻認為這是不成體統的做法。

然而奧爾科特卻決定逆風前進，他主張火葬比土葬更衛生、更經濟且更環保。火葬還有另一個好處，他在一八九一年的《神智學者》（*The Theosophist*）雜誌中寫道：「要如何才能說服那些考慮周到的人……記住，有人埋葬屍體的國家就有吸血鬼，所以我們從未聽說印度有吸血鬼。」

在該場公開舉行的葬禮中，逝者是生活困頓的巴伐利亞貴族德帕姆男爵（Baron De Palm）。有人猜測他就是「幕後黑手論」的歐洲神祕學家「B騎士」。實際上，屍體在過世後六個月才被火化（之前先用陶土封存），因為奧爾科特到那時才在匹茲堡郊外找到了一處私人火葬場。

這場示範葬禮也是神智學會的亮相儀式，位在曼哈頓的共濟會大會堂（Masonic Hall）因此擠滿了憤怒的群眾。很少有人會記得奧爾科特是美國火葬的先驅，但事實正是如此。神智學會在歷史上再次留下印記。它為現代人帶回莫名又難懂的禁忌儀式。

在那場線上會議中，大家都在等一位名教授發表高見，他也沒讓人失望。他對那位策展人說：「你的報告出現在這個場合很諷刺，因為納粹最熱衷於神祕學和環保措施。如果海因里希·希姆萊有來參加這場線上會議，他一定會非常喜歡你的報告。」

我認為這位教授的言論既誇張又太簡化。作為線上會議的聽眾，我當然不該加入戰局。我的策展人朋友反倒很得意。第二天他問我：「我竟然被當成納粹的同路人，還是希姆萊最喜歡的知識分子。那你覺得我的報告內容如何？」

當然，我對他的報告評價很高，但我補充說，當今學術界和網路社群都過度解讀納粹思想中的神祕學概念與起源。除了國族主義和種族仇恨之外，納粹的意識形態根本就沒有前後一致的理論架構。他們只是吸收、模仿、丟棄，濫用各種具有象徵和歷史意義的素材。

過度連結納粹思想與神祕學，是現代人常常掉入的陷阱。納粹與所有法西斯團體和極權運動一樣，都熱愛紋章、符號和儀式，只要是古老且經典的素材都喜歡。另一方面，現代神祕學是古老宗教的復興與改造運動，正如奧爾科特的火葬儀式。因此，政治運動者用過往的紋章和符號，包括全知之眼、金字塔、方尖碑或其他陰森的意象時，就會讓人以為有神祕學的色彩。這種印象之所以會越來越加劇，是因為許多知識分子厭惡神祕學和形而上學，因為它們與物理主義、實驗重現性和分類法等現代價值觀相衝突。

在二十世紀初期的歐洲社會裡，充滿了各種不同的意識形態，神祕學復興所帶來的影響無處不在，也引領了抽象藝術的萌芽。神祕學思想也滲透到社會運動中，無論是極權的法西斯主義亦或民主陣營，但靈修團體並沒有明顯地偏向支持何者。

然而納粹思想與神祕學的關聯性，不僅出自於前述原因，也由於許多民眾對二戰德國的著迷（這是病態的迷戀），而造就了一股流行思潮，甚至體現在播客節目、網路影片、地下暢銷書和學術作品中，如艾瑞克．庫蘭德（Eric Kurlander）所撰寫的《希特勒手下的怪物們》（*Hitler's Monsters*）。

二〇二〇年，有篇文章〈納粹嬉皮：當新時代遇到極右翼思想〉（Nazi Hippies: When the New Age and Far Right Overlap）大受歡迎，作者朱爾斯・埃文斯（Jules Evans）主張：「納粹也是有機栽種和史代納生機互動農法的忠實粉絲，就是把農業活動視為與土地、靈魂和能量的神祕交流。」確實，希姆萊和魯道夫・赫斯對有機農業和史代納相當感興趣，但後者卻因為捍衛普世的人道主義，而在一九三五年遭到納粹的攻訐與封殺。埃文斯還提到：「第一座超心理學的研究機構帕拉塞爾蘇斯研究所（Paracelsus Institute）是在納粹統治下成立的，就在史特拉斯堡大學裡。」安妮・哈靈頓（Anne Harrington）於一九九六年出版的《再次施展魔法的科學》（*Reenchanted Science*）中，也提到了帕拉塞爾蘇斯研究所誕生於一九四二年。但早在十二年前，約瑟夫・萊茵就在杜克大學成立超心理學實驗室了。

這種「綠色」控訴越來越多，也就是將二十世紀末的各種運動都打入納粹的範疇，包括回歸自然、養生、手工藝和身體文化等。若想全面了解這個脈絡，我推薦丹・麥卡南（Dan McKanan）的《生態煉金術：人智學與環保主義的歷史與未來》（*Eco-Alchemy: Anthroposophy and the History and Future of Environmentalism*），他既有全面的歷史視角，評論也非常深刻。

話雖如此，包括我在內，熱愛神祕學的評論者都不該美化任何學派和哲學體系，而必須周延地考慮到所有可能的影響。接下來我們將探討由神祕學者威廉・達德利・佩利（William Dudley Pelley）所創立的「銀衫軍」（Silver Shirts），也就是美國的第一個新納粹組織。在二十世紀初，有幾個法西斯組織確實借用了神祕學的思想和符號，包括布拉瓦茨基夫人在《神祕教義》中所使用的卍字。

解放心靈的運動通常會催生其他的社會運動：降靈術與婦女參政權運動、新思想運動與民主社會主義、共濟會與廢奴主義、黑暗浪漫主義與女權主義、神智學與印度獨立運動等。相對地，過度美化已失傳的或不為人知的傳統思想，也會間接貶抑寶貴的現代價值，包括民主自由。

想要認真探究神祕學與政治的關聯，就得先定義各種政治體制的特色，包括極端的政權。比方說，「法西斯主義」就常遭到濫用。從歷史上來看，法西斯暨權威主義有三項既定的特徵，可在納粹、蘇聯共產黨中看到：

第一：行政體系、司法機關、軍隊和經濟運作的全面統合。
第二：強調國家、種族或階級的優越性，甚至三者都有。
第三：舉辦盛大的儀式、集會和典禮，熱愛徽章、橫幅、旗幟和國家象徵。

這些符號都是為了重振失落的民族自信心，或是對現況忿忿不平，當中有些是想像出來的，也有出於種族意識或經濟考量。法西斯與非民主政權一大特徵是，掌權者以及多數族群都宣稱自己是弱勢的一方。而政客便利用了這份不滿情緒，提出民族重生的計畫、徽章和口號。

納粹將這些手法發揮到了極致。最顯著的例子是卍字，這個古老的印度符號象徵輪迴，以及個體、宇宙和所有生命的連續性，與狹隘的民族主義完全無關。可以確定的是，那些種族主義煽動者就是在讀了布拉瓦茨基的《神祕教義》等相關著作後發現了這個符號。

早在一八七五年，神智學會就已將這個符號連結到其他宗教的圖像，包括埃及的安卡十字（生命之符）、大衛之星（六芒星）和銜尾蛇（吞食自己尾巴的蛇），並組合在一起當作該組織的標誌。一八八〇年，神智學會在此標誌周圍增加了一句吠陀格言：「真理高於一切宗教」（There is no religion higher than truth）。然而有些種族主義者，如圭多・馮・利斯特（Guido von List）便誤將卍字與日耳曼的盧恩符文混為一談。在二十世紀初期，確實也有一波盧恩符文的復興運動。所以卍字早在一九〇三年就出現在奧地利的神祕學期刊上。

利斯特也是神祕主義者，他渴望恢復戰神奧丁（Odin）的神聖地位，並發起北歐宗教的復興運動。他的追隨者都聚集在圖勒協會（Thule Society），這個組織與德國工人黨有關，而後者又成為國家社會主義運動的骨幹。從神祕主義到民族運動（völkisch movement），希特勒的政黨就這麼出現了。

大致上來說，利斯特的主張代表了工業時代後期的潮流，也就是「回歸自然」。當時有許多人想回到理想中的田園生活，便開始標榜手工製品和藝術品的價值，並遠離工廠製造的商品和城市生活。這項運動雖然立意良善，但也有迂腐的一面，只想懷念舊時光，而抵制消費主義和自動化生產力。利斯特對於神祕符號非常敏感，他可能是在讀了布拉瓦茨基的著作後發現卍字，於是去掉它原本的脈絡以當作德國重生的象徵。

第一次世界大戰爆發前，德國的政治倡議者和以利斯特為首的種族神祕主義者開始大肆宣傳「雅利安」（Aryan）種族的概念。這應該也是出自於《神祕教義》一書。在吠陀文獻中，最早出現在印度的就是雅利安人。「雅利安主義」（Aryanism）則在十八世紀末出現，但德國神祕主義者應該也是從布拉瓦茨基的著作中得知這概念的。

布拉瓦茨基調整了雅利安這個詞的意義，把它歸為七個根種族中的第五個，也包括現代人。七個根種族依序不斷演進，從古代一直延續到遙遠的未來，新人類誕生後，還會具備高階的心靈和身體素質。在這種靈性演化論的架構下，這位打破傳統的智者還是受到當時種族觀念的影響，陷入了偽達爾文主義的窠臼。[1]

德國種族主義者非常喜歡這個來自亞洲的原始種族概念。戈德溫在一九九三年的著作《北極神話：科學、象徵和納粹延續》（*Arktos: The Polar Myth in Science, Symbolism, and Nazi Survival*）中寫道：「德國人把自己的起源連結到印度，就可以撇清跟閃族和地中海地區人民的關係，後者都是亞伯拉罕的後裔。」不過，令人感到自相矛盾的是，亞洲的雅利安人為何最終會變成金髮碧眼的德國人？也許是因為布拉瓦茨基曾寫道，接下幾個世紀，雅利安人將在美國發揚光大。她明確地稱讚美利堅是個好國家，但理由有點令人尷尬：「因為各民族在這裡大量融合與通婚」。

因此，我在此必須明確指出：希特勒不是神祕主義的愛好者。他鄙視那些神祕書籍，也瞧不起沉迷於神話的法西斯理論家。在《我的奮鬥》中，他特別譴責那些「找不到民族定位的學者」

（völkisch wandering scholar），也就是像圖勒協會那種神祕團體，以及研究神話和神祕事物的知識分子。

從在德國工人黨和聚眾滋事的日子開始，希特勒就只熱衷於殘暴的政治武裝組織，而非神學和神話。他把象徵符號當作宣傳工具，並去除掉與之相關的人事物。他譴責那些崇拜北歐神話的納粹核心圈成員，還說阿弗雷德・羅森伯格（Alfred Rosenberg）的種族神話是「沒人能理解的廢話，充滿了中世紀的過氣觀念」。[2]

歷史學家古德里克—克拉克（Goodrick-Clarke）非常清楚這些問題的癥結點，他指出：

> 希特勒確實對日耳曼民族的傳說和神話感興趣，但從未打算保存民間傳說、習俗和古地名。他對紋章學和系譜學並不感興趣，頂多崇拜神話英雄的理想、行為，以及熱愛華格納的歌劇。在一九一三年離開維也納前，希特勒眼裡的烏托邦是邊界另一側的母親德國，而不是神祕學者在研究奧地利神話後愛慕的史前黃金時代。[3]

在納粹政權下，神智學分會、共濟會以及發送小冊子的神祕教派（希特勒年輕時在維也納應該看過）都被惡意排擠或打壓，其成員被納粹騷擾甚至殺害。希特勒有幾位重要幕僚確實熱衷於占星術，但這種古老學問是被禁止的，許多占卜師都被監禁或殺害。

不少人以為卡爾・克拉夫特（Karl Ernst Krafft）是希特勒的御用占星師，但他不曾與希特勒接觸過。他預測到一九三九年會有人去暗殺希特勒，所以引起了納粹官員的注意。克拉夫特本來要被送往布亨瓦德集中營，但在途中去世了。納粹當局也將克勞利學生的卡爾．格默爾（Karl Germer）送去集中營，只因被貼上「共濟會高級會員」的標籤。[4]有些自封為魔法師的人居住在偏遠的安全地區所以倖免於難，例如崇拜希特勒的薩維特里．德維（Savitri Devi）。如果他們生活在第三帝國的控制範圍內，下場就會與克拉夫特和格默爾一樣。

回頭來談希特勒的副手、大屠殺的規劃者希姆萊。為了取代基督教的地位，他研究了北歐以及異教儀式，並加以改造。

希姆萊熱衷於建立祕密團體，包括直屬於希特勒的黨衛隊，並且設計各種典禮，以取代天主教和新教的活動。畢竟就法西斯的本質來看，它不能容許在自己的統治範圍內有其他的文化或宗教核心。因此，希姆萊打造了具有北歐風格的精神體系來取代教會、改變信眾，包含了納粹教條，包括反閃族、種族滅絕、種族隔離，並支持日耳曼向外擴張。

包括希姆萊在內，這些理論家希望納粹能走自己的路，不再與亞伯拉罕宗教有任何連結。一九三六年，希姆萊派遣奧托．拉恩（Otto Rahn）前往法國南部和冰島尋找聖杯，以及其他跟神話和異教有關的連結。看黨衛隊高層看不慣拉恩的同性戀傾向，為了讓他「脫胎換骨」，於是在一九三七年把他送去達豪集中營當警衛。拉恩感到非常震驚，寫信給朋友說：「我在自己的國家過得很痛苦……我崇尚寬容與自由精神，但祖國已經變了樣，要在這裡生活談何容易。」[5]

一九三九年初，拉恩向希姆萊提交辭呈。兩週後，這位喜愛讀書的三十四歲青年被發現死於奧地利的某個山坡上，究竟是自殺還是遭人謀殺，至今仍然不得而知。同時間，希姆萊派遣黨衛隊前往西藏，打算找出與雅利安主義有關的神話線索。希姆萊還特別去租用位在北萊茵地區的文衛伯格城堡（Wewelsburg castle）作為黨衛隊的祕密團體總部。他打算在那裡模仿亞瑟王建立圓桌騎士團，但執行過程並不順利。[6]

我在成長階段看過許多紀錄片和非學術著作在探討納粹和神祕學。不過，眾人只能用零碎的片段來組成完整的來龍去脈。早年的精采著作有一九六〇年出版的《魔法師的黎明》（*The Morning of the Magicians*），作者是路易．保威爾斯（Louis Pauwels）和雅克．貝吉爾（Jacques Bergier）。

這兩位作者生動地介紹了祕傳學裡的各項主題，包括納粹和神祕學的關聯。保威爾斯和貝吉爾的推論相當大膽又聳動，並激發了許多作家和製作人的靈感。特雷弗．拉文斯克羅夫特（Trevor Ravenscroft）於一九七二年出版近乎虛構的《命運之矛》（*The Spear of Destiny*），內容提到希特勒四處追尋一根聖矛，它曾被用來刺穿十字架上的耶穌。

史蒂芬．弗拉沃斯（Stephen E. Flowers）在《納粹主義的神祕學》（*The Occult in National Socialism*）中談到了這本暢銷書：

一九八〇年，拉文斯克羅夫特控告小說家詹姆斯．赫伯特（James Herbert）侵犯版權，因為後者於一九七八年出版的小說《矛》（*The Spear*）也有希特勒追尋聖矛的情節。拉文斯克羅夫特聲稱，《命運之矛》的內容都是他的創作，而不是取材自史料。反倒是赫伯特誤以為那是真實事件，所以才參考了《命運之矛》的內容。結果拉文斯克羅夫特勝訴，也直接證明那本書是虛構的。事實上，拉文斯克羅夫特起初把它當成小說，但出版商要他以史書的名義出版。

值得注意的是，保威爾斯和貝吉爾的作品出版後，納粹和神祕學這個主題便自成一格，不斷有新作直到今日，大眾也因此對那段歷史有些刻板的印象。許多作家都以這種先射箭再畫靶的方式來支持一些行之有年的觀點，就連學術界也被這種風氣所影響。艾瑞克·庫蘭德在撰寫《希特勒手下的怪物們》時，也是先入為主地認定納粹和神祕學一定有關，然後再補上片段的歷史事件和故事，而不是以充足的證據為推論起點。

弗拉沃斯的那本《納粹主義的神祕學》正好顯現了這種趨勢。他在書末列出了一份很有價值的參考書目表，並按順序從一九四〇年排到二〇一七年。而細心的讀者應該能注意到，這些跟納粹和神祕學相關的文獻大多不是學術著作或新聞報導，而是小說和聳動的稗官野史。

義大利神祕主義哲學家尤利烏斯·埃沃拉（Julius Evola）也是法西斯主義者，但他跟納粹的種族理論家不同。他也在研究印度雅利安文明，但焦點放在它的理論和原則，並於於一九三四年出版《反抗現代世界》（*Revolt Against the Modern World*）。

他試圖於世俗生活中重現在神話、口述傳統和宗教經典中的靈性戰鬥。埃沃拉所採取的思想進路很危險，但他的聲譽也因此起死回生，不論是在極右派的知識圈或是在反法西斯的左派團體中；前者將他的著作奉為政治宣言，後者則視其為邪惡巫師的咒語。

這些人不是抱著批判的精神去讀埃沃拉的書，而是帶著喜歡或厭惡的心情去翻閱，所以埃沃拉才會令人又愛又恨。只要一提到他的名字，就會引起正反雙方的激烈辯論。擁護埃沃拉的人認為他的作品難以分類，反對埃沃拉的人則急於幫他貼上標籤。這兩種立場都太偏頗了，並反映出政治膚淺的那一面（埃沃拉也難以置身事外）。在二十世紀的思想家中，很少有人能像埃沃拉那樣始終保持神祕的形象，直到身後也不為人所知。（政治思想家里奧・施特勞斯〔Leo Strauss〕也一樣。）

在埃沃拉義大利文作品中，最早的英譯本是一九五一年出版的《覺醒的教義》（*The Doctrine of Awakening*）。另一部受歡迎的作品《性的形上學》（*The Metaphysics of Sex*）在一九八三年出版。直到一九九〇年代，出版社才陸續發行了他的其他著作。因此，除了精通義大利語的讀者，很少有人讀過這位學者的作品。如今埃沃拉會這麼出名，是因為美國右翼人士史蒂芬・班農（Stephen K. Bannon）以及俄羅斯民族主義者亞歷山大・杜金（Alexander Dugin）都看過他的著作。

杜金涉獵廣泛，包括民族主義、神祕學和傳統主義，以及埃沃拉與法國永恆主義哲學家勒內・蓋農的著作。

蓋農是永恆主義運動的中流砥柱。這派思想家努力從歷史上的信仰體系尋求祕傳智慧，他們鄙視現代神祕學與靈性運動，因為後者扭曲了古代的宗教理念。

蓋農的反現代思維是一劑清涼帖，提醒後世人不可竄改或惡搞古老的宗教。這位哲學家偶爾也會提出錯誤的論點，雖然他的推論十分精采。畢竟真知洞見會偶然出現，錯誤也有它優異的一面。

在一九二三年的《降靈術的謬誤》中，蓋農指出：「不管是哪個傳統宗教或那些教義，都沒有在教導人們輪迴的概念。」他以優雅的文筆和嚴謹的推論解釋說，我們誤解了象徵性語言，才會以為古代有輪迴概念，其實那只是降靈術運動的產物而已。

蓋農還說，構成生命的元素是無限且不會重複的，而生命是一整個複合體，包含太多分散的性質，因此輪迴轉世是不可能的。[7] 永恆主義者承認，生命結束後會有某些超自然的殘留物繼續在人間徘徊，造成轉世的跡象以及在降靈會中的靈異現象。這項觀點與布拉瓦茨基的論點非常接近，儘管蓋農覺得她是庸俗的現代人。

值得注意的是，蓋農也相信週期循環論，例如吠陀中的宇迦循環。當然，解釋輪迴的理論非常多，如業力，而人格是否會跟著一起轉世、個體的本質是否會回歸大我，也是一併會出現的問題。布拉瓦茨基很熱衷於業力論，她還間接指出，只有在靈性上有所發展的個體，才會帶著業力進入輪迴。葛吉夫也認為，人並不是出生就有靈魂，所以必須努力發展自我。葛吉夫的研究者雅各布．尼德曼在一九九一年接受《靈知》雜誌訪問時也說：

其他宗教傳統中，我們也能找到相同的教義。比如猶太拉比邁蒙尼德（Maimonides）的《給困惑者的指引》（*Guide to the Perplexed*），以及公元二世紀聖愛任紐（Irenaeus）的基督教論述。

神祕學研究者烏特·哈內赫拉夫在《新時代的宗教與西方文化》（*New Age Religion and Western Culture*）中指出，赫密士傳統中也有轉世的概念：「《赫密士文集》第十一卷指出，充分體驗了宇宙的方方面面，才能真正理解上帝。根據『存在巨鏈』（Great Chain of Being）的時間概念，我們可以推測，多次輪迴後才能達到那種程度。」

神祕學學者斯莫利在二〇一〇年冬季號《探尋》發表〈反對布拉瓦茨基：蓋農對神智學的評論〉（Against Blavatsky: René Guénon's Critique of Theosophy），他談到：

蓋農認為，神智學的輪迴觀純粹是虛構的，與真正的東方思想毫無關聯。就像演化論一樣，那完全是現代文明才有的概念，是在一八三〇年左右出現在法國社會主義者的圈子裡。[8]就名詞的出現來說，蓋農的看法也許沒錯，但西方文明的脈絡確實有這概念，比如在西元前數百年的畢達哥拉斯學說，以及柏拉圖《理想國》和《斐多篇》，更不用說悠久的印度教和佛教。

諾斯底主義的文集中也有輪迴或週期循環等概念。

儘管如此，蓋農等學者仍然非常有智慧和影響力。大多數的報導者在分析永恆主義對歐美知識分子的影響時都忽略了這一點。

從全面的自由派觀點來看，尼德曼於一九七四年對蓋農的評批更為中肯。在極具開創性的永恆主義文集《靈知之劍》（*The Sword of Gnosis*）中，尼德曼表示，蓋農確實讀了許多原典，而不是透過其他二手資料去理解神祕學。他總結道：「但蓋農從未考慮過有種調和的做法，既不需要立刻改變二十世紀生活的境況，也與既存的傳統有相同根源。」

往湖面拋出石頭會引起什麼樣的漣漪？令人驚喜的是，宗教史權威休斯頓．史密斯（Huston Smith）就是蓋農的粉絲。在教科等級的經典《人的宗教》（*The World's Religions*）中，史密斯主張，各種古老信仰都有一個共同的核心（雖然蓋農反對這類普世的靈性論）。

回頭談令人不安的議題。杜金於二〇二二年公開支持普丁入侵烏克蘭。這位民族主義者成立了「歐亞黨」（Eurasia Party），並以八角形的「混沌之星」（chaos star）作為黨徽。它源自一個國際性的混沌魔法團體「塔納特羅斯之光」（Illuminates of Thanateros），雖然當中有許多成員並不願意與杜金有任何關聯。我將在第十一章裡探討混沌魔法的內容。

美國右翼人士史蒂夫．班農曾在我第一本書出版後不久與我聯繫，並在我撰寫第二本書時給予鼓勵。但二〇二〇年川普敗選後，班農跟共和黨人不肯接受選舉結果，之後我們的交流就中斷。

班農曾引用埃沃拉的學說，對祕傳思想相當有興趣，包括心靈力量等。歷史學家拉克曼（Gary Lachman）在《黑暗之星的升起》（*Dark Star Rising*）中指出：

涉獵廣泛的埃沃拉在一九二〇年代編輯*UR*的神祕學期刊，主要在探討與魔法有關的主題。埃沃拉也用了幾個化名發表文章，他經常提到，魔法師憑心靈力量就能改變外在現實，這正是新思想運動和混沌魔法的旨趣。對於埃沃拉來說，魔法師的目標是強化個人力量和意志，並按照自己意願去重塑外在世界。

在這個高度政治化的時代，永恆主義者很容易被當成反動派，但如此歸類並不恰當，因為這個思想運動的面向很多。相關的成員有卡巴拉學者夏亞（Leo Shaya）、印度哲學家庫瑪拉斯瓦米（Ananda K. Coomaraswamy）、古典主義學者雪拉德（Philip Sherrard），還有伊斯蘭學者林斯（Martin Lings）、舒安（Frithjof Schuon）和納斯爾（Seyyed Hossein Nasr）。此外，象徵主義學家布克哈特（Titus Burckhardt）、天主教神學家瓦倫廷・湯伯格（Valentin Tomberg），樞機主教烏爾斯・馮・巴爾塔沙（Cardinal Hans Urs von Balthasar）和埃及學家施瓦勒・德・盧比茨（R. A. Schwaller de Lubicz）也都參與其中。他們都是受歡迎的思想家，而且其著作類型並不限於次文化或神祕學。

尼德曼在一九七四年寫道：「這些錯綜複雜的文章都發出非凡的知性力量，顯然是準備要大顯身手。但看來他們都臣服於某種權威。那個權威為何？他們又從何處獲得能量，可以從一個理念出發，接著不偏不倚地展開表述，說明和辯論。」

二〇二〇年，尼克・伯恩斯（Nick Burns）在政治期刊《美國利益》（*The American Interest*）上發表了一篇評論，充滿知識分子的傲慢，甚至令人發噱。他不但曲解了許多理論，還從那些曲解發出評論。他說自己在研究思想史，並認為永恆主義問題很多：

永恆主義根本毫無價值，只是像中學生那樣膚淺地引用了黑格爾、馬克思和史賓格勒的理論，再加上一些對古代波斯或印度文明的誇張描述。那些晦澀、神祕的玄學思想一開始的影響力還意外地廣泛，但最終仍暴露出它畫地自限的一面。這些狂熱者可以滾回去繼續算塔羅牌和聽黑金屬音樂了。[9]

諷刺的是，這些作家對祕傳學的曲解，都是受主流媒體所影響。許多帶著文化優越感的記者、部落客和網友沒做過研究就發表以偏概全的評論。法國大文豪蒙田說得好：「人們對於不了解的事物反而更加深信不疑。」

就天性來說，人類總是害怕失序、混亂與意外，所以在累積一些經驗後，會一再套用固定的思維模式，形而上學的探索者也容易掉入這個陷阱。因此，人們會先入為主地認定，祕密社團跟陰謀論脫離不了關係。在探討神祕學對政治的影響時，評論家們常常忘記了，二十世紀初的歐洲社會是各種思想的溫床，政治思想、科學發現、文化思潮和神祕學百花齊放，並交錯流入到民主運動、法西斯主義、自由主義、無政府主義、保守主義、共產主義、社會主義等各種運動和訴求中。

舉例來說，十九世紀晚期有許多社會民主主義者、社會主義者、無政府主義者和女權主義者會自稱路西法或撒旦，以後浪漫主義的精神來象徵叛逆和對現狀極度不滿。[10] 一八九四年，瑞典的社會民主黨發行了《路西法》（*Lucifer*）以作為「工人階級的行事曆」。布拉瓦茨基也曾在一八八七年創辦了同名的《路西法》雜誌，發行了十年後才被改名為四平八穩的《神智學評論》。

布爾什維克運動善於運用大規模集會、旗幟、銅像和徽章來美化工人的形象，這些措施最早出現在希臘和波羅的海地區的古早教派，是用來頌揚人類的精神。俄國共黨的標誌「鐮刀和鐵鎚」，是由藝術家卡姆佐爾金（Yevgeny Kamzolkin）於一九一八年設計的，但他不是共產主義者，而是神祕的藝術家團體「達文西協會」（Society of Leonardo da Vinci）的成員。卡姆佐爾金依循神祕學復興運動的脈絡，借用了斯拉夫雷神斯瓦羅格（Svarog）的鎚子和大地女神瑪拉（Mara）的鐮刀。[11]

原型符號是政治運動在發展時不可或缺的宣傳工具。心理學大師榮格常被指責早年太迎合納粹的統治，這一部分是出於他的生存策略，既不希望被當然放入黑名單，也想繼續和猶太學者合作。榮格參與了多個由猶太人創辦的心理學組織，並活躍於蘇黎世的學術界。其實，榮格還以「特務四八八號」的身分為艾倫．杜勒斯（Allen Dulles）的戰略情報局（OSS）的創建希特勒檔案，後者即為中央情報局的前身。

資深記者迪基（Christopher Dickey）於二〇一八年寫道：

二戰過後不久，艾倫．杜勒斯告訴特務四八八號的一位資深門徒：「世人永遠都不會知道榮格教授在戰爭期間對同盟國的貢獻。他為我們辨識出許多暗自通敵的人士。」但杜勒斯表示，相關資料絕不能見光。榮格為同盟國效力是最高機密，沒有人會承認有這件事。[12]

在一九三八年的訪談中（刊登於一九四二年二月的《綜合雜誌》〔*Omnibook Magazine*〕），這位心理學大師強調：

希特勒的力量不是政治性的，而是一種魔法。要理解魔法，必須先了解無意識。它是心理結構的一部分，我們無法控制它。它儲存了個體經歷過的印象和感覺，以及個人並未意識到的想法和論點。

希特勒的力量之所以神祕，並不是因為他的無意識比你我更加豐富，而是出於兩個原因。首先，他的無意識特別容易流入意識中。其次，他允許自己受到無意識的影響。他聽著從神祕來源傳來的耳語，然後根據這些暗示去行動。

可想而知，那些川流而過的暗示也包括各種神話符號和概念。

我必須補充說明一下，魔法師阿萊斯特·克勞利在戰爭期間也有些爭議，雖然他在非戰爭期間的作為也一樣引人非議。對於克勞利是否在戰時當間諜，各個傳記作家爭論不休。在一戰期間，克勞利住在紐約市，而且生活拮据。他自稱是愛爾蘭民族主義者，並為《祖國》（*The Fatherland*）週刊撰寫許多親德的文章。不少英國評論家譴責他是同盟國的叛徒。但有幾位傳記作者，包括理查·史彭斯（Richard B. Spence）、托比亞斯·丘頓和勞倫斯·蘇丁，都以相關的情報文件和書信為證據，表明克勞利是受雇於英國情報機構，並故意寫出很荒謬的文章，以玷汙親德立場。克勞利後來也如此向外聲稱。

在二十世紀，各國的情報單位都對神祕學家很感興趣，一方面是出於宣傳目的，其次是希望他們能滲透敵人的內部組織或思想界，因為相關團體都會舉辦國際性的活動。克勞利急需生活費，所以才會想投入諜報活動。

克勞利不大關心政治活動，但有些信件和聲明內容卻很曖昧。希特勒崛起時，他打算將自己的鉅著《法之書》獻給這位未來的元首，已向他介紹泰勒瑪的哲學。克勞利堅稱這套思想絕無種族偏見。一九三五年，當克勞利的門徒卡爾·格默爾被送去集中營後，這份幻想也隨著現實局勢而灰飛煙滅了。接下來，克勞利試著把泰勒瑪的教義連結到英國的軍事需求，但英國官方完全不感興趣。

一九四一年，克勞利為同盟國撰寫了一本詩集《讚啦》（Thumbs Up），這一方面是出於愛國主義，也是為了自己的利益。他自行印刷了一百本，目前紐約公共圖書館有收藏一本克勞利的親筆簽名版。克勞利在二戰期間確實為英國情報單位工作，但他沒有必要將此公諸於世。一九四一年，納粹副元首魯道夫·赫斯以非法闖入蘇格蘭並遭到俘虜，這時同盟國變擁有一位重要的囚犯，也因此得知納粹周邊神祕團體的消息。

要完整講述當代政治與神祕學的交錯關係，就必須考量到許多複雜的層面，包括當事人的性格與人際關係，我們在這此只能探索其中一小部分。

聖雄甘地出生於印度西部，年輕時他多愁善感，但對於他父母那一代深信的印度教思想和活動不感興趣，只想成為一名律師。

一八八八年，甘地十九歲時勇敢前往倫敦學習法律。這個髒亂又熱鬧的大都市令他非常著迷，這是當時世上最大的城市，也是大英帝國的心臟。甘地將自己打扮成典型的英國大律師：頭髮整齊中分，衣領燙得十分硬挺。他朝心中的理想目標努力邁進，卻遇到了一大阻礙。

一八八九年，甘地在倫敦大學苦讀了一年後（後來也沒能通過學位考試），遇到了兩位自稱為神智學成員的英國人。這位法學院的學生因此接觸到這個反英國殖民主義的團體。在奧爾科特上校與布拉瓦茨基夫人的努力下，神智學在印度逐漸傳播開來。那兩位神智學會的弟兄問甘地，是否能陪他們一起讀印度教的聖典《薄伽梵歌》。甘地在回憶錄中寫道：「我當時感到十分羞愧，因為我既未曾用梵文和古吉拉特文讀過這首神聖的詩歌。我只好告訴他們自己沒有讀過《薄伽梵歌》，但我很樂意和他們一起研讀。」[13]

於是三人開始定期會面，甘地意外地迷上這本書：「《薄伽梵歌》成為我的言行指南，是我日常生活的參考書。」至於那兩位新朋友的關係是叔姪，而且家境很富裕，慷慨地讓布拉瓦茨基住在他們位於諾丁丘的房子；她當時身陷醜聞風暴中，不得不逃離印度。叔姪倆向甘地提議：「他們問我，是否想會見當今神祕學的最高女性領導人以及她的新門徒，即受人尊敬的社會改革者安妮．貝贊特？」甘地回憶當時的情景：「我只是個來自孟買的年輕大學生，而且聽不懂英式英語，應該不配去見貝贊特夫人。」

但甘地還真的前往赴約了。雖然三人的會面沒留下任何歷史紀錄，但甘地確實認為，他所主張的宗教平等都要歸功於神智學的啟發。對於這位來自種姓制國度的學生來說，那是一項革命性的概念。甘地在一九四六年向其傳記作者路易斯．菲舍爾（Louis Fischer）解釋說：「神智學體現了印度教的精神，也包括了類的兄弟情誼。」神智學會的座右銘「沒有比真理更高階的宗教」，這也啟發了甘地的核心思想「所有宗教都是真實的」。他謹慎地補充說道：「所有宗教存在一些錯誤。」[14]十幾年後，這套包含普世理想、兄弟情誼和非暴力的道德思想，深深觸動了一個神學院學生：馬丁．路德．金恩。

在印度獨立運動期間，甘地與神智學會合作，以設法緩和國大黨裡的印度教與穆斯林代表間的緊張關係。而國大黨是印度獨立運動的骨幹與頭腦。神智學會在印度的政治發展歷程中十分重要。成立於一八八五年的國大黨是由早期的神智學專家艾倫．休姆所發起的。這位已退休的政府祕書表示，他是在「高等入會者的建議和指導下採取行動」。一九一七年，布拉瓦茨基的繼任者安妮·貝贊特當選為國大黨主席，成為該組織的第一位女性領導人、也是最後一位擔任該職位的歐洲人。甘地那舉世聞名的頭銜「聖雄」，就是貝贊特取的；這是印度教徒對偉大靈魂的稱呼，也神智學大師們被賦予的稱號。[15]

甘地在神智學中發現了許多寶貴的思想，但他不太認同組織的祕密性質，以及所謂的隱世大師訊息。根據倫敦分會的紀錄，甘地曾在一八九一年短暫加入過神智學會，也是住在倫敦的最後一年。一九二六年九月十六日，他在《青年印度報》上發文劃清界線，他不再認同神智學的形而上學，只當作它是運動團體。甘地寫道：「無論其他評論家對布拉瓦茨基夫人、奧爾科特上校和貝贊特博士有何看法，毋庸置疑地，他們確實對全人類有所貢獻。但我不願意加入該組織，因為它的運作不透明又懷抱神祕主義。我從未受這些思想所吸引。我一心只想為群眾服務，而且任何祕密都會阻礙民主精神的發展。」

甘地巧妙地迴避他與神祕主義圈的關聯性，但又不至於與對方撕破臉。這種做法或許為某個同時代的美國人帶來一些啟示：亨利·華萊士（Henry A. Wallace），這位心胸開放又熱愛神祕學的政治家。華萊士是小羅斯福第二任期的副總統，也是美國史上最成功的農業部長；在經濟大蕭條期間，他的政策拯救了數千個家庭農場。

華萊士直爽地稱自己為「務實的神祕主義者」。他對神祕學的興趣，源自於他長期的思想旅程。華萊士常常感到很困惑，其他人竟然不能理解、尊重他的靈性探索之路，雖然那也深深影響了他的政治前途。[16]

華萊士成長於在愛荷華州的首府德梅因市，但後來離開長老教會，開始探索各種神祕學和形而上學系統，包括神智學和原住民的薩滿教。在高中時期裡，華萊士認真研讀了威廉．詹姆斯於一九〇二年出版的《宗教經驗之種種》，後者顯露出詹姆斯對新思想運動的興趣。華萊士也鑽研過詩人愛默生、勵志作家羅夫．崔恩。崔恩在一八九七年發表過暢銷書《與無限產生共鳴》，他將心靈視為物質的創造力。華萊士因此受到啟發，世界觀不斷擴展，但對他影響最深的還是神智學。

一九一九年，三十出頭的華萊士在家鄉參加了神智學會的活動。到了一九二五年，他開始積極參與自由天主教運動（Liberal Catholic Church），這個運動與神智學密切相關，其創立者是極富爭議性的查爾斯．利德比特。自由天主教會力求與英國國教和羅馬天主教平起平坐，它有傳統的教會儀式和彌撒，但允許信眾去探尋其他宗教的真理——這一點非常符合神智學的精神。

自由天主教會的教義指出：「聖徒團體、聖人們會幫助人類，並擔任天使的植物。」這等於是在請神智學的隱世大師進入教會。在接下來的數年，自由天主教會成為華萊士的心靈歸宿。他會穿著禮服固定參加儀式，也全力協助教會成立德梅因市分會。但在一九三〇年，利德比特被踢爆涉嫌猥褻未成年男孩，華萊士於是退出了自由天主教會。

爾後華萊士跟隨了他父親的腳步從政，老亨利．華萊士也擔任過哈定總統的農業部長。小華萊士加入了共濟會後，一路升到最高級的成員。一九三〇年代初期，華萊士開始研究占星術，想為農民預測節氣變化。事實上，華萊士也是靠著農業年鑑長大成人，還成為家族事業《華萊士農夫》（*Wallaces' Farmer*）雜誌的第三代編輯。二十世紀初的農業雜誌有許多相關知識，包括月亮和行星對天氣的影響，也會列出地球在各黃道星座間的運行位置。

事實上，最早記載水星逆行等星象的刊物，正是十八世紀的英國農業年鑑。當時農民相信天體的運行會影響到種植的適當季節。從地球的視角來看，水星以顛倒的方向運行會導致溝通聯繫和商業活動受到干擾。在《星辰之聲：忠誠的年鑑》（*Vox Stellarum: Or, a Loyal Alamack*）中，編者描述了一七五四年十二月九日的狀況：「水星在射手座逆行，將回到與太陽合相的位置。」

因此，無論是探究神祕學或研發新農法，華萊士都是在展現他從小到大對農業文化的深入研究。

華萊士也對美洲原住民的儀式非常著迷。一九三一年，華萊士與「草藥人」查爾斯・魯斯（Charles Roos）結為好友。這位來自明尼蘇達州的詩人非常熱愛印第安人的神祕主義，並自認為是大師。與魯斯交流後，華萊士逐漸相信自己某個前世是印第安勇士。

一九三二年，時任紐約州州長的小羅斯福邀請這位受人尊敬的農業專家到家中作客。華萊士欣然接受邀請，隨即出發前往海德帕克（Hyde Park）。作家卡爾弗（John C. Culver）和海德（John Hyde）在二〇〇〇年出版華萊士的傳記《美國夢想家》（*American Dreamer*），他們書中寫道，「還有另一個令華萊士非常興奮的原因。羅斯福知道的話會非常訝異。華萊士打算在旅行途中去了解印第安文化，以探尋他前世生命的樣貌。他和魯斯上輩子都是流浪的戰士。」華萊士確實前往位在海德帕克西北部的延燒地帶，跟奧農達加族的長老生活了一段日子。長老們證實了華萊士的前世回憶，並帶他進入他們的神祕世界，包括吸食印第安菸草。

這些都還只是前奏曲，華萊士真正接觸到神祕學，是與俄羅斯移民尼古拉斯・洛里奇（Nicholas Roerich）密切交流。一九三三年，華萊士進入小羅斯福總統的內閣擔任農業部長。在洛里奇的影響下，華萊士得出一些極具原創性的政治思想，卻對他的政治生涯造成無法彌補的傷害。

洛里奇才華洋溢，身兼作家、哲學家、神智學者與舞台設計師，還曾與史特拉汶斯基合作過。他也是一位現代主義畫家，能巧妙地捕捉到俄羅斯教堂和佛教寺院的神韻，並顯現西方聖殿和東方聖地在構成要素上的相似處。洛里奇在一九二〇年代出現身於紐約這個大舞台，他把自己當成文化大使，也成功吸引了大量的關注和贊助，包括小羅斯福的支持，兩人也於一九二九年會面交談。

洛里奇甚至在紐約市的天際線上留下了獨特的印記：「大師公寓」（The Master Apartments）。這座摩天大樓於一九二八年落成，帶有裝飾藝術的風格，就位於曼哈頓上西區。一開始洛里奇和他的妻子海倫娜打算建造一座二十七層樓高的住宅，其中包括藝術工作室、會議室、教室、禮堂、博物館和公寓。他們想在繁華喧擾的城市創造一個靜修處、宗教聚會所兼藝文中心。

這棟大樓的陡峭頂部有個房間，外型類似於佛塔。這個空間有其特殊功用，是為了召喚莫里亞，也就是啟發奧爾科特的隱世大師。這就是「大師公寓」名稱的由來。但是後來洛里奇夫婦與其門徒、地產開發商霍奇（Louis Horch）發生了財務糾紛，大樓因此就被奪走，無法迎接大師回歸。我有幾位朋友曾偷偷溜進那個房間，但裡頭空蕩蕩的，只有擺放一些施工材料。

洛里奇還有一項引人注目的想法，那就是在戰時推動一項國際公約，以保護文化遺址和歷史文物。他設計了一面旗幟，上頭的圓圈裡有三小圈，功用就用紅十字會的標誌一樣，提醒轟炸機和入侵者不要破壞古蹟。

大多數的歷史學家和作者都瞧不起洛里奇，認為他是牆頭草和騙子，只會想方設法去跟小羅斯福、華萊士等名流要錢。然而，和平旗幟和洛里奇協定（Roerich Pact）確實引起了各界的關注，顯示他對於國際法的修訂有先見之明。他統合了各種宗教與藝術，並將神祕學的原則應用到政治舞台上。當時的洛里奇可說是權傾一時。一九三五年四月十五日，在總統的委任下，華萊士和來自拉丁美洲的國家代表於白宮共同簽署協定。其他國家也紛紛起而效尤，但協定內容終究還是沒有普遍落實。

在與洛里奇來往後，我們的農業專家開始展現不討喜的一面。原本帶著直率中西部性格的華萊士，卻開始像歐洲靈修人士一樣故作神祕、言行充滿戲劇性，就好像洛里奇的替身一樣。那位面容蒼白的俄羅斯人留著「傅滿洲」式的鬍鬚、穿著長袍，常在鏡頭前皺眉、擺臭臉，根本就演活了好萊塢對神祕主義的刻板形象。洛里奇曾去亞洲偏遠處旅行，據說這段經歷啟發了詹姆士·希爾頓的小說《消失的地平線》，並被改編成電影。在小說中，主角去探尋喜馬拉雅山深處的神祕之地，即香格里拉。一九三〇年代，洛里奇還賜予華萊士聖名「加拉哈德」（Galahad，亞瑟王的騎士之一）。從那時起，華萊士寫信洛里奇時都會附上這神祕的化名，而信件內容充滿各種象徵和戲劇化的對白。

一九三三年的某封信非常著名，內容也最具神祕色彩：

敬愛的上師，我一直在回想著你手持著那個匣子的畫面——那個神聖至寶。我想到這個新國家將在三顆星的標誌下前往迎接七顆星。我也思考了「等待石頭」的預言。

這封信充滿了洛里奇圈子的術語，彷彿在演古裝劇或神話那樣。華萊士非常熱愛這些暗語，就連寫給羅斯福總統的報告也不例外。一九三五年的這封信件是白宮歷史上最詭異的備忘錄：

我明顯感覺到，在短時間內我們得對付這些人：強大者、擾亂者、狂熱者、迴光返照者以及無火焰者。他們雖然只剩下最後一口氣，但會努力喚醒那垂死的巨人「資本主義」。總統先生，你可以成為火焰者，永遠熱情洋溢，引領人們回到美好年代，讓父親可以帶著孩子再次歌唱。

羅斯福看到這些信件時感嘆道：「我的天啊！華萊士到底怎麼了？」[17] 有位副部長開玩笑說：「我絕不能讓華萊士看到任何一位神智學者，他一定會給對方一份工作。我必須小心謹慎，否則白宮將會被神祕主義者給淹沒。」[18]華萊士在一九三五年與洛里奇決裂，就在簽完協定的幾個月後。那位神祕主義者原本接受白宮的資助前往蒙古進行農業考察，但他卻莫名其妙地帶領一支白俄羅斯的哥薩克部隊穿越俄亞邊境。這舉動讓蘇聯、中國和日本當局提高警覺。洛里奇因此被懷疑是白俄羅斯的間諜，還在歐亞的敏感地帶四處搗亂。華萊士不得不下令終止這次的考察行動，並與洛里奇斷絕關係——白宮官員們終於鬆了一口氣。

身為閣員的華萊士並不希望他的職務被靈修活動蒙上陰影。他的政治影響力確實在攀升，這片陰影卻也慢慢浮現。

在華萊士的白宮歲月口述史中，他自豪地宣稱，美鈔上會有原本在國徽背面的全知之眼與金字塔，是他向羅斯福總統提議的。當時很少有美國人看過那兩個圖案。從建國時期到羅斯福的新政時代，國徽只會出現在外交條約和政府文書上。華萊士於一九三四年看到國徽時，它還只是個儀式性徽章，但他認為上頭的格言「時代新秩序」（Novus Ordo Seclorum）也可理解為「時代的新政」（New Deal of the Ages）。在簽署洛里奇協定時，華萊士談到，這個時代需要「靈性新政……將人性中的美好特質置於低俗、卑劣、仇恨以及貪婪之上」。羅斯福也是共濟會的成員，並不排斥那預示性的符號和宏偉的意象。華萊士回憶道：

羅斯福當下對全知之眼的涵義感到很震驚，因為共濟會也用它來象徵宇宙萬物的偉大創造者。更令總統印象深刻的是，古人早已預示了一七七六年是新時代秩序的奠基之年，而且只有在偉大創造者的全視下方能完成。

財政部紀錄顯示，羅斯福於一九三五年諭令將兩個圖案放在美鈔的背面，他親手寫的指示如下：

將金字塔（國徽背面的圖案）放在老鷹（國徽正面的圖案）的左邊。如此一來，當人們習慣性地從左到右掃視鈔票時，便會先看到眼睛和金字塔。

因此，大多數美國人都會有意或無意地感覺到，神祕的金字塔及對新秩序的預示才是美利堅共和國的符號，而不是右邊那隻平凡的老鷹與盾牌。

有趣的是，「新世界秩序」（New World Order）這個原本沒什麼知名度的詞語，因為老布希總統的引用而獲得社會大眾的關注。波灣戰爭於一九九〇年九月十一日開打，並於隔年三月六日結束。老布希在頭尾兩次對兩院聯席會的演講中，都提到了新世界秩序的出現。在網路崛起的時代，這個用語馬上就引起熱議，因為有心人士解讀為他是在向全球各地的精英打暗號，準備要一同掌控新世界。但只要仔細閱讀這兩篇演講稿，就知道老布希是在表示，波灣戰爭結束後，商業活絡、世界和平、文化交流的新時代將來臨。其實這是有點浪漫的的理想主義。而總統的靈感正是來自於國徽上的新秩序格言。

回頭來談，羅斯福的財政部長亨利．摩根索（Henry M. Morgenthau）對這這整件事非常不滿。他懷疑華萊士的動機並不單純，背後應該有詭異的神祕學陰謀。摩根索在一九四七年出刊的《科利爾雜誌》（*Collier's*）中回憶道：「後來我才得知，金字塔對於某個小宗教團體的成員有神祕的意義。」他指的就是洛里奇的圈子。事實上摩根索搞錯了，那兩個圖案和洛里奇沒有關係。但不少人卻開始相信摩根索的判斷，也更加認定華萊士是神祕組織的宣傳者。

華萊士於一九四〇年被提名為副總統候選人，因為他仍是新政時代選民心中自由派的英雄。不過，小道消息也逐漸流傳開來，包括他常常寫信給洛里奇，還稱對方為「敬愛的上師」。這些內容應該都是被逐出洛里奇圈子的成員向報社透露的。但白宮成功地將此事壓下來，並在背地裡帶風向說這些信件並不存在，是洛里奇那邊的人在造謠而已。而洛里奇當時正被國稅局盯上，所以這起事件逐漸淡去，華萊士順利逃過一劫。

華萊士擔任副總統時非常受歡迎，但到了一九四三年，他的從政之路開始出現危機。當時他擔任經濟戰爭委員會（Board of Economic Warfare）的主席，一心想要為生產軍事原物料的外國工人爭取合理的工資與工作條件。這他第二次嘗試修訂國際性的法條，而目標是設定全球性的勞動標準。但是華萊士的政敵全力反對，羅斯福又無法當他的後盾，這項提議就以失敗告終。

一九四四年，羅斯福感覺到社會的整體氛圍變得更保守，所以乾脆他的副總統獨自去面對政治風暴。民主黨的中間派和大老們不希望華萊士出現在下一屆總統的候選名單中，羅斯福也只有敷衍地為他說幾句話。一九四四年，華萊士於芝加哥黨內的提名大會上接受雷鳴般的歡呼，但在有力人士的陰謀操作下，哈利．杜魯門最終獲得了黨內提名。當時，還有點摸不著頭緒的杜魯門上前詢問華萊士，兩人是否仍然可以當朋友，華萊士笑了笑回答道：「哈利，我們都是共濟會的會員啊！」

接下來幾年華萊士過得並不好。在最後一屆任期中，彷彿要補償什麼，羅斯福任命他為商務部長，但這個位子早就被架空了，後來在羅斯福病逝、杜魯門接任總統後，華萊士就被解職了。見到羅斯福新政的影響力逐漸衰退，華萊士深感痛心，於是便開始逐步挑戰杜魯門的連任之路。一九四八年，華萊士退出民主黨，以進步黨的提名人身分參選總統。民主黨擔心華萊士會吸收新政的忠實支持者，從而瓜分杜魯門的選票，甚至成為極具力量的第三方勢力。可惜的是，這場選舉是他在政治生涯中的最後一舞，因為那些「敬愛的上師」信件終於被公諸於世。

行文風趣的右翼專欄作家韋斯特布魯克．佩格勒（Westbrook Pegler）在赫茲旗下各大報所發表的文章相當受到讀者的喜愛。他設法取得華萊士的一些信件，而來源很可能是洛里奇的追隨者。在一九四七和一九四八年間，他用那些信件來逐步埋葬這位自由派的偶像。他經常用「老糊塗」和「滿口胡扯的神祕主義者」來稱呼我們的前副總統。[19] 華萊士也在無意中幫了佩格勒一把，因為他拒絕表明自己是否曾與洛里奇通信，社會大眾因此更加懷疑他有所隱瞞。儘管一開始聲勢不錯，但華萊士還是落選了。

此後，華萊士隱退了，並在紐約州西徹斯特郡設立實驗農場「法爾維」（Farvue）。有些人以為華萊士是躲回舒適圈中，因為在那裡的生活圍繞著各種植物和書籍。然而對於華萊士本人來說，探索神祕主義不是為了逃避現實，而是要實現正義。回顧自己的心靈探索過程，他在口述史中說道：

> 業力的真義在於，雖然善惡報應在某一世的生命中可能不會達到平衡，但從長遠來看，在不同個體之間、在個體與整體之間，它們終會得到平衡，進而實現正義。在我看來，這是世上所有宗教中最深刻的教義。在這個意義上，我對於神智學者們心存感激。

神祕主義團體以及所有的宗教組織都要思考，要如何能像亨利．華萊士一樣創造正面意義和道德發展，又要避免造成社會混亂與仇恨。威廉．達德利．佩利就屬於後者，而他與華萊士同樣在一九六五年離世。

佩利成立了美國第一個新納粹組織「銀衫軍」，他是全美最惡名昭彰的仇恨派領袖。他瘋狂崇拜希特勒，自創了新型態的納粹組織，甚至對詩人艾茲拉．龐德（Ezra Pound）的反猶主義文學作品帶來了極大的影響。佩利本人也是暢銷書作家，聲稱自己收到「靈界導師」的超維度指導。一九二八年，他在一次靈魂出竅的過程中遇到了這些大師，並將這些經歷出版成冊，並受到廣大熱情讀者的歡迎。

一九三〇年代，佩利在政治活動上轉向極端派。他是曾是記者和成功的短篇小說作家，還在一九二〇和三〇年兩度獲得歐・亨利獎。對於這位自學成才、在麻州林恩市度過貧困童年的牧師之子來說，這是相當非凡的成就。佩利在一九二〇年代還成為炙手可熱的好萊塢編劇家，筆下兩部電影都是由恐怖電影的先驅朗・錢尼（Lon Chaney）主演。

一九二九年三月的一篇文章刊出後，佩利的知名度突然暴增。該期的《美國雜誌》（*The American Magazine*）封面印了斗大的標題：「永恆的七分鐘」（Seven Minutes in Eternity）。佩利寫道，在一九二八年某個寧靜的春夜裡，他在瀕死中進入靈界領域，並遇到了靈界導師。接下來幾年，佩利慢慢學到業力、輪迴和來世等概念，以及另類的政治理念。雖然〈永恆的七分鐘〉不是全美第一個談瀕死經驗的故事，但它的影響力絕對名列前茅。

在佩利靈魂出竅以及一九三〇年代法西斯主義崛起後，這位作家的世界觀逐漸變得扭曲。沒過多久，佩利便將他非凡的創作天賦拿去編輯美國史上最黑暗的反猶刊物。到了一九三三年，佩利在靈聽中取得宇宙大師們的指導，進而成立「美國銀色軍團」（Silver Legion of America），也又是俗稱銀衫軍的民間部隊。他們打算加入雅利安人與猶太人的最終鬥爭。

接下來短短幾年，佩利徹底改變了樣貌，在一張最具代表性的肖像照中，身高一百七十公分的他留了山羊鬍、面容緊皺、瞇著眼睛，穿著筆挺的軍服，包含燈籠褲、銀色襯衫，胸前還掛了一條皮帶。一九三九年，他那冰冷的面容出現在北卡羅萊納州警方的通緝海報上，因為他犯了證券欺詐罪。

銀衫軍的主要活動地點在美國西岸。事實上，他們的武裝訓練很零星，但很常舉辦集會向希特勒致敬，並順便幫準備選總統的佩利造勢。佩利所創作的宣傳品也都由這個組織去分發。在這些製作精美的仇恨刊物中，他將世上所有的爭端都歸咎於各地的猶太人——從林肯遇刺到珍珠港事件。

一九三〇年代，佩利發行《解放》（*Liberation*）雜誌，而訂閱者中最著名的就是艾茲拉・龐德。這位詩人的反猶太思想經歷了漫長且曲折的演變，但主要是受到了佩利的影響。猶太詩人路易斯・祖科夫斯基（Louis Zukofsky）是龐德的創作知音與夥伴，為了阻止老友陷入種族主義和各種陰謀論，他寄了一篇佩利的文章給他，以顯示這些想法有多愚蠢。在文章中佩利聲稱，南北戰爭全都是由某位猶太銀行家一手策劃的，但龐德的反應與祖科夫斯基預料的恰恰相反。

龐德並不覺得該篇文章有任何荒謬之處，相反地，他十分喜歡佩利的論點，還稱讚佩利是堅毅勇敢的男人。回信時，他還反問祖科夫斯基：「銀行家不都是猶太人嗎？」歷史學家利昂・蘇雷特（Leon Surette）在一九九九年的研究著作《煉獄中的龐德》（*Pound in Purgatory*）中寫道，該篇文章改變了龐德的人生：「在龐德的信件和出版品中，這是最早一篇出現反猶論調的文章。」除此之外，在龐德的《詩章》（*Cantos*）中，也有一篇提及南北戰爭的陰謀論。蘇雷特寫道：「祖科夫斯基在一九三四年初將《解放》寄給龐德，無意中讓好友走上了反猶太主義和陰謀論的道路。」

到了一九三〇年代中期，銀衫軍的會員人數達到了高峰，共計約有一萬五千人。惡名昭彰的佩利還成為了小說家辛克萊・劉易斯（Sinclair Lewis）的創作靈感。在一九三五年的小說《這裡不會發生》（*It Can't Happen Here*）中，獨裁者溫德里普（Buzz Windrip）的原型就是佩利。《解放》雜誌後來的訂閱者高達五萬人，而主筆佩利反覆抨擊美國政府的戰爭政策，包括對英國的支持，還說羅斯福是有荷蘭血統的狡詐猶太人，是「猶太家族的傀儡」。佩利最終踩到羅斯福無法容忍的底線。他在一九三九年一份名為《瘸子的錢》（*Cripple's Money*）的小冊子中，聲稱這位患有小兒麻痺症的總統假借他的溫泉基金會（Warm Springs Foundation for Crippled Children）為身障兒童籌集資金，但最後把錢分給他的猶太主人。羅斯福詢問司法部長弗蘭克・墨菲（Frank Murphy）和聯邦調查局局長胡佛，是否能毀謗罪嫌起訴佩利。但他們並沒有提告，因為擔心羅斯福得出庭作證。

然而，就在全美上下因珍珠港事件而震撼不已時，佩利卻讚揚希特勒是「世界上最傑出的政治家和領袖」。聯邦政府終於打算出手了。羅斯福於一九四二年一月致函胡佛：「我們正處於戰事中，是清除掉這些卑劣出版品的好機會。」該年四月，聯邦調查局突襲了佩利的辦公室，到了八月，印第安納波利斯的巡迴法院以十一項煽動罪名，判處佩利必須在聯邦監獄中服刑十五年。

當局擔心極右翼組織會成為第五縱隊，並與敵人裡應外合，帶領軸心國入侵美國西岸。因此在二戰爆發初期，政府就大規模掃蕩帶有種族主義和軍事色彩的組織，第一個就拿銀衫軍開刀，因為這幫烏合之眾較容易擊潰。其他軸心國的同情者，如「電台神父」查爾斯・高格林（Charles Coughlin）的追隨者更多，政治勢力也更強大。起訴佩利是為了殺雞儆猴，也確實收到效果。高格林很快無聲無息，三K黨的影響力持續衰退，亞瑟・貝爾（Arthur Bell）的陰謀論組織「人類聯合」（Mankind United）則遭到政府嚴密監控。

戰爭結束後，美國得面對共產主義這個新敵人，就沒有力氣再管佩利一幫人。一九五〇年初，佩利的朋友和支持者們重新塑造佩利的形象，說他是反對布爾什維克主義的先驅，而他也終獲假釋。法院禁止佩利參與政治活動，所以在接下來十年，他專注於寫下通靈記錄，並稱之為「靈魂工藝」，內容包括高階信使傳給他的訊息。佩利還與時代潮流接軌，將不明飛行物體視為星際來的貴客，是神聖智慧存在的證據。這位領袖建立了一套跟外星人溝通的降靈術，以接收來自星際的訊息與指引。

一九六五年，七十五歲的佩利在印第安納州諾布斯維爾（Noblesville）因心臟衰竭安詳地過世。不過，他的離世之所以會上新聞，是因為同時間正好有可疑人士在殯儀館草皮上焚燒十字架。由此可知，這位召喚仇恨的先知幾乎被世人遺忘了，默默地走進了墳墓。

但佩利這些偽愛國的舉動，啟發了其他神祕教派的想像力，也就是要用靈性的力量和指引來拯救美國。規模最大的一組就是芝加哥的「我即強大者」。他們宣稱在揚升大師的教導下，可讓全國繁榮富裕、愛國主義盛行且人人靈性覺醒。在蓋伊和艾德娜．巴拉德夫婦的領導下，「我即強大者」於一九三〇年代短暫流行了一陣子，並間接促成了「普世凱旋教會」（Church Universal and Triumphant，簡稱CUT）的出現。在伊莉莎白．克萊爾先知（Elizabeth Clare Prophet）的帶領下，該教派於一九八〇年代末期聲名大噪。他們在黃石國家公園附近建造了一座四通八達的地下碉堡，儲存了武器和糧食，準備迎接美蘇大戰後核爆末日的到來。

佩利對後世留下諸多影響，當中最令人不安的是是他間接引發了其他仇恨團體的出現。前銀衫軍分會領袖亨利・比奇（Henry L. Beach）創立了白人仇恨團體「民兵團」（Posse Comitatus）。一九八三年，他在北達科他發動多起槍戰，導致兩名聯邦法警和一名阿肯色州的警長喪生。另一位前銀衫軍成員理查・巴特勒（Richard Butler）則創立了「雅利安民族團」（Aryan Nations）。在二〇〇四年去世前，巴特勒是全美國最著名的白人仇恨組織領袖。佩利的著作與理論，以及銀衫軍的制服和軍事化組織，讓後來的白人仇恨團體都想發展自己專有的風格、語彙和美感。

除了史蒂芬・班農外，我認為美國當前的政治界與神祕主義沒有任何重大的關聯。從以下這則小故事可見一斑。

如今不太有人記得，在克林頓總統的第一次任期，媒體都認為第一夫人希拉蕊帶有新時代思想的色彩。麥可・凱利（Michael Kelly）在一九九三年五月二十三日為《紐約時報雜誌》撰寫封面故事時，標題就是「聖徒希拉蕊」（Saint Hillary）。當時希拉蕊與一位帶有激進思想的拉比麥可・勒納（Michael Lerner）進行對談，而我在大學畢業後也曾為拉比工作過。希拉蕊曾在演講中談到「有意義的政治活動」（politics of meaning），這就是拉比提出的概念。拉比致力於將政治活動連結到探索自我價值和追求更高的目標。媒體稱他是希拉蕊的上師或「拉斯普丁」，但那不是他的本意。

接下來，希拉蕊又在白宮與靈性作家珍・休斯頓（Jean Houston）會面，此舉引發更大的騷動。我曾出版過珍的作品。希拉蕊在一九九六年撰寫《同村協力》（*It Takes a Village*）時，兩人曾一起進行多次腦力激盪。有一次，珍請希拉蕊進行一場想像中的對談，而對象是希拉蕊的偶像、前第一夫人艾蓮娜・羅斯福。《華盛頓郵報》的伍德沃德（Bob Woodward）觀察到，當時各家媒體都宣稱希拉蕊在白宮裡舉行降靈會。這種簡化的說法荒謬至極，顯現當時的主流媒體都不願意去正視另類療法與靈性活動的脈絡。

珍告訴過我，某次她與希拉蕊交談時，克林頓碰巧來到她們的會議室，也坐下準備聆聽一番。珍向總統說：「你是一位尚未被啟蒙的薩滿巫師。」聽到這句話後，柯林頓立刻起身離開。由此可知，不管是一般百姓或掌握大權的人，總會有人對神祕主義與新時代運動感到好奇，有些人願意繼續嘗試，但也有人馬上嗤之以鼻。

# 第十章　超感官知覺與超心理學

容我暫時跳脫本書的時間線，本章將向二十世紀傑出的社會學家馬切洛・特魯奇（Marcello Truzzi）致敬。對於超自然現象，他自認為是「有建設性的懷疑者」，但他性情溫和、道德高尚並且懷有踏實的探究精神，他在一九七五年提出一項原則，爾後由天文學家卡爾・薩根（Carl Sagan）加以推廣：「非凡的主張需要非凡的證據。」（Extraordinary claims require extraordinary evidence）[1]這位天文學家於一九八〇年在電視節目上重申這項原則，被稱為「薩根標準」。

特魯奇在一九七六年創立了專業的懷疑論組織：「超自然現象之科學調查委員會」（Committee for the Scientific Investigation of Claims of the Paranormal，現稱為「懷疑論探究委員會」，Committee for Skeptical Inquiry），但特魯奇一年後便退出了。他不滿該組織內被偽懷疑論者把持，因為這些人只想毀謗超自然現象，而不是謹慎地調查。[2]

特魯奇在後來寫道：

> 我受到委員會成員和董事會的攻訐，他們認為我對超自然主義者太軟弱了。然而，我從

沒打算將他們視為對手，而是想在其中找出最優秀的人物，並請他們用科學證據捍衛自己的主張。不過，我發現委員會只想攻擊曝光度最高的超自然現象研究者。委員會不想探究事實，只想成為宣導機構，提醒民眾重視當代科學的正統性。[3]

我希望在此闡明這段歷史，並尊重特魯奇所倡導的研究標準。因為在十九世紀末神祕學復興後，各界都想以更高標準的科學與歷史證據去檢視那些離奇的主張。

從一八七〇年開始，微觀物理學和陰極射線研究的先驅研究者威廉・克魯克斯爵士（Sir William Crookes）在《科學季刊》（*Quarterly Journal of Science*）不斷發表論文，內容都是以科學方法與態度，去研究各種心理現象和降靈術。

克魯克斯爵士寫道：

對於研究者來說，不管觀察哪種事物，都要能設法驗證其真實性。如果無法設定測驗標準，這項觀察就不具有科學價值。這方面來說，大多數靈學活動的證據都經不起考驗。[4]

克魯克斯仔細研究了丹尼爾・霍姆（Daniel Dunglas Home）的靈媒論，也與能解讀靈異聲響的福克斯姊妹進行會談。克魯克根據霍姆的理論進行實驗，並偵測到了某股「心靈力量」。一八七一年，英國皇家學會否定了他提出的兩份相關報告。坦白說，一位科學家單獨工作，只能臨時找同事來幫忙，其成就當然有限。但如果是一群目標相同的人有組織地一起研究，結果又會如何？這正是克魯克斯及許多科學家的理想。

歷史學家莫斯科普夫（Seymour H. Mauskopf）和麥克沃（Michael R. McVaugh）在《一門難以捉摸的科學》（*The Elusive Science*）中寫道：「關於系統化的通靈研究，可以廣泛地追溯到一八七〇年在劍橋的某個月夜裡，亨利．西吉威克（Henry Sidgwick）和他的學生弗雷德里克．邁爾斯在討論是否能以實證科學來驗證宗教信仰。」然而直到一八八二年，才出現了正式的科學機構，即倫敦的「心靈研究學會」（SPR），這也是研究異常現象的里程碑。學會的創立者是弗雷德里克．邁爾斯，也就是「心靈感應」（telepathy）的發明人。共襄盛舉的還有威廉．詹姆斯、佛洛伊德、亨利．西吉威克、物理學家奧利弗．洛奇（Oliver Lodge）以及後來的英國首相亞瑟．貝爾福（Arthur Balfour）。克魯克斯則在一八九〇年代末期擔任其會長。

德國心理學家馬克斯．德索瓦（Max Dessoir）於一八八九年創造了「超心理學」（parapsy-chologie）一詞，即以實證方法研究透視、通靈、預知和死後存在等現象。[5] 剛開始，研究者的目標都是在受控條件下測試通靈活動，包括請靈媒當場驗證其主張。調查員霍奇森和詹姆斯都一起出席降靈會，並坐在桌邊以防止有人耍詐。他們一一記錄值得注意的現象，包括靈媒本人、與亡者交流的過程以及靈媒傳訊等。他們探究各種難以解釋的案例，也揭露不少詐騙手法，而這些歷史爭議一直延續至今。當時學會對靈媒麗歐諾拉．派珀（Leonora Piper）相當感興趣。一八八六年，威廉·詹姆斯發表了一份研究報告，初步確認她不是騙子，並由霍奇森進行後續調查。詹姆斯於一八九六年在學會發表演說，內容如下：

> 請容許我使用專業的邏輯術語來說明：針對任何一個全稱命題，只要出現了一個特殊的反例，該命題就不能成立了。舉例來說，為了推翻「所有烏鴉都是黑色的」，你不必證明所有烏鴉都不是黑色的，只需找到一隻白色烏鴉就可以了。而我的白色烏鴉正是派珀夫人。在研究調查的過程中，我無法無不去相信，她在出神狀態下獲得了非凡的知識，那是在清醒狀態下無法透過眼睛、耳朵和頭腦獲得的。我不知道這些知識的來源，也無法提出任何有解釋力的建議。但我不得不承認，她確實獲得了那些知識。
>
> 當我繼續尋找其他證據，包括鬼魂或其他靈異現象時，也無法帶著傳統科學的思維和偏見去看待它們。畢竟嚴肅的科學家對自然界的真實秩序有一套既定的理解。

一八八六年，邁爾斯、艾德蒙·格尼（Edmund Gurney）和弗蘭克·波德莫爾（Frank Podmore）共同出版了《活人的幻影》（*Phantasms of the Living*）。他們在書中探討了七百零二個自發性的或在生命危機時出現的幻影。但當時研究人員的研究依據都是當事人的證詞，且大多都是在維多利亞時代那種帶有蕾絲窗簾的客廳中進行。也就是說，這些調查並未在醫院或實驗室中進行。一般來說，無論是運用統計方法或直接觀察，有實驗人員在現場控制變數，更容易找出超物理現象的證據。同時，心靈研究學會的美國分會陷入了路線之爭，其中一派關注的主題是死後的存在，另一派則較為保守，致力於記錄各種心靈現象。

當然，也有一些實驗室在研究靈異現象。在一八八〇年代，諾貝爾醫學獎得主查爾斯．里歇（Charles Richet）研究了人在催眠狀態下的心靈感應現象。他還在超感官知覺卡片測試中引入了統計分析，是今日心理學和社會科學的統計學方法的先聲。[6]在一九二〇年代初期，法國工程師瓦科利耶（René Warcollier）也對遠距離心靈感應進行了一系列的實驗。

佛洛伊德的弟子榮格比他更熱衷於神祕學，反倒老師本人都被當成唯物論者。儘管如此，佛洛伊德確實也思考過心靈感應的可能性，但他會延後發表相關論文，以免被人認為有失專業形象。佛洛伊德於一九二一年撰寫〈精神分析與心靈感應〉（Psychoanalysis and Telepathy），但直到他去世兩年後才正式發表。傳記作者歐內斯特．瓊斯（Ernest Jones）主導了這件事，因為他認為，這個議題會破壞佛洛伊德的專業形象。在這篇遺作中，大師有一段饒富趣味的看法：

> 對神祕學提高興趣不一定會威脅到對精神分析的研究。我們應該在兩者間探尋一致之處，畢竟它們都曾被正統科學家輕蔑對待。

但佛洛伊德不看好這兩個弱勢的學科可以相互結盟。他補充說道：「精神分析師是無可救藥的機械論者和唯物論者。雖然他們都不想忽略人類心靈和精神中尚未被認識的特徵。」

在一九二二年的文章〈夢境與心靈感應〉（Dreams and Telepathy）中，佛洛伊德首次對超感官知覺發表意見，而且措辭非常謹慎。佛洛伊德觀察到：「精神分析可能有助於心靈感應的相關研究。只要更加認識潛意識，就更容易理解令人困惑的心靈感應現象。而許多原因不明的現象更可以歸類為心靈感應。」

在一九二五年與佛洛伊德交談時，瓊斯提出反對意見：「承認心靈感應的存在，就是承認神祕主義者的基本主張，即心靈的運作可以獨立於肉體而存在。」[7] 佛洛伊德的立場較樂觀，他回應瓊斯說：「第一步是最難的，接下來就會水到渠成。」也就是說，承認事實、但不過度推論；推論不能阻礙事實的呈現。

一九二一年七月二十四日，佛洛伊德寫信給靈異研究者卡靈頓（Hereward Carrington）：「我不會完全排斥神祕現象，也不認為那些都是不科學、不值得花時間去研究的有害現象。若能重回到我研究生涯的開端，而不是像現在這樣處於尾聲，我就會專注於研究神祕學，儘管當中有各式各樣的難題。」[8]

基於這些陳述，讓人不禁好奇，在主流的認知之外有一位「神祕學者佛洛伊德」。有些歷史作家主張，卡巴拉思想對佛洛伊德有一定程度的影響，但我對此表示懷疑。佛洛伊德在一八五六年出生於世俗的猶太家庭，在成長環境中不太可能接觸到卡巴拉，就算是專業的猶太學者也不重視卡巴拉。以色列歷史學家舒倫於一九四六年出版《猶太神祕主義的趨勢》後，情勢才有所轉變。哪怕是像艾利馮斯．李維那樣模仿卡巴拉的學說，也有助於這門學問重新回到西方社會。

這些因素的交錯饒富興味，而佛洛伊德的猶太背景也肯定對他的研究工作帶來一些影響，但我認為精神分析理論與卡巴拉思想頂多只有間接的關聯性。但至少佛洛伊德並不排斥提及自己的思想源頭和興趣，儘管那些面向與「權威醫師」的形象有所出入。

即使一直備受爭議，但超心理學最終之所以能成為研究領域，主要得益約瑟夫·萊茵和他的妻子露易莎（Louisa）。在一九二〇年代末期，萊茵夫婦創建出一套研究計畫，後來演變為杜克大學的超心理學實驗室，並獲得許多成果，成為相關領域的楷模。

萊茵夫婦一開始在芝加哥大學研習統計學和植物學，兩人後來都取得了博士學位，對於當時的女性來說，這是相當罕見的成就，而植物學家是公認的統計學先驅。一九二二年，英國作家柯南·道爾在一場演講中談到降靈術，令萊茵夫婦大受啟發。福爾摩斯的創作者對通靈現象堅信不移，有時也很容易上當。同年，他的《仙女降臨》（*The Coming of the Fairies*）一書問世。這位小說家著迷於，一戰結束後，有兩名英國女學生製作一系列的照片，顯現有翅膀的仙女在鄉村嬉戲。從當代的角度來看，這些黑白印刷品反映出道爾那個時代的人的渴望。他們希望有個神話世界存在，當中充滿神祕生物，死者也不會真正消失。可惜的是，這些照片卻是偽造的，有些仙女頭上頂著當時巴黎最時尚的髮型（可見是從時尚雜誌剪下來的圖案），有個仙女身上還突出了一根帽針。雖然道爾在書中只是輕描淡寫地提到這些圖像，但還是與萊茵發生了爭執。

萊茵的眼光相當遠大，所以很快就不滿於自己選擇的研究領域。「今日的科學界如果忽視這些跟異常現象有關的證據，那將是不可原諒的。」他在一九二六年對一位農業學家如此說道，當時萊茵在西維吉尼亞大學任教，而那位同事對這番談話感到非常訝異。[9]

萊茵夫婦開始尋找其他機會，先前往哥倫比亞大學和哈佛大學求職，希望能結合自身的科學訓練以吉對形而上學的興趣。但過程並不順利，在他們快要放棄努力時，突然冒出了意料之外的機會。一九三〇年，杜克大學心理學系的新主任麥克杜格爾（William McDougall）聘請萊茵前來任教。

嚴格來說，超心理學實驗室那一年還沒成立，原本只是一項研究計畫，直到一九三五年才被正式命名為超心理學實驗室，並沿用至一九六五年。如今，「萊茵研究中心」（Rhine Research Center）是獨立運作的實驗室，存在於大學體系之外。超心理學實驗室的成立是一個里程碑，代表超心理學正式成為一項研究領域。

雖然萊茵不是「超感官知覺」這一術語的原創者，但在他的推廣下，ESP這個縮寫很快就成為家喻戶曉的詞彙。超心理學實驗室於一九三〇年代開展的各項研究，至今仍由其他研究人員、實驗室和大專院校接力進行。他們努力找尋臨床證據，以證明人類能進入某種可追蹤、能重複出現的超物理狀態，它超越一般所熟知的認知能力、運動技能以及生物機能，用特殊的方式溝通和接收訊息。而這類交流場域獨立於時間、空間和物質。

研究人員還大量搜集了關於「念力」（psychokinesis）和「預知能力」的統計學證據，後者牽涉到「逆因果性」，即未來的事件會對現在造成影響。北加州意念科學研究所（Institute of Noetic

Sciences）的首席科學家迪恩・雷丁（Dean Radin）進行了多次有關預知的實驗，並成功複現其結果。實驗中，受試者在看到令人不安或觸發情緒的影像前幾秒，身體就會出現壓力反應，例如瞳孔擴張或心跳加速。[10]

以上是現代超心理學的源起。我是位歷史學家，也相信這類現象的存在。我們擁有許多嚴謹、長期的統計學數據，足以證明某些心靈的組成元素超越了已知的物理學定律。幾十年來，這些證據不斷地出現在傳統學術期刊上，也經由抱持懷疑態度的科學家審查通過。[11]它們都是在嚴格控制的臨床條件下所取得且再現的，足以證明人類有某種存在狀態，它超越了目前的生物學、心理學和科技知識。

自古以來，人類都想追尋更高維度的生命。而最新且最具革命性的探索活動，便是科學。科學家運用有既定規則的方法來檢視人類的心靈現象，並確認在人類的原初本質中，有超越物理定律的本能。因此，我們這一代人站在一道非凡的巨大門檻前，但尚未能夠跨越。

這道門檻就是唯物論的哲學觀，三百年來，西方世界都以此來建構社會文明。唯物論者認為，物質創造其自身，所以嚴格來說，思想只是大腦運作的附帶現象、是某個皮質區的功能，就像碳酸水中的氣泡一樣，瞬間即逝。這就是心靈的有限性。

在二十一世紀的今時今日，唯物論的哲學觀已然過時了。學界已積累了大量的研究數據證實，不管在現實或超越物理定律的層面，超感官知覺確實存在。而且，取得這些數據的方法，與唯物論者捍衛自身立場的方法是相同的。我們對於這世界的認識不斷在增長，而唯物論只是一種立場、理論和意識形態，而科學又是另一回事。

但是，唯物論不會悄然消退。許多科學家仍主張，所有的物質都存在於古典力學可計算的範圍內，而違背這項前提的證據或推論都是錯的。唯物論已深植於當代的文化和媒體，許多有影響力的專家和學者都深信不疑。

一九七四年，物理學家理查・費曼在加州理工學院的畢業典禮上發表了著名的演講，他批判了「草包族科學」（cargo cult science）的信徒，也就是像我一樣對超感官知覺、不明飛行物體和占星術感興趣的人。[12]費曼說，我們這些人最大的問題在於，面對某項假設時，都只專注於尋找能加以支持的證據或相關事物，而不是努力去證明該它有可能是錯的。諷刺的是，那正是大多數懷疑論者的思維模式。葛吉夫觀察到：「隨著時間推進，發展的動力會偏離正軌，甚至背道而馳，但其表面的名稱卻沒改變。」[13]有鑑於此，一九七七年「懷疑論探究委員會」執行董事李・尼斯貝特（Lee Nisbet）在《科學》雜誌上的一番話，就頗令人玩味：「我們認為科學界有責任去證明那些信念是荒謬至極的。」

以上是歷史性的脈絡。那麼，是否有複現的證據足以支持我的大膽主張：科學能證明心靈的無限性。為此，讓我們回到一九三〇年代的超心理學實驗室。萊茵是具有創新精神的研究者，他開發了清晰易懂、可重複進行且無可挑剔的實驗方法。他不擅自臆測，而是以嚴謹而具體的方法來測試和統計相關證據，以確認心靈溝通的可能性。基於心理學家卡爾・齊訥（Karl E. Zener）所設計的卡片，萊茵設計了一系列的實驗。齊訥卡片一副有二十五張，牌面的符號都很簡單：圓形、方形、十字、波浪線和五角星。實驗人員洗牌後，會請受試者盲猜下一張牌是什麼圖形。

就機率來看，在經過多次隨意的盲猜後，一般人猜對的機率是五分之一。但萊茵發現，在成千上萬次嚴格控制條件的實驗中，某些受試者的猜中機率會高達百分之二十五至二十八，甚至更高。[14]

當時的社會科學家若在實現中得出負面結果，就會推托說是實驗方法有缺陷。但萊茵不採取這種做法，整個社會科學界也連帶跟進。他將所有的研究數據公諸於世，沒有任何隱藏，也沒有排除掉預期外的結果。[15]

他採取了各種措施來防止實驗數據有所缺漏、被隱藏或竄改，同時開放給其他研究人員甚至是反對者引用、審核與評論。一九六〇年三月十五日，萊茵寫信給數學家華倫・韋弗，談到了超心理學家應該採取的額外措施：

> 即使超心理學研究者的實驗方法和檢驗標準都可以比擬其他的自然科學。但這是個全新的研究領域，所以我們必須採用更嚴格的標準。實驗結果會因此變得更加完善，面對預期的反對聲浪時，我們也會更堅定。[16]

針對超心理學的各項研究成果，抵制與偏見從沒少過，有人甚至混淆視聽，讓大眾誤以為萊茵等超心理學家的實驗結果是少數個案或被動過手腳。

一九七五年，超心理學家查爾斯・霍諾頓（Charles Honorton）分析了多年來各界對萊茵研究成果的嚴格檢驗。他發現：

> 許多專家重現了超心理學實驗室的各種測試，當中有百分之六十一的數據在統計學上來說是有意義的。我們原本以為比例只有百分之一，而大部分數據只是出於偶然性與錯誤。[17]

由此可知，萊茵的實驗成果堅不可摧，以至於在五十年後，還有一些頑固的批評者說那些都是騙人的研究、是幻想而已。英國有位著名的懷疑論者還提出了意想天開的說法：在實驗中，有位測試者多次爬過實驗室的天花板，從縫隙中偷看研究人員手中的卡片。[18]在這類型的過度假設下，這些抱持著質疑立場的理性主義者，未能通過英國哲學家大衛・休姆為了驗證奇蹟所設定出的標準：如果要反對某個現象的真實性，那麼反對者所提出的反駁解釋，必須比該現象為真的可能性還要更高。無論如何，萊茵的實驗方法和結果從未被有效推翻過。

儘管如此，對於預料中的抵制，萊茵還是太樂觀了。各大主流媒體紛紛針對實驗數據提出反駁，甚至指控那都是偽造出來的。當今懷疑論者們也老是在維基百科上竄改與超心理學有關的文章。比如在「齊納卡片」的條目中，以前還有人附註：「最初一系列實驗已被證明是站不住腳的，因為它們難以重現，所以無法證明其數據的真實性。」但這句話並沒有標示參考出處。

意念科學研究所的迪恩．雷丁告訴我，事實上，有個自稱為「懷疑論者游擊隊」(Guerrilla Skepticism）的網路社團在監督維基百科上與超心理學相關的條目：

許多匿名的網友都在惡搞與超感官知覺有關的條目，包括超心理學家本人的簡介。而這個由極端懷疑論者組成的團隊更自豪地宣稱，他們正在改寫歷史……只要有其他人試圖編輯這些條目，哪怕只是一個名詞，都會被立刻還原。[19]

雖然超心理學的正式研究僅止於萊茵在杜克大學的實驗，但我們仍有證據指出，人世間確實有超自然的機制。在一九三四年出版的《超感官知覺》(*Extra-Sensory Perception*）中，杜克大學的數據庫已有九萬次的卡片實驗結果，而不少受試者的猜中機率有高出幾個百分點。因此，只要在嚴格掌控的實驗條件下，就會出現超越當代物理學和牛頓力學以外的訊息交流方式。

在那之後的幾十年來，各國的科學家們相繼努力，繼續開發多樣化的實驗，而這都要歸功於超心理學實驗室的努力。他們一次又一次地證實了異常心靈現象的存在，包括預知、逆因果性、心靈感應和念力。

萊茵於一九三四年開始研究念力，並持續到一九四一年，因為當時有許多研究人員都被徵召上戰場。在這為時七年的研究中，研究人員進行了數萬次的念力實驗：受試者得用心靈力量去影響他人擲骰子的點數。後來研究人員改用機械裝置來擲骰子，這樣受試者才不會看出對方的慣用手法，而骰子才能真正地隨機顯示數字，而不受外在因素干擾。除此以外，萊茵還公開實驗過程，邀請同儕在現場監督，而每次的拋擲結果也都會記錄下來。統計結果顯示，某些受試者的成功機率高了幾個百分點；也就是說，意向可能會引發物理效應。[20]

如今，專家們已經記錄下好幾代人的實驗，也更能有憑有據地相信，超心理學的科學基礎已經更加堅實。儘管這門領域仍有爭議性，但在一九四〇年代超感官知覺被證實存在後，又繼續往前跨了好幾大步。

當代研究人員關注的項目還有：

**心靈感應**：人與人的非物理性溝通。

**預知**：預見在我們心智架構中尚未發生的事情，或受其影響。

**逆因果性**：未來事件影響現在的感知或能力。

**超感知力的生物學基礎**：生物學家魯珀特·謝德瑞克（Rupert Sheldrake）提出「形態場理論」（Morphic Field Theory）。

**自發性的超感知力**：預感或在危急關頭時出現的幻象。

**全球意識**（global consciousness）：大眾的情感連動。

此外，夢中的心靈感應、靈魂出竅、瀕死體驗、臨終意象、死後生命與轉世等現象也都有專家在探索。

靈魂轉世能納入正式的研究領域，都要歸功於精神科醫師伊恩・史蒂文森（Ian Stevenson）。一九六七年，他在維吉尼亞大學醫學院成立了感知能力研究部（Division of Perceptual Studies）。根據《瀕死研究期刊》（*Journal of Near-Death Studies*）二〇〇七年春季號的一篇文章，這位謹慎的研究者「遊歷了六大洲，聽取兩千五百多位孩子描述自己的前世經歷」。之後他再透過證人、醫院紀錄、解剖報告、死亡證明和照片去加以核實。

這個研究團隊至今仍然活躍於維吉尼亞大學。他們透過物理性的證據、當面訪談、法庭紀錄、歷史資料和心理學測試來研究轉世和死後生命的案例。上面提到，史蒂文森到世界各國記錄許多孩子的前世經歷，當中有些是在夢境中浮現的，有些是記憶。在有些案例中，孩童身上有的身體特徵，如痣、斑點或先天缺陷，都與過世的某人一樣。而有些死者在世時就生活在那些孩子的出生地不遠處，但兩家人完全不認識。

例如，有個人因腹部中彈而死亡，之後有個孩子聲稱自己有前世記憶，而且腹部也有類似彈孔的痣或疤痕。在史蒂文森判定成立的轉世案例中，至少有百分之三十的逝者是死於非命（在有些國家是高達百分之八十）。值得注意的是，不少個案有性別認同的問題，這是因為他們前世是另一個性別。

與萊茵一樣，史蒂文森在研究方法上非常嚴謹。二〇一三年，一位懷疑論者在《科學人》評論道：

> 我很想說這些都是毫無憑據的胡言亂語，就像糞坑一樣，充滿了無可救藥的反科學垃圾。不過，史蒂文森的研究不是像無稽之談。雖然我還沒有準備好要改變對於前世今生的看法。但我可以老實說，在認真評估和仔細閱讀了史蒂文森的研究後，我意外地打開一點點心扉——至少沒那麼排斥這個領域了。[21]

一九七七年九月，《神經與精神疾病雜誌》（*The Journal of Nervous and Mental Disease*）以一整本的篇幅探討史蒂文森的研究。這可是主流的醫學期刊，而且內容都必須先經過同儕審查。同樣地，《科學探索期刊》（*Journal of Scientific Exploration*）在二〇〇八年（第二十二卷，第一期）也有一樣的專題。有興趣的讀者可以去閱讀史蒂文森的巨著《轉世與生物學：探討胎記和先天缺陷的病因學》（*Reincarnation and Biology: A Contribution to the Etiology of Birthmarks and Birth Defects*），內容厚達兩千兩百六十八頁。我還推薦史蒂文森在一九六六年的先聲之作《二十個轉世的案例》（*Twenty Cases Suggestive of Reincarnation*），以及他的同事吉姆．塔克（Jim B. Tucker）在維吉尼亞大學醫學院的相關研究。

查爾斯．霍諾頓於一九九二年因心臟衰竭去世，年僅四十六歲。這對對心靈能力研究圈來說是個巨大損失，相當於在相對論發展初期就失去了愛因斯坦。

一九六〇年代末期起，霍諾頓任職於邁蒙尼德斯醫療中心（Maimonides Medical Center）的超心理學暨心理物理學研究部（Division of Parapsychology and Psychophysics），專門研究夢境和超感官知覺。隨後，霍諾頓開始整理超心理學研究領域中的各項數據，並成為這個領域最重要的數據庫。七〇年代開始，他與同事們共同設計一系列相關實驗，並統稱為「甘茲菲爾德實驗」（*Ganzfeld experiments*）。「甘茲菲爾德」是德語中的「整體」或「開放場域」之意。霍諾頓有某種天分，能想出各種方法來強化超感官知覺與心靈感感，並成為他在日後的研究基礎。

霍諾頓指出，萊茵的實驗主要集中在可能有超感官知覺的受試者身上。雖然他認為許多人都有此潛在能力，但找天賦異稟的人來測試，會更容易證實超感官知覺的存在。而且，萊茵不認為每個人都有超感官知覺，也無法透過後天的訓練培養出來。所以他只專注於看來資質特異的人，並視為最適當的研究對象。

相反地，霍諾頓想知道心靈能力是否普遍存在於每個人身上。他猜想，一人在生活中接收到太多刺激，所以沒察覺心靈的訊號，或是心靈電路已超過負荷。

因此他猜測，在放鬆、舒適的感官剝奪環境中，應該更容易測到超感官知覺。比方說，請受試者進入隔絕所有聲音（剝奪聽覺）或隔絕所有光線（剝奪視覺）的房間中，並請他戴眼罩或會發出白噪音的耳機，接著坐在舒適的躺以上，或許能提升他的超感官知覺能力。這麼一來，受試者會進入類似被催眠的「入睡幻覺」（hypnagogia）的狀態中。

實際上，我們每天會有兩次進入入睡幻覺，就在剛要進入睡眠狀態前、以及快要清醒過來的時候。這是一種深度放鬆、靜止不動的狀態，你可能會看到迷幻的畫面，或出現幻聽，也可能感覺身體輕飄飄的，或進入麻痺狀態。但此時你的意識官是清醒的，也還能思考。弗雷德里克・邁爾斯特別將早上的狀態為稱為「初醒幻覺」（hypnopompia）。兩種是類似的狀態，但在夜間下發生的頻率較高。[22]

心情平靜、身體放鬆、精神沒有籠罩在外在刺激中——處在這種狀態下，自我暗示就變得容易。霍諾頓想知道，這個狀態是否有助於提升超感官知覺的活動力。在實驗中，他先將請「接收者」進入感官剝奪的放鬆環境中，再請「發送者」坐在房間外，並試圖將某個既定的圖像用念力「傳送」給接收者。發送後，接收者再從四個不同的圖像（一個是正確答案，另外三個是誘餌）中選擇。

與齊納卡片實驗一樣，在隨機條件下，一般人猜中的機會應為四分之一，實際統計數據後，受試者猜對的機率則比四分之一高一點。而在嚴格的實驗條件下，根據不同的分析模型，整體的命中率則介於百分之三十二至三十五之間。[23]自七〇年代中期以來，這些數據在各國的實驗室中經由數十位科學家的反覆驗證，而且實驗條件越來越完備。透過甘茲菲爾德實驗，研究人員記錄下了超感官知覺的效果，同時還指出這些能力很可能存在於所有人身上。而實驗過程的控制條件，就是最有可能發生超感知現象的環境。

甘茲菲爾德的數據庫受到了各界的關注。一九八六年，前無古人、後無來者的歷史大事發生了：霍諾頓與懷疑論者雷・海曼（Ray Hyman）合作發表了一篇論文。海曼是俄勒岡大學的心理學教授，他和霍諾頓打了幾次筆仗後，決定合作發表成果，並刊登於《超心理學期刊》（*Journal of Parapsychology*）上。他們討論了超感官現象的實驗有效性，也突顯出彼此的共識和矛盾，也為未來的相關實驗立下規範。在以往的討論中，正反雙方的理性辯論往往會演變成言詞交鋒，所以這次的合作是超心理學的里程碑。兩位作者說：

> 我們決定合作發表成果，並停止辯論對甘茲菲爾德實驗的看法。這場論辯突顯出雙方立場上的差異處，而且有許多只是技術性的問題。在最近一次針對超心理學議題的討論中，我們發現彼此有許多觀點很類似。因此我們要努力求同存異。[24]

在網路攻訐泛濫的時代裡，霍諾頓和海曼以下這段話可作為普世的討論規範：

> 不管是研究者或批判者，我們都希望超心理學研究能依最嚴格的標準去進行。批判者發表意見時必須有憑有據、確實相關且負責任，這樣才能對科學發展有所貢獻。

除了制定普遍原則和研究規則外，他們還一起統整甘茲菲爾德實驗的數字。一九九一年，統計學家傑西卡・厄茲（Jessica Utts）寫道：

海曼和霍諾頓所分析的實驗數據庫，來自於由四十七位學者所撰寫的三十四篇報告。霍諾頓認為，這些報告中有四十二個實驗有參考價值，而其中有二十八篇實驗成果包含足夠的資訊，讓他們可評估受試者猜中的機率。最終他們發現，有二十三項實驗成果有統計學上的意義，占總比例的百分之五十五。[25]

這個比例與霍諾頓在一九七八年自行進行的統合分析結果相似。值得注意的是，這兩位死對頭在文章的摘要中寫道：

我們一致同意，這個數據庫顯示出一種整體顯著效應，但這種效應無法合理地用選擇性報告或多重分析來解釋。儘管我們對多重檢定、回溯性實驗以及發表偏差所造成的影響程度仍有分歧，但我們一致認為，這些研究中觀察到的整體顯著性，不能僅以這些選擇性因素來解釋。排除選擇性報告與誇大顯著性的影響後，似乎有某種超越隨機性的因素在起作用。此外，我們也同意，這些顯著結果是由多位不同的研究人員所產生的。

海曼是少數會親自做研究的懷疑論學者，而他與霍諾頓對超感官知覺的特質有不同看法（這才合理），但他們都確定，當時最重要的數據都是可靠的。在他們所參照的樣本中，可以看出自七〇年代學界開始進行實驗後，實驗方法已明顯有所改善。所以這些數據沒有受到錯誤、竄改或選擇性報告所影響。海曼確實認為這份數據中有統計上的顯著效應，有必要進行進一步的研究。僅此而已。他沒有讓步去相信超感官知覺，也不需要。這只是一位超感官研究者和堅定懷疑論者的專業討論。這兩位都是有名望的學者，而他們得出的結論就是，相關數據和研究過程都符合規範，並且存在著統計上的顯著差異。

霍諾頓在發表完那篇論文的六年後就離世了，無論是發自人類的悲憫之心，又或是從知識界的角度來看，都令人感到遺憾。很少有人能跨越那道無法彌合的學術分歧，但他願意與專業的懷疑論者相互對話、共同進行研究，實屬難得，當前還沒有學者能做到這件事。事實上，先前維基百科上的「甘茲菲爾德實驗」條目中，仍有網友稱它是「偽科學實驗」，但沒有標記出處為何。

為什麼這道鴻溝始終難以跨越，而且越來越深？超心理學已經取得了很大的進展，但還是有許多人不願意承認它的存在。統計學家傑西卡．厄茲指出：「自一八八二年心靈研究學會成立的一百多年來，全球在超心理學領域所投入的人力和資源，頂多相當於美國傳統心理學兩個月的支出。」[26] 美國心理協會的報告指出，在二〇一七年的六百六十五億美元聯邦研究資金中，就有二十億美元用於傳統心理學的研究。[27]

想想看，自從全球各地展開超心理學後，所有的資金尚不及美國心理學界兩個月的預算（而且各項實驗經常因改變方法而砍掉重練）。投入超心理學研究的金額不到三億三千三百五十萬美元，只比四架戰鬥機的製造成本多一點，根本比不上全球在物理學或醫學研究所投入的數千億美元。由此可見，那些偏激的懷疑論有效破壞了超心理學實驗的正當性。大多數的研究人員對超心理學都避而遠之，一方是沒有研究資金可以拿，也擔心自己的聲譽受到影響。

即使在這樣不利的氛圍下，還是有一群科學家逆風前進。二〇一一年，著名的心理學家達里爾·拜姆（Daryl J. Bem）在康乃爾大學發表了劃時代的〈感知未來〉（Feeling the Future）。[28] 拜姆花了十年進行一系列的九項實驗，過程中找來一千多名參與者，以測試預知能力和時間逆轉的現象。這些實驗涉及目前已知的認知能力和心理效應，比如考驗受試者的記憶力，或在螢幕上閃現出令人反感或情色的圖像，觀察受試者會有什麼心理反應。拜姆最終證明了人類的認知能力能突破線性時間的侷限。

拜姆和迪恩·雷丁等科學家都觀察到伴隨預知能力的各種現象，比如在那些刺激的圖像在螢幕閃現前，身體會出現某些反應。拜姆寫道：

> 在實驗過程中，大多數的圖像都不會引發情緒反應，但中間會隨機穿插一些非常刺激的負面或情色圖像。一如預期，這些圖像出現在螢幕上時，受試者會產生強烈的情緒，但值得注意的是，在圖像出現的幾秒鐘前，研究人員就檢測到受試者的情緒有所波動，甚至在電腦挑圖時就有反應了。

在另一項實驗中，受試者得猜測情色圖像何時會突然出現在螢幕上。拜姆寫道：

在一百回合的測驗中，參與者得指出下一張是否會出現情色圖像。就統計學上來說，他們猜中的機率是一半。但結果竟然高達百分之五十三點。相比之下，猜中一般圖像的機率就只有百分之四十九點八。同樣的試驗結果也出現在各類型的非情色圖像中：中性圖像是百分之四十九點六；負面圖像是百分之五十一點三；正面圖像是百分之四十九點四；浪漫圖像是百分之五十點二。

對刺激性的影像的預先反應，代表個體發生超感知效應時所投入的情感。這過程必須有關鍵因素與強烈的情感參與，也就是熱情。萊茵在一九三七年的著作《心靈的新疆界》（*New Frontiers of the Mind*）中強調，以下幾項因素會促成超感知力現象的發生：自發性、自信心、和諧感、創新、新奇、好奇心以及避免疲勞。（坦白說，咖啡因也很重要。）

拜姆看得更遠，在這九項系列研究中，最具創新性的一項是探討未來的行為是否能影響過去的記憶表現。他想知道：「受試者若反覆練習某一組單字，是否會更容易記住它們——即使是在記憶測試結束後才開始練習？」

在第八項實驗中，研究人員會先讓受試者在電腦前看一組單字表，然後進行自由回憶測試（Free recall test）。測驗後，電腦會隨機選出幾個單字，並請受試者複習一次。他們假設，這樣能回溯性地提升對測驗前對那幾個單字的記憶。拜姆發現，從統計的顯著性來看，在測試後馬上複習某些字，那麼受試者在先前看到單字表後就更容易記得它們。他結論道：「結果表明，測試後的練習能提升測試時的記憶表現。」簡而言之，未來的練習能加強稍早的記憶。

在第九項實驗中，研究人員在過程中加入了一項精心設計的測試，更加提升了回溯性效應。拜姆描述道：

> 在記憶測試結束後，有一種新的練習法可以增強對於那些單字的記憶。在自由回憶測試後，受試者再次以同樣的順序複習測試中出現過的字。結果顯示，受試者在稍早測試時對這些單字的記憶更清楚了。在這次強化版的實驗中，超感知效應更加強烈。

不出所料，拜姆在二〇一一年發表的論文立即引起巨大的爭議。那年有三位懷疑論學者共同發表回應的文章，而且為了引起媒體的關注，還刻意嘲弄拜姆的文章標題，把〈感知未來〉改成〈重創未來〉。[29]他們復刻了拜姆的第九項實驗。並得出結論：「在三次的複製實驗中，都沒有出現顯著的效應……因此該項實驗無法證明心靈能力的存在。」

但他們故意刪去了在那些實驗數據庫中的一項關鍵細節。其實，他們在兩次實驗中都證實了拜姆的研究結果，卻對隻字未提，因而違反自己訂下的規則。貝姆在回應中寫道：

> 截至截稿日期，他們三人已經重現了六次「回溯性記憶力效應」的研究。史都華．利奇（Stuart J. Ritchie）的實驗失敗三次，成功兩次。而那兩次重現了我的原始發現，顯示出我

的實驗結果有統計上的顯著性差異。

儘管那兩項成功的實驗數據都登記在理查・威斯曼（Richard Wiseman）的登錄系統中，利奇也可能知道這些實驗結果，但他們在文章中卻完全沒有提及。

其他懷疑論者在抨擊相關研究時，也是做出類似的選擇性報告。一九八〇年，超自然現象之科學調查委員會重現了法國心理學家高克林（Michel Gauquelin）的一項研究。高克林認為，從占星學來看，運動員出生時的火星位置與他的優異表現有關聯性，此即「火星效應」（The Mars Effect）。懷疑論者重現了高克林的研究後，確認他的數據與結論一致，但他們卻對實驗結果草草帶過。最後，調查委員會內部發生了許多爭議，也有人因此下台。社會學家特魯奇在他編輯的期刊《懷疑學者》（*Zetetic Scholar*）第九期（一九八二年）、第十期（一九八二年）和第十一期（一九八三年）中皆有詳細探討。[30] 不久後，特魯奇這份帶有建設性和批判性的懷疑論期刊卻停刊了。

截至二〇二〇年七月，學者們在統合分析了涵蓋十四個國家、三十三座實驗室的九十項實驗後，確定拜姆的數據與結論是一致的。他們表示，那些決定性證據絕對足以支持他的假設前提，正如拜姆及同事的論文摘要中所寫的那樣。[31]

超心理學的實驗數據很容易被主流媒體和學術界錯誤引用，而前面提到的只是冰山一角。而關鍵就在於，我很難理解這些人的心態與成見。哈佛大學的精神病學家約翰・麥克（John

Mack），研究了許多被外星人綁架的案例。在一次未正式記錄的訪談中，他對《易經》專家特倫斯・麥肯納表示：

> 西方文明的心理結構與西方人的心靈充滿了唯物論和二元論的哲學觀，並擴散到全世界。若要瓦解這個結構，就要重視靈性領域的事物。西方人願意透過神話、宗教、想像力或詩文去認識這個領域。不過，我們打從心裡不能允許靈性事物越界出現在物質世界中。這種跨界是西方人的一大禁忌。因此，只要發生這種情況，就能產生一股巨大的力量來摧毀西方人的信念體系。

面對到這種危機時，那些理性捍衛者就會用刻薄、譏諷且偏袒的態度去驅否定那些革命性的實際數據。對他們來說，打敗對手比追求真相還要重要，而這種心態恰恰與科學精神相反。

一九七九年一月八日，物理學家約翰・惠勒（John Archibald Wheeler）建議美國科學促進會（American Association for the Advancement of Science）將超心理學協會（Parapsychological Association）逐出學術界，幸好他沒有成功。而超心理協會自一九六九年起便與美國科學促進會互有交流。

惠勒在科學促進會的年度會議上發表了〈將偽科學驅逐出科學界〉（Drive the Pseudos Out of the Workshop of Science），並於一九七九年刊登於《紐約書評》，後者經常收錄懷疑論學者的文章。惠勒胡亂指責時年八十三歲的萊茵「像學生一樣會作弊，超心理學就是這樣開始的」。會議上沒有人反駁惠勒，而萊茵本人也沒有在場。但惠勒同年七月在《科學》雜誌上又發表〈超心理學：更正事項〉（Parapsychology-A Correction），語氣帶刺地收回了他的指控，並附上了萊茵的回應。在處理超心理學的議題時，哪怕像惠勒這樣有成就的科學家都會失去風度和判斷力，那麼讀者們也不難理解，那些在維基百科與社交媒體上的網友為何會把超心理學當成仇敵。

生物學家謝德瑞克除了致力於超感知能力的研究，在面對懷疑論學者的連番攻擊時，也表現出堅決和無畏的態度。二〇一三年，杜特威勒研究院（Duttweiler Institute）將謝爾德雷克列入全球百大思想領袖之一，但在維基百科上的條目上，還是有人稱他是偽科學的散播者。謝爾德雷克多年來都在研究動物本能，包括能感知到主人何時會回家。[32]懷疑論者對這種研究都嗤之以鼻，卻沒發現行為科學家早就在用動物做實驗。況且謝爾德雷克只是想分析動物本能，卻有如犯人般被質疑、審問。事實上，社會大眾都認同這項本能的存在，只是沒去做學術研究而已。[33]

想必懷疑論者在擔心，如果各家媒體以斗大的標題報導「哈佛研究表明：超感知現象是真的」，那麼非理性的浪潮就會大舉襲來。因此他們試圖阻止這一天的到來（儘管非理性思潮早就出現過了）。由於這些莫名的阻礙，導致超心理學的研究落後了一整個世代。自一九七〇年代起，在各個懷疑論團體的大規模干擾下，這個領域的進展至少慢了三十年。

更嚴峻的挑戰還在後面，我們得建立一套「訊息傳遞論」，超心理學才有可能出現飛躍式的進展。這個領域需要一個有力的理論模型，將各種超感官效應整合起來，並細說明訊息如何超越時間、空間、距離、線性模式以及一般感官傳遞。研究人員已邁出了一小步，但進一步的突破迫在眉睫。

一九六〇年，受人尊敬的數學家華倫・韋弗（Warren Weaver）在達特茅斯學院的座談會上感慨地說道：「超心理學令我在知性上非常痛苦。因為我無法否認其證據，也無法接受其結論。」[34]韋弗因這番言論而飽受批評，許多同事都質疑他的判斷力是否出了問題。但也有人（包括校長）感謝他代為道出心聲，讓各界注意到這項事實。

那年韋弗去參觀了萊茵的實驗室，之後還寫信跟他討論許多問題。那封長達七頁、完全沒有空行。韋弗說道：「如果你能在分析、解釋與實驗控制方面有實質進展，那麼學界遲早必須認真看待超心理學。」[35]萊茵一直都在努力證明超感知能力的效應，但他得好好向外界說明他的實驗機制。韋弗繼續寫道：

> 學界仍然拒絕接受超心理學有三個主要原因。首先，這類現象非常奇特，而且偏離當前正統科學的架構，因此讓人相當難以接受。其次，迄今為止，對超感官知覺的分析、解釋和實驗條件還是不夠有說服力。第三，也許你認為這些科學家不講理又固執，但他們並不相信你所提出的相關證據，即便你自認為那已經足夠。

萊茵回覆道：

> 這三點完全無誤。但若要進一步探究這三種現況的知識界背景，或許得引用更多位哲學家和評論者的觀點，以了解何謂「接受」。越來越多人承認，接受超心理學是形上而學的問題，因為這些現象挑戰了物理學家所界定的普遍前提。

萊茵不願從實驗結果中歸納出普遍性的結論。他的女兒莎莉（Sally Rhine Feather）在二〇二一年九月二十日跟我傳訊時談到：「他在理論方面沒有太多進展，因為他總是非常的謹慎，不願意過度解讀實驗數據所呈現的結果。他甚至有點討厭會那麼做的哲學家。不過，關於超感知現象的非物理性質，他就會做一些大膽的推測。」莎莉還說，記得她父親在一九五三年的著作《心心靈的新世界》（*New World of the Mind*）中提到：

> 生物物理學和心理物理學的任務在於，找出自然界中未知、無法察覺和超越物質的作用力。它們在生命和心靈中運作，並與可被檢測到的物理現象互動。

在回應韋弗時，萊茵引述了當時普遍被接受的物理定律。對於當今的心靈學研究者來說，從量子理論、逆因果性、多維空間、神經可塑性、弦理論以及形態場各種理論來看，有一套物理定律超越了已知的知識，並構成一種宏觀宇宙（macroverse），當中也包括人類熟悉的力學。在萊茵的時代，學界已經清楚意識到，超感知訊息的傳遞無法以「心理無線電」的理論來解釋。因為根據萊茵的實驗結果，這種能力不會受到時間、距離或物理性障礙物的影響。

但回頭來說，如果超感知效應是真實的，那麼它究竟是如何運作的？心靈如何能超越感官能力的侷限來傳遞訊息？

雖然當今的科學界過於重視理論，但每個世代的研究者都有責任為自己感興趣的現象提出正確的理論。它當然會引發辯論，但我不認為研究人員和受到啟發的業餘人士（包括我在內）可以迴避這項任務。學界總得拋棄或修正舊理論，建構新理論。正因如此，我在二〇一八年出版的《奇蹟俱樂部》（*The Miracle Club*）中，有試著提出一套心靈的因果關係論。

對許多人來說，一提到預知未來，就會想到童話中算命師的水晶球，只是天方夜譚而已。但為什麼大家都不相信？早在幾十年前，我們就已經知道，線性時間只是一種幻覺。愛因斯坦的相對論及相關的實驗已經指出，處於極端速度（接近光速）或極端重力（比如黑洞）的環境中，時間就會變慢。從理論上來看，坐在光速飛船的乘客其時間會減慢（但這是從旁觀者的角度來看）。但如今太空旅行已經實現了，只是離光速前進還很遙遠，但這些旅行者的時間確實細微地減慢了。[36]

簡而言之，為了處理生活中的各種事務，線性時間對於五感生物來說是必要的幻覺。但時間並非絕對的。過去九十多年來，量子物理學家研究發現，現實有無限多種且同時存在；它們不只是可能，而是實際存在的。根據觀測的視角以及時間點，我們只能看到局部的現實，或體驗到它的存在。

從弦理論來看，整個現實是透過廣大的振動弦網路連結起來的。從微小的粒子到整個宇宙甚至其他的維度，都是以這些起起伏伏的弦相互連結。因此，在某一個維度中發生的事情，不僅會影響到人類這個維度裡的現實，還會在其他維度中觸發無限多的事件。我們有可能在並存的現實中交錯來去，擁有無限多的生命，也擁有無限多的靈魂，並在各個維度中來去自如。個體在其他維度裡所體驗到的事件或現實，從我們這個維度來看可能是不明飛行物體或其他靈異現象。這一點我於最後一章再繼續探討。

在我們所處的這個維度或現實裡，有些人的認知能力在某時刻下會變得特別敏銳，又或者他們能降低感官所接收到的資訊量（例如前述的甘茲菲爾德實驗）並保持覺察，能從其他弦振動的維度或現實中獲得訊息，或進行各種觀測。這種能力包括預知、心靈感應、超感官知覺和念力。但或許這些能力都是由超細微觀察而來的。人們不僅能藉此接收訊息，還能實現或決定現實的樣貌。然而，觀測就是選擇。如果我們弄清楚實際狀況、充分發揮感知能力，超感官的體驗可能就會排山倒海而來。為了避免訊息量過載，人類才採用線性時間感，篩選有限的訊息來駕馭生活。

既然我們都知道時空是可彎曲的，那麼在一般感官之外的特異現象也稱不上有多詭異，或徹底違反當前的知識體系。記錄下這些現象、追蹤其軌跡並重現其發生的條件，就能看到完全不同的世界。正如威廉·布萊克在《天堂與地獄的婚姻》中說：「如果感知的大門被清洗乾淨，萬物將在人面前，如其原貌：無限。」

# 第十一章　沉睡的先知與混沌魔法

銜接二戰前後神祕學的代表人物，就是靈療大師艾德格．凱西。

凱西在二十世紀初期才逐漸引人注目，在二戰結束前不久就離世，但在戰後時期，人們再度重視並推廣他的研究成果。凱西在出神狀態底下所講述的主題都非常吸引人，包括占星術、命理學、另類療法與轉世輪迴等，而且說法新穎又容易理解。因此，在布拉瓦茨基之後，凱西是承接當代神祕學的關鍵人物。

一九一〇年，西方世界的靈性發展史出現重大轉變。十九世紀有許多大師主張，人們應有選擇信仰與思想的自主權。這些要角有威廉．詹姆斯、安德魯．傑克遜．戴維斯和瑪麗．貝克．艾迪，但他們都在這一年相繼過世。凱西出現後，這些思想才能延續下去。他以十九世紀的心靈實驗為基礎，發展出創新的信仰體系，為新世紀的靈性運動開啟了新頁。

一九一〇年十月九日，《紐約時報》刊登了一篇內容詳盡的文章，標題為「不識字的男子在催眠狀態下變成了醫生」。時年三十三歲的凱西在肯塔基州的霍普金斯維爾（Hopkinsville）擔任攝影師。此外，他每天也會進入出神狀態來幫未曾謀面的人診斷病因，並提供自然療法。

診療前，凱西會先躺在沙發上，接著解開領帶、皮帶、袖口和鞋帶，並進入一種類似睡眠的出神狀態。這位「沉睡的先知」只需知道對方的姓名和所在位置，便能洞察對方的身體和心理狀況。在一九四五年一月三日去世前，他進行了一萬四千三百次的靈視診療，也多次請速記員格拉迪斯·戴維斯（Gladys Davis）記錄整理。

一九二〇年代，凱西的出神診療法擴展到醫學以外的領域，包括「解讀」客戶的生命，並探索對方的內在衝突和需求。過程中，凱西經常會提到占星術、業力、轉世和數字象徵學，有時還會做出全球性預言，談到氣候變遷或地理變化。他也有談到神話中的失落歷史，例如亞特蘭提斯和雷姆利亞大陸。不過當他從出神狀態中醒來時，卻完全記不得方才說過的內容。但凱西是虔誠的基督徒，所以在閱讀診療紀錄時會感到很不自在，因為裡面充滿了神祕主義的色彩。

不過，那篇報導的標題並不正確，凱西不是文盲，只是沒有接受過正規而完整的教育。他固定在教會上主日學，而且每年至少閱讀一遍《欽定版聖經》，但學力並未達到八年級的水準。他熟知《聖經》的相關知識，但閱讀興趣也僅限於此。他終其一生很少離開聖經地帶，除了在德州度過幾年。當時他想用通靈能力來尋找石油賺錢，然後開設靈療診所。

自從約拿試圖躲避上帝旨意後，歷代先知都像他一樣，原本只是過著舒適生活的平凡人，但後來被揀選出來，心不甘情不願地去完成自己從未主動尋求的使命。從一九六〇年代開始，西方社會逐漸接受東方文化、祕傳學與通靈療法。如果新時代運動正需要一位帶頭的先知，那麼凱西鐵定不是萬中選一的救世主，但從歷史的角度來看，他是最完美的代表人物。

平凡人艾德格·凱西，這位虔誠的基督徒和自我懷疑的神祕主義者，於一九二七年遇到了一位來自新英格蘭的大學生、即未來將替他寫傳記的湯馬斯·蘇格魯（Thomas Sugrue）。當時這位二十一歲的新聞系學生很少去找通靈者幫忙或參加降靈會。蘇格魯是虔誠的天主教徒，考慮過投入神職工作。但他也熟悉國際事務，並有決心要進入新聞界，所以在一九二六年離開家鄉康乃狄克州，前往維吉尼亞州就讀華盛頓與李大學（Washington and Lee University）。當時，美國有提供新聞學位的大學並不多，但蘇格魯後來改變了主修項目，轉為攻讀英國文學，在四年內便取得了學士和碩士學位。

當時蘇格魯對超自然和超感知現象都不以為然。然而他在華盛頓與李大學遇到了一位新朋友，改變了他原本的立場與偏見。那個人就是凱西的長子休·林恩·凱西（Hugh Lynn Cayce）。休原本想就讀哥倫比亞大學，但他父親所接收到的靈性訊息指出，他應該前往這所由以前由喬治·華盛頓贊助的老牌學校。蘇格魯認識這位新朋友後，很喜歡聽他說他父親的故事，尤其是心靈感應方法，即人與人可以透過潛意識相互溝通。這兩位大學生喜歡探討各種知識，也很快成為室友。因此蘇格魯很想見一見那位待在鄉下的先知。

與此同時，凱西和他的妻子葛楚正在維吉尼亞海灘東部四百公里處開創新事業。凱西在通靈時獲得指示而來到這個小鎮，也在此度過了餘生。他創立了「研究與啟蒙協會」（Association for Research and Enlightenment），這個靈性學習中心至今仍相當活躍。

一九二七年六月，蘇格魯隨著休回家，並請凱西解讀他的生命。一般來說，凱西能看到客戶的前世以及對今生帶來的影響，還能透過占星術來分析對方的性格，以及洞察他的內心掙扎與天賦。同樣地，凱西也看出這位年輕記者對中東地區很有興趣。日後，蘇格魯也確實報導了以色列建國的消息。到了該年的聖誕節，蘇格魯收到了凱西寄來的診療報告，內容私密且非常準確，因此全心全意地相信凱西的通靈能力。

蘇格魯繼續邁向目標並前往世界各地報導新聞，分別為《紐約先驅論壇報》和《美國雜誌》撰寫文章。但蘇格魯的人生仍然與凱西密切相連。一九三〇年代後期，蘇格魯患上了嚴重的關節炎，日常生活因此受到影響，於是他希望凱西能為他進行通靈診療。在一九三九到四一年間，蘇格魯與凱西一家人一起住在維吉尼亞州的海邊小鎮，一邊寫作、一邊復健。蘇格魯在關節疼痛和行動受限的掙扎中，完成了凱西生前唯一的傳記《有條河流》（There is a River）。這本傳記於一九四二年問世時，社會各界對它的關注程度超過了《紐約時報》在早期對凱西的專題。

除了蘇格魯外，凱西在美國文學界還有其他支持者。《有條河流》之所以能夠突破紐約出版界的懷疑論心防、順利出版並成為暢銷書籍，必須感謝名聲卓著的編輯威廉．史隆（William Sloane）。史隆是萊茵哈特與溫斯頓（Holt Rinehart & Winston）出版社的編輯，也請凱西解讀過生命。一九四〇年，史隆考慮出版《有條河流》，因為他知道這本書能引起社會大眾的高度共鳴。但他並不喜歡這本書。後來凱西以通靈療法改善史隆孩子的身體狀況後，史隆對這本書的疑慮就完全放下了。一九六八年八月十一日，小說家諾拉．艾弗隆（Nora Ephron）於《紐約時報》回顧了這件事。史隆跟艾弗隆說：

一開始我看完稿子後內心非常疑惑，因為沒有任何方法可以驗證那些內容。所以我做了應該做的決定。

而那時我孩子正在受苦。我們帶他去看了當地所有的醫生和牙醫，也做了各種檢查，但醫生都說他沒生病。我只好寫信凱西，說我的孩子病得很嚴重，我會帶他於某時待在某地。最後我隨信附上一張二十五美元的支票。

凱西後來在回信上說，我孩子的口腔裡有個部位遭到感染，就在某顆牙齒的旁邊。所以我又帶孩子去看了牙醫，請他拔掉那顆牙齒。那位牙醫卻拒絕了，他說，從他的專業倫理來看，他不應該拔掉沒有問題的牙齒。最後，我拜託那位醫生一定要拔，反正多一顆或少一顆牙齒沒關係。他拔掉了那顆牙後，發現感染源確實就在那裡，我孩子的疼痛感就消退了。

我非常震驚，因為以前我只相信X光檢查。後來我的屬下認為我瘋了，因為我竟然想要出版那本傳記。於是她也寫信給凱西，並謹慎地談到一些問題。凱西在回信中也提到多項只有她本人才知道的身體狀況。

於是，我們出版了蘇格魯寫的那本書。

那本書出版後，多年來不斷有記者和歷史學家在追溯凱西的生命歷程。紀錄片製作人柯克派翠克（Sidney D. Kirkpatrick）在於二〇〇〇年出版《艾德格．凱西傳》（*Edgar Cayce*），內容包括凱西生涯中的各項重要事件。歷史學家保羅．約翰遜（K. Paul Johnson）在一九九八年出版的《艾德格．凱西的來龍去脈》（*Edgar Cayce in Context*）中，不偏不倚地分析了凱西的通靈療法。宗教學者哈蒙．布羅（Harmon Bro）曾與凱西度過他人生最後九個月。他將凱西視為基督教神祕主義者，也深刻研究他的思想與實踐，並收入他在一九五五年發表的博士論文中。這是劃時代的神祕學學術著作。他於一九八九年出版《不合時節的先知》（*Seer Out of Season*），並再次發表他對凱西的見解。布羅於一九九七年去世，但他的家人們仍繼續發表有關凱西的著作。布羅的母親瑪格麗特是二十世紀最早的女性記者之一。一九四三年，她在《冠冕》（*Coronet*）雜誌上發表了一篇對凱西的側寫，標題是「維吉尼亞海濱的奇蹟之人」（Miracle Man of Virginia Beach），全美各地的人們因此開始關注凱西。

在蘇格魯的描述中，凱西從行為笨拙、聲音柔弱的青少年，成長為全國知名的人物，但他從不知道如該如何面對自己的名氣，更不用說管理財務了。他每次幫人通靈解命收取二十美元，還經常不收錢或是讓人賒帳，所以他和家人長期處於財務困境中。一九四〇年，有位盲人客戶希望分期付款，而凱西用他典型的語氣回信說：「以你覺得方便的方式來支付費用就可以了。請放心，就算沒錢我也不會拒絕為人解讀生命。如果這些訊息是來自神聖之源，那就不該拿來買賣；如果不是的話，那更是一文不值。」

凱西一方面堅守他的基督信仰，也努力理解自一九二〇年代起他在出神診時時所談到的神祕學概念。它們涵蓋了命理學、占星術、轉世、業力以及神話故事中出現的古文明世界，例如亞特蘭提斯和史前的埃及。前來求助的客戶們對這些內容既著迷又深受啟發，它們的影響力不亞於凱西給的醫療診斷。此外，在那些含有靈性和祕傳學思想的開示中，也逐漸浮現一系列的主題，並在二十世紀後期形成了「新時代的療癒靈性主義」。它們有時包含了為人所熟知的養生方法，例如整體療法、按摩、冥想和天然食物。

凱西的貢獻遠不止為日漸崛起的新時代運動生出一份目錄。那些無意中所浮現的靈性概念，再加上他對《聖經》的深入研究，為一種普世宗教奠定了基礎，並影響了西方文化的發展。凱西生涯裡的這段新篇章，始於他與一位神智學者亞瑟・拉默斯（Arthur Lammers）的友誼。兩人的合作始於一九二三年秋天，地點在阿拉巴馬州的塞爾瑪（Selma）。這也代表凱西的生涯從靈療轉向祕傳學思想家了。

在投資石油失敗後，凱西難過地搬回了塞爾瑪，打算重新開始他的攝影工作。凱西的妻子葛楚那幾年得承受丈夫離家和財務不佳的困境，凱西回來後，夫妻兩人決定將十六歲的兒子休送進塞爾瑪高中就讀，而當時家中還有年僅五歲的小兒子艾德格・艾文斯（Edgar Evans）。他們搬進新家後，似乎終於可以迎來穩定的家庭生活，然而一切都在同年九月出現了大翻轉。來自代頓

（Dayton）的富有印刷廠老闆拉默斯出現了。在凱西從事石油勘探的那幾年，拉默斯就聽過這位有通靈能力的攝影師，這次他登門造訪，帶來了一個令凱西動心的提議。

拉默斯既是積極進取的商人，也熱衷於探索神智學、古代宗教和神祕主義。他向凱西強調，通靈者應該運用心靈能力多多診療他人，也應該去探索生命的重大議題，比如死後會發生什麼事？靈魂的存在嗎？我們為什麼活著？拉默斯還渴望了解金字塔的意義，以及占星術、煉金術、以太世界、輪迴轉世以及各個古老宗教裡的奧祕。他堅信凱西的通靈能力有辦法揭開這些神祕面紗。

多年來，凱西的職業生涯一直停滯不前，因此深受這項新目標所吸引。拉默斯敦促凱西與他一起返回代頓，並承諾為他們一家人找到新住所，還會給予經濟上的資助。凱西同意了，便帶著葛楚和年幼兒子艾德格．艾文斯一同離鄉背井，大兒子休則繼續留在塞爾瑪念完書。但拉默斯所承諾的經濟資助並沒有兌現，所以凱西一家搬到代頓後財務上仍然很吃緊。最後他才遷居到維吉尼亞海濱。然而凱西在代頓的日子確實是一趟前所未有的探索之旅。

一九二三年十月十一日，凱西和拉默斯於代頓市中心的一家飯店正式展開了他們的新事業。拉默斯準備了躺椅等設備，讓凱西順利進入出神狀態，接著請他講解占星術。凱西在清醒狀態時，不太願意去觸碰這類主題，但進入出神狀態後，就開始侃侃而談。在神祕訊息的指導下，他講解了占星術的有效性，並指出西方占星術的缺陷。而凱西稱那些訊息來自於非凡智慧（ethereal intelligence）。

在通靈解讀接近尾聲時，凱西隨口提到，拉默斯是「第三次出現在人世間，而前世是修士」。這明確地道出了轉世現象，也是拉默斯一直在尋求的真知灼見。在接下來幾個星期，兩人在通靈解讀中深入探討了赫密士主義和神祕主義。十月十八日，凱西為拉默斯提出了一整套生命哲學，內容包含業力、轉生、人類在宇宙秩序中所扮演的角色以及存在的意義：

我們可以看到，人類被置於人世間，其背後隱含了神聖的發展計畫，亦即讓人類逐步成長，最終再次回歸到造物主面前，並成為創造過程中一片完美的拼圖。只要善用身體與感官，人類確實能重拾此項能力。拉默斯已經是第三次出現在人世間，在這之前是修道士。從這個人的生活中，有一些如修道士般的生活方式。肉體終究只是靈魂和精神的載體，而後者穿越了所有的時代，始終如一，從未改變。

對於拉默斯來說，這些話語就是打開神祕之門的黃金鑰匙。造物主賦予人類的天命在於，我們必須透過轉世輪迴逐步提煉自己的靈魂，繼而重新與造物主融合。這位印刷廠老闆深信，這便是《聖經》訓誡人們「必須重生方得以進入天國」的背後真意。

拉默斯如此告訴凱西：「這就像是找到了古夫金字塔裡的隱藏密室。」拉默斯堅信，凱西在出神狀態下發表的教義，與所有偉大的思想傳統是一樣的：「這就是赫密士主義！這就是畢達哥拉斯學說！這就是猶太傳統！這就是基督教精神！」但凱西不確定該相信什麼。拉默斯一再試圖消除他的疑慮：

> 重要的是，這就是貫穿歷史上所有神祕思想的基本體系，無論那些神祕傳統是來自西藏還是埃及金字塔，你已經在通靈中證實，它就是正確的體系……它不僅與各大教義和社會的道德觀相一致，甚至還是道德觀的起源。

先不論拉默斯對此有多麼熱衷，凱西的通靈中講解的宗教概念，確實傳達出了一項引人注目的神學觀，也就是在基督教的架構中放入印度教的業力與轉世，以及赫密士主義談的個體即神性的延伸。凱西在某次通靈中曾提心靈的因果力量：「靈魂是生命，心智是建造者，物質世界是結果。」[1] 他將自己的宇宙論、新思想運動、基督教科學會和心靈療法的各項原則融合在一起。若說要建立大一統的靈性思想體系，那麼凱西應該是最接近實現這願景的人。

保守的宗教人士應該提出質疑：「這些洞見究竟來自何處？那些是上帝的話語，抑或僅是出於這位異端人士過度活躍的想像力？」凱西自己也很困惑。最終他所得出的結論是，無論這些想法的來源為何，都必須與各大福音書的道德觀念一致，才是至關重要且正確的內容。一九三三年二月，也就是在他五十六歲生日前，凱西於維吉尼亞州的諾福克市發表演說，並談到那些問題：

許多人問過，我如何防止不當因素干擾到我的工作。先講述另一件事。我在十一、二歲時，已完整閱讀過三次《聖經》，到目前為止也已讀過五十六次。毫無疑問，很多人閱讀的次數比我更多，但我試著每年都重讀一遍。童年時的我曾祈禱，希望自己有天能為他人做點什麼，幫助別人了解自己，特別是幫助孩子們解決問題。有一天，我心中出現了一個異象，我相信上帝聽到我的禱告了也給我答案了。

針對凱西所見到的「異象」，各個傳記作家的描述都不同。蘇格魯說，發生的時間是凱西十二歲時，地點則是他家外面的樹林裡。凱西自己則認為是發生在他十三歲時，當時他正在臥室裡熱切地閱讀著《聖經》，接著跪在床邊祈禱，希望自己能幫助他人。

在他即將入睡前，突然出現一道光照亮了整個房間，有個女性幻影出現在他的床邊，並告訴他：「上帝已經聽到了你的祈禱。你的願望一定會實現。保持信仰，忠於自己，幫助病人，幫助受苦的人。」[2] 凱西多年後才意識到，那天夜裡他所得到的回覆，究竟會以何種方式實現。成年之後，他花了好幾年的時間去調適自己，並努力成為靈療者。他感到自己的新能力逐漸成熟，也將《聖經》作為個人思想上的道德檢查機制。凱西終其一生都將自己所傳遞的訊息歸功於某個神聖之源，或是布拉瓦茨基間接提到的阿卡西紀錄。

為了使自己傳遞的訊息符合《聖經》，凱西重新詮釋了經文的部分內容，以證明業力和輪迴等概念。例如《約翰福音》第九章有個故事：

> 耶穌過去的時候，看見一個人生來是瞎眼的。
> 門徒問耶穌說：拉比，這人生來是瞎眼的，是誰犯了罪？是這人呢？是他父母呢？
> 耶穌回答說：也不是這人犯了罪，也不是他父母犯了罪，是要在他身上顯出神的作為來。

凱西推論，此人生下來就眼盲，但基督免除了他和他的父母的罪，這證明了他的殘疾必定是導因於他在前世中所留下的業力。凱西對《馬太福音》和《啟示錄》的經文也作出了類似的重新詮釋。

凱西和蘇格魯都活得不夠久，沒有機會見證凱西的思想發揚光大。這位通靈者在一九四五年初於維吉尼亞海濱去世，年僅六十七歲，離《有條河流》出版後還不到三年。蘇格魯也在那年修訂了傳記的內容。在與疾病奮鬥多年後，作家本人則於一九五三年一月六日在紐約的骨科醫院離世，享年四十五歲。

大眾從一九五〇年開始關注凱西的作品，長期崇拜凱西的吉娜．瑟米納拉（Gina Cerminara）出版了《許多大廈》（*Many Mansions*）來探討了輪迴與業力。但直到一九五六年，暢銷書《尋找布萊迪．墨菲》（*The Search for Bridey Murphy*）出版後，凱西的名字才在大眾文化中廣泛傳播開來。這本書的作者是莫雷．伯恩斯坦（Morey Bernstein）。蘇格魯的編輯史隆後來也對超心理學產生興趣，相繼出版了瑟米納拉和伯恩斯坦的作品。

伯恩斯坦是來自科羅拉多州的猶太後裔，曾就讀於常春藤聯盟，畢業後從事重型機械與廢金屬買賣。受到凱西靈療工作的啟發，他自己也成為業餘的催眠師。在一九五〇年代初期，伯恩斯坦進行了一系列的實驗。他與普韋布洛市（Pueblo）的一位家庭主婦合作，讓她在進入催眠狀態時回顧前世的經歷，而她的前世是十九世紀的愛爾蘭鄉村女孩布萊迪．這位平凡的家庭主婦在被催眠後，說話就開始有愛爾蘭口音，並回顧一百多年前的事情。這本書出版後，輪迴和轉世成為全美的流行話題，雖然美國人在二戰前完全沒接觸過這古老的吠陀概念。伯恩斯坦點燃了這股熱潮，而他是凱西的擁護者，也在著作中開闢了兩個章節來加以介紹。

在一九五〇年代，「垮掉的一代」的代表人物尼爾．卡薩迪（Neal Cassady）跟自己的文學夥伴介紹凱西的通靈故事。但小說家傑克．凱魯亞克（Jack Kerouac）對此不感興趣。一九九二年，詩人艾倫．金斯堡（Allen Ginsberg）回憶道：

> 凱魯亞克對佛教產生興趣，是在與卡薩迪相處一段時間後。卡薩迪對加州的新時代靈性思潮特別感興趣，尤其是凱西的作品。然而凱魯亞克卻嘲笑卡薩迪，說他很像熱血布道家比利．桑迪（Billy Sunday），只是穿上西裝而已。卡薩迪很崇拜凱西，稱他能進入出神狀態，閱覽阿卡西記錄，並為受苦的人提供醫療建議，而且內容經常帶有輪迴轉世的故事。[3]

加州記者傑斯．斯特恩（Jess Stearn）於一九六七年出版《艾德格．凱西：沉睡的先知》（*Edgar*

*Cayce, The Sleeping Prophet*），這本暢銷書再次喚起了人們對凱西的興趣。在充滿神祕主義色彩的一九六〇年代，青年熱衷於各種靈性思想與活動，包括禪宗、瑜伽和迷幻藥，雖然凱西沒有接觸過這些事物，但他的思想也順勢搭上了這股新潮流。休強力守護著父親留給後世的精神財富，並推出一系列的出版品，包括以凱西的教義為基礎的自學手冊，主題有夢境解析、無藥物放鬆法，以及如何在靈性活動中運用色彩、水晶和數字。凱西這個名字於焉成為了文化版圖上的永久標誌。

從一九六〇年代，新一代的靈性書寫作品紛紛出現，內容談到高階的智慧，有埃及的神祉賽特、藍慕沙（Ramtha）以及《奇蹟課程》書中所描述的基督。哥倫比亞大學的心理學家海倫・舒克曼（Helen Schucman）於一九六五年開始口述奇蹟課程，不但有深度，而且篇幅很長。凱西的信徒和《奇蹟課程》的讀者發現彼此有很多共通處，最終他們融合在一起，會同時出現在相關的研討會、成長課程和超自然會所。

「十二步驟匿名戒酒會」的追隨者也對凱西的學說產生共鳴。從一九七〇年代開始，許多戒癮者都會去參加凱西在維吉尼亞海濱所舉辦的講座與活動。在一九三九年出版的戒癮經典《大書》（*Big Book*）裡，編者強調「高等力量」是靈活有彈性的，能適應和包容各種思想與行為，而這與凱西所傳遞出的普世宗教觀相吻合。匿名戒酒會的創始人比爾・威爾遜（Bill Wilson）及幾位早期成員，都對神祕主義和靈性訊息有深刻的理解。

比爾・威爾遜於一九五一年十一月十四日寫信給休：

我一直很欽佩你父親的工作。而我也很榮幸地向你報告，包括紐約市在內，各地的匿名戒酒會成員們都對這些思想非常感興趣。

你應該已經猜到，我們在匿名戒酒會中也見到許多不可思議的現象，比如疾病不藥而癒。但顯而易見的是，這些現象都不及你父親的靈療效果。

當下我還無法全心全意加入你的組織，畢竟我是匿名戒酒會的代言人，所以不能偏袒特定的宗教觀點或靈性思想。儘管如此，我非常理解且認同凱西的靈性訊息。我期待在不久的將來，有更多朋友能全面地認識到凱西的思想體系。

凱西的通靈訊息、《奇蹟課程》和匿名戒酒會都強調宗教自由，鼓勵每個人以自己認同的方式去尋求並認識高等力量。他們還強調海納百川的精神，包容各種宗教觀點及背景。從二十世紀到目前的靈性療癒活動中，各種不同派別的訊息與思想能相互交流，而這樣的氛圍乃是受到凱西的通靈解讀所啟發，即使他自己並沒有特定的傳人。

凱西扮演催生者的角色，讓大眾更加認識神祕主義。其他代表人物也從更加不起眼的領域逐漸浮現，並帶來更長遠而細緻的影響。

首先是英國藝術家奧斯汀・奧斯曼・斯貝爾（Austin Osman Spare）。為了打破舊有的思想結構和形式主義，他進行各種實驗，努力改變透過感官所體驗到的現實（雖然人們大多依賴感官）。斯貝爾設計了一套不講求體系的實現意志法，當中包含了非理性的視覺語言。重點在於，無需相信超自然力量存在，也能運用魔法，因為最重要的是效果。

我們在第七章提到，法國心理學家艾米爾．庫埃曾比較過法國人與美國人的心態，而這也適用於斯貝爾的思維模式：

> 針對某個原則，法國人喜歡先辯明其背後的原理，然後再去探討它們於生活中的適用性。相反地，美國人會立即找出這個原則的實踐方式，並且試圖拓展它的概念，甚至超越原創者的設定範圍。[4]

這種積極的應用法激勵了斯貝爾。這位藝術家充分體現了威廉．詹姆斯所提出的實用主義哲學——理論遠不如結果重要。斯貝爾也希望能取得可量測的結果，即使不一定可以重現。

斯貝爾出生在勞動階級家庭，他的父親是警察，相當疼愛他，也積極培養他的藝術天賦。外界對斯貝爾的畫作評價兩極，他的畫廊雖小有成就，但不足以讓他擺脫貧困。納粹轟炸倫敦使他失去了家園。據傳，在一九三六年，希特勒曾要求斯貝爾為他畫肖像畫，但這位貧困的神祕主義者卻回答說：「既然你是超人，那麼我永遠當隻畜生就好。」[5]

斯貝爾相信無形世界存在，但在他的哲學觀裡，最引人注目的是一種有條件的唯心論。他寫道：

> 對人類而言，所有事物的存在皆需透過肉體，否則就不存在任何現實。我們永遠不可能認識到靈魂究竟為何，因為我們只能透過存在於時空中的有限形式來感知現實。因此，無論你對那不可思議之物加諸哪些特性，都只是你的自我（Ego）所構想出來的概念。心靈及其偉大的思維之流決定了一切，並使所有可想像的事物成為現實。[6]

就這位藝術家的觀點而言，萬物（包含理性、靈魂和物質世界）的存在必須以肉體的存在為前提，人類只能藉由感官經驗和思考能力來加以認識。這也是康德和黑格爾深感挫折的一點：心靈無論有哪些洞察力，但卻只能感受到其自身。因此，對斯貝爾來說，實踐神祕主義就是為了銜接「基亞」（Kia）和「佐斯」（Zos）這兩者的空缺；前者是無所不在的生命力，類似於道家思想的「道」，後者是能量的自我展現。

傑克．德恩伯格（Jake Dirnberger）在二〇二〇年出版《斯貝爾小傳》（*The Pocket Austin Osman Spare*），他寫道：「對斯貝爾來說，實踐魔法是為了提升普通的心靈，進而駕馭潛意識中的內在能力。」在此，理性思維派不上用場。我們需要另一種象徵性、情緒性及更原始的語言。

因此，若要接起基亞和佐斯，最好是透過性行為、符號象徵以及中斷理性思考。一九一三年，斯貝爾創造出一種激進、實用且廣為流傳的方法：製作充滿性能量或極端情緒（如狂喜或恐懼）

的符印（sigil），

方法很簡單：

一、針對你所渴望的事物寫下簡明的敘述，一個簡短的句子就好。

二、刪除掉重複的字母。

三、將剩下的字母組合成一個抽象符號。

魔法師格蘭特・莫里森（Grant Morrison）提出了另一種方法：

一、寫下你的渴望。

二、刪除掉母音字母。

三、再刪除掉重複的子音字母。

四、以此為基礎設計出你專屬的符號。

莫里森說：「把你的渴望變成一個小圖像，並不斷濃縮，直到它看起來帶有魔力。這套方法沒有既定的規則，不斷修整就是了。這樣你就擁有了一個符印。藉助它的力量，你就能把欲望投射出來，進而改變現實。這真的有效！」[7]

當時還有一種流行的方法，是由神祕主義者彼得．卡羅爾（Peter J. Carroll）設計的：帶著這個符印達到性高潮（手淫也可以），就能幫它「充電」。類似的管道還很多，包括冥想、服藥、跳舞或運動，但手淫最方便、還能帶來愉悅感，因此成為最主流的充電法。

斯貝爾有許多畫作都涉及到性、靈界事物和奇形怪狀的畫面。在某個神祕事件，他的生命受到威脅，而那份恐懼感卻實現了他的意願。根據斯貝爾的口述，其傳記作者菲爾．貝克（Phil Baker）詳細描述了這段往事：

> 年輕時，斯貝爾和幾位朋友一起住在鄉下。某天他獨自出門散步卻不小心迷路了。夜幕降臨，天開始下雪，他知道自己陷入困境。這時一輛馬車出現在他身邊，而他早已被寒冷和疲憊給壓垮。一名男子扶他坐上馬車，並將他帶到一間旅館。大門打開後，另一名男子示意請他入內。
>
> 進入旅館後，他品嚐到了有生之年喝過最美味的葡萄酒。雪停了，旅館老闆指引他踏上回家的路。他回到住處不久後，才開始對那位男子身上的老式服飾感到疑惑。他心想，也許這是鄉下的穿著風格。
>
> 他的朋友們感到很憂心，因為那地方沒聽說過有旅館，斯貝爾說他可以帶大家去看。第二天，他們沿著馬車駛過的痕跡走去，發現了一座覆蓋積雪的土丘。那裡曾有一棟建築物，但早已被拆除。後來斯貝爾做了一番調查，發現在三百年前那個地方確實曾有一間

旅館。

然而，斯貝爾十分肯定那杯葡萄酒帶來的真實感受。他說：「誰知道呢？或許我以前製作符印時，曾許下願望要品嚐天上才有的美酒。」

為了避免這個事件被大眾歸為「小心許願成真……」這類都市傳說，神祕學家肯尼斯·格蘭特（Kenneth Grant）便附帶說明：「在疲憊和寒氣的侵襲下，斯貝爾的意識無法運作，而那項願望才得以實現，讓他體驗到一生中最生動的神祕經歷。」[8]

格蘭特是斯貝爾和克勞利的朋友和創作夥伴。根據斯貝爾的觀點，只有透過完全不受拘束的激情，魔法才會有效；這與榮格、約瑟夫·萊茵和威廉·詹姆斯的看法一致。

為什麼非得達到那種狀態才能實踐魔法？假設那個神祕事件是真的，那斯貝爾本人又經歷到了什麼？目前所提的都只是理論，大多源自於當事人的體驗。然而，帶著強烈情緒的想法或觀點是如何從無限可能性中挑出某個具體經驗來實現？這也許就是我們要幫符印充電的原因。如果你相信佐斯（物理性的人）能作為基亞（無所不在的生命力）的毛細管，那麼符印就足以作為兩者間的發訊與定位裝置。正如斯貝爾寫道：「符印是思想的縮寫，用以召喚能量。」[9]

斯貝爾的基亞可與叔本華的「思辨之光」、梅斯梅爾的「動物磁力」、愛德華·布爾沃—李頓的「弗里爾宇宙能量」和克勞利的「真意志」相提並論。

在一九七〇年代，斯貝爾的作品被歸到「混沌魔法」。彼得·卡羅爾在其一九七八年出版的

《無之書》（*Liber Null*）也提到這種方法。簡單來說，就是實踐者拆解與重組幾種魔法（我稱之為「無政府魔法」）。

事先聲明，混沌魔法與科學上的混沌理論沒有直接關係，但內容都強調，改變萬物中的一個粒子，就會改變所有事物。表面上看似混沌的宇宙，存在著複雜性和決定性，這種觀念可上溯自古希臘的哲學家赫拉克利特。既然萬物相互連結，現實就不可能反映出其他樣貌。因此，混沌魔法的實踐者無需相信前述的任何概念以及任何形式的超物理存在。你也可以把符印當成某種異國文化，為日常生活增添色彩。這種編碼遊戲或許有助於喚醒潛意識，以釐清藏於內心的觀點、暗示或斯貝爾所稱的「真信念」。

因此，混沌魔法是帶有唯物論色彩的。這體現了斯貝爾的理念：不受制於既定概念，享有極度的自由。其傳記作者貝克寫道：「斯貝爾擁抱無政府注意，只聽從個人意志。他無法理解有既定架構的組織，也對它有不信任感。」這番話令我深感共鳴；我也因為探索所謂的異端思想，而被逐出靈性運動的伊甸園。[10]

就方法論來說，科學是為了重現實驗的結果。但是，就算某事情無法再現，也不代表它在現實上一定是假的。雖然斯貝爾再也找不到那間神祕的旅館，但不代表它不存在。對於萊茵來說，超感知現象的本質不在於真實與否，而是確實發生過。斯貝爾也決定相信這些現象存在，即使它們不會重複發生。他在《佐斯與塔納托斯的公式》（*The Formulae of Zos Vel Thanatos*）中承認：

我無法再現過往的經歷，甚至有可能忘記過去的某些感受……我之前所體驗到神奇事件，許多靈媒都曾經歷過，但他們也無法加以掌控。但為了說服他人，靈媒只好用詐騙手法重製那些幻象。

我還在出版業服務時，經常接觸到類似的情況，令我感到十分痛心。許多作家在撰寫超自然主題的書籍時都會東剪西湊，例如將不同的人物混合在一起，竄改事件發生的經過，美化或捏造奇幻的事件，以呈現他們所相信的真實面貌，直到非不得已時，才坦承筆下內容是改編或偽造的。不少靈媒也會這麼做。前文提到，有位已故的作者甚至篡改了預言家諾查丹瑪斯的四行詩。最後他坦白說：「這樣改編才有點娛樂性。」我回答說：「我理解這種作法，但在此處並不適合。」超自然的題材本身就違反一般人的經驗，讀者理應會質疑，所以作者更有責任以誠實的態度去處理這類素材。惠特利．斯特里伯（Whitley Strieber）在一九八七年出版的回憶錄《共融》（*Communion*）便是最佳範例。他在書中不假修飾地講述了他遇到超自然訪客以及遭其誘拐綁架的經歷。

斯貝爾的特立獨行對許多戰後藝術家來說非常有吸引力。貝克寫道：「長期以來，藝術都與魔法密切相關，原始人的洞穴壁畫似乎有宗教意味，而前衛作家威廉．布洛斯（William Burroughs）也說：『寫作是為了創造現實。』而斯貝爾就是絕佳的例子。」

就某種意義上來說，是斯貝爾（而不是克勞利）結束了黃金黎明協會在神祕學復興史上的最後一舞。確實，當時許多非凡人物都為神祕學做出貢獻，卻也為其引入了制式化的儀式、教義和紀念活動。布洛斯寫道：「埃及的《死者之書》和《西藏度亡書》當中有許多儀式和術語，但對於神祕學的未來發展來說意義不大。根本沒有什麼絕對正確的語詞……」[11]

對於布洛斯和他的神祕學圈子來說，「形式」終究還是控制體系，這在所有媒體和社會結構中顯而易見。

在布洛斯的年代，解釋名詞和教義仍然是神祕學的主流寫作風格，他因此感到很沮喪。一九五九年，畫家布萊恩．蓋辛（Brion Gysin）在巴黎與布洛斯重逢，並尖銳地指出：「文學落後繪畫五十年。」兩人共同設計了一種方法，或者可之為反方法。這種寫作法在一些更早的文學作品中出現過，尤其是艾略特的《荒原》，那就是「剪貼法」（cut-up）——將各文本的內容分割並重新排列，以呈現出前所未知、帶有潛意識色彩和神諭般的意義。布洛斯與蓋辛於一九七八年共同撰寫《第三隻眼》（*The Third Eye*），並簡單描述這套方法：

> 我有一位朋友名叫布萊恩．蓋辛，他是美國詩人和畫家，在歐洲生活了三十年之久。據我所知，他是第一位用剪貼法創作的作家。英國廣播公司曾播放他的剪貼詩文《倒數計時》（Minutes to Go）。我在一九六〇年夏天前往巴黎，就在我的長篇小說《裸體午餐》出版後。我對蓋辛的這種創作法很感興趣，覺得它很有前瞻性，於是我自己也著手進行類似的創作實驗。

> 仔細閱讀《荒原》，就會發現那其實是第一部偉大的實驗作品，而法國詩人特里斯坦・查拉（Tristan Tzara）也曾採用類似的創作手法。美國小說家多斯・帕索斯（Dos Passos）在歷史小說《美國》（U.S.A.）的〈攝影眼〉（The Camera Eye）一詩也使用了相同的創作理念。我一直都在朝著這個目標努力，因此看到有人在運用這個技巧時，就豁然開朗了起來。

布洛斯認為，剪貼法讓作家擺脫主流的文學形式，還帶來了嶄新的觀念與表達方式，突破了西方藝文界長期以來的系統性侷限。他在《第三隻眼》中指出：「『非此即彼』絕對不是最正確的思維方式，萬物並非都遵循著這樣法則。亞里士多德式的邏輯是西方文明的一大枷鎖，而我們正透過剪貼這項創作運動來掙脫限制。」

我們在第二章也提到，亞里士多德體系裡的邏輯絕對性，並不適合用來處理神祕學的主題，因為它在本質上就是無法言喻的。「超物理性」就是感性和理性間的對抗，拒絕這概念的人，都無法暫時擱置邏輯的絕對性。早在艾略特發表巨作前，布洛斯與蓋辛就已在藝術與知識上努力突破這種思維模式。當然，我們不應該放棄追求卓越。布洛斯說：

> 拿詩人韓波（Jean Nicolas Arthur Rimbaud）的任何一頁作品來剪貼並重新排列，將會獲得全新的意象。但那仍然是韓波所傳達的意象，而且是全新的創作。既然心靈一直都在接收各種外在刺激，那麼剪貼法就能使這過程更加明顯。

那麼，在魔法或占卜領域要如何運用剪貼法以觸碰到「第三意識」（Third Mind）？大約在一年前，我在思考新書的書名和標題，我寫下並重組成有意義的短語或字詞，然後將它們撒在地上，看看會出現什麼樣的結果。布洛斯有個想法與榮格學派不謀而合，他說：「或許所有事件都已預先書寫好了、預先記錄下來了，而當你將既有的文字序列剪開，未來便會從中洩露出來。」[12]

於是我抽出幾個字詞，得出了「混沌之神」和「心靈之力」，這正是我在撰寫本章節之時。這太令人驚訝了，我猜測心靈之力指的就是混沌之神。心靈能夠吸收並組合無以計數的印象，並賦予不同的價值。心靈活動停滯的話，生命也不會再前進。那些印象便是煉金術士的材料，也就是混沌。創造者有能力來提煉這些材料，並運用其千變萬化的潛力。這便是魔法。我透過剪貼法來探索未知，過程中某些力量也短暫浮現。

透過剪貼法，我們還能看出隱晦而曲折的意義。神祕學作家馬修．史蒂文斯（Matthew Levi Stevens）寫道：

> 布洛斯還想將這種方法應用在所有的人際交流和人際關係上。他與蓋辛住在廉價的比特旅館時曾錄下一些創作過程，包括討論一封令人毛骨悚然的信。蓋辛說他不敢再看那封信的內容。但布洛斯解釋說：「只要剪貼這封信，就能看出寄件人真正想說的話了！」

另一段類似的對話出現在兩人合著的《第三意識》（*The Third Mind*）中：

多年來，你和蓋辛一直將兩人的合作描述為「第三意識」的產物。這項概念究竟是源自何處？

**布洛斯：**就是拿破崙・希爾的那本《思考致富》。

**蓋辛：**作者說，當你把兩個意識擺在一起……

**布洛斯：**必然會出現第三個意識……

**蓋辛：**而且是個更加優越的第三意識……

**布洛斯：**那是看不見的共同夥伴。

**蓋辛：**我們在希爾的書找到書名。而《第三意識》是在談論各種剪貼素材。

這段對話值得我們去深思。像布洛斯、蓋辛以及音樂家P・奧瑞傑（Genesis P-Orridge）實驗性的藝術家紛紛將剪貼法的核心觀念融入作品中，並成為經典之作。因此，有價值的文學作品不一定是出自於常見的創作途徑。

所以，多元衡量標準的存在非常重要。每個專業領域都有優秀的作品，也有不堪入目的劣等之作，但若打從一開始排斥某種類型的作品，就等同於自我設限。因此，不應該對思想派別劃分出高低等級，甚至加以排除。假如文學界漠視自我成長類的書籍（例如希爾的超級暢銷書《思考致富》），便無法以剪貼法重新組合新概念，並從中探索有意義的想法。《詩篇》中寫道：「建築工人所棄的石頭，成了房角的主要石頭。」而希爾那不起眼的「性轉化」（sex transmutation）方法，後來也證明是具有洞見的。希爾於一九七〇年去世後，社會風氣越來越開放，討論性議題也不用再遮遮掩掩。所以這項出乎意料的魔法值得在此探討一番。

在一九三七年的《思考致富》中，希爾主張，性欲是生命本有的創造性衝動，並且由個人的言行表現出來。這個論點與古今其他的思想傳統一致。包括道教、印度教與西藏的密教在內都提到，性欲不光是為了表現情感與繁衍後代，也出現在創造力的各個層面。在這股衝動的驅使下，我們才會擁有創造力與生產力。因此，每當你努力在現實世界中實現願景時，背後都是這股生氣勃勃、有建設性的力量在驅動著你。

希爾認為，認知到這個事實後，你就能將這股衝動轉化為專注力和洞察力，而不論是在財富、藝術或任何你想投入的志業中，你都能做出更優異的表現。這個方法和斯貝爾的符印法一樣簡單，會讓人願意一試。同樣地，希爾也不要求你必須深信這套說法或概念，只需要實踐並觀察結果。

具體的操作過程如下：

當你的性衝動湧現時，便將你的想法和能量引導到你所重視的任務或計畫上。你必須在心理層面上將此生理活動轉化為創造活動。如此一來，你就能駕馭性衝動，並將它融入到你的工作中。而這樣就能為自己增添活力、創造力以及思考力。

希爾不主張禁欲，也不鼓勵將它昇華為其他力量。他強調，性行為不僅是生理上的解放，同時還有舒壓與治療之效，也是親密關係的核心。關鍵在於，在你的意願下，你能駕馭這股內在生命力去提升能量，進而超越自己以為的能力範圍。

希爾的觀點與心理研究者弗雷德里克·邁爾斯所觀察到的天才（genius）本質吻合。一九〇一年，當這位心靈研究者走到生命的最後階段時，逐漸相信所謂的天才、有非凡思想並將其付諸實現的人們，其能力來源超越了一般人的心智，他稱之為「超意識心靈」（supraliminal mind），也就是後來流行的無意識和潛意識概念。邁爾斯在一九〇三年的遺著《人格及肉體死亡後的生命》（*Human Personality and Its Survival of Bodily Death*）中寫道：

> 從心理學上來看，「天才」這個很籠統的詞語，它其實是一種能力，即能超越他人、廣泛運用每個人本有的天賦。它能將潛在的思維成果導入意識心靈的思維之流。事實上，天才的靈感是潛在意識的湧現。只要你有意識地在操作某些想法時，那些湧現的思維便會浮現出來。它們並非你刻意想到的，而是在你的意志外自動形塑的，是你最深層的生命本質。
>
> 這些現象都不是特例或不正常，至少不代表人的退化。它們實現了人類最真實的一面，

在某方面來看是超越常態的。但那只是超越當前世人所認定的常態，就如同在演化過程中會有跨越舊時代的新階段。

簡而言之，天才就是潛意識心靈與超意識心靈交互作用的結果，這個定義也有助於日後的潛意識概念的形成。希爾則把超意識心靈稱為「無限智慧」（Infinite Intelligence）。他認為，天才、偶像和名家能達到卓越的成就，是因為在努力付出的背後，還有性轉化的力量加以推動。

提到天才時，希爾用上了晦澀難解的複數單字genii。這個字起源自羅馬時代的拉丁文，除了非凡的知性能力，在邁爾斯的詮釋下，還帶有羅馬神話的色彩，也就是說，天才是精靈或惡魔所賜予的禮物。在阿拉伯的民間故事中，也有神靈（jinn）或神魔（genie）這樣的詞彙，它們能附身到人類身上、賜予超自然力量。因此，在神祕力量和個人努力的交融下，就能有一番成就。

由此來看，這幾位戰後學者都描繪出性欲和創造力之間難以言喻的關聯性。

多年來我不斷研究希爾的觀點，但從未發現有任何文獻或報告提及他鑽研過性魔法或相關的實踐。然而毫無疑問的是，這位成功學教練竟可以放入這個議題的討論脈絡中。這是神祕學走向大眾化的新階段。術語和稱謂可能會被拋棄或調整，但這些從神祕學和靈修得知的概念，正逐漸滲透到廣為流傳的書籍和節目中。

值得注意的是，布洛斯還認為，我們應該研究心理學家威廉．賴希（Wilhelm Reich）於一九三〇年代首創的性能量概念：「奧根」（orgone），並設法加以應用。但希爾是否真的熟知賴希的研究，我並未找到相關證據，儘管這兩人活躍的年代確實有所重疊。

本書在一開頭提到，「噴氣推進實驗室」的英文縮寫ＪＰＬ有時會被理解為「傑克・帕森斯永存不朽」，以紀念這位偉大的火箭專家。所有的文獻都指出，帕森斯不僅是傑出的科學家，也是二十世紀最知名、極富神祕感又迷人的神祕主義者。

帕森斯畢業於加州理工學院，在年紀輕輕之時就對魔法有強烈的興趣，在他於一九四六年所出版的回憶錄《巴巴倫之書》（*The Book of Babalon*）中寫道：「我見到了十三歲時的自己，當時我召喚了撒旦，但他真的出現時，我卻不敢面對他。若有下次機會，你問我會再退卻嗎？絕對不會。」帕森斯確實信守了誓言。他接著說道：「我對化學和科學的興趣逐漸明朗，這為即將到來的魔法覺醒建立相對應的平衡思想，並讓我在學習階段獲得世俗的聲望和一技之長。我也因此擁有實踐魔法時所需的科學方法。」

乍看之下，這位英俊的年輕科學家應該會過著安穩的生活。他於一九三四年在洛杉磯的一場教堂舞會上認識了海倫・諾思洛普（Helen Northrup），並於次年結婚，那時帕森斯還不滿二十一歲。然而他有條有理的外表下，卻跳動著一顆叛逆的心。帕森斯在一九三〇年代後期於加州理工學院研發火箭時，結交了一群科學家和科幻小說迷，其中有些人深信共產主義和馬克思主義，他也因此受到啟發。然而這些人際關係卻成為他在生涯上的巨大絆腳石。

在南加州的燦爛陽光下，帕森斯重拾了他在年輕時所培養的興趣。他和海倫接觸到了克勞利的泰勒瑪哲學觀，並於一九四一年初正式加入帕薩迪納的阿加佩會所（Agape Lodge），是東方聖堂騎士團的據點之一。帕森斯從克勞利的魔法儀式看到魔法世界的藍圖，而且它與科學不相衝突，並成為他實現願景的重要一塊拼圖。在研究魔法的過程中，他證實過去深信不疑的想法：煉金術和魔法就是古代的工程學、醫學和數學。量子力學出現後，帕森斯更受到鼓舞，因為從物理學家薛丁格的理論模型中，我們更了解對於現實世界的感知基礎，以及時間在不同維度的共存和交錯。

帕森斯的魔法興趣與另一位二十世紀的發明家非常相似：交流電的發明者尼古拉・特斯拉（Nicola Tesla）。艾里克・戴維斯在《科技神祕學》中寫道：

> 特斯拉會充滿神祕色彩，是因為他對於電磁學的奧祕之處，有一種直覺性的、本能性的甚至近乎超自然的理解。時至今日，研究者仍在持續探索特斯拉留下的想法。根據特斯拉的回憶錄，他許多發明構想是完完整整突然出現在腦海中，就像從外星電腦下載這些原型。
>
> 而交流電的發明，要回到他還在研讀工程學時，某天與朋友在布達佩斯的公園裡散步，腦中突然浮現了奇妙的靈感。當時特斯拉深受壯麗的日落景致所感動，竟然朗誦起《浮士德》中的一段詩句，而交流電的概念便如閃電般突然降臨了。

最後這段描述完全符合弗雷德里克・邁爾斯對「天才」的定義。

「阿加佩」在希臘文中代表神聖的愛，而阿加佩會所卻鼓勵成員們進行開放式關係，帕森斯和海倫的婚姻也走到盡頭。海倫在一九四一年六月外出旅行時，帕森斯和海倫十七歲的妹妹貝蒂發生婚外情。海倫自己也外遇了。這兩對婚外情的情侶有時會同住在帕森斯的房子裡，還用他名字的英文諧音稱為「帕森斯聖堂」（Parsonage）。

這位工程師在洛杉磯的社交圈有威望又有知名度。「帕森斯這傢伙很好相處，也是一流的火箭工程師。」懷疑魔法的科幻作家羅伯特・海萊因（Robert Heinlein）這麼說。

這段期間，帕森斯也常跟克勞利的通信，還把大部分的收入都拿來資助對方，讓年老體弱的大師能住在倫敦郊區的寄宿家庭。[13] 此外，帕森斯還要養海倫和她的新伴侶。這對夫妻感情失和卻還要同處一個屋簷下，在各種矛盾中，最終還是於一九四六年離婚了。

在這段混亂的生活中，雪上加霜的是，一位奇特的男人登場了：科幻小說家以及山達基的創始人L・羅恩・賀伯特（L. Ron Hubbard）。

賀伯特喜歡帕森斯聖堂的波希米亞生活和共產制，便於一九四五年八月出現在帕森斯的家門口。正如藝術家斯皮格爾曼（Art Spiegelman）所寫的：「帕森斯的麻煩從此開始了。」賀伯特很快便融入了帕森斯的圈子，甚至搬進聖堂住。這位喋喋不休又自信爆棚的科幻小說家，用他的冒險故事和豐富知識吸引了聖堂的室友們，包括帕森斯在內（雖然也有人很反感）。賀伯特常常惹出風波，但沒有影響到帕森斯對他的欽佩。小說家入住後不久，便與帕森斯的昔日情人貝蒂談戀愛。朋友們都認為帕森斯壓抑自己的嫉妒心，因為在阿加佩會所中，嫉妒被當成是弱點。

一九四六年一月二十六日，帕森斯熱情地在信中跟克勞利介紹他的新朋友：

三個月前我遇到了賀伯特上尉，他是作家、也是探險家。這位紳士有紅頭髮和綠眼睛，誠實且聰明。我們成為了好朋友。他在兩個月前搬進了我家，雖然貝蒂和我仍然處得不錯，但她的性欲已移到了他身上。賀伯特還沒有接受過正式的魔法訓練，但他有相關的經歷，理解力也很高。我推斷他曾與某種高等智慧接觸過，可能是他的守護天使。他十分服膺於泰勒瑪哲學，想法都符合我們的準則。賀伯特也希望建立《法之書》中所預見的新紀元，但出於某些原因，我還沒有讓他加入阿加佩會所。我們出資成立一間公司來管理投資方面的事務，也獲得了相當不錯的收益。貝蒂和我最好還是維持普通朋友的關係，所以他們的情事對我沒有影響。我對她有深厚的感情，但我不想控制她的感情生活，也希望能控制自己的情欲。畢竟我需要有位夥伴一同去實驗許多魔法的構想。[14]

克勞利年老但神智清醒，他感到非常疑惑；那位誠實而聰明的紅髮綠眼紳士，竟能如此迅速地融入帕森斯的親密關係和財務。事實上，兩人也已開始進行「巴巴倫程序」(Babalon Working)的魔法儀式，旨在為帕森斯帶來新的愛人，進而生出「魔法之子」或「月神之子」。這個孩子會擁有特殊能力，足以開啟克勞利在《法之書》中所描述的荷魯斯紀元。

一九四六年的一月到三月，帕森斯在聖堂裡獨自一人進行巴巴倫程序，後來與賀伯特一起前往莫哈韋沙漠（Mojave Desert）共同施法。這項魔法是根據克勞利在預言書中所提到的「情欲之女」(Scarlet Woman)。

帕森斯也借用了約翰·迪伊設計的伊諾克魔法（Enochian magic）。他穿長袍，手持魔杖和劍，用自己的血液和精液獻祭魔法石板，並在現場播放普羅高菲夫的《第二號小提琴協奏曲》。某天夜裡，帕森斯在聖堂進行儀式時，賀伯特感到右肩似乎被某種無形的力量給擊中，整隻右手都癱瘓了。在另外幾次儀式中，屋內還會突然停電。許多室友也說自己聽到了多次巨響或看到家具倒塌。猛烈的暴風不時席捲而過。正如帕森斯在《巴巴倫之書》中的紀錄：

一月五號。在第一次的祈求儀式中突然出現了一場猛烈的風暴。

一月六號。一樣的祈求儀式。間歇性的猛烈風暴日夜不停歇。

一月七號。進行了兩次祈求儀式。暴風平靜了下來。使用普羅高菲夫的第二號小提琴協奏曲作為背景音樂。

一月八號。用血液進行了兩次祈求儀式。

一月九號。進行了兩次祈求儀式，補足物質性基礎。

一月十號。進行了兩次祈求儀式。我大約在晚上十一點就寢，後來被九次強烈、快速的敲擊聲給吵醒。角落桌上的檯燈突然猛力地掉到地上，整個都碎掉了。那個角落沒有窗戶，當時也沒有任何一絲微風。我以前沒有經歷過這類現象。從魔法的角度來說，這代表在儀式中斷或失敗了，正常來說不應該出現的。

一月十一號。用血液進行了兩次祈求儀式。

一月十二號。進行了兩次祈求儀式，期間一場狂風暴雨來襲。

一月十三號。進行了兩次祈求儀式，依舊出現強烈的風暴。

一月十四號。大約在晚上九點時，整棟房子的照明系統失靈了。另一位魔法師賀伯特這段期間一直住在這裡和我共同研究魔法。當時他正拿著蠟燭穿過廚房，但他的右肩遭到重擊，蠟燭也掉到地上。他立即大聲呼叫，我們趕到廚房時，看到兩公尺高的棕黃色光芒。雖然我用魔法劍趕走它，但賀伯特的右手臂整夜都麻痺不能動。

一月十五號。進行了兩次祈求儀式。賀伯特看到遙遠的星界畫面，當中有位我的仇人，但他從未聽說過這號人物。後來賀伯特又看到伊西斯女神和大天使米迦勒。我回到房間時，又聽到了好幾次的敲擊聲，還有一個嗡嗡的金屬聲，似乎在哭喊著「放我自由吧」。那晚我感受到巨大的壓力和緊張感，室友們也有同感。此外沒有發生其他的異常現象。

聖堂的室友們覺得帕森斯正在召喚惡魔，只是猜不到他的真正目的為何。帕森斯還是很信任賀伯特，還說對方是自己的「記錄者」。帕森斯在紀錄中進一步寫道：

> 緊張和不安的感覺持續了四天之久。然後，在一月十八號的日落時分，當我和記錄者在莫哈韋沙漠上行走時，那份緊張感突然消失了。我轉身對他說：「我們做到了。」我確信這次的儀式已臻致完美。回到家時，有位完全符合我祈求的年輕女子正在等著我：如火焰一般，一頭紅髮、散發出熾熱且敏銳的氣息，果斷且固執，真誠且叛逆，有非凡的個性、天賦和智慧。

就在那一天，有位新室友來到聖堂。這位充滿魅力又極富自信的年輕藝術家名叫瑪喬麗・卡麥隆（Marjorie Cameron），剛從二戰的「戰時婦女自願服役團」（Women Accepted for Volunteer Emergency Service）退伍。

英國記者喬治・彭德爾（George Pendle）寫道：「卡麥隆的到來恰好與帕森斯從莫哈韋沙漠返回的時間相吻合。帕森斯對於兩人間的神祕磁場極為震撼。他寫信克勞利時，開心地宣布：『我找到我的魔法要素了！』」

相遇不到兩週，帕森斯與卡麥隆就發生了親密關係。卡麥隆懷孕了。這是否就是帕森斯所尋求的魔法之子？這對夫婦永遠也不知道答案為何。卡麥隆對於帕森斯的求子目的一無所知，便在他的同意下決定墮胎，後來懷孕時又再墮胎一次。[15] 斯賓塞・坎薩（Spencer Kansa）於二〇一一年出版卡麥隆的傳記《艾草星辰》（*Wormwood Star*），他指出：「帕森斯聲稱，他與賀伯特共同進行的魔法儀式已經成功了，並且指出，巴巴倫女神已經寄宿於地球上某人的體內，將於適當的時機顯現於世人面前，並實現她的預言。」帕森斯與卡麥隆兩人於一九四六年十月十九日成婚。

巴巴倫程序的成功為帕森斯帶來極大的滿足感，但克勞利對賀伯特的懷疑卻不斷加深。這位導師雖然身在他鄉，卻一直對這兩人的魔法實踐感到疑惑。一九四六年四月，克勞利寫信給他以前的副手卡爾．格默：「帕森斯和賀伯特明顯地要孕育出月神之子。每當我思及這些蠢蛋的行為時，就感到焦躁不安。」[16]事實上，克勞利早之前就警告過帕森斯，他的夥伴和魔法非常危險。一九四六年三月二十七日，他跟帕森斯說：

> 你在上封信中告訴我的「魔法要素」令我十分擔憂。因為在過去這段時間以來，我一直在想辦法幫助你，而且是「親自出馬」。然而，我希望你能記起艾利馮斯．李維的格言：「魔法師對於這些生命的愛是毫無理性可言的，而且可能會毀掉他自己。」你的感性有可能破壞你的平衡。對於碰巧符合你期待的事情，你都會太過重視。既然你是特別感性的人，所以在面對這類情況時必須更加有所警覺。[17]

這位年邁的魔法師在經濟上需要帕森斯的幫忙，所以也明顯透露出他個人的顧慮：「這段期間你忽視了那些需要你的人，使他們陷入困境，無論是位階高於你或處境低於你的人。」

不論克勞利的動機究竟為何，帕森斯後來確實後悔沒有聽從老師的建言。在前一年的一月，帕森斯、賀伯特和貝蒂共同創立了「聯合企業」，該公司的資金來源主要是帕森斯的積蓄（他投入了兩萬美元，而賀伯特只有投入兩千美元）。賀伯特的投資計畫包括買賣遊艇，但對此克勞利並不樂觀。一九四六年五月二十二日，他發電報給格默：「我懷疑賀伯特在玩弄他的朋友。帕森斯是軟弱的傻瓜，當然也是受害者，而賀伯特根本是四處埋伏的騙子。」[18]

到了七月，帕森斯才心灰意冷地承認克勞利的看法沒錯。賀伯特和貝蒂帶著他的錢逃去了邁阿密，顯然要去那邊做買賣遊艇的生意。帕森斯現在才意識到這兩個人偷走他的積蓄。一九四六年七月二十六日，帕森斯在這座海港城慌張寫信克勞利：

我人正在邁阿密追捕賀伯特和貝蒂。這全是我自己的愚蠢而造成的後果。我把他們牢牢看緊了，所以先不急著把他們送進監獄。但我擔心大部分的資金都被他們花光了。如果能救回三千到五千美元就好了。因為我身無分文，得想辦法籌措返家的交通費。我現在離家三千多公里，唉，這就是人生。

跟你說件有趣的事。賀伯特在下午五點駕船逃跑，而我於晚上八點在魔法圈內施法召喚巴札貝爾（Bartzabel）。就在同一時間點，賀伯特所駕駛的船隻突然遭到狂風襲擊，船帆因而破裂。他被迫返回港口後，我便把船扣押了。我沒有特別的情緒，但覺得這很有意思。[19]

帕森斯在此提到了克勞利在一九一〇年所發表的魔法儀式：「召喚火星之靈巴札貝爾」。最終，帕森斯僅挽救回了兩千九百美元，而他的兩位前革命夥伴則前往東岸，並於該年八月結婚。貝蒂後來發現，賀伯特早在一九三三年就結過婚了。不久之後，賀伯特於一九五〇年發表了《戴尼提學》（*Dianetics*），並開始打造他自己的宗教版圖——山達基教會。對於這整起事件，賀伯特的教會後來發表聲明，說創辦人是替情報單位執行臥底任務，旨在瓦解帕森斯的魔法組織，並拯救年輕的貝蒂。宗教學者休．厄本在《山達基的神祕學根源？》（*The Occult Roots of Scientology?*）中指出：

> 一九六九年十二月，山達基教會在《倫敦星期日泰晤士報》上發表聲明，宣稱他們兩人確實進行了這些魔法儀式，但賀伯特是受到情報單位的指示，前往該處進行特殊任務，以瓦解這個黑魔法團體。山達基教會聲稱，賀伯特成功地達成任務、拯救了貝蒂，並終止了這個神祕組織的後續行動。
>
> 聲明談到：「賀伯特瓦解了美國的黑魔法團體……他被派去執行任務。他住在那棟房子裡，調查了黑魔法的儀式等相關活動，並發現它們可怕的一面。賀伯特成功達成任務，成果超出了眾人的預期……賀伯特拯救了那個被歹徒利用的女孩。這個黑魔法團體已被撤底摧毀了。」

山達基教會沿著它自己的多樣道路逐漸發展，一度吸引了布洛斯的興趣。然而在一九六九年一月，布洛斯因「叛教」而遭到剔除。這位「垮掉的一代」的代表人物隨後於一九七〇年三月六日在《洛杉磯自由新聞報》（*Los Angeles Free Press*）上發表了一份聲明，帕森斯應該會感到頗有共鳴。他寫道：

山達基有一些技巧非常有價值，值得進一步研究和實驗。例如心靈電表儀……若加以改造，就能用在不同用途上。但我完全不同意其組織的發展方針。任何知識體系都不需要體制，那只會妨礙進步。組織方針與思想自由是互相矛盾的。試想，如果牛頓創立了「牛頓物理派教會」，並拒絕向任何質疑的人展示他的力學公式，那世界會變得如何？所有的組織都需要章程與規定。賀伯特先生的諸多發現確實很重要，但這些條款讓山達基無法被外界認真看待。信徒們不願意接受有見識又略帶批判性的評價，只想無條件地接受他的思想。[20]

一九九六年十一月三十日，就在他過世前的幾個月，布洛斯在日記中明確地表達了他的最終立場：「依我說：賀伯特需要拿把刀刺進自己的胃裡。」[21]

邁阿密事件後不久，克勞利對這位門徒失去信心，不再讓他擔任阿加佩會所的掌管者。帕森斯對生活各方面都感到幻滅，唯獨魔法。一九四六年，亦即他與卡麥隆結婚的那一年，他寫了封信給妻子，裡面有一句話應該是引自斯貝爾的話：「唯有依循著非理性與未知的方向，我們才能重新獲得智慧。」[22]同年八月二十日，帕森斯寫信給克勞利，表明退出東方聖堂騎士團：「親愛的阿萊斯特（不再稱他為老師），東方聖堂騎士團是一個專制的組織。我不認為你們是適當的發聲管道，足以宣揚與實踐你們所捍衛的那些原則。」

對於自己所遭受的多次背叛，帕森斯只用哲學的角度去加以思索，在一九四八年的〈一位聖殿大師的分析〉（An Analysis by a Master of the Temple）中，他寫道：

> 你與賀伯特、貝蒂的風波，以及在東方聖堂騎士團的最後那段日子，是為了幫助你克服對於他人不必要且不成熟的依賴。儘管這條路你還沒有走完。

帕森斯在探索靈性的路上毫不氣餒，並開始創作更多作品，也悟到一個重要的道理。他寫信給卡麥隆說：

> 「簡潔易懂」——在百家爭鳴的思想中，這是取得勝利的關鍵，但目前的魔法體系沒這種特色。克勞利用一頁的〈奧茲宣言〉（Liber Oz）來說明人的權利，它當中有骨幹，並以許多其他文獻來包裝，但卻沒有血肉。[23]

如果帕森斯還活著的話，我相信他對魔法的巨大貢獻將會是實現這項「簡潔」準則，可惜的是他才剛開始動筆便已離世。從他後期的文章中就能看到這一點，包括在去世後才公開發表的作品。他在〈論魔法〉（On Magic）中指出：「魔法不是由人所創造的，而是人的一部分，其基礎存在於大腦、身體和神經系統等結構中，並與人的概念性宇宙、思想矩陣和語言（思想之母）有緊密連結。」[24]令人惋惜的是，帕森斯的實驗在一九五二年六月十七日戛然而止，當時他在自家的實驗室中為一家好萊塢特效公司調製炸藥，卻不慎將自己炸死，時年僅三十七歲。

如果人類天生就有魔法能力，也就是說，如果是感知、情感和信念構成了現實的基礎（至少是主要創造來源），那麼魔法是否可以脫離儀式、儀典和禮儀，即克勞利投入大量精力去鑽研的事情？與其依賴那些複雜的形式，魔法是否有可能就近在心靈裡面？

帕森斯繼續寫道：

> 從最純粹的基礎上來說，魔法是激情與紀律，與愛之奧祕緊密相關……而從與它相對和應用的層面上來說（這也是人類所有祕密傳統的根源），魔法與性聖事以及創造性意志的奧祕有關。

這就是斯貝爾的願望，也是《斯貝爾小傳》中的結論：「對於斯貝爾而言，魔法能繞過日常心靈並駕馭潛意識的能力。」

帕森斯去世後，他的妻子卡麥隆展現了藝術家和演員的非凡才華。她參演了一些極具開創性的獨立電影和短片，包括一九五四年由肯尼思・安格（Kenneth Anger）執導的前衛驚悚短片《極樂大廈揭幕》（*Inauguration of the Pleasure Dome*）、一九五六年的《艾草星辰》（*The Wormwood Star*）以及一九六一年由柯蒂斯・哈靈頓（Curtis Harrington）執導的奇幻恐怖電影《夜潮》（*Night Tide*），最後是丹尼斯・霍普（Dennis Hopper）首次主演的長片。這些影片都是充滿奇幻色彩、帶給觀眾強烈感受的剪貼之作；當中的主題和影像不管在流行或前衛領域都是引領風潮。除此之外，卡麥隆還是卓越的風景畫家、肖像畫家和素描藝術家，她的作品經常表現出她與帕森斯共同研究的神祕學主題。

卡麥隆認為，帕森斯可能是被反猶太復國主義者下毒手。帕森斯生活在麥卡錫主義的陰影底下，因為研究魔法而被詆毀，所以考慮要搬到以色列。此外，也因為他早年接觸過馬克思主義，所以被剝奪了很多資源（他後來變成自由主義者）。[25]

帕森斯在他的詩作〈大衛王〉（King David）中寫道：

即便是那位高大倔強的兒子

陰沉，黝黑，美麗

橫陳於希伯崙平原的血泊之中[26]

在那之後的幾十年裡，隨著帕森斯的名聲逐漸提升，還變成知名電視影集《雙峰》的劇情背景。讀者們會好奇，巴巴倫魔法是否象徵無政府主義的勝利。休·厄本在《性魔法》一書中精確地指出：

許多帕森斯的崇拜者認為，巴巴倫魔法可能對世界產生了一些影響，包括打開啟示錄的閘門，啟動異教力量，引發整體意識的動盪。所以二十世紀後期才有這麼多戰爭、疾病、饑荒和恐怖主義活動。除了這些末日異象，帕森斯的計畫至少有一項在日後實現了。他打算創立一種新型態的宗教，他稱之為「巫術」（Witchcraft），並在一九五〇年代的新異教巫術復興運動中實現了。[27]

事實上，就在傑克於一九五二年戲劇性地離世之際，有許多新興的思想逐漸萌芽，而魔法實踐得已成為主流文化。

在本章的結尾，這個巧合就留給讀者去玩味了：「耶和華見證人」的創始人查爾斯·泰茲·羅素（Charles Taze Russell）認為，一九一四年十月二日是《啟示錄》所預言的末日之始，而這天也正好就是帕森斯的出生之日。[28]

# 第十二章　威卡教、撒旦教會與量子力學

英國的《巫術法》（Witchcraft Act）訂立於一七三五年，而在靈性運動者不斷努力爭取下，直到一九五一年才廢除。在此之前，靈性運動者就算以基督教為名成立團體，還是會被當局查禁和迫害。

相關法令廢除後，著名作家傑爾德．加德納（Gerald Gardner）逐漸開始推廣與重塑古老的巫術。

加德納原本是富裕又有冒險精神的海關官員，一生大部分時間都在婆羅洲、英屬馬來半島、新加坡等大英帝國的貿易站度過。他在一九三〇年代退休並定居於英格蘭南部海岸，並開始深入研究在遠東地區見到的民俗與部落儀式。回到家鄉後，加德納非常熱衷於研讀埃及學研究者瑪格麗特．默里（Margaret A. Murray）的研究著作。默里在一九二一年出版極具影響力的《西歐地區的巫術崇拜》（*The Witch-Cult in Western Europe*）一書。她推測：有一項古老的巫術活動還沒在英格蘭和西歐地區消失。為了因應二十世紀的巫術新興浪潮，牛津大學出版社還於一九六二年重新發行了這本書。

美國民俗學家查爾斯・里蘭（Charles G. Leland）在十九世紀末也提出了類似的觀點，他在一八九九年出版了《阿拉迪亞，巫師的福音書》（*Aradia, or the Gospel of the Witches*），內容描述一種古老的自然崇拜活動，統稱為「史翠蓋里亞」（stregheria）或「古老的宗教」（la vecchia religione）。里蘭寫道，黛安娜（Diana）是月亮女神，路西法（Lucifer）是太陽之神，他們分別因為美貌和自傲而被逐出天堂。他們的女兒叫阿拉迪亞（Aradia），屬於諾斯底派的神明。母親派她到人世間，因為「那裡有許多人渴望在妳的指導下學習巫術」。

在美國，婦女投票權運動者馬蒂達・蓋奇（Matilda Gage）也呼籲大眾關注獵巫時期的大規模屠殺事件。蓋奇認為，相關的歷史事件會導致各大宗教團體對女性有偏見。巧合的是，蓋奇的女婿正是神智學學者暨《綠野仙蹤》的作者鮑姆。[1]

神智學於此時再度浮上檯面。一九三〇年代後期，安妮・貝贊特的女兒梅布爾・貝贊特—斯科特（Mabel Besant-Scott）活躍於男女共濟會，這是她母親管理過的共濟會分支，男性及女性會員都收。在共濟會的體系下，貝贊特—斯科特在英格蘭南岸地區與其他人共同合作，創立了一個玫瑰十字會團體「克羅托納玫瑰十字會」（Rosicrucian Fellowship of Crotona，以畢達哥拉斯傳說中的學校為名）。他們還組成了劇團，以此來傳授神祕學的思想。不過其活動僅持續了一季，從一九三八年六月到九月。

儘管如此，當地對神祕主義和民間傳說感興趣的人士都紛紛前來，包括傑拉德・加德納。這位前海關官員曾加入一個歷史悠久的女巫社團，並接觸到古老的自然儀式和思想。加德納說，在歷經了幾個世紀的暴力鎮壓和反抗後，他們好不容易才保留這些傳統。二戰過後，加德納發現了一條新的人生道路。歷史學家羅納德．赫頓（Ronald Hutton）寫道：

加德納聲稱，自己於一九四六年見到過阿萊斯特．克勞利，並決定將巫術傳統公諸於世，這是他人生的轉折點。就像玫瑰十字劇團一樣，加德納想告訴世人一些事物，它們在象徵意義上具有真實性。到了一九四七年，加德納顯然已經開展出了一條道路，而他將終其一生不斷前進。[2]

靈性活動與藝術史的重大發展，往往出現在個人與文化潮流的契合點。加德納找到了他的契機，也就是英國正式廢止巫術法之時。一九五四年，他出版了精簡而生動的小書《今日巫術》（*Witchcraft Today*），並闡述了自然崇拜的信仰與儀式。他還說，自己曾在沿海森林中與那些巫師團合作過，其成員稱之為「威卡」（Wica），這很可能是古英語的詞彙，意指聰慧者或機智之人。

加德納說，自己曾在英國的海濱小鎮海克里夫（Highcliffe）進行啟蒙儀式，而主持人是「老桃樂絲」（Old Dorothy）。他說這位長者就是桃樂絲．克拉特巴克（Dorothy Clutterbuck），是當地富有的行政長官。這項說法並沒有獲得實證。但無論如何，加德納說在二戰期間他們繼續在森林中集會，並施展魔法對抗希特勒。《祕法卡巴拉》的作者荻恩．佛瓊也施展過相同的魔法，就在德軍兩度轟炸她的倫敦會所之時。在一九七一年上映的《飛天萬能床》（*Bedknobs and Broomsticks*）

中，導演象徵性地重演加德納在沿海地帶的魔法聚會。在片中，安吉拉．蘭斯伯里飾演的善良女巫用魔法擊退了入侵村莊的納粹軍團。

歷史學家懷疑加德納所謂的新森林女巫團（New Forest Coven）是否真的存在過。但我認為問題在於，在宗教迫害與動盪年代中，要完整地去維持教義與實踐，實數困難之事，所以不得不有所調整或融入其他團體。這種現象在美國奴隸制和獵巫時期特別明顯。儘管如此，加德納在一九五四年出版的著作影響力還是遍及全球。到了一九六〇年代，他所創造的術語Wica英美兩地逐漸演變為Wicca，許多追隨者都透過它來重新認識這個古老的信仰。神祕學家雷蒙德．巴克蘭（Raymond Buckland）在一九六三年加入加德納的女巫團，而此項古老傳統得以在美國文化中擴散。加德納也鼓勵成員們自立門戶，以推動巫術的復興與傳播。[3]

印度的蘇菲派學者伊德里斯．沙阿（Idries Shah）於一九五〇年代開始擔任加德納的祕書，兩人也成為摯友。沙阿融入威卡教的團體後，並利用這層關係培養自己的追隨者。沙阿在一九五六年出版了《東方魔法》（*Oriental Magic*），並接著在一九六四年出版《蘇菲教派》（*The Sufis*），以此將伊斯蘭神祕主義與民間宗教活動引介至西方世界。一九六〇年，沙阿創立了「八角形出版社」（Octagon Press），隨即出版了《巫師：加德納傳》（*Gerald Gardner, Witch*），作者署名為布萊斯林（J. L. Bracelin），不過大家都認為那是沙阿的筆名。

威卡教一開始是加德納獨創的新舊信仰混合體，有一半是憑空想像，另一半混和了民間傳說與傳統習俗。最重要的是，這是符合當代需求的新興宗教。

威卡教崇尚自然，強調性解放（加德納本人是裸體主義者）並且肯定女性的價值。到了一九六〇年代末，這種帶有古老異教色彩的組織吸引了成千上萬的年輕人加入，並啟發了接下來十年蓬勃發展的女神運動（Goddess movement）。

神祕學專家沃特・哈內赫拉夫在《新時代宗教與西方文化》一書中寫道：

> 威卡教是參考歐洲的巫術（瑪格麗特・默里的觀察），而女神崇拜者是則是研究史前的母系社會，並找尋相關的歷史證據。

正處於探索期的青少年特別喜歡威卡教，而為他們出版的相關著作還自成一類。對青少年而言，神祕的意象與儀式在基督教文化中是禁忌，也很有吸引力，並為他們帶來了自信與認同。新異教（Neopagan）和威卡教興起後，源自於浪漫主義時代的新德魯伊教（Druidry）也變得更加多元而廣泛。新異教運動的特徵是，不管是否有加入特定團體，你都可以去追求靈性的提升。許多尋道者建立或恢復了宗教團體的規章與階級制，但也有許多人勇敢地選擇走自己的路。

澳洲藝術家羅莎琳・諾頓（Rosaleen Norton）在受訪時說道：「如果你真的是巫師，那就不需要任何人的教導。就我而言，這是一種與生俱來的天賦，不需要任何人來教我該如何成為巫師。」[4]據歷史學家內維爾・德魯里（Nevill Drury）的記述，諾頓的作品曾經被控有猥褻內容，但她依舊屹立不搖，並以獨立的精神離開人世：

一九七九年十一月底，諾頓被送往雪梨的羅馬天主教聖心安寧療養院，而生命即將走到盡頭。在去世前不久，她對朋友維克多・韋恩（Victor Wain）說道：「我勇敢地來到這個世界，也將勇敢地離開。」她絲毫不後悔對牧神潘的崇拜，對療養院周圍的十字架也毫不在意。她始終堅持她的異教信仰，並於一九七九年十二月五日離開人世。

從二十世紀晚期開始，威卡教和新異教主義在美國信眾人數不斷增長，就連美軍都認可它們是正式的宗教。

從一九七八年起，在美國陸軍印行的《牧師手冊》（*Handbook for Chaplains*）中，有明白列出了威卡教的指導方針和教義，而且內容公允且清晰。在二〇〇一年的修訂版中，軍方寫道：「重要的是，威卡教徒絕不是崇拜撒旦、魔鬼或邪靈……威卡教徒從不詆毀聖經，只是將它視為世上的眾多神話體系之一。雖然《聖經》不符合他們的核心價值觀，但仍認為它應該和其他宗教一樣受到尊重。」

《牧師手冊》還明確地指出，十月三十一日是威卡教的重要節日，其傳統名稱為夏末節（Samhain）、索溫日（Sowyn）或崇敬日（Hallows）。它們最初都是凱爾特人的節日，在中世紀時期轉化為基督教的「諸聖日」或「萬聖夜」。但到了二十一世紀，有許多威卡教徒和新異教徒認為這個節日的焦點在崇敬大自然和祖先，是「為了調和人類與大自然的節律」。

一九九九年，德州胡德堡（Fort Hood）基地允許信奉威卡教的軍人能在營區圍魔法圈拜神，但州長小布希非常反對。他在《早安美國》節目中說道：「我不認為巫術是一種宗教。我希望軍方能重新考慮他們的決定。」他並不是唯一抱怨的人。喬治亞州的共和黨眾議員羅伯特．巴爾（Robert L. Barr）直接寫信給胡德堡的指揮官：「立即停止這種胡鬧行為。接下來還會發生什麼？裝甲部隊是否得帶著用於獻祭撒旦的動物上戰場？拉斯塔法里派（Rastafari）的軍人是否會要求在口糧中添加大麻成分？」他威脅要叫國會制定禁令和舉行聽證會。軍方的回應是：「冷靜點。」

胡德堡的威卡教女祭司瑪西．帕爾默（Marcy Palmer）在一九九九年接受《華盛頓郵報》專訪，當時她在憲兵單位服務已六年多了：「我們在外遭受嚴重的歧視，但軍方反而比較尊重我們。」[5]女性領導者在威卡教的地位越來越高，這要歸因於著名女巫「星鷹」（Starhawk，原名米里亞姆．西莫斯〔Miriam Simos〕）的成就。她將威卡教、女神崇拜、社會正義和環保議題等結合在一起。

二〇〇五年，五角大廈統計了空軍服役人員的信仰，發現有一千八百多名威卡教徒。到了二〇〇七年，美國公民自由聯盟（American Civil Liberties Union）和美國政教分離聯合會（Americans United for Separation of Church and State）要求小布希政府的政策要更開明。他們共同提起訴訟，成功讓退伍軍人事務部同意，因公殉職的威卡教徒得以在墓碑上刻威卡五芒星。截至二〇二三年為止，陣亡將士的墓碑上可以刻威卡五芒星、德魯伊符號、心靈科學（Science of Mind insignia）標誌、以及艾肯卡（Eckankar，源自吠陀教的新興宗教運動）的EK標誌；這些符號已被歸入美國九十八個「信仰徽章」之列，而二〇〇七年時只有三十八個，二〇一七年則為六十五個。

一九九〇年時，紐約市立大學調查顯示，美國境內僅有數千名威卡教徒。到了二〇〇一年，經過更精確的設計和分類後，美國已有十三萬四千名威卡教徒、三萬三千名德魯伊教徒和十四萬名異教徒。這些數據與英國三一學院的調查結果一致。英國人發現，美國「新宗教運動」（包括威卡教派、降靈術和新時代運動等）的人口數量從一九九〇年的一百二十九萬人增長到二〇〇八年的兩百八十萬以上，而且還在持續增長當中。

值得注意的是，巫術復興運動在科技產業中也很受歡迎，而火箭科學家傑克．帕森斯就是先驅。美國作家艾里克．戴維斯在《科技神祕學》一書中寫道：

> 一九八五年，巫術研究者瑪戈．阿德勒（Margot Adler）當時正在修訂她的著作《繪下月亮》（*Drawing Down the Moon*），內容談到美國異教運動的重要社會背景。她詳細調查了這類團體後，發現到一個令人驚訝的事實：在典型的異教聚會活動中，會彷若置身於早期美國西部的文藝復興風市集（Renaissance fair）。驚人的是，從事專業技術和高科技的人非常多。[6]

即使當今社會不是如克勞利和帕森斯所預期的新紀元，然而威卡教派的擴展之速，在幾十年前根本是無法想像到的榮景。

神祕學熱潮孕育出了一系列極受歡迎的實用指南以及學術作品：

科林．威爾森（Colin Wilson）於一九七一年發表的《神祕學》（*The Occult*），本書透過現代哲學的視角去探索廣泛的神祕學歷史。理查．卡文迪許（Richard Cavendish）於一九六七年出版的《黑暗藝術》（*The Black Arts*），則是全面地考察神祕學，內容非常紮實，還贏得了諾貝爾獎得主艾薩克．辛格（Isaac Bashevis Singer）的讚賞。自一九七〇年開始，卡文迪許就陸續出版、共計二十四卷的《人類、神話與魔法》（*Man, Myth & Magic*），其內容詳實、插圖精美，而這套書的首刷版如今已是各大神祕學圖書館的珍貴館藏。

一九六七年，加州記者傑斯．斯特恩（Jess Stearn）出版了《艾德格．凱西：沉睡的先知》，此書重新喚起了大眾對於這位靈療者的關注。這股潮流引領了一系列的通靈著作和報告。首先是詩人珍．羅伯茨（Jane Roberts）的「賽斯資料」（Seth material）：羅伯茨宣稱，靈體賽斯借用她的身體傳達訊息，因而有了這份資料集。

此外，傑西奈（J.Z. Knight）則是替三萬五千年前的導師藍慕沙（Ramtha）發聲。在《奇蹟課程》中，耶穌基督請心理學家海倫．舒克曼編寫一套玄學，雖然這本書很暢銷，但內容比一般讀者所預期的還要困難和複雜。而易讀的形而上學作品有詹波爾斯基（Gerald G. Jampolsky）的《奇蹟方向》（*Course in Miracles*），以及影星莎莉．麥克琳（Shirley MacLaine）的前世今生回憶錄。

大眾對於靈媒傳訊的看法非常兩極，所以很難一言以蔽之。市面上的通靈著作參差不齊，來源也很複雜，只能根據求助者的視角和體驗來分類。美國宗教學者約翰・高登・梅爾敦（J. Gordon Melton）在一九九八年出版了大受好評的《尋求啟蒙：藍慕沙的智慧學校》（*Finding Enlightenment: Ramtha's School of Wisdom*），內容則取自於藍慕沙啟蒙學院（Ramtha School of Enlightenment）所贊助的學術會議。[7]

至於賽斯資料，歷史學家戈德溫指出：

> 在二十世紀後期的通靈者之中，珍・羅伯茨最有經驗又迷人。她在紐約州斯基德莫學院（Skidmore College）受過良好的教育。一九六三年，她與身為藝術家的丈夫羅伯特・巴茲（Robert Butts）在實驗通靈板時，意外地展開了她的靈媒生涯。一開始的通靈活動都只有他們兩人，並沒有其他觀眾，但當消息傳開後，一個小型團體就逐漸形成了。大家在巴茲夫婦位於紐約州埃爾邁拉（Elmira）的公寓定期聚會。珍不久之後便名聲大噪，但她始終安於過著樸素的鄉下生活，從未展開巡迴演講，也沒有用她的通靈能力去賺錢，僅將接收到的訊息內容付梓出版。[8]

這邊剛好提到現代史上最為流行的靈性道具，人們可以用它來通靈或與超自然存在的溝通。這個帶有商品條碼、用收縮膜包裝著的通靈板，在一九六〇年代再度盛行於民間。

通靈板最早又稱為「對話板」、「字母板」或「巫術板」，是一種手工製作的簡單道具，在一八八六年就已流行於俄亥俄州北部的靈媒圈。[9] 一八九〇年五月二十八日，巴爾的摩的律師邦德（Elijah J. Bond）申請了一項名為「通靈板或埃及幸運板」的專利權，並轉賣給肯納德（Charles W. Kennard）和莫平（William H. A. Maupin）這兩位商人。專利權於一八九一年二月十日獲得批准後，通靈板（Ouija-brand）便上市了。

肯納德的玩具公司聘用了一位十幾歲的清漆工威廉・福爾德（William Fuld）來管理店面。到了一八九二年，公司因財務糾紛而將肯納德踢走了，時年十九歲的福爾德，向政府單位申請了另一項專利：他在原來的通靈板附上可滑動的小木板。沒過幾年，福爾德便接管了整間玩具公司，還在每塊通靈板刻上他的名字。

通靈板的名字「烏伊嘉」（Ouija）究竟有什麼意思，至今仍然是個謎。肯納德聲稱這是埃及文中的「好運」（實際上並不是）。福爾德後來承認，這只是模仿法語和德語中的「是」。有一位股東還說，其實是這塊板子自己拼出了名字。無論如何，消費者都非常喜歡它，還時不時出現其他競爭對手。福爾德的態度很強硬，四處告人侵權，他自己的兄弟伊薩克。

到了一九二〇年，烏伊嘉之名變得眾所皆知，就連藝術家諾曼・洛克威爾（Norman Rockwell）也用這個主題為《週六晚間郵報》（*The Saturday Evening Post*）畫了封面：夫妻在家裡玩通靈板，太太神情恍惚、已陷入幻想中，先生則帶著若有所思的笑容。然而對於福爾德來說，這一切都只是商業行為。他曾向記者透露道：「我相信通靈板嗎？一點也不。我不是靈媒。我從小到大都是長老教會的信徒。」一九二〇年，《巴爾的摩太陽報》指出，福爾德保守估計，他靠賣通靈板賺了一百萬美元。[10]

雖然賺了這麼多錢，但福爾德把間公司變成家族事業。他生命結束的過程令人毛骨悚然。一九二七年二月二十四日，這位五十六歲的製造商在工廠的屋頂上監工，但鐵製欄杆突然斷裂，於是他便從三層樓高處向後跌落。子女接管了他的事業。不久之後，更大的商機旋即而至。

第二次世界大戰過後，福爾德公司擺脫了廉價道具工廠的形象，成為更主流的製造業。一九六六年，玩具製造商帕克兄弟（Parker Brothers）以未公開的金額買下了通靈板的專利權，並引入了全美家庭的遊戲室裡。翌年，帕克兄弟售出了超過兩百萬件通靈板，其銷量額甚至超越了當時最受歡迎的「大富翁」。

通靈板在流行文化中擁有傳奇般的恐怖地位，但鮮為人知的是，它跟經典文學也頗有淵源。詩人希薇亞．普拉斯（Sylvia Plath）和泰德．休斯（Ted Hughes）在親身操作通靈板後，寫下令人不寒而慄、帶有黑暗預言的詩文。在泰德於一九五七年的詩作〈通靈板〉（Ouija）中，靈體告訴希薇亞：「妳的名聲將會到來……當它來臨時，妳將以妳的幸福、丈夫和生命作為代價。」一九六三年初泰德拋棄她之後，希薇亞選擇自我了結。

一九七六年，普立茲獎得主詹姆斯．梅瑞爾出版了一部史詩，描述他和搭檔大衛．傑克遜（David Jackson）從一九五五年到一九七四年使用通靈板的經歷。這本《以法蘭之書》（*The Book of Ephraim*）後來與另外用兩部通靈板取材的史詩合併為一九八二年的《桑多弗的轉變之光》（*The Changing Light at Sandover*）。

梅瑞爾和傑克遜最初使用的是工廠大量製造的通靈板，後來自己動手做的一塊，還以茶杯代替了可滑動的小木板。他們透過通靈板進入了一個有眾多守護神的靈界，而守護神為他們描述了內容龐雜且引人入勝的創世神話。在梅瑞爾的筆下，這部神話變成充滿了一部傳統的史詩，相繼出場的角色有詩人奧登和他們兩人過世的朋友和家人，還有以法蘭（Ephraim），如幽靈般的希臘靈感之神。

神祕學研究者約翰・錢伯斯（John Chambers）在一九九七年的著作《異常學家》（*The Anomalist*）中寫道：

> 儘管評論家們從未認真看待梅瑞爾的通靈活動，但這些詩文的風格很清楚。眾所周知，這三部作品及後來的合併本，內容都是奠基於用通靈板得出的對話。

大部分的評論家皆盡力迴避該作品的來源問題，但布魯姆（Harold Bloom）卻將《桑多弗的轉變之光》中的第一部作品譽為「神祕學的輝煌之作」。

通靈板為近代文明帶來最重大的影響是出現在越南，可說是純屬意外。在十九世紀末，天主教傳教士在法屬印度支那推行了一種拉丁化的越南語書寫系統。而越南的靈媒們發現，通靈板居然非常適用於這種系統。

法國殖民政府的文官吳文昭從一九二〇年代開始使用通靈板，並接收到了「高臺教」的教義。此教派全稱為「三期普度大道」。高臺教融合了道教、佛教和印度教，以及越南當地的民間信仰，並吸收了法國降靈術的概念，特別是作家阿倫・卡爾德克（Allan Kardec）和小說家維克多・雨果的理念；雨果本人也是靈媒活動的常客。

通靈板深深影響了高臺教，英國小說家格雷安・格林（Graham Greene）在一九五五年所出版的小說《沉靜的美國人》中，戲謔地將高臺教形容為「被通靈板牽著鼻子走的預言」。

事實上，高臺教還成為政治上的反抗勢力，並擁有一支武裝部隊。他們首先與其他盟軍對抗法國殖民政府，並於一九五四年擊敗法軍。高臺教是堅定的反共主義者，所以又與美軍並肩作戰；一九七三年美軍撤出越南後，高臺教仍然持續奮戰到一九七五年越共攻下西貢；信徒們在戰後則轉入地下組織。近幾年來，高臺教宣稱在全球有多達八百萬名信徒，在越南是僅次於佛教和天主教的第三大宗教。[11]

一九六〇年代，西方人開始接觸到美洲原住民的薩滿思想。一九六八年，身材健壯的加州大學洛杉磯分校研究生卡羅斯・卡斯塔尼達（Carlos Castaneda）在他的暢銷書《巫士唐望的教誨》（*The Teachings of Don Juan*）和後續的系列作中，讓大眾認識到那位神祕的雅奎族（Yaqui）印第安醫者。

接下來十年，評論家和許多失望的讀者猛烈地抨擊了那些晦澀難懂的著作，因為這一系列的情節和背景根本禁不起仔細的驗證。卡斯塔尼達宣稱他是「環遊世界的巴西人」，就連這項身份也被人踢爆是虛構的，其實他是祕魯一位珠寶商的兒子。然而也有不少讀者發現到，這些著作的真正價值不在於唐望的真實性，或是前往美國西南部尋找魔幻蘑菇和原住民長老。而且唯有長年投身於某種宗教或思想傳統的讀者才會感到有所共鳴和驚艷，並視這套書為追尋智慧的寓言。

在這樣的認知底下，我準備引用卡斯塔尼達在第一本作品中某個的段落，內容是他與一位神祕導師的對話。不斷它是真實還是虛構的，你應該會感到很有啟發性，並留下難以抹滅的印象：

作者：有沒有什麼特殊方法可以用來避免痛苦？

唐望：有的，確實有。

作者：那是某種思想準則或實踐步驟嗎？

唐望：那是一種理解事物的方式。以前在學習曼陀羅草的知識時，我非常心急，就像孩子要伸手抓住糖果一樣。不過，草藥只是百萬種知識的其中一項。事實上，任何事物都是百萬條道路中的一條。你必須牢記，一條路就只是一條路，如果你覺得不應該繼續走下去，那麼在任何情況下都不需要堅持。但若想要保有這份澄明的認知，你必須過著自律的生活。唯有如此，你才會知道，任何道路都只是一條道路。聽從你的心聲，而放棄並不會冒犯到你自己或他人。不管你選擇堅持或離開這條路，都必須不帶著恐懼或野心去做決定。仔細而留心地觀察每一條路，並並不斷嘗試，直到你覺得夠了。然後，不要依靠他人，問自己一個問題。只有非常老的人才懂得去問這個問題。我的恩師在我年輕時告訴過我這問題，但那時我血氣方剛，無法理解它的意義。如今我明白了，也要將這個問題轉述給你：這條路有心嗎？所有的道路都是相同的，都通往無方，都只是穿過或深入荊棘的道路。在過往的生活歷程中，我已經走過了長長的道路，但並未抵達任何地方。恩師當初告訴我的那個問題，如今我已了然於胸。這條路有心嗎？如果有，這條路就是好的；如果沒有，它就毫無價值。兩條路都通往無方，但其中一條有心，另一條沒有。有心的那條路會讓你的旅程充滿喜悅，沿著它走，就會與它合而為一；另一條路會讓你詛咒自己的生命。有心的路會讓你強大，另一條路則會削弱你的心靈。

麥克・墨菲（Michael Murphy）在一九六二年創立伊薩蘭研究院（Esalen Institute），這是當代最重要的靈性探索與成長中心，而它旗下位於蘇格蘭的「芬霍恩」（Findhorn）社區也一樣成功。墨菲跟我說過，一九六六年，卡斯塔尼達曾造訪過研究院，就在他出版第一本著作的兩年前。這位研究生跟其他人一起圍坐著，並與導師們交談。墨菲回憶道，卡斯塔尼達當時說的話與他後來在書中的描述非常一致。當時在座的還有完形治療之父波爾斯（Fritz Perls），這位難搞又愛挑毛病的大師拍了拍卡斯塔尼達的膝蓋，並對他說：「年輕人！你正在把我們帶入虛幻的魔法中。」卡斯塔尼達轉過身回應道：「老先生。這些內容都是千真萬確的。」當時根本沒有人膽敢如此跟波爾斯對槓。

葛吉夫的研究者雅各布・尼德曼也跟我說過一個小故事。一九六〇年代末，卡斯塔尼達與幾位研究葛吉夫的學者們見面。在離開前，卡斯塔尼達說道：「我和很多團體交談過，雖然我不太清楚你們在做什麼，但我深信你們一定有什麼特異功能，因為我過去在演講時，從未看過聽眾有如此徹底的專注力。」卡斯塔尼達總是給人有禮、好相處又從容不迫的印象。但並非每個人對他都有好感。有些與他同時代的人說卡斯塔尼的個性陰晴不定，還有人發誓說自己在外地見過他的分身。

卡斯塔尼達這種變化不定的特質，可能是從內維爾・戈達德（Neville Goddard）那裡學到的。內維爾於一九〇五年出生在加勒比海巴貝多的英國家庭，並於二〇年代到紐約學戲劇，但幾年後對表演的興趣就逐漸消退。當時內維爾遇到了一位神祕、戴著頭巾的黑人阿卜杜拉（Abdullah），他教導內維爾讀《聖經》、數字神祕學、卡巴拉思想以及希伯來文。在現代神祕主義中，這種隱世大師的情節大家都不陌生。無論內維爾的思想來源究竟為何，他的觀點確實反映出新思想運動奧祕的一面，還運用了在知性上最具有啓發性的表述方式。

一九五〇年代中期，卡斯塔尼達在洛杉磯因一段戀情而認識了內維爾。卡斯塔尼達的心上人瑪格麗特・朗揚（Margaret Runyan）是內維爾最認真的學生之一。瑪格麗特是美國小說家戴蒙・朗揚（Damon Runyon）的親戚，某次在朋友家的聚會中，她向這位健壯的研究生表達愛慕之意，並偷偷地將內維爾的小書《尋找》（*The Search*）塞給他，並寫下自己的名字和電話號碼。兩人隨後成為戀人，並維持一段短暫的婚姻關係。

瑪格麗特經常跟卡斯塔尼達談到內維爾，但後者的反應不大，但有一次例外。她在回憶錄中說，當她提到內維爾曾在外國老師門下拜師學藝時，卡斯塔尼達突然變得興致勃勃：

> 吸引卡斯塔尼達注意力的，不僅僅是內維爾所傳遞出的訊息，還有他本人。他是如此的神祕，沒有人真的知道他是誰或來自何處。有人說他來自島國巴貝多，家裡還是超級富有的農莊。內維爾的背景籠罩在一團迷霧中。就連他的老師阿卜杜拉的事情，也是模糊不清，到底是藏在深山還是偏遠的地方。唯一可以確定的是，內維爾現在就在這裡，而下週他可能還會再來，但也許不會。

瑪格麗特總結道：「那樣的身分背景會產生出一股特別的力量。眾人對其過往皆一無所知，內維爾給人一種不羈的自由感，而卡斯塔尼達也很清楚這一點。」

為了遵守學術規範，《巫士唐望的教誨》最後的三分之一是冗長且用詞艱澀的「結構分析」。畢竟，卡斯塔尼達是以這本書當作他的人類學碩士論文，並交由加州大學出版社發行。許多讀者草草看過那幾頁就認為那本書太學術了。事實，作者是故意對當前的文化規範開了一個嚴肅的玩笑。包括小說家喬伊斯．奧茨（Joyce Carol Oates）在內的許多評論家皆猜想，這篇晦澀的後記是用來模仿跟嘲諷當時學術界一板一眼的寫作風格。

後來，神祕學慢慢地出現在暢銷書排行榜和玩具商場，變成人人可自學的生活實踐。但難免有些人會質疑，這些暗黑藝術和流行商品是不是老少咸宜、安全無害？至少安東．拉維（Anton LaVey）的思想不是。「千萬別低估拉維的影響力。」社會學家英特羅維涅（Massimo Introvigne）如此評論著名的撒旦教教主。[12]

一九六六年四月三十日晚上，這是基督教傳統的聖瓦爾普吉斯夜（Saint Walpurgis Night）節，也是某些異教的春季節日（如女巫的安息日），而安東．拉維這位留著山羊鬍的舊金山人剃掉了頭髮，並宣布成立「撒旦教會」（Church of Satan）。這一年也是他口中的「撒旦元年」。翌年，紐約小說家艾拉．萊文（Ira Levin）出版了《蘿斯瑪麗的嬰孩》（*Rosemary's Baby*），並由大導演羅曼．波蘭斯基改編為電影《失嬰記》。在電影中，女巫團的教主卡斯特維特在新年的慶祝活動上高喊：「敬一九六六年，撒旦元年。」至此，給未來帶來巨大影響的骰子已然擲出。

拉維成立撒旦教會後，成為如巨星一般的靈性反叛者，有如當年的阿萊斯特．克勞利；拉維於一九九七年去世後，還沒有人能填補這個角色。拉維活躍於新時代運動的社會，出版過許多暢銷的自我成長類書籍，還出來選過總統，受到數百萬名觀眾的關注。在人類文明史上，從未出現過這樣特立獨行的教主，既不適合當作週末學術研討會的主題，也不適合去當TED的講者，但他竟能顛覆既有的文化觀念，揭露道德中偽善的一面，並擁抱那些禁忌的圖像。

拉維於一九三〇年四月十一日出生於芝加哥，原名霍華德．斯坦頓．拉維（Howard Stanton

Levey）。從出生那一刻起，他就註定要成為終生的表演者。他渾身上下充滿自己獨有的風格，也樂於成為眾人的焦點。他聲稱自己在一九六八的電影《失嬰記》中扮演魔鬼（許多媒體也當真），也據傳與瑪麗蓮．夢露有過風流韻事。這些經歷多半是捏造的，而就連他的生平也難以查證，比如當過馬戲團工人和舊金山警局的犯罪現場攝影師。

一九六九年，《華爾街日報》上又有記者提到拉維那段以假亂真的經歷，亦即他在《失嬰記》中飾演了魔鬼，而廣大的讀者也信以為真。拉維可說是狡猾的惡作劇專家，他讓大家看到，只要能把故事講得栩栩如生，連主流媒體都會上當。[13] 事實上，飾演魔鬼的是演員克萊．坦納（Clay Tanner），他在片場著魔鬼裝的照片收錄在蒙恩（James Munn）和威洛比（Bob Willoughby）合著的《這不是夢：失嬰記製作紀實》（*This Is No Dream: Making Rosemary's Baby*）中。

拉維還信誓旦旦地說他在片場擔任技術顧問。我找不到相關的證據，反而從工作人員的訪談內容中，發現拉維的說法並不可信。拉維應該會感到欣慰的是，在一九九七年《綜藝》雜誌刊登的拉維訃聞中，有註記他是該片的魔鬼演出者和技術顧問。不過，在一九七五年上映的恐怖電影《魔鬼雨》（*The Devil's Rain*）中，拉維確實被列為技術顧問，他和當時的伴侶戴安．賀加堤（Diane Hegarty）兩人都在片中出演了小角色。

不論如何，安東．拉維的生活之精彩，十位公眾人物加起來都望塵莫及。這位三十六歲的外地人創立了他的魔鬼教會後，記者們對於這位披著斗篷、偶爾戴著角狀頭飾的男子非常好奇。他的樣子完全符合大眾對魔鬼梅菲斯特的想像。一九六九年，在肯尼斯．安格（Kenneth Anger）

所執導的短片《我惡魔兄弟的召喚》（*Invocation of My Demon Brother*）中，拉維真的演出了「撒旦陛下」一角。這部片比較冷門，但許多電影製作人都深深受其影響，包括波蘭斯基。《我惡魔兄弟的召喚》的電子配樂是由滾石樂團的米克·傑格所製作，被譽為極簡主義的極致之作。同年，拉維出版了《撒旦聖經》（*The Satanic Bible*），使他的名字出現在全球各地的連鎖書店裡。他與許多名人過從甚密，諸如影星珍·曼絲菲（Jayne Mansfield）和歌手小山米·戴維斯（Sammy Davis Jr.），後者在其一九八九年的回憶錄《為什麼是我？》（*Why Me?*）中，坦率地談起他過去對撒旦教的熱愛。

小山米於一九六五年出版自傳《我做得到》（*Yes I Can*），這本書在《失嬰記》中非常重要，因為女主角米亞·法羅（Mia Farrow）有一幕正在讀它。然而，戴維斯直到一九七三年才與尚未出名的撒旦教會有所接觸。拉維的遺孀布蘭奇·巴頓（Blanche Barton）在《我們是撒旦教徒：撒旦教會的歷史與未來》（*We Are Satanists: The History and Future of the Church of Satan*）中提到，小山米欣然接受了麥克·阿基諾（Michael Aquino）授予的名譽會員資格。阿基諾曾是拉維的革命夥伴，也非常欣賞小山米主演的電視喜劇《可憐的魔鬼》（*Poor Devil*）。但這段故事其實有駭人聽聞的一面。戴維斯提到，他會接觸到撒旦主義是跟他的理髮師塞布林（Jay Sebring）有關。然而，在一九六九年八月九日，塞布林、波蘭斯基的妻子莎朗·泰特（Sharon Tate）及兩位室友同時被邪教領袖查爾斯·曼森的追隨者所刺殺。這些謀殺案的時機和細節引發了數不清的謠言和揣測。在傑·奇爾（Jay Cheel）於二〇二二年所製作的節目《受到詛咒的影片》（*Cursed Films II*）中，導演有完整討論《失嬰記》與這樁謀殺案的關聯。

從當代左道靈性主義的歷史來看，克勞利是古希臘：博學、尚武、典雅，拉維就是古羅馬：借用他人的知識、毫無節制地擴張版圖，但這種侵略態度奏效了。

在一九四九年的《尋找奇蹟》（*In Search of the Miraculous*）中，鄔斯賓斯基記錄了他與葛吉夫的合作過程。葛吉夫說道：「真理只能以謊言的形式呈現在人們面前。」事實上，撒旦確實在某些文獻中被稱為謊言之神。從這層意義上來看，拉維就是「神聖的撒謊者」。從字義上來說，撒謊總帶著惡意，但拉維的批評者錯了，他的所作所為並沒有惡意。他就像許多流行藝人一樣，雖然言行充滿爭議，卻也成為某種橋梁。他的讀者都是熱愛女巫和哥德次文化的青少年，在拉維的努力下，這些孩子得以展現自我的多個層面。就如同丁尼生男爵（Alfred, Lord Tennyson）在一八五〇年的詩文〈悼念哈勒姆〉（*In Memoriam A.H.H.*）所說的：「透過故事所體現的真理方能深入卑微之地。」

拉維的讀者有PRG玩家、狡猾聰明的人、無政府主義魔法師、哥德文化愛好者、重金屬音樂迷以及陰謀論者。他們透過恐怖大師洛夫克拉夫特（H.P. Lovecraft）的「克蘇魯神話」（Cthulhu Mythos）世界觀建立了完整又有凝聚力的宗教情境。洛夫克拉夫特用克蘇魯神話創作了多部小說，還虛構了一本魔法書《死靈之書》（*Necronomicon*）。《死靈之書》有多個版本，包括一九七七年由紐約「魔法少爺」（Magickal Childe）書店店員製作的「搞笑版」，而且非常受歡迎。

拉維於一九七二年出版了《撒旦儀式》(*The Satanic Rituals*),是他第一本書的姊妹作,其中包含了許多帶有洛夫克拉夫特風格的儀式,如「召喚克蘇魯」(Call to Cthulhu)。艾里克・戴維斯說,這類儀式第一次出現於公開的出版品上。[14] 戴維斯接著寫道:

「粉絲」一詞源自於拉丁語的fanaticus,意為神廟的信徒。洛夫克拉夫特的粉絲所表現出的奉獻、狂熱與爭辯,在歷史上的邪教中屢見不鮮。而洛夫克拉夫特的教主地位有其神奇之處,因為許多魔法師和神祕學者都把他的世界觀當作發明儀式的靈感來源。洛夫克拉夫特的作品都基於祕傳的反文化與暗黑領域,諸如泰勒瑪、撒旦教和混沌魔法。而崇拜他的魔法師都試圖重現那些可怕且原始的體驗,正如他筆下的主角總會不由自主或違背自己意願而踏入險境。

其實洛夫克拉夫特是堅定的唯物論者,他否定任何形式的神祕主義,所以在用他的作品設計魔法會帶有更多實驗精神。此外,還有另一種無政府色彩的宗教運動在一九六〇年代興起,即「狄斯科蒂亞信仰」(*Discordianism*),其核心經典是邪惡的《狄斯科蒂亞原理》(*Principia Discordia*)。小說家羅伯特・安東・威爾遜於一九七五年的名作《光明會三部曲》(*Illuminatus! Trilogy*)有提到這本書,因而廣為人知。狄斯科蒂亞信仰帶有剪貼風格,既有異想天開的想法,也有「何不如此」的認真態度。他們主張一切事物,從古代神靈、消費文化乃至語言文字,既有意義又無意義。這個教派有個相關的姊妹組織，即諷刺與真誠並存的「次等天才教會」（Church of the SubGenius）。狄斯科蒂亞信仰的核心價值體現於威爾遜的論述之中：「所有的觀念都是部分真實、部分虛假、部分無意義，就連前述這段話本身也是部分真實、部分虛假、部分無意義。」[15]

回到拉維。這位愛挑釁的教主率先撒旦崇拜視為一套倫理觀和宗教哲學。《撒旦聖經》的核心理念是讚頌個人主義，其倫理規範類似威廉・布萊克在《天堂與地獄的婚姻》中提到的道德觀念。批評者聲稱，重視自我實現的人會缺乏道德感。這不完全正確。互惠、忠誠、尊重並拒絕無端的暴力，乃撒旦教徒的倫理準則。因此，拉維的核心道德觀可濃縮為：除非遭到侵犯，否則就不該去打擾他人。

其他批評家認為，拉維就像小說家安・蘭德（Ayn Rand）一樣濫用尼采的思想，再加上神祕學的元素作為妝點。對此，拉維的辯護者可能會回應道：那又怎樣呢？許多宗教和哲學著作也都融合了多種不同的觀點。我認為，拉維的作品有效地讓普羅大眾認識到其他作家的論點，並且結合他對於人性的敏銳洞察。在二〇二二年所出版的《安東・拉維和撒旦教會》（*Anton LaVey and the Church of Satan*）中，優秀的傳記作者阿布拉罕森（Carl Abrahamsson）並未迴避各界對拉維的批評（教主本人也會一笑置之），而是大方地寫入書中，甚至稱他為「美國自產的流行版尼采」。

我必須澄清，他並非將撒旦視為真正的神祇而去相信與和膜拜，而當作大逆不道的自我實現方法。歷史上的反叛者、浪漫主義者和反偶像者都是撒旦教徒，以銳利的自主精神當作武器。正如特立獨行的安・蘭德所說：「問題不在於誰會讓著我，而是誰會攔阻我。」

但拉維不屬於蘭德筆下的「客觀主義者」，因為後者擁抱極端的個人主義和烏托邦式的資本主義。拉維相信儀式和祭禮的力量，但蘭德的極端唯物論則是對此嗤之以鼻。拉維也不像克勞利那麼熱愛神祕主義和超自然現象。拉維的形而上學觀點並不鮮明，而是充滿創造性的張力，他對各派思想既不否認也不接受，也允許身邊的人自行去探索，前提是不能淪為感性過頭的宗教情懷；拉維無法容忍裝腔作勢的沉思，而是重視結果。如果有人遲鈍到去問拉維：「你所謂的結果是什麼？」他應該會立即被請出拉維的住所「黑屋」。

我將拉維的理論稱為「武裝版的正向思考」。他將正向思考的核心原則「每個想法都有結果」加上誇張的言行、服飾裝扮和個人創意。他精心設計自己的造型、在環境中製造特殊氣氛、還製作真人大小的玩偶來呈現撒旦的異想世界。拉維認為，比起令人不滿意的性關係或其他乏味的經歷，這些活動更能帶來強大的創造力，而這一套方法他稱之為「全方位環境」（total environment，可說是虛擬實境的先驅）。

拉維的魔法體系強調自我覺察，這在現代神祕學的著作中很罕見。在《撒旦聖經》中，拉維談到魔法的「平衡因素」（Balance Factor:）：

魔法師最強大的武器就是了解自己，包括天賦、能力以及在外貌上的優勢與劣勢，還有當下所處的時間點、地點和來往對象。

> 有志向的女巫不能太過一廂情願，以為全心操作魔法就一定會成功，但卻無視於失衡狀況。我們不能忽視，魔法也是大自然的一部分，若想要成功，必須與大自然和諧相處，而不是與之抗衡。

歷史學家史蒂芬．弗拉沃斯博士在二〇一二年的著作《左道的上主們》（*Lords of the Left-Hand Path*）中補充道，拉維強調的是務實魔法：

> 在他的魔法系統中，所有元素都用來觸發某些心理事件。實踐者的目標是在合適的時間、地點，用合適的方式做出微小的改變，藉以讓大自然的天平稍微傾斜向自己打算追求的目標。

拉維對於儀式的想法類似於斯貝爾，魔法儀式的形式很多，唯一不可或缺的成分是激情以及「有創造力的遺忘」。他的魔法儀式包含了古老的撒旦崇拜，並用到天使語言「以諾文」（Enochian），也自創戲劇。而儀式的關鍵在於，實踐者必須沉浸在滿足感中，並確信自己已獲得渴望的目標。因此，性行為和自慰是最核心的方法。只要體驗到這種渴望已久的滿足感，就會放下它。在一九九二年的《惡魔筆記》（*The Devil's Notebook*）中，拉維有篇文章〈來自塔爾塔洛斯的咆哮〉（Ravings from Tartarus），當中寫道：「將身體裡的每個渴望都燃燒殆盡；當你不在乎它時，它就會來找你。」

沒有感到滿足的話，就必須發揮想像力、重啟儀式。或者你必須轉移注意力，以避免無用的專注。有時儀式會失敗，是因為它對你來說太重要了。拉維再次強調：

如何才能避免過度在意？有許多方法可以使用，其中之一是發揮創造力。當你專注於創造的過程，你的大腦將以創造性的方式運作，而不會機械式地重複執行指令。你的意識無法同時被某個執念佔據，卻又能容納新的想法——除非你所創作的事物，恰好與你的執念一致。

這正是一種理想的結合，因為如果你的雙手能夠以精湛的技巧塑造出你渴望之物的「複製品」，使其足夠逼真，那麼這件事就已經算是完成了。

拉維指出，混沌魔法、符印等技巧都是為了繞過大腦的理性思維機制，讓潛意識的力量能發揮作用。拉維還提出「性欲成形慣性」(Erotic Crystallization Inertia）這個概念，以幫助大家有效實踐魔法。簡而言之，尋道者應回溯記憶，找出最早產生性興奮的那些時刻。根據布蘭奇．巴頓（Blanche Barton）在一九九〇年出版的《撒旦主義者的祕密生活》(*The Secret Life of a Satanist*），性欲成行慣性是「個人確立自己情感和性癖好的時間點及經歷」。

在性欲成形慣性的時刻裡，人會感受到生命力、歸屬感以及輕鬆自在。在某些社交場合以及任務和工作中，當你感到自己稱職、有強大的能力，並獲得他人的理解與肯定，就會產生類似的興奮感。拉維強調，在魔法儀式和日常生活中都要試著去重現這些時刻以及相關的情境，也就是前面提到的「全方位環境」。此外，我們也應該去迴避那些會削弱生命力的環境、人物和情境。伴侶間若擁有互補性的性欲成形慣性，那關係會變得順利且容易獲得滿足感。

若能理解這套機制，我們就更能善用運用符印以及拿破崙．希爾的「性轉化」技巧。不光如此，透過情境來喚起力量、活力和生命力，似乎還有醫療效果。哈佛心理學家艾倫．蘭格（Ellen Langer）的研究雖然有些爭議，但其結論從未被推翻。蘭格的研究指出，年長者若置身於懷舊情境中，包括他年輕時喜愛的書籍、音樂和電影等，身體會更有柔韌而有力、記憶力和認知功能會提升、正向情緒與活力也會變多。這些懷舊情境能喚起當事人年輕時的特徵，甚至連視力都變好了。[16]

拉維的許多學生都觀察到，愉快的穿著打扮也可以喚起幸福感。所以我們必須慎選自己的穿著和舉止，最好能表現出最理想的自我形象。我們都有渴望實現的自我概念，但受限於陳腐的勵志格言或靈性道理，只會人云亦云，把自己侷限在熟悉的模式中，而無法進行真正的探索。因此，不如盡情相信你對自己的評價，有時可以驗證，但絕不允許被他人輕易貶低。換句話說：放棄那些老套而無用的道理，親身去體驗人生。

在撰寫這一章節時，製片人萊斯利．斯潘（Leslie Spann）寫信給我，談到突然湧現的某個回憶。有趣的是，每當我將完成一本著作時，就會突然收到有益的相關訊息。而斯潘也願意跟讀者分享這些訊息：

我參與製作一個減肥節目。我們找來一些體重過重的十八歲青年，他們剛從高中畢業並準備上大學。他們準備去接受健身教練的指導，以全新的面貌上大學。有位女孩跟我說，從出生開始，人們就一直說她有張漂亮的臉龐。許多過重的女孩都聽過這句話，也並不喜歡有人這麼說。這句話意味著：「妳有張漂亮的臉蛋，可惜身材太胖了。」但在拍攝過程中，教練對她感到非常沮喪，因為她在訓練時並沒有全力以赴。我問她為什麼想要減肥，她說了最常見的標準答案：「為了健康著想。」

我對她說：『這根本就是違心之論。妳現在十八歲，不想再聽到人家說你有張漂亮的臉。妳想要變得更性感，這才是妳真正的夢想。妳真的想變健康，妳才十八歲，當然想要變得更漂亮！即將展開大學生活的妳，當然想要更受歡迎。妳不用感到羞愧。想要有好看的外貌和身材，絕對不是什麼可恥的感受。』

這段話確實有用。她的表情霎時都亮了起來，從那時起她就變得更有活力了。她在那一刻獲得了真正的自由。她需要得到鼓勵，去追求她真正想要的東西，而不是為了什麼大眾可接受的狗屁答案。我寫信跟你說這件事，是因為你有次在演講中說，每個人都應該勇敢坦率地表達自己內心最深處的渴望。我想你會很喜歡這個故事。

拉維的核心思想在於，每個人應該清楚地認識自己的目標、願望或渴望。日常生活中，朋友和同事們都會用一些你不感興趣的新聞或事物來分散你的注意力。但每個人能夠吸收和記住的資訊是有限的。無論在新聞事件或人際關係中，真正有吸引力的事物應該都能擴展你的自我感覺和力量。如果你被其他人所關注的事物給束縛住了，就無法實現自我。拉維在一九八六年發表〈別回收你的大腦〉（Don't Recycle Your Brain），並刊登於他的會刊《魔鬼之蹄》（*The Cloven Hoof*）中。他在文中提到：

> 我絕不讓任何潮流或流行事物輸入到我的大腦裡。那些東西會取代掉我珍貴的舊資訊，也使我變得平庸。它們會稀釋掉我本身特有的知識庫（於是失去我的獨特性），使我的腦袋變成堆滿普通知識的大雜燴。確實，那樣一來我就更能適應群體的標準，卻再也無法成為他人的偶像，不能在社交場合中與眾不同，而是只能討論其他人都知道的電影、戲劇、音樂、節目、明星、時事和體育賽事等。儘管我的裝扮很突出，但一開口就會聽起來跟其他人一模一樣。

拉維接收新事物的原則是，它們必須能增強你原本所珍視的理念、概念和技術。當然，你應該常接觸新事物，以從全新的視角去審視自己原有的想法和思維方式。但你不應該將注意力任意分配到隨處可見的事物，或只是受到同儕的影響。在挑選媒體、娛樂和社交活動、設計風格和服裝時，你應該把重點放在強化你的目標、風格、人格、力量以及全方位環境。

英國漫畫家艾倫・摩爾（Alan Moore）曾細緻地探討過小說、語言和魔法間的關聯性。[17]他提到，只要有豐富寫作經驗的人，都會保留一個檔案夾，記下那些筆下故事成真的詭異巧合（我自己也遇過好幾次）。這種情況在各藝術領域中應該都有。因此，拉維所提出的「弄假成真」（make believe）概念確實非常強大，哪怕我們不一定能察覺到。

在拉維於一九六六年創立撒旦教會前，西方世界從未出現過真正有凝聚力的撒旦崇拜組織。確實有一些人用離經叛道的神祕學角度重新解讀西方神話。這些特異的解讀方式，也出現在浪漫主義的文學和其他著作中。法國小說家于斯曼（J.K. Huysmans）等作家都寫過一些跟黑彌撒相關的作品。雖然大部分內容都是虛構的，但他們應該是從自封的撒旦教徒身上得到靈感，後者大多都屬於波希米亞或十九世紀末（Fin de siècle）的文化圈。

靈性傳統的必備要件有儀典、系譜、經典和信眾，撒旦崇拜完全不用。雖然我在《未知之境》（*Uncertain Places*）中試著列出撒旦崇拜的歷史，但它比較較像是一種無政府主義運動。即便有黑彌撒這樣的儀式，但這些元素都未持續百年甚至千年，不像佛教、伊斯蘭教、猶太教或基督教那樣歷史悠久。

大體上來說，對撒旦崇拜的指控，先是由早期的基督教領袖提出來的，因為在古典時代晚期還殘存不少異教團體，只要把它們當成敵人，就可以合理地動用軍事和司法力量來加以對付。基督教成為羅馬的國教後，衰落的異教勢力就被歸為崇拜惡魔或撒旦的信仰活動，或是連他們自己也從未用過的標籤。當時若是異教獲得勝利，也會對基督教做出同樣的事，畢竟歷史由勝利者所書寫的。

在當代流行文化中，最容易讓人聯想到撒旦崇拜的就是魔鬼附身。社會學家英特羅維涅提出一項精闢的觀察：

> 一般而言，撒旦的追隨者確實會主動尋求魔鬼現身，但被附身者則聲稱自己是被魔鬼找上的。撒旦教徒希望與魔鬼接觸，甚至還用特定的儀式來召喚它前來。相反地，在嚴重的附身事件裡，受害者往往是虔誠的基督徒，從不觸碰撒旦教的思想與活動。

幾年前，美國天主教官方認證的驅魔師人數已增加了四倍以上；從十二人增加到五十人。[18]教廷認為，這波需求都要歸咎於新時代思想、神祕主義以及通靈板的流行等。我認為更合理的因素是娛樂產業的蓬勃發展。恐怖片與宗教息息相關，許多題材都牽涉到靈性或宗教概念，如鬼魂、死後生命和惡靈附身。

一九七三年上映的電影《大法師》是有史以來最受到關注的電影之一，如果沒有這部電影，大多數人應該不會知道什麼是「驅魔」，更遑論後續無數的衍生影視作品。這個概念怎麼會在大眾文化中突然流行起來，至今仍是個謎，但確實與電影的出現時機吻合。同年上映《異教徒》

（*The Wicker Man*）也同樣的經典和耐人尋味，其內容談到蘇格蘭某個島上的異教徒保留區。《異教徒》是有史以來最接近史實的神祕主義電影。《異教徒》與《大法師》是強烈的對比，後者是從宗教立場來譴責神祕主義。編劇家安東尼．沙弗爾（Anthony Shaffer）對於神祕主義的看法較為正面，他在二〇二一年製作介紹恐怖片的節目《漆黑林地與著魔時日》（*Woodlands Dark and Days Bewitched*），並現身說法：「異教信仰總是能找到方法倖存下來。」

「撒旦教徒尋求魔鬼。」英特羅維涅如此寫道。另一方面，在許多古老神話中，尋道者也會為了真理而出賣靈魂，就像《浮士德》的主角那樣。類似的故事也出現在民間傳說和其他作品中。小提琴家塔替尼（Giuseppe Tartini）的《G小調小提琴奏鳴曲》（Violin Sonata in G minor）非常複雜，又被稱為「魔鬼的顫音」（the Devil's Trill Sonata）。塔替尼表示，這首曲子是他在夢中聽見撒旦為他演奏的。使他苦惱的是，醒來後他只能譜出原曲調的輪廓。類似的靈感也出現在小提琴大師帕格尼尼身上。

這時，布拉瓦茨基夫人又出場了。這位神祕學家將塔替尼的故事改編成了短篇小說《被附靈的小提琴》（*The Ensouled Violin*），並於一八八〇年發表於《神智學者》雜誌，後來也收錄在她於一八九二年去世後出版的合集《噩夢故事》（*Nightmare Tales*）。這篇恐怖小說也有自己的傳說，布拉瓦茨基說，這篇小說的另一位作者是古老的智者赫萊瑞恩大師（Master Hilarion）。

當代跟魔鬼交易靈魂的名人，還有藍調歌手羅伯特．強森（Robert Johnson）。根據傳言，他在某個十字路口遇到了魔鬼，並立誓效忠於它，以換取超凡的音樂才華。強森確實有一首名曲是〈十字路口〉（Crossroads），但內容其實跟搭便車有關。另一位藍調大師湯米．強森（Tommy Johnson）就確實有這種神祕難解的儀式，他說：

想學會創作歌曲，就帶上你的吉他到十字路口。去吧，你還得在午夜十二點前抵達。當午夜到來時，在那裡彈奏一段音樂……有個大個子的黑人會拿走你的吉他，幫它調好音。然後他會彈一段音樂，接著將吉他還給你。而我就是這樣學會高超的吉他技巧。[19]

在此，湯米沒有說自己出賣靈魂或遇到撒旦，而是採用了黑人的「胡督」魔法。藍調音樂常有胡督魔法的元素，魔法袋、交叉路口和咒語也常出現在歌詞中。湯米的胡督魔法應該是源自於西非和中非。尋道者得召喚一位守護者，樣子就像加勒比海的伊莉古娃（Elegua）或西非的愛蘇（Eshu），這位神祇守護著十字路口，並施予智慧和藝術才能給凡人。

在西方思想中，關於靈魂交易的最早描述可能在《以賽亞書》中第二十八章第十五節：

你們曾說：「我們與死亡立約，與陰間結盟。敵軍如水漲漫經過的時候，必不臨到我們。因我們以謊言為避所，在虛假以下藏身。」

雖然在聖經所記載的時代，擬人化的撒旦形象尚未出現，但邪惡契約的觀念早已逐漸流傳開來，並形成交易靈魂的概念。

一九六九年，一位尋求真理且具異端思想的美國陸軍軍官——心理作戰（PSYOP）專家——進入了安東．拉維的信仰圈子。麥可．阿奎諾（Michael Aquino）為撒旦教揭開了新篇章。

阿奎諾首次與拉維的接觸，是在一九六八年於舊金山所舉辦的《失嬰記》首映會，這部電影對撒旦崇拜有著深遠的影響。阿奎諾是聖塔芭芭拉大學的應屆畢業生，也是一名軍官。他在一九六八年至一九六九年期間，曾在布拉格堡基地的第八十二空降師部隊服役，隨後在該基地的甘迺迪特種戰爭中心擔任心理戰官。[20] 一九六九年初，官拜少尉的他開始質疑人生的意義。他花了不少時間去研究存在主義哲學，但這非但未能緩解他的困惑，反而加深了他的絕望，甚至讓他萌生了自殺的念頭。[21]

一九六九年三月，阿奎諾在舊金山的休假期間，正準備迎接他的婚禮時，他在一份地下報紙《伯克利叛徒報》（*Berkeley Barb*）上，注意到一則廣告：拉維將在他的黑屋中舉辦撒旦崇拜者聚會。當晚的活動充滿各種戲劇化的元素，有披著長袍的門衛（本人舊金山大學的歷史系講師）而拉維自己從埃及石棺中現身。眾人討論的思想深深吸引了這位迷茫的軍官。更令他難以忘卻的是拉維的魅力，他神色輕鬆、自信、幽默，說話有力卻不自大，笑起來不刻薄，而是「充滿形而上學式的幽默」。因此他立下決心：「我伸出手摘下了蘋果。」[22]

阿奎諾後來也信給那名歷史系講師：「當時拉維說：『意義不存在的話，我們可以去創造。因此，我們不是被創造出的生物，而是創造者。我們就是神。』這些話的深遠涵義需要很長的時間才能完全理解，但從最直接的角度來看，它至少也是一條哲學式的救生索。」回到布拉格堡之後，阿奎諾和他的新婚妻子（「一位名義上的摩爾門教徒」）旋即向撒旦教會遞交了會員申請書。

博學且精明能幹的阿奎諾，正是拉維希望能留在身邊的人才。這位教主不希望撒旦教會成為無所事事者和不成材之人的聚集地。拉維堅信，撒旦教徒與那些可憐的「狂熱者」不一樣，前者擁有成功的人生。一九七二年，拉維寫信給阿奎諾說：「會員申請數量正持續增加，但我們仍然欠缺腦外科醫生和國會議員。僅僅增加會員並無法提升我們的層次，反而只會拖累我們。」

阿奎諾不僅在組織能力方面表現出色，文學才華也很優異。一九六九年六月，他回到越南參與越戰時，還帶著彌爾頓的《失樂園》。阿奎諾在軍中進行各種實驗，包括搭乘直升機在敵軍上空播放「惡魔般的尖叫聲」來加以迷惑。根據歷史學家弗拉沃斯的記載，當完成這些任務後，這位軍官便專注於閱讀彌爾頓的作品，還進而創作出短篇傑作——《魔鬼啟示錄》（*The Diabolicon*）。他用那精準又獨特的文筆，記下他如何在戰場上寫下撒旦宣言。阿奎諾在私人出版的《撒旦教堂》（*The Church of Satan*）中談到：

> 我隨身攜帶了彌爾頓的《失樂園》。我始終認為，這本著作是有史以來寫得最高尚的撒旦崇拜宣言。從書中看來，撒旦才是真正的英雄，相比之下，基督教的道德觀黯淡且薄弱。

令我驚訝的是，《失樂園》與作者本人竟然沒有在克倫威爾統治下的英格蘭被燒掉。這本書在清教徒的宗教審查中倖存了下來，而且還被喻為是基督教的頌歌。這可真是巨大的諷刺，雖然黑暗王子在人類文明的旅程中遇了不少這樣的怪事。

我非常讚賞《失樂園》，但書中也充斥各種令人惱火的傳統設定。局勢一開始就對撒旦極為不利；他或許能奮力一搏，但最終注定會被擊敗。我不是特別想看到他獲得勝利，但撒旦的能力至少與上帝平起平坐。所以我希望見到黑暗勢力與光明勢力的公平鬥爭。

七〇年代初期，我利用執行任務以外的時間（當時我駐紮在萊克村，負責指揮第一步兵師的心戰小隊）提筆創作，並重新闡述《失樂園》中的某些主題。這絕對不是象牙塔式的玄學冥想。我在殖民時期的殘破建築物中寫作，也在直升機、帳篷以及灌木叢中寫作……一枚火箭彈來襲，儲藏室被炸毀，而我撰寫的一大疊《別西卜宣言》（Statement of Beelzebub）筆記全都付之一炬。我不得不依據重新建構其部分內容。我的沉思經常會被打斷，畢竟不時我就得衝進去沙包疊起的掩體中找掩護。

我的寫作進度緩慢，但終究還是被逼著完成了。因為我那時我產生一種非常奇特的感覺，構想內容的不是我自己。每當我寫得不順的時候，就會覺得焦躁不安，直到找出正確的名詞或句子。這本書彷彿有自己的生命……

如果你老是在抱怨「我沒有時間寫作」，那應該隨手保存這份聲明。這位軍官於一九七〇年三月完成了書稿，並寄給了拉維，後者一看就滿腔熱血。阿奎諾還替拉維寫了兩項有洛夫克拉夫特風格的儀式，即「角的儀式」和「召喚克蘇魯」。

阿奎諾在《魔鬼啟示錄》中重新詮釋了《啟示錄》第十二章第七至第十節的天堂之戰，最終撒旦這位大反叛者及其軍團被驅逐出天堂。阿奎諾以諾斯底主義重新詮釋了兩者的對立與摩擦：

上帝陣營：消極被動、偽善的順從。

撒旦陣營：激進、不願妥協的個人主義以及對成長與發展的渴望，致力於推動人類進步。

這時的撒旦教會有各種優勢，包括拉維的表演才華與遠見、阿奎諾的創作與組織能力以及全國媒體的鎂光燈，還有許多明星前來助陣，如歌手小山米．戴維斯、演員珍．曼絲菲（拉維還與這位性感女星拍宣傳照，互相拉抬）。這座地獄帝國看似一切順遂，然而就與所有的宗教團體一樣，最終還是開始內部分裂了。

一九七五年五月，阿奎諾在編輯撒旦教會的會刊《魔鬼之蹄》時，看到拉維的一篇草稿，其內容讓他大為震驚。教主提議販售高級會員的身分。阿奎諾知道組織的資金窘困，也提過其他的解決方案，畢竟招募高級的付費會員既丟臉又墮落。拉維可能是為了吸引富人加入教會才出此下策。但不論如何，兩人確實因這件事起了衝突，阿奎諾於六月辭職，並且向拉維表示，撒旦教會的「魔鬼使命」就此消失殆盡，儘管教會的出發點是為了傳揚「撒旦旨意」，已經喪失初衷了。

撒旦旨意是否真的存在？而阿奎諾是否有權高舉它？這個問題引發了更深層的討論。撒旦崇拜究竟是一種無神論的哲學觀，僅使用圖像和隱喻作為自我發展的象徵，抑或者，信徒真的是在跟隨撒旦的旨意，以追尋超越物理世界的智慧和維度？當前撒旦教的領導人著重的是前者，而阿奎諾則偏向後者。那麼拉維的立場又是甚麼？阿奎諾說，拉維在一九七四年曾向他展示自己與撒旦訂的契約，證明他相信黑暗王子的存在。然而據我所知，沒有人看過那份契約。根據拉維那種非二元論的思維模式，也許會刻意保留兩種解釋的可能性，也就是說，有神論跟無神論並非水火不容的互斥立場。至今仍有一些資深的撒旦教成員承認超自然現象的存在。

阿奎諾堅信，撒旦崇拜中確實有超物理的層次，而且早期的會員一定都有跟他一樣的感受。阿奎諾描述道：

> 參與黑魔法儀式的教徒們很快就會意識到，有某股重要的力量出現房間裡，那與他們自己的人格特質完全不同。在儀式進行的過程中，華麗的排場與教主滔滔不絕的演說會逐漸變成背景，而參與者會感受到某種共鳴，還被它緊緊攫住。這種感覺既緊繃且強烈，所以在儀式結束後，他們會感到身心俱疲、甚至餘悸猶存。這種現象每次都會發生，所以參與者會後變得沉默、內省，也不想談論剛剛發生了什麼事。他們還會有點難為情，覺得自己不再是來參加心理劇場的無神論者了。
>
> 拉維對於這種感覺是最為熟悉不過。他在暗黑儀式中的舉止，既不像是名演員，也不像

是自大狂，而是真正的「大祭司」。

阿奎諾覺得自己有先知般的權威，並在離開撒旦教會的同年撰寫了新的宣言——《夜湧之書》（*The Book of Coming Forth By Night*），並創立了新的運動：「賽特神廟」（The Temple of Set）。依據阿奎諾的說法，偉大的反叛者賽特向他傳達旨意，不想再被後世當作《聖經》的撒旦，那是攙假的篡改，所以他要恢復自己真正的名字。賽特是埃及的風暴與沙漠之神，殺害其兄弟奧西里斯，也是荷魯斯的對手。有些文獻說荷魯斯是奧西里斯的兒子，並打算為父報仇。也有些文獻說賽特與歐西里斯是兄弟。

在開羅「埃及博物館」中，有一幅辛努塞爾特一世時期的浮雕，在畫中，荷魯斯和賽特下方的植物交織在一起，以象徵上埃及與下埃及的統一。在埃及的象形文字和圖像中，賽特是男性身體，那尖銳直立的耳朵像兩根棍棒，還有長長的、類似土豚的口鼻。這位神祇有時被稱為「賽特動物」，一種起源不明的生物。

在《夜湧之書》中，賽特回憶起，他曾任命拉維——如今已光榮卸任——去執行他的意志：

我就是希伯來人所說的撒旦。我為世人帶來一位魔法師，他會依照我的思想方式行事。他被賦予的任務是建立撒旦教會，並讓我藉此形象進入人類的思想中，畢竟這形象是他們為我鑄造的。在撒旦教會成立的第五年，我將《魔鬼啟示錄》賜予這位魔法師，使他能夠明瞭我贈予人類的古老禮物，儘管它已被包裝為希伯來人的神話。

賽特還說，自己在一九〇四年透過《法之書》向克勞利顯現；他以自己的對手荷魯斯的形象出現在這位魔法師面前。克勞利的能力很強，卻不穩定，最終也因為自己的莽撞固執而失敗。因此，賽特提出了一條新的傳承之路，從克勞利、拉維，再由阿奎諾全權負責傳教工作：

撒旦教徒以前會透過儀式來接近撒旦。而現在賽特信徒不再需要複誦經典，那是對自我的冒犯。把我當作朋友，溫和且無懼地與我交談。不要下跪，也不要低頭。在我於帕瑪特（上埃及的神廟）的家中，從未有人膜拜我。但請在夜晚時分與我交談，因為那時的天空會變成入口，而非屏障。而那些稱我為暗黑之王的人，並未因此而對我不敬。

關於前面中所提出的第二個問題：阿奎諾是否有權高舉撒旦旨意？我只能說，所有宗教運動都始於某人對某個偉大願景的見證。而社會大眾是否願意買單，就取決於當事人的個人魅力和說服力。從這個角度來看，阿奎諾確實是當代宗教運動中傑出的理論奠基者。

有傳聞指出，阿奎諾曾在希姆萊的威威爾斯堡（Wewelsburg）召喚撒旦。雖然細節不大對，但也確實真有其事。

一九八二年十月，阿奎諾隨團去參訪歐洲。他竭盡所能地找到這座建於文藝復興時期的城堡，並發現希姆萊進行魔法儀式的房間。歷史學家內維爾．德魯里在其著作《竊取天堂之火》（*Stealing Fire from Heaven*）中寫道：

> 賽特信仰的哲學觀與希姆萊的神祕納粹魔法確實有某些難以理清的關聯性。儘管阿奎諾明確地表示，他非常厭惡納粹的許多作為，但仍相信他們有辦法召喚某種異常的靈性力量。它遭到納粹的濫用，但也可用於正途。

這位賽特的信徒真是勤勉不懈，他接著還有另一部巨作《賽特聖殿》（*Temple of Set*）。書中有引述他寫給聖殿成員的信，解釋他為什麼要「在暗黑力量最強大之處召喚它們」。我們至今仍然不清楚阿奎諾在城堡執行了什麼魔法。不過我在此摘錄一小段《賽特聖殿》的名言：

> 強化、提升並鼓舞有意識的自我，就一定會也會強化你的天生本能。沒有任何人能擺脫它們。它們被壓抑多年，但只要在壓力情境，感到脆弱或受到刺激時，就會爆發出來。這些本能是創造性的，也可能是破壞性的。但這道理並不像電影《化身博士》演得那麼簡單。

要維持任何一種撒旦崇拜團體，就必然會有這種內在矛盾。阿奎諾觀察到，若魔鬼的信徒全心全意、務實而不帶感情地致力於自我發展，就會漸漸遠離原本所屬的撒旦教會。一旦發現屬於自己的撒旦崇拜方式，就會想要離開團體或者打算自立門戶。在歷史著作《撒旦主義》（*Satanism*）中，英特羅維涅指出：「阿奎諾強調，不管在撒旦教會或賽特聖殿，這些問題都不是領袖或成員的個性所造成的，而是躲不掉的內在矛盾。撒旦團體越成功，成員的自我意識越強和天生本能越強，導致團體瓦解的種子就越多。」

克勞利在《法之書》中寫道：「功成名就即是你最好的證明。不要爭論、不要改變信仰、不要談論得太多！」採取左道的尋道者，或許必然得回歸到獨自的探索之路。

一九八七年，阿奎諾和他的第二任妻子莉莉絲經歷了一段長達多年的痛苦時期；兩人官司纏身，最後才證明是遭人誣告而獲得平反。在那段日子裡，社會大眾陷入了「撒旦恐慌」（Satanic Panic）的集體歇斯底里氛圍中，舊金山普雷西迪奧基地的某位牧師宣稱，她三歲女兒被阿奎諾夫婦性侵。

司法調查人員發現，那段時間阿奎諾夫婦根本不在舊金山，而是住在華盛頓特區，因此獲得不起訴的判決。隨後，阿奎諾夫婦想要反告那位牧師以及在背後煽動的軍方心理治療師，但並未成功。他們甚至不知道要到一般法院或軍事法院提告。

歷史學家加雷斯．梅德威（Gareth Medway）寫道：

儘管遭遇到這些挫折，但阿奎諾夫婦還是成功地控告兩位作者涉嫌毀謗。在拉什克（Carl A. Raschke）的《黑色畫布》（Painted Black）和布拉德（Linda Blood）的《新撒旦主義者》（The New Satanists）中，作者都判定阿奎諾夫婦有罪。這兩起案件均以庭外和解作收，阿奎諾夫婦也對這樣的結果感到滿意。[23]

社會上不斷有人捏造罪行來攻擊神祕學學者。二〇二一年，有一名播客主持人用三十年前一份抨擊阿奎諾的新聞來影射我的問題。那位主持人可能並不知道那些指控早已被推翻，但也許他就是想找我麻煩。

一九九四年，阿奎諾以中校身分退伍，並獲得美軍功績服務勳章。有關他去世的消息於二〇二〇年開始在網上流傳。這位賽特教徒顯然有意隱瞞自己的死訊，而他在數位時代裡居然成功了。根據舊金山郡政府的紀錄顯示，賽特神殿教派的創始人於二〇一九年九月一日逝世，享年七十五歲。

後來陸續出現了許多撒旦崇拜的組織，有些是出於謠傳，不過有個團體確實是惡名昭彰也受到誤解。有兩位山達基的信徒被逐出後團體後，於一九六六年在英國自創「最後審判進程教會」（Process Church of the Final Judgment）。這再次證實了，真相總是比虛構更引人注目（雖然這個新教派週邊也圍繞了許多傳言）。一九七三年，進程教會的高層曾租下露絲．戈登（Ruth Gordon）

在紐約市的公寓，而她在電影《失嬰記》中飾演一位信奉撒旦教又愛管閒事的鄰居。[24]

進程教會與一大堆負面事件扯上關係，包括七〇年代發生在紐約市的「山姆之子」連環殺人案，以及全球性的撒旦主義陰謀。雖然進程教會比傳聞中的還要善良，但這些事件背後確實非常複雜，所以外人就更難看清楚真相。尤其網路時代不乏許多誇張又嘲諷言論，許多評論者又選擇性地遺忘不久前的歷史教訓，讓因撒旦恐慌再次蔓延於社會中。

這個故事始於一九六二年，羅伯特・穆爾（Robert de Grimston Moor）與瑪麗・安・麥克萊恩（Mary Ann MacLean）在山達基的倫敦分會相識。麥克萊恩以前是高級應召女郎，擁有過人的智慧與意志力，是組織內冉冉升起的新星，很快就晉升為「聽析員」（編按：聽析是山達基特有的催眠治療法）。羅伯特那時剛離婚，脆弱的他以前念過建築系，對靈性思想很感興趣。兩人一見如故，沒多久便成婚，而且他們都非常厭惡山達基內部對創始人賀伯特的個人崇拜。[25]

這對夫妻於一九六三年離開了山達基教會，並發明自己的心靈治療法「強制性分析」（Compulsions Analysis），它結合了山達基的多項技巧以及心理學家阿德勒的發展心理學。不久後，山達基的領導階層稱這兩人為「松鼠」，以諷刺他們盜用山達基的方法。一九六五年，賀伯特本人稱這對叛逃夫婦為「壓抑者」，就山達基的教義來說，這等同於嚴厲譴責對方是敵人。也是在那一年，穆爾夫婦倆發現自己以及他們的患者渴望追求靈性上的成長，於是強迫分析團體變成了進程教會。在瑪麗・安的建議下，羅伯特改名為德・格里姆斯頓（de Grimston）。

這對夫婦有三十名追隨者，還養了六隻德國牧羊犬。接下來幾年，他們四處遊走，試圖建立一個有理念的社區，卻始終找不到理想的地點。他們待最久的地方墨西哥艾克斯塔爾（Xtul，意為終點）的廢棄莊園，時間是一九六六年的夏末到秋季。在那段期間，眾人發展出了一套帶有末日預言和心理學分析的神學。他們所信奉的神祇有三個部分，分別對應到人類的性格類型：路西法、耶和華以及撒旦。撒旦有低層次和高層次兩種形態。這三種類型透過耶穌基督統合為一，後是宇宙使者以及傳訊者。

重點在於，許多編造陰謀論的作家和部落客都不了解進程教會的神學，又或者好奇心太重。他們著迷於進程教會的活動（哪怕是虛構的），但卻對其神學不甚了解。進程教會的內部文件難以窺見又晦澀難懂，只能透過網路資訊與相關出版品得知一二。聯邦調查局曾編列長達一百七十一頁的檔案，內容皆為進程教會所出版的雜誌和會刊。接下來我對進程神學的介紹，乃取材自他們於一九七〇年出版的《諸神及其子民》（*The Gods and Their People*），署名的作者為羅伯特．德．格里姆斯頓；這樣的資料相當罕見。

依照教義，每個人的性格裡都包含與上述三種神性相對應的元素，而其中一種會特別突出。突出的主導元素有高層次和低層次的表現型態，以低層次來說：

撒旦：動物性、暴力和縱欲。

耶和華：懲罰、嚴苛、慈愛、自我否定、律法至上。

路西法：放蕩、易感、熱愛藝術、享受生活。

以高層次來說，撒旦就代表：天才、魔法、神祕和極端自我。如前所述，基督是統一這三者的信使。在進程教會的高峰期，基督的重要性不斷改變、時高時低。它的神學體系並非一成不變，而是在變化和實驗中持續發展。

理解、尊重並整合撒旦和路西法的特質，是進程教會的核心教義。社會學家威廉・貝恩布里奇（William Sims Bainbridge）在其著作中以「力量教會」來指涉進程教會。他寫道：「力量教會是個撒旦崇拜團體，但對於其成員來說，撒旦的特殊意義是外人無法輕易理解的。」因此，外界對於進程教會以及撒旦崇拜才會有那麼多誤解。

這個道理看似簡單，但許多批評者都無法想像，某個團體或個人竟然會以新穎的方法使用某個術語，而無視於傳統文化或娛樂作品的脈絡。批評者從未質疑自己先入為主的觀念，還自詡為文化觀察者，確信自己非常了解眾所熟悉的撒旦崇拜，進而批評進程教會。他們發表了不少批評文章和著作，甚至發起反對運動，無視於進程教會多次對外界的澄清與解釋。

留著鬍鬚且相貌英俊的羅伯特是進程教會的發言人，但大多數成員都認為瑪麗・安才是幕後的擘劃者，但她堅持保持低調。在這對夫婦的領導以及藝術總監提摩西・威利（Timothy Wylie）的策畫下，進程教會出版了一系列優質的著作和雜誌，不管是封面或內容都很有獨創性。當今社會對於一九六〇年代反文化運動的認識，就是少了這一塊拼圖，因為進程教會的出版品從未成為藝術展覽的主題。

透過獨到的美學品味，過程教會直接挑戰大眾的觀感。在此，我再度引用貝恩布里奇的描述：

> 力量教會的成員喜歡展現出狂野的形象。他們的黑色制服和紅色徽章，既讓神祕教派的成員感到興奮，但也令社會大眾憂心不已。在一般民眾的想像中，力量教會就是個膜拜撒旦的異端。「黑色代表無底的深淵，人類之所以註定會墮入其中，正是因為妥協於無神的行屍走肉生活。因此我們身著黑衣，以哀悼人類帶給自己的悲慘命運。」力量教會以這種聳動的修辭呈現於社會大眾面前，其信徒也於一九六〇年代末至一九七〇年代初期遊走於歐美各地。他們身穿陰森的黑色制服，披著飄逸的斗篷，身邊伴隨著巨大的德國牧羊犬，並不時得承受汙穢的謠言。他們還在胸前佩戴著惡魔的標誌——紅色的「門德斯之羊」徽章。[26]

越戰時期，在滾石樂團的〈同情惡魔〉歌聲中，在新興的巫術文化以及拉維和安格共織的地下美學中，進程教會成了水瓶時代終極反文化的化身。他們沒有氣味迷人的薰香、愛之串珠或「愛與和平」這類空洞的口號，取而代之的是風格強烈的美學與令人不安的盛典儀式。不少備受關注的名流都受到進程教會的吸引，雖然有些人只是感到好奇，有些人則深入其信仰核心。這些熱愛自由思想的非宗教人士有影星瑪麗・泰勒・摩爾（Mary Tyler Moore）和迪克・范・戴克（Dick Van Dyke），歌手瑪麗安・菲斯佛（Marianne Faithfull）和米克・傑格。後兩者還曾出現在進程教會雜誌的封面上，米克也曾接受教會的專訪。在一九六〇年代末，進程教會在普羅文化中的能見度迅速攀升，組織也迅速擴展到舊金山、南加州、紐奧良、紐約市、多倫多、倫敦、慕尼黑和阿姆斯特丹等地。他們的雜誌在書報攤熱賣，信徒捐獻與媒體關注紛至沓來，成員不斷增多。一切似乎都很順利，直到貝恩布里奇所稱的「曼森災難」發生。

在大眾文化中，查爾斯・曼森和進程教會的故事既令人感到困惑，但又簡單明瞭。有如羅夏克墨漬實驗，這現象反映出了評論者、觀察家和作家們的主觀意向，只相信自己想要相信的事情，甚至做出大膽的推測。

一九六九年十月，曼森本人以及「曼森家族」成員們被捕，後續的審判過程轟動一時。檢察官和媒體都熱衷於挖掘曼森世界觀的起源以及其殺人儀式的背景。謠言瞬間四起，許多人都判定，進程教會就是曼森意識形態的根源，是這些刑案的煽動者，或根本就是共謀。檢察官布格里奧西（Vincent Bugliosi）發現曼森的思想與進程教會的神學有許多相似處。這並非完全不可能，曼森雖然不曾正式加入進程教會，但他在舊金山和南加州遊走，確實有機會接觸到這個知名的教派。不過，曼森也把披頭四的歌詞當作靈感來源並加以曲解，那進程教會作為反文化的代言人就很難倖免於難。

進程教會處理此事件的方式充滿爭議且啟人疑竇。一九七〇年，曼森因涉嫌殺害莎朗．泰特及其兩位室友而遭到審訊，在此期間，進程教會的兩名成員突然去拜訪檢察官布格里奧西。他們向他保證，曼森與其教會毫無瓜葛，領導階層也不曾與曼森見過面。總之，進程教會堅決反對暴力行為。他們還拿了一大疊教會的出版品給檢察官。布格里奧似乎非常滿意。然而，他在一九七四年的暢銷書《手忙腳亂》（*Helter Skelter*）中寫道，這兩位成員隔日居然跑去看守所見曼森。布格里奧西不知道他們談了什麼，只記得他最後一次與曼森的對話時有提到進程教會，但曼森閃爍其詞，沒有多談。

事實上，這兩位訪客請曼森撰寫（口述）一篇短文，內容是關於死亡的本質，並將其刊登在進程教會一九七一年的期刊上。當期的主題就是死亡，教會也刊登了他們與天主教評論家穆格里奇（Malcolm Muggeridge）的訪談內容，而曼森的文章在這篇專訪的旁邊。版面設計非常簡單，兩篇文章以及兩人的照片並列，標題是「從曼森到穆格里奇，從對立到和解」（From Manson to Muggeridge, or the reconciliation of opposites）。看起來不會引發爭議的頁面，後續效應卻不斷爆發。

於是，進程教會被大眾視為嗜血的邪教，是造成社會動盪、引發殺戮事件的罪魁禍首。同年稍晚，反文化運動的音樂人艾德．桑德斯（Ed Sanders）出版了《家庭》（*The Family*）一書，內容是他對曼森犯罪集團的描述。我可以理解桑德斯有多憤怒，因為在他看來，曼森篡奪、扭曲並玷汙了嬉皮的叛逆精神。

但桑德斯做得太過火了。他在書中開闢一整個章節來描述進程教會，稱之為「戴兜帽的虐殺狂」以及「穿著黑色斗篷和全身黑衣的惡魔崇拜教會」，甚至採信在坊間流傳的傳聞、猜測和推論，堅決認定教會與曼森有關係。進程教會因此控告桑德斯誹謗，雙方於一九七二年達成庭外和解，但教會要求杜頓（Dutton）出版社必須在庫存書中貼上道歉啟事，日後再版時也必須刪除有關進程教會的章節以及相關的所有內容。道歉啟事中寫道：「經過仔細檢視，本書中關於進程教會的陳述，包括與曼森犯罪活動的關聯，皆未能獲得證實。」

相較於美國，在英國的誹謗官司中，原告的舉證責任比較高，因此進程教會對英國出版社的告訴沒有成功。但該出版社還是發行了新版，並刪除了與進程教會相關的內容。許多評論者發現，在這起事件後，進程教會逐漸邁向瓦解。藝術總監提摩西·威利也寫道：

> 進程教會的衰敗或許就肇始於我們在英國的官司敗訴。那是瑪麗·安的主意。我們與美國的出版社達成和解時，並未向對方要求巨額賠償金。她希望向世人展現我們正直的一面。也就是說，進程教會之所以提出告訴與金錢無關，只是為了澄清名聲。然而，這次誤判讓英國的出版社認為我們很好欺負。事實證明，他們的判斷完全正確。

實際上，進程教會還得支付英國出版社的訴訟費用。威利指出：「我們還得透過街頭募款來支付這筆費用，真是諷刺。」

貝恩布里奇認為，這開啟了後續的惡性循環：「這個激進的異端教派開始做出各種妥協。它不僅未向美國的杜頓出版社要求賠償，還在新聞稿中自我宣傳一番：『力量教會是致力於傳播基督之道的宗教組織。』」貝恩布里奇帶著憂慮的口吻寫道：

> 力量教會與曼森事件無關，但這場爭議已對它造成巨大的影響。教會既然決定與主流社會和解，也準備依靠大眾的善意來維持其經濟命脈，但它又多此一舉地自清，並且淡化其教義中的撒旦元素。聖彼得曾三次不認耶穌，並為此而受苦；而力量教會否認撒旦，最終亦因此衰敗。為了逃離撒旦的深淵，他們壓抑原有的理念，甚至拋棄自己最珍貴的象徵和概念，徒留下令人不忍卒睹的文化空白。沒有了撒旦，力量教會與其他宗派還有什麼區別？

儘管創始人羅伯特反對，但教會最終還是決定淡化自己的撒旦元素，其標誌性的黑袍也改變為灰色休閒風的西裝；這與他們的教義背道而馳，因為灰色象徵妥協與從眾。門德斯山羊的形象也被捨棄掉了。進程教會的成員如今看起來就像是音樂團體「奧斯蒙家族」上台表演的樣子。還有一項重大改變：他們所佩戴的金色大衛之星吊墜，上面裝飾著字母FF，象徵著該團體的新名稱「千禧年基礎教會」（Foundation Church of the Millennium），爾後又改變為「千禧年基礎信仰」（Foundation Faith of the Millennium）。

一九七四年，進程教會的創始人夫妻分居，羅伯特隨後離開了組織。不久之後，成員們出現在阿拉巴馬州州長喬治・華萊士的辦公室，準備來一場「信念治療」。到了一九八二年，該團體的剩餘成員搬遷到猶他州，在那裡創建了備受推崇的「好朋友」(Best Friends) 動物收容所。到了一九九三年，該團體更名為「好朋友動物協會」(Best Friends Animal Society)。瑪麗・安於二〇〇五年去世，而羅伯特在紐約市的史丹頓島過著平靜的生活。

這似乎意味著進程造會的終結——然而，其神話卻仍在延續中。一九八七年，紐約記者莫里・特里 (Maury Terry) 針對「山姆之子」連續謀殺案進行了大量的調查，並在其著作《終極邪惡》(*The Ultimate Evil*) 裡提出了不同的看法。

特里於二〇一五年去世，他至死之前仍然堅信，「山姆之子」大衛・柏克維茲 (David Berkowitz) 的眾多受害者應該是由不同的槍手所殺害，而他們與柏克維茲都是來自一個殘忍的撒旦邪教——進程教會。根據該書封底的介紹文字：「該教派的致命影響力遍及整個美國，包括紐約市、比佛利山莊等無數的城鎮……時至今日，進程教會依然相當活躍……也還在密謀殺人」。班特姆 (Bantam) 出版社發行的《終極邪惡》封面上，有曼森與柏克維茲兩人的照片作。作者在整本書中以不祥的口吻去描述黃金黎明協會、克勞利以及李維等人的事蹟。

在閱讀特里的著作時，有一點我覺得很奇怪。這位執著的研究者花費了數十年的時間要證實自己的論點，但在這本厚達七百頁的書中，他卻從未對進程教會的神學有研究或質疑，連一絲的好奇心都沒有。事實上，特里對於撒旦崇拜的了解程度，也還停留在三柄長叉、犧牲獻祭等刻板印象。而此團體與謀殺案的連結與證據，就只有命案現場一些無關緊要的符號、立場相同者的支持以及比桑德斯還大膽的跳躍式推測。

特里的著作經常成為網路文章與影片的資料來源，這些網路創作者皆聲稱，撒旦崇拜與許多驚人的犯罪事件有關係（當然有些想像出來的）。在此，我要引用出版人亞當．帕弗雷（Adam Parfrey）的文章，他為提摩西．威利的著作寫序，而部分內容如下：

> 我在一九八七年才了解到，許多陰謀論者都將進程教會當作箭靶，但那些著作要麼是胡扯，要麼就只有不嚴謹的事實查核。在史丹頓島的電話簿中，進程教會創始人的電話是用他本名登記了。發現這個情報後我非常猶豫，但還是打了電話給他。大家都知道，在特里的《終極邪惡》一書中，德．格里姆斯頓是神祕又邪惡的人，隱藏在不知名處膜拜魔鬼。但這種人物怎麼會如此輕易地被找到，而且翻翻電話簿就好。特里甚至連打電話到查號台找羅伯特的號碼都懶，那我又怎麼能相信他的著作內容呢？
>
> 於是，當我撥打電話給這位穆爾先生時，電話那端傳來彬彬有禮、帶著英國口音的男子聲音，我感到非常驚訝。接到這樣意外的來電，他並不特別高興，但我們還是聊了十分鐘之久，也談到那些陰謀論著作。穆爾說他難以忍受這些書，根本是一派胡言。我也向他提出請求，希望他站出來講述自己的故事。「我會考慮的。」他淡淡地回答。

在《終極邪惡》一書中，特里確實有提及他所求助的專家。

「我和賴瑞·西格爾（Larry Siegel）提到了那些死去的德國牧羊犬……二十七歲的賴瑞是見多識廣的研究員。他表示，自己已經花時間去調查那神祕組織，也有一些觀察。」

「你聽說過進程教會，對吧？你知道嗎，他們養了很多隻德國牧羊犬。」

然後這位「研究員」推測道，教會以前養了這麼多隻狗，那麼由它分裂的某個神祕團體一定在七〇年代後期仿效山姆之子，殘忍地屠殺了這些動物。不過此時進程教會早已解散，並轉型為千禧年基礎教會。

特里進一步寫道：「大家都知道，進程教會已正式分裂，而其後繼者則活躍於地下組織。然而在進程教會分裂前，它已在全美各地播下了毀滅的種子。它們隨著惡魔之風橫掃七〇年代，並延續至今。恐懼依然統治著大地，透過惡魔罪孽結合起來的附屬團體，仍在四處活動著。」

看到這些毫無根據的結論被當作事實，並在網路上流傳，成為抨擊進程教會的真憑實據，實在令人感到很不自在。巧合的是，在二〇〇八年，特里的經紀人還聯繫了我的出版社，希望出版修訂版的《終極邪惡》。

二〇二一年，串流平台網飛推出了一部以特里著作為本的犯罪紀錄片《山姆之子：墮入黑暗》（*Sons of Sam: A Descent into Darkness*），製作單位在片中也批評了特里的著作。我曾受邀在片中現身說法，但不巧因碰上新冠疫情而取消了。之後，我為那部影集的播客節目接受採訪，但結果並未播出。

從神祕學與藝術的角度來看，進程教會確實為世人留下了豐富的遺產。該團體所展現出的神祕學論述與美學觀，深深影響了極具創造力的龐克藝術團體「靈性青年聖殿團」（Thee Temple ov Psychick Youth）。這個神祕團體於一九八一年成立，創始成員是一群東倫敦的藝術家，包括工業噪音樂團的教主P・奧瑞傑、電影導演德瑞克・賈曼（Derek Jarman）以及音樂家克里斯托弗森（Peter "Sleazy" Christopherson）。靈性青年聖殿團致力於探索文化現象與親密關係，也重視個人發展和全新的生活方式，對於藝術、音樂、性與身體表達等實驗也很感興趣。此外，他們對混沌魔法也很著迷

靈性青年聖殿團為後世帶來諸多深遠的影響，最為人津津樂道是用身體藝術、裝飾文化與自我表現來探索心理與魔法的效應。創辦人P・奧瑞傑從進程教會的思想中汲取靈感。在提摩西・威利的《愛、性、恐懼和死亡》（*Love, Sex, Fear, Death*）合集中，P・奧瑞傑也撰文談到：

> 從六〇年代中期、我的青少年時期開始，我便對人類行為深感著迷——是否能有一種系統或學科，能夠重新編寫那些根深蒂固、經遺傳而來的行為模式。與這種美學與哲學上的執迷並行的，是一系列幾乎共生般的問題與媒體議題，它們彷彿是一種來自「進程」

教派的建議性評論。

P．奧瑞傑解釋道，對於方興未艾的龐克世代而言，進程教會象徵某些尚未被具體表述出的事物：

進程教會被大眾指控為「（西倫敦）梅費爾的思想操控者」（Mindbenders of Mayfair），後來更被小報指責為曼森家族、山姆之子的幕後黑手。進程教會於焉成為新嬉皮與妖怪的象徵！他們在如此深刻的層次上撼動社會的封閉自滿，這與我體內的強烈衝動產生共鳴。我要剝除掉自己被強加的行為模式，讓我的生命歷程成為自由開展、充滿自主性的故事，而作者就是我真正的自我意識。

在創立靈性青年聖殿團時，P．奧瑞傑思考道：

如果我們打造出一個軍事化的神祕主義組織，並將被解密的魔法技術公諸於世，那會帶來什麼效應？我們也可以在唱片封套印上行動宣言，呼籲人們即刻行動、反叛現實。我們正逐漸設法實現這個白日夢。我們特別研究了進程教會，從中提取其邪教美學裡最精華的部分。我們需要一套意識形態、為實現目標制定階段性計畫、象徵性的符號與制服、標誌性徽章以及我們組織內部的專屬文本及祕密……
靈性青年聖殿團的制服，是我們向羅馬天主教供應商購買灰色神職襯衫、灰色軍褲和戰鬥靴。夾克和襯衫上都縫上帶有「靈性十字架」（Psychick Cross）和數字二三的刺繡徽章，徽章外型為囊狀（象徵女性陰道），用來標識聖殿團的成員身分。

我們重新審視了進程教會，發現成員一致的長髮和鬍鬚的形象在視覺上很有震撼力。聖殿團的髮型則是在後腦處留下長髮尾，其餘頭髮都剃光，象徵靈性紀律——苦修與頹廢，這種亙古長存的矛盾平衡。靈性十字架的設計就是為了立即顯示我們是嚴肅、專注且有軍事風格的組織。成員們的造型相當搶眼，很快便能迅速吸引時年輕人爭相效仿。即使我們人數還不多，但造成了立即顯眼的衝擊力，影響力遠超過我們的預期。

這篇短文雖然距今也很多年了，但P．奧瑞傑的觀點依然讓我感到震撼，其純粹的原創性令人嘆為觀止。畢竟人類都很難逃離熟悉感、確定性、重複性和教條化。另類哲學或體制外的運動，往往會不自覺地複製主流文化，並且將其元素內化為自身的主張。複製並不意味著某個想法是錯誤或有缺陷的，至少是未經檢驗或已成結論的觀點。因此，P．奧瑞傑寫道：「我窮盡一生都在追尋可塑性，改變感知外界的方式。挑戰現狀是我的原則，我絕不會假設或以為創造的任務會有盡頭。」

讓我更為震驚的是，其實多數另類靈性團體都不喜歡太有挑戰性的事物，以免破壞自己的世界觀。這是我的個人經驗。我曾被新時代運動的組織列入黑名單、演講也被取消，僅因為我去研究了一些禁忌思想，也就是本章所討論的撒旦崇拜。然而，與那些我萬分敬佩的人相比，我所經歷到的挫折根本微不足道。P．奧瑞傑繼續寫道：

一九八八年，我準備帶家人從倫敦東部搬到布萊頓，但突然變成全國關注的焦點。有家小報用全版刊登了一篇惡毒而煽情的文章，標題為：「毒害孩子的惡人，傳播性、虐待和撒旦崇拜給樂迷的神棍」。

接著我們開始被監視，朋友和親密也都遭到盤問和威脅。「梅費爾意識操縱者」的稱號在我腦袋裡浮現！我被正式成為人民公敵、道德和文明的破壞者，是每個無良記者或路人的攻擊目標，他們用憤怒來包裝自己的偏見。

一位在郵局工作聖殿團成員警告我，我們的信件已被當局拆封和抄錄。就在不久之前，蘇格蘭場突襲了塞巴斯丁先生的紋身工作室，隨後便指控他和幾名互不相識的男子都屬於某個熱愛性虐待的同性戀團體。這些人被送到中央刑事法院，把他們當作像連環殺手、間諜那樣的重刑犯。該案僅由一名法官進行審理，他最終裁定，穿刺和紋身是嚴重的人身傷害犯罪行為，僅次於過失殺人罪，最高刑期為七年。當中一名倒楣的男子因為給自己的包皮穿洞而被判處三年徒刑，唯一的罪證是他為自己拍攝的紀念照。所有人都被判有罪。這項判決為英國的司法體系設下先例，檢警可以起訴任何身上有穿洞或紋身的人。

突然間，在一九九一年，我的身體，以及聖殿團成員們的身體，都變成了違法的證據。這種事就發生十五年前，現代人一定難以置信。

在種種壓力之下，一九九一年冬季，P．奧瑞傑一家人帶著兩個年幼的女兒，展開了個人性的慈善行動，為貧困者分發食物、衣物和乾淨的飲用水。P．奧瑞傑寫道：「有時我們必須餵飽三百至四百名西藏難民、漢生病人和乞丐。」對於莫名的指控和衛道人士的偏見，這些前衛的創作者常常會冷漠以對。不了解這種態度的一般民眾，也許可深思一下，這些衛道人士的資格從哪來的？他們丟出的指控又是基於怎樣的標準或楷模？有憑有據才稱得上是好問題。

更大的麻煩悄然逼近。一九九二年二月，P．奧瑞傑一家人原本計畫返回英國，但他收到了一封不祥的傳真：「緊急狀況，立即致電回家！」蘇格蘭場的「猥褻出版品查緝隊」突襲了聖殿團在倫敦和布萊頓的聚會所，而後者實際上P．奧瑞傑的住家。警方扣押了他們藝術作品、符印、光碟、檔案、書籍、文物、性玩具以及財物。

霎時之間，各家小報鋪天蓋地地指控靈性青年聖殿團進行「虐待儀式」，英國某個新聞台還播放了長達一小時的「真相揭露」特別節目。整段節目充滿了撒旦恐慌的氣氛，內容都是錯誤的、半真半假的甚至是完全捏造的故事。他們還找來幾位證人上節目，但都坐在暗處並未露出真面目（後來證實這些人的精神狀況有問題，並且與聖殿團毫無關聯）。他們說聖殿團會拿兒童獻祭、還會活埋、墮胎以及大規模殺人。這些說詞都很離譜，也與警方的調查完全不符。

幾週後，媒體才發現，該檔特別節目的製作單位是受到基督教基本教義派指使，刻意要汙衊靈性青年聖殿團，也缺乏事實查核。而節目出現的「虐待儀式」畫面，實際上是聖殿團的固定儀式與表演藝術。雖然檢警最終沒有起訴聖殿團，但傷害已經造成。P・奧瑞傑記述道：

> 有人告知說，如果我們從尼泊爾返回倫敦，就會被蘇格蘭場逮捕。我個人會被無限期拘留以接受訊問，兩個女兒則送交監護單位，可能也會被審訊以尋找虐待兒童的證據。在當時，只要被懷疑有虐待情事，你的孩子就必須接受強制保護，為期至少兩年，而且無論事實真相究竟為何。直到今天，我們從未被正式起訴，卻也無法拿不回被檢警扣押的檔案和財產。蘇格蘭場有暗示這些物品早已被銷毀，雖然他們沒有合法的理由。
>
> 律師在電話坦率地告訴我們，為了保護孩子，最明智的做法是流亡海外。因為蘇格蘭場有人跟我曾私下表示，他們無法確保我返回倫敦後的人身安全。

P・奧瑞傑一家人在迷幻藥大師提摩西・李瑞（Timothy Francis Leary）的幫助下，前往北加州尋求庇護。然而，種種壓力導致這對夫妻最終以離婚收場。P・奧瑞傑留在美國，繼續活躍於音樂、神祕學和藝術領域，並引領了各式各樣的文化發展，從銳舞派對到提倡非二元性別的社會運動——直到二〇二〇年在新冠疫情初期因白血病而離世。

P・奧瑞傑第一次的藝術作品大型回顧展「我們都是一體的」（We Are But One）於二〇二二

年在布魯克林的「先鋭創作」（Pioneer Works）藝術中心展出，大獲好評。有關靈性青年聖殿團的紀錄片《來自聖殿的訊息》（A Message from the Temple）正在製作當中，導演是我的合作夥伴賈桂琳・卡斯特爾（Jacqueline Castel）。

社會學家英特羅維涅觀察到：「很多人以為，正因為撒旦崇拜太盛行，才會引發反崇拜的聲浪。事實正好相反，撒旦崇拜的流行跟源起，就是因為有太多人反對這種活動。」

因此，反撒旦崇拜才是更普遍的意識形態，儘管它反對的目標大多是虛構的。而所謂的撒旦崇拜組織或思想家，其思想和哲學觀總是遭到誤解和濫用。近年來的新團體「撒旦神殿」（The Satanic Temple）就碰到這種憾事。他們採用新穎的抗議行動，並依法挑戰社會成見，以捍衛《美國憲法第一修正案》賦予人民的基本權利。撒旦神殿主張非有神論（依個別成員的立場而有所不同），是以憲法的自由權和政教分離為訴求，並精心設計街頭行動劇（guerrilla theater）。

即使是對撒旦崇拜毫無興趣的魔法實踐者，也會被捲入八〇至九〇年代的撒旦恐慌中，甚至搞不清楚發生什麼事。一九九四年，青年魔法師艾克斯（Damien Echols）和他的兩名朋友（被稱為西曼菲斯三人組）在阿肯色州遭到指控參與三起謀殺案。檢察官表示，行兇過程就是所謂的撒旦儀式。艾克斯被判處死刑，並在牢房等待執行。在經歷多年的上訴和公民聲援後，三人最終於二〇一一年獲釋。

由於本書的篇幅有限，我只能簡要回顧一些因撒旦恐慌而導致的迫害事件。在那些莫須有的指控下，這些受害者的人生從此風雲變色。這些事件背後的推手包括大眾媒體、法律系統以及一些自稱的心理治療專家。當中有許多人後來才被發現，他們會誘騙、強迫或煽動兒童說出駭人的證詞，或誘導意志薄弱的成年人說出不存在的記憶。[27]

事實上，在八〇和九〇年代的撒旦崇拜爭議中，大多數遭到指控的對象跟神祕學沒有關聯，當中有日托中心的照顧員、老師、圖書館員以及路人。到了一九八九年，在美國類似的案件有五十起以上正在審理中，還有數千人被誣指在執行撒旦虐待儀式。[28] 這些指控造成多起冤獄案件，並寫下美國司法史上最漫長的審判過程。唯一能確定的是，那些無辜被告的人生都無法挽回了。[29] 其中最引人注目且耗時最久的案件，是加州的麥克馬丁幼兒園案（McMartin Preschool trial）。針對該起案件，記者海瑟·格林（Heather Greene）在《燈光、攝影機和巫術》（*Lights, Camera, Witchcraft*）中寫道：

> 一九八三年，加州麥克馬丁幼兒園的業主和照顧員被指控虐待兒童，當中涉及肛交、性侵等行為。謠言四起，還有人說他們會飲生血、進行活體獻祭、挖掘祕密隧道、在兒童臀部放置五角星。一九八四年，幼兒園的四百名兒童接受訪談，其中有三百八十四名兒童被判定受到性虐待。警方隨即展開逮捕行動。但不管是兒童證詞的可信度或相關報告的合法性，都充滿了疑點。麥克馬丁的審判案持續了七年之久，是美國歷史上最昂貴且耗時最長的刑事審判案件。

到了一九九〇年，此案中的所有指控才全被撤銷。這類指控已多次被證明是誣告，但相關謠言仍然層出不窮。在二十一世紀初，「匿名者Q」（QAnon）所推出的陰謀論更是無所不包，甚至還登上國際政治的舞台。二〇二二年，俄羅斯總統普丁出兵入侵烏克蘭的四個省份，他在九月底的演講中辯稱：「打壓自由的那股勢力正呈現出『逆宗教』的面目，他們是真正的撒旦崇拜者。」普丁認為西方自由派對性別認同等議題的觀點，是「對人性的否定」。[30]

在這些聳人聽聞的指控和撒旦恐慌中，我們應該去思考社會如何處理或消化這些分裂，並中學到教訓。大眾對文化變遷的焦慮，常常會被轉嫁到真實或虛構的邊緣群體上，並變成一種社會霸凌。在一九八〇年代所發生的撒旦恐慌，多少是因為社會對於女性進入職場的焦慮感，並將其發洩到日托中心及相關的工作人員身上。類似的情況也發生在重金屬樂團和粉絲身上。為了解決青少年自殺和絕望等問題，這些音樂人就是現成的代罪羔羊。[31]

事實上，在八〇年代的撒旦恐慌外，真正的社會危機是各大機構中不曾被揭露或被漠視的兒童虐待案。二〇二〇年，擁有一百一十年歷史的「美國童軍團」向聯邦法庭申請破產，因為數萬名的性侵案原告和倖存者向它發起集體訴訟，但它不想付出巨額的賠償金。[32]

同樣地，美國有三十個以上的天主教組織因同樣的理由而宣布破產。33類似事件在包括法國、加拿大和德國等地也有發生，有些地區甚至規模更大。[34]這不是為了展現「你們也沒多好」的論調，而是要強調，在撒旦恐慌中，弱勢群體如照顧員、輔導員、教師、重金屬樂團以及前衛藝術家，更容易被指控犯下不存在的罪行。這反映出了一個古老的惡性循環，每當主流群體內部有濫權或犯罪行為時，就會把問題轉嫁到無法有效為自己辯護的局外人身上。

在人類歷史上，這種模式一再出現：獵巫、私刑的習俗、紅色恐慌、種族主義、反猶太情緒、迫害同性戀，無差別逮捕沒有反抗能力的毒癮者與毒販。

人類總渴望找出隱藏的敵，包括撒旦恐慌，而且至今也還沒消退。我希望社會能盡力還給無辜者一個公道，因為他們無端地成為眾矢之的。如果說在撒旦崇拜中真有任何獻祭品，那就是這群人。

透過眾多知名人物的深入研究，包括英自然哲學家約翰．米歇爾（John Michell）和探險家葛瑞姆．漢卡克（Graham Hancock），使學界在二十世紀末又開始探尋失落已久的古老亞特蘭提斯文明，在布拉瓦茨基、葛吉夫、凱西和曼利．霍爾等人的作品中都曾出現相關的描述。

在《克里提亞斯篇》和《蒂邁歐篇》中，柏拉圖也詳細談到了亞特蘭提斯。在這兩篇對話錄中，主述者講到一個先進的文化，它源自傳說中的雅典政治家梭倫的回憶。據說梭倫曾造訪古埃及，因而接觸到人類文明最古老的起源。他在尼羅河三角洲參觀神廟時，有位祭司告訴他亞特蘭提斯的歷史。當時這個航海文明強盛且壯大，還打算進攻雅典，進而登上世界的頂端。但雅典人擊退了亞特蘭提斯的軍隊，而這輝煌一時的帝國於是邁向衰亡、消失在歷史上。

一九六一年，埃及學家施瓦勒．德．盧比茨在晚年時提一個影響深遠的理論：「位於埃及吉薩的人面獅身像，除了頭部以外，都顯示出無可置疑的水蝕跡象。」這段話出自於他在一九八二年出版的《神聖科學》（*Sacred Science*）英文版。根據這項觀察，他推測人面獅身像的古老水蝕痕跡，很可能早於課本上的獅身像建造年代，甚至可能早於古埃及文明的誕生。這番推論引發了後續更多的深入研究。

埃及學家約翰・安東尼・韋斯特（John Anthony West）在一九七九年的著作《天空中的蛇》（*Serpent in the Sky*）中詳述了水蝕理論。一九九〇年，韋斯特與耶魯大學的地質學家羅伯特・修奇（Robert M. Schoch）前往埃及進行考古研究以確認水蝕理論。次年，修奇提出更精確的說法，他認為獅身像上面最早的水蝕痕跡可追溯至公元前七千五百年，甚至到公元前一萬年。這項理論是神祕學上的重大突破，一九九三年由赫斯頓（Charlton Heston）主持的電視特別節目《人面獅身像之謎》（Mystery of the Sphinx），便是奠基於修奇的水蝕理論。該節目後來贏得了艾美獎，普羅大眾也因此越來越重視這項理論。但韋斯特的個性反覆無常，也從未完成任何一本探討水蝕理論的著作。在他去世前幾年，我恰巧有機會與他結識，並不斷督促這位才華橫溢但做事隨性的學者重新提筆，但最終未能成功。

雖然學術界的考古學家大多強烈反對水蝕理論，但沒有人提出直接的反駁證據，也沒有學者去考察獅身像來推翻修奇等人的分析。最常出現的反駁意見是，考古學界找不到陶器碎片等具體事證來證實修奇提出的水蝕時間軸。韋斯特在紐約居住時離我的住所並不遠，對這個質疑，他只簡單地說還需要進一步的調查。韋斯特說過，他與修奇已發現了一項關鍵證據，而且眾多考古學家都沒有辦法直接反駁它。其他的反對者則以環境因素和採石活動為反證，他們確實提出了許多重要觀點，但都不如修奇和韋斯特的發現那般有影響力。

讀者們可能會感到疑惑，為什麼沒有新一代的教授、研究生和考古學家去檢視修奇的水蝕觀點，並設法檢驗相關的證據？確實，在二十世紀後期的考古學界，這會牽涉到不小的政治問題。首先，若想要獲得許可在吉薩高原進行研究並不容易；申請過程非常嚴格，且費用昂貴。此外，當前西方世界的大學都不願對這類研究「開綠燈」。在波士頓大學通識中心教課的修奇對我抱怨道，考古領域的研究生或學者若想探討水蝕理論，就等於在扼殺自己的學術生涯。因為大多數學者都鄙視他們的研究成果，因為它間接地破壞了教科書上的歷史時間軸，進而影響到無數人的研究工作。

當然，這些學者會辯稱，因為它是不值得一提的偽科學。但在我看來，若要說人家是偽科學，就要以同樣標準提出實際證據。科學是一種方法論，如果你找不到對方觀點的缺陷，那麼你所爭論的就只是偏好問題而已。不過，既然人面獅身像的時間軸已是教科書般的事實，那麼與之相關的質疑就會被認為是在挑戰許多知名學者以及他們的研究。因此，想要研究水蝕論的學者自然拿不道許可權、資金和其他資源。

此外，政治考量也是一大阻礙。埃及人自詡為人類文明的搖籃，這種民族情懷遍布在他們的生活中。同樣地，許多國家也會如此保護珍貴的歷史文物。因為，埃及的許多官員都認為，若有人要往前拉長古埃及的時間軸，就會影響到它的歷史地位。但我要提出另一種視角，如果埃及的歷史比公認的時間軸更悠久，那麼埃及古文明會更加豐富、歷史地位也更崇高。然而埃及官員已經受夠了外星文明論，所以更不想考慮水蝕論，哪怕兩者並沒有關聯。

在一九六〇年代之後的幾十年間，最具代表性的靈性思潮是「新時代運動」，我將其定義為一種無所不包的療癒性靈性文化。

在七〇年代中期，《新時代雜誌》（*New Age Journal*）發刊後，這項新的靈性運動便有了正式名稱。威廉．布萊克、華倫．艾文斯、阿爾弗雷德．奧雷吉與艾麗絲．貝利等都用過這個詞。許多觀察家認為，美國作家瑪麗琳．弗格森（Marilyn Ferguson）在一九八〇年發表的《寶瓶同謀》（*The Aquarian Conspiracy*）可算是新時代運動的非正式宣言，即人類將迎來整全性的生活風格、政治理念和靈性思潮。

從實踐上來看，新時代運動與神祕學的關係時近時遠。雖然前者所涉及的宗教非常廣泛，但大體上來說，其靈修中心、出版品和工作坊的發展都沿著基督教與西化佛教的靈性框架。因此，光明與黑暗、白色之光、神聖的善、宇宙基督以及業力等概念，構成了新時代運動的核心。神祕學是邊緣人的哲學，是透過塔羅牌、卡巴拉思想、天使和靈媒的訊息得到啟發，且不一定與新時代運動的精神相契合。神祕學的象徵是普羅米修斯，而新時代運動的象徵則是蓋亞。

新時代運動的宗教觀在無意間呼應了威廉．達德利．佩利的「星際訪客」（Star Guests）概念，因為前者經常以外星智慧取代神祕學中的無形靈性導師。克爾（Howard Kerr）和克羅（Charles L. Crow）在一九八三年的論文集《美國的神祕學》（*The Occult in America*）中寫道：

在一九六〇年代後期，針對不明飛行物體的研究開始帶有神祕學的色彩。人們越來越相信，這些飛行物體可以從隱形狀態中顯現出來，而外星人可以與人類的「接觸者」進行心靈感應，並透過回溯性催眠法來汲取對方的各種經歷。

這也呼應了諾斯底主義者的看法，他們認為，某些超越人類的力量（例如聖使或天使們）在爭相操控人類的命運。在某種角度看來，不明飛行物體的相關理論和報導，可以被視為一種現代的諾斯底主義，而且兼具世俗性與宗教性。在五〇至六〇年代，蘇格蘭靈性社區「芬霍恩」的創始人們，深信自己一定會與外星智慧進行心靈溝通，也期待不久後便會迎接造訪地球的飛船。他們甚至清理出了一塊降落場地。[35]

當時的人無法還無法預見，不明飛行物會變成跨國的討論議題，而且深度與廣度都不斷增加。這都要歸功於許多名人與研究者的努力，尤其是新聞工作者基恩（Leslie Kean）、布盧門撒（Ralph Blumenthal）和庫柏（Helene Cooper）。他們於二〇一七年至一九年間在《紐約時報》撰寫了一系列的報導，揭露了五角大廈的祕密計畫。軍方其實有在追蹤不明飛行物體，海軍的軍機也拍攝到不少清楚的影像，比如有某種物體在水下潛航，而且移動速度很驚人。[36]

不明飛行物體的討論是針對超越物理學的科技和自然現象，但這已遠遠超出了本書的範圍。然而，我在二〇二二年出版的《不確定的地方》（*Uncertain Places*）中提到的，不明飛行物體的研究者、超心理學家以及神祕學研究者已開始對話，而且關係越來越緊密。其背後原因很簡單，不明飛行物體或不明空中現象也許不單是外星人問題，也涉及跨維度的宇宙。這是電腦科學家賈克・瓦萊（Jacques Vallée）在一九六九年的著作《通往魔戎尼亞的護照》（*Passport to Magonia*）中大力推廣的。[37] 基於我們目前對於宇宙的理解程度，並考慮到浩瀚無垠的星際空間以及物理速度的限制（不包括穿越蟲洞或星際旅行），若是以跨維度概念來理解不明飛行物體，可能更為容易。

事實上，與外星人研究者和超心理學家的合流，正呈現出神祕學未來的可能走向，以及它能合作的其他領域，包括宗教致幻劑和量子理論等。但要大步跨入進入這一階段的探究，我們必須先退一步思考其他問題。

我在前文中提到，當今的靈性探索已進入個人實驗的時代，而不是像以往那樣依賴偉大導師的教導和團體互動，儘管這兩者仍在發揮作用。

神祕學專家沃特・哈內赫拉夫認為：「赫密士的修煉法是在小規模的聚會中進行的，不會比文獻中所描述的還多：一位導師和三名學生，僅此而已。」[38]

宗教學者大衛・立塔瓦在他的著作《赫密士文集二》中指出，新柏拉圖主義者費斯蒂耶爾（André-Jean Festugière）修士認為：「在赫密士的相關文獻中，我找不到信徒舉行儀式的線索，也沒有類似聖禮的活動……既無神職人員，也無分層組織，入會者亦無等級……相反地，這些尋道者都很討厭具體的宗教儀式。」[39] 這樣的選擇與實踐正是當今大多數靈性探索者的立場，我個人是也，儘管我曾經在靈性團體中度過一段很有收穫的歲月。

我曾提到，神祕主義是一種復興運動，要找回古代宗教的形式、符號與實踐。從最嚴格的意義上說，神祕主義旨在重新引入並調和在基督教出現前的古老信仰，它們曾在亞歷山大軍隊所占領的地區廣泛流行，包括歐洲、地中海沿岸、波斯和北非，其所帶來的文化構成了傳統上所稱的「西方文明」。因此，神祕主義不一定是那些新穎的靈性思想或活動，更不是故作玄虛的言論，

如今，哈內赫拉夫和費斯蒂耶爾所描述的赫密士主義繼續發展：小規模的或個人式的文化探索，幾乎沒有任何形式上可見的標記。

我不禁感到好奇，人類目前還在研究中的思想因果性和超物理性，是否間接復興了傳統的赫密士主義——但帶有兩個顯著的變化：

**第一**：如果接受個體可以感受到超物理的存在——無論是超感官知覺、思想的因果性還是創造現實——那麼接下來的問題是，魔法實踐是否有必要存在？若真的能夠感知到超物理的存在，也許就不再需要那些儀典、祈禱、方法和儀式。

**第二**：如果我們不再壓抑對這些概念的信念：天使、惡魔、精靈、靈魂、圖帕（tulpa）、集體心靈創造的非物質體（egregore）、外星人、神祕動物（例如精靈、小仙子、大腳怪），那麼我們就能去思索，這些不斷被報導的超物理性經歷或與外星智慧的接觸，是否反映出跨維度的體驗。事實上，從二十世紀的研究與理論來推測，它們的真實存在的可能性

極高。

接下來，我們先引用二十世紀神祕學家內維爾．戈達德的洞見。戈達德指出，《聖經》裡所提到的「上帝」，其實是人類想像力的核心象徵，而人類所經歷到的一切，都是心靈之眼的意象和情感狀態的投射，是從無窮且並存的現實中挑選出來的。在一九四八年於洛杉磯的一場系列講座中，戈達德向聽眾表示：

> 科學家終有一天能解釋為什麼這個連續性的宇宙會存在。但在個人的實踐層面上，如何利用這個宇宙來改變自己的未來，才是更重要的事情。

直到數年後，量子物理學家們才開始討論在一九五七年由物理學家艾弗雷特三世（Hugh Everett III）所提出的「多世界理論」（Many-Worlds Theory）。艾弗雷特的目的是試圖理解在量子力學領域中已經持續存在約三十年都還未被否定掉的一些非凡發現。例如，科學家透過各種干涉模型以證明，一個亞原子粒子會持續處於波動狀態或所謂的「疊加態」——即該粒子乃同時存在於無限多個位置之上——直到出現一位具有感知能力的觀察者、或某個自動化裝置，對該粒子進行觀測為止。只有在進行觀測的那一刻，粒子才會「塌縮」（換句話說，從波動狀態轉變為局部化的具現狀態），直到此時，它才佔據了一個確定的、可辨識的、且可測量的位置。然而在任何的觀測發生之前，這個局部化的粒子僅僅存在於可能性之中。

我有時會使用一些容易引起爭議的語彙。有位評論者曾寫信給我說道：

你所描述的「波動狀態」實際上是波函數，它描述的是粒子的能量。這個波函數，經數學平方後，會得出該粒子在空間中的分分概率。因此，波函數實際上是概率分分的平方根。

這說法是對的，也是不對的。正如我的同事迪恩．雷丁所指出的：「波函數並不僅僅與概率有關。它比這更奇怪。波函數是概率的平方根，有些人將波函數所代表的內容與概率區分開來，稱之為『可能性』。」無論如何，波函數既是一種描述粒子狀態的工具，也是一種數學公式。

現在，我已經盡可能地將量子物理學濃縮到幾段文字之中。我認為我確實對量子力學做出了準確的描述，但顯然我是在將巨大的複雜性壓縮到彈珠般的尺寸。我相信自己忠實地陳述了過去九十多年來在粒子實驗中所觀察到的現象（以及針對較大物體的新興實驗，例如氫分子）。科學界正在觀察到，在亞原子的尺度上，物質的活動與我們預期的截然不同。

在我撰寫本文的二十年前，將量子理論與靈性法則連結起來，成為了新時代運動和勵志作家的流行趨勢。同時間，專業的懷疑論者和主流記者們則對此做出了反駁，聲稱這完全是胡說八道和詭辯。這種反對聲音如今仍然存在，但已經減弱了許多。並非因為懷疑論者變得更加深思熟慮、或者在媒體上更加謹言慎行，而是因為「意識能夠影響物質」這一命題——無論看起來多麼奇怪——已在主流期刊和雜誌的物理學辯論中已經引起了廣泛的共鳴。

二〇〇九年，我參加了一場由超心理學家迪恩・雷丁舉辦的關於「量子測量問題」的演講。現場的觀眾包括科學家、社會思想家和宗教學者。我在演講現場當面向雷丁提出了一個重要問題：「如果外界對於粒子所做出的觀測和所採取的視角，可以在波與粒子的微觀層面上改變物質，那麼這是否在某種程度上肯定了新思想運動或心靈力量論的正當性？」雷丁回答道：「這並非完全是胡說八道，或許其中還真的有點道理。」當時還有另一位物理學家也在場。他補充道：「雖然身為專業的科學研究者及懷疑論者，但我同意你的說法。」

我們對宏觀世界中的物質的理解，通常來自於我們所具有的五種感官和體驗，並將它們視為個別的存在物。例如，有一張桌子，它是實際存在的東西，並且具可定義性，它並未佔據無限多個空間。然而當代的量子物理學家提出了一種理論，認為我們之所以無法正常地看到或感受到物質的疊加現象，是因為存在著所謂的「訊息漏損」（information leakage）現象。

這意味著，我們獲得或失去數據的程度，取決於測量的精細程度。當你使用極其精密的儀器（例如顯微鏡）進行測量時，你會看到越來越多的實際情況，也就是所謂的「真實現象」。但如果你將「鏡頭」拉遠，也就是降低測量的精確度，那麼你能觀察到的現象就會越來越少。以最基本的例子來說，對於一般的視覺感知而言，一張桌子是堅固的，你腳下的地板是堅固的，你所坐的地方也是堅固的。但如果透過原子級顯微鏡來進行觀測，我們會發現到，當觀察得越來越深入之時，在這些物體內部竟出現了空間（並未如我們先前用眼睛所看到的那般密不透風地堅實）。原子是由粒子所組成，而在更精細的尺度上還會顯現出更多的空間。我們並未直接感受到這些現象；我們所感受到的僅僅是堅實的實體。但無人質疑，在構成原子的粒子之間確實存在著某些空間。

此外，我們擁有數十年累積下來的研究數據，證明當次原子粒子被導向目標系統（例如雙縫）時，它們會同時出現在無限多個位置，直到外界對其進行觀測；只有在進行觀測之後，次原子粒子位置才會變得具體化。然而除非我們使用相當精確的方式來進行觀測，否則就無法發現到這一現象。因此儘管基於我們的日常經驗而言，這段描述內容看似荒誕不合常理，但實際上它卻是真實存在的現象。

無論如何，我的假設是這樣的：如果粒子在受到觀測之前乃同時出現在無限多個地方；並且，正如我們從研究次原子粒子的行為和機制中所得知：存在著無數種的可能性；而且自從愛因斯坦發明相對論開始，我們便熟知這項概念：時間本身也是具有相對性的。綜合以上幾點，我們便可以推論出——甚至應該說是我們必須推論出——線性概念本身（我們用來組織日常生活的方式）其實是一種幻象。

對於非常依賴五官以感知外在事物的人類而言，若想要順利過生活，就必須使用到這項相當便利的工具：線性時間觀；但它在客觀上並不為真。線性時間觀只是一種概念——是對實際發生的情況所做出的主觀性解釋。但愛因斯坦的相對論已證明線性時間觀並不是絕對的，該理論顯示當物體接近光速時，該物體所經歷到的時間會變慢。

打個比方來說，當一個人以接近光速的速度駕駛太空船旅行時，若從他自己的視角來看，他所經歷到的時間並不會變慢，而是與那些未達到接近光速的人相比較時，他所經歷到的時間才會顯得變慢了。這並非僅限於思維練習或思想實驗：對我們這個時代裡的太空旅行者來說，儘管他們的速度顯然距離光速還很遙遠，但已經足以讓他們在與其他並未進行太空旅行的人進行對比時，出現微小的時間減慢效應。

同樣地，線性時間觀也無法反映在量子力學之中，量子力學認為，粒子會同時出現在無數個不同的地方，而且也不會遵循任何有序的規律（例如線性時間）。當一個粒子受到外界的觀測時，粒子的出現或存在會被局部具現化，但這並不屬於真正的線性現象。

這有助於解釋為什麼愛因斯坦在一九五五年三月的一封信件中會寫下這段著名的內容：「像我們這樣相信物理學的人，我們很清楚過去、現在、和未來之間的區別只是人類偏執地緊抓著不放的幻覺。」[40]

如果我們進一步追蹤這條思路——這也是艾弗雷特三世的多世界理論能夠發揮效用之處——那麼，做出觀測的決定（或不做觀測的決定），其結果不僅在於使粒子局部具現化，還在那當下還為該粒子創造出了一個過去、現在、和未來。因此，當觀察者決定針對某個粒子去記錄下其觀測結果之時，同時間也為該粒子創造出了一個多維的現實。

當今的物理學界有許多人在爭論這些問題：相較於人類去觀測粒子，若是單純由沒有生命的儀器設備去進行觀測，結果會不會有所不同；波函數的塌縮，亦即從波動狀態轉變為粒子狀態，這是否導因於觀察者的個人心靈，抑或是「超個人心智在根據自然法則而行動」。這項觀點是由電腦科學家卡斯楚普（Bernardo Kastrup）、數學物理學家斯塔普（Henry P. Stapp）以及物理學家卡菲托斯（Menas C. Kafatos）等人在二〇一八年五月二十九日刊登於《科學人》雜誌上的文章〈如何理解量子力學的意涵〉（Coming to Grips with the Implications of Quantum Mechanics）中所提出的。

這三位作者認為：「我們無法確切地指出怎樣才算是由無生命的儀器設備去對粒子進行觀測，而超個人心智包含著、且遠遠地超越了任何的個人心靈。」這項描述與赫密士主義裡的「智性」或超心智概念相似。作者有力地主張，即使是使用儀器設備去對粒子進行觀測——因而使其局部具現化——人類（操作儀器者）本身所抱有的感知和意圖，不論是來自個體的心靈、某種超心智、又或者同時來自這兩者，都依然對於該粒子具有決定性的力量。（如果有人認為我誇大了量子力學的意涵，你可以自行去瀏覽上述這篇文章或其它任何相關的文章——我相信，你會發現我的論述內容其實還算是較為保守的。）

在著名的思想實驗「薛丁格的貓」中有顯示出多維度現實的概念。二十世紀的物理學家薛丁格對於量子理論裡明顯的荒謬性感到沮喪，因為該理論顯示物體會同時出現在多個地方。薛丁格認為，這種觀點違反了所有常規方式所觀察到的物理法則。為了強調這種奇怪的現象，薛丁格於一九三五年提出了一個刻意顯得十分荒謬的思想實驗，目的在於迫使量子物理學家將他們的理論推向極致。

薛丁格認為若依據量子物理學的理論將會推導出這種詭異的情況：一隻具有感知能力的生物，例如貓，可以同時是活著的又是死的。以下內容是「薛丁格的貓」思想實驗的變體：有一隻貓被放入一對箱子當中的一個。那隻貓身上帶著一個裝置，如果它接觸到一顆原子，該裝置便會釋放出致命的毒藥。然後，有一位觀察者朝著這對箱子發射出一顆原子。觀察者隨後使用某種觀測方式去檢視方才發射出的那顆原子究竟在哪個箱子裡：是空著的那個箱子，還是裝有貓和毒藥裝置的那個箱子。當觀察者做出觀測時，該原子的波函數（它同時存在於兩個箱子中的狀態）會塌縮成粒子函數（它被局部具現化到某一個箱子裡）。依據常理，一旦觀察者進行觀測，就會發現那隻貓要麼是死，要麼是活的。但薛丁格認為，若依據量子力學的理論，則會出現這樣的敘述：那隻貓既是死的又是活的。這是因為原子在波函數中曾經存在於任意一個箱子裡，並且這兩種結果都是真實的。

當然，所有的日常生活經驗都會告訴我們，如果原子進入了空箱子，貓就會是活著的；如果它進入了裝有貓和毒藥裝置的箱子，貓就會是死的。但薛丁格旨在突顯出量子理論的尷尬之處，他論述道，如果量子力學實驗所得出的結論是正確的，那麼我們就必須同意這兩種結果是同時存在的。

更進一步來看，一九五〇年代的多重世界理論學者指出，如果觀察者等待一段較長的時間——比如八小時——才去檢查那隻既死又活的貓，他將會發現一隻已經死了八小時的貓，以及一隻活了八小時（且現在肚子餓了）的貓。按照這種推理來看，有意識的觀測行為，在實際上局部具現化了該原子、死貓、和活貓——同時也具現化了過去，換句話說，分別為死貓和活貓各自都創造出了一段歷史。兩種結果都是真實的。

因此，無論粒子正在做什麼，只要觀察者選擇了在那個時間、地點、時刻、關鍵點對該粒子進行觀測，這項事實本身就創造出了一整個過去、現在、和未來——一組無限的結果範疇。如果從未進行該項觀測活動，那麼就有可能存在一套不同的結果範疇。如果該觀測是發生在一秒後、五分鐘後或等到明天才進行觀測，也很可能會存在另一套不同的結果範疇。而「明天」又是什麼？當粒子處於疊加態，直到有人對其進行觀測之前，所謂的「明天」也只是一種人類主觀的概念而已。

再思考一下這問題：從那隻貓的視角來看，牠本身只是局部的具現化；從那位觀察者的視角來看，他本身也只是局部的具現化——但事實上，兩者都處於波動狀態或疊加態。我們只能從他們各自的主觀視角來稱他們為具體的、單一的存在。但從量子視角來看，他們是無限的。維克森林大學醫學院的副教授蘭扎（Robert Lanza）進一步開展這一想法，蘭扎認為，死亡本身說到底也是一種心理現象：我們所謂的「死亡」單純只是觀察者所感知到的消亡現象；而「已故者」的意識則在艾弗雷特三世的多重世界理論中的某一個世界中繼續開枝散葉。[41]

這引發了另一個問題：如果不存在所謂的「一個」人、或「一個」生命這種東西，那麼又是誰在感受到這些效應？我在《白日夢信徒》（*Daydream Believer*）一書中詳細探討了這個問題。

在所謂的「弦理論」中，針對上述現象做出了另一套可能性解釋。弦理論試圖說明次原子物體的詭異行為，以及這些次原子物體為什麼能夠隔空相互影響，還有正如艾薩克・牛頓所觀察到的，即使是宏觀物體彼此之間為什麼也會出現超距作用，為什麼能夠在遙遠的距離上對彼此產生瞬時的運動影響。弦理論認為，所有的粒子與所有的物質都並非各自獨立存在的實體，而是個龐大且起伏不定的弦網路的一部分。當空間中的某個位置上的物體對另一個物體產生影響時，我們所看到的東西並不是兩個獨立的實體，而是共同存在於一條統一的弦上的物體。更重要的是，不同的維度和不同的宇宙也共同存在於這些弦之上，因此我們可能無法總是觀測得到造成影響之物。（我在此處沿用了因果關係的語彙，這是種典型的西方表述方式；如果是從相依性的角度來看，則會開啟另一個不同的視角。）在弦理論中，所有的物質和事件都屬於同一個整體。我們只能透過極其精細的測量方式去捕捉到這一整體裡的些許線索。

最後一提，我們的五感究竟是什麼，是否僅只是我們用來觀測事物的一種技術？我們的五感難道不只是一種生物技術，在本質上來說，與相機、測光儀、數位錄音機或顯微鏡等儀器設備用以觀測事物的方式，並無實質性的不同？因此，在現實中——我們在這種超越線性時間、處於超疊加狀態的無限可能性之中進行觀測——我們乃根據特定的視角以感受到各種事物。這也是為什麼在考慮心智因果關係（或所謂的新思想運動）時，我使用「選擇」這個詞，而非「顯化」一詞的原因所在（我們所欲求的事物是我們自主選擇的，該項欲求並非自動出現在我們的心中）。

我們很有可能居住在一個充滿未見的或未知的可能性的世界之中；這些可能性就存在於我們的四周圍，但我們並不具有足以觀測到它們的儀器。我們觀看世界的方式是相當粗糙且極為有限的——甚至是種假象或幻覺。例如線性時間觀就讓人感覺極具信服力。但正如前文所見，線性時間本身就是一種幻象。我們用它來組織我們的日常生活，但它並不是真實的。即便我們確實知道、能夠理解、也可以去探討這件事，但這也也未必會對我們在日常生活中繼續以線性概念去理解時間的方式產生任何影響。

但為什麼不會因此而造成任何實質影響？為什麼生活仍舊看起來如此有序？很難想像量子力學或弦理論所主張的這些現象能夠以超越抽象層面或次原子尺度的方式而存在著。威廉·詹姆斯在一九〇二年的吉福德講座（Gifford lectures）中提出了一項觀點，恰好可以解釋這一點，他將靈性與物質聯繫起來。詹姆斯說道，當一位神祕主義者看到某些異常事物時，就像是科學家透過顯微鏡在進行觀察。神祕主義者因為具有極高的敏感度，比起一般人來說能夠看見更多真實發生的事情。如果我看著一滴水，我看到的只是普通的一滴水。它是透明的，摸起來就是我所稱的「濕潤感」。但如果我透過顯微鏡去觀看同一滴水，就會揭示出來其它各種實相。在那滴水裡面有單細胞生物，有細菌，有分子在運動著。這些分子由原子以及其他的粒子所組成，而這些粒子同樣也在運動著。所有這些事物都正在發生，而平時的我卻看不到。

詹姆斯認為，神祕主義者總是像透過顯微鏡一樣地在觀察事物。換言之，如果當你把鏡頭越拉越遠，你就只能看到越來越少的實際上正在發生的事情。當今的量子物理學家將這種現象稱為「訊息漏損」，正如前文提到過的。他們指出粒子世界和我們在日常生活裡所接觸到的宏觀世界之間的明顯差異，這現象其實也可以用詹姆斯對神祕主義的解釋來加以說明，也就是當你使用極其精細且精密的觀測工具（包括心理或感官）時，你就會看到越來越多的真相。然而當你的觀測能力變得粗糙時，你就會遺漏掉某些資訊，看不到許多正在發生的事情。這可以解釋許多人曾經歷過的異象體驗，從阿維拉的聖女德肋撒（St. Teresa of Ávila）到科幻作家菲利普·迪克（Philip K. Dick）。

理論物理學家尤金·維格納（Eugene Wigner）在一九六〇年的一篇文章中，談到了各項自然法則之間的共同特徵，甚至是其間的必然性，亦即它們未必彼此一致的情況。維格納寫道：「每一條經驗法則都帶有一種令人不安的特質，那就是我們無法知道它的局限性……或者說，總是有可能出現一些彼此之間毫無共同之處的自然法則……甚至有可能出現這樣的情況：某些自然法則在其含義上相互矛盾，但它們在各自的領域中卻又都具有足夠的說服力，以至於使我們不願放棄其中任何一條法則。」[42]維格納進一步說明道：

> 或許可以透過一個例子來說明在不同的自然法則之間發生相互牴觸的情況。我們目前在物理學中擁有兩個非常強大且引人注目的理論：量子力學與相對論。這兩個理論分別奠基於不同的現象群，而且這兩種現象群彼此之間還互不相容。相對論適用於宏觀物體，例如恆星。
>
> 在相對論中，當兩個物體（或粒子）在同一時刻到達同一空間點時，這種事件被稱為「巧合事件」或「碰撞事件」，是最基本的、無法再分割的原始事件，如果我們進一步假設這

些碰撞的粒子是無限小的，那麼它們的碰撞便可以清晰地定義出一個精確的時空點，因為無限小的粒子在碰撞時不會有模糊或重疊的情況。

相對來說，量子力學則是以微觀世界為其理論根基，從它的觀點來看，不論是巧合事件或碰撞事件，即使是發生於不佔據任何空間的粒子之間，也並非原始事件，並且完全無法被明確地獨立出來、也無法給出清晰的時空定義。這兩個理論運用的是不同的數學概念……迄今為止，這兩個理論尚未統一，即尚無任何一條數學公式可以同時近似這兩個理論。所有的物理學家都相信，要統一這兩個理論，在本質上來說是有可能的，而且我們終將能找到這種統一。

不過我們同樣也能想像這種情況：在這兩個理論之間永遠都找不到任何的統一點。這個例子說明了先前提到的兩種可能性——統一與衝突——這兩者皆是可以想像的。

因此，若只是主張異常現象或超自然事件（或此類事件的報告）違反了自然法則，這項主張本身並不能作為反駁它們的理由。我們自己就時常違反自身的規則，但卻幾乎不會因此而擔憂其所帶來的影響。正如洛夫克拉夫特在其一九二六年出版的著名短篇小說《克蘇魯的呼喚》開頭處所寫道：「我認為這世上最寬容的事情，就是人類心智無法將它所知的一切全都連結起來。」

在什麼情況下，個體可能會經歷到這種違反常規的現象？簡而言之，就像線性時間是一種概念性工具，就像粒子存在於波態或疊加態一樣，我們同樣有可能生活在無數的事件之中，包括那些我們稱之為異常的事件，而我們只能以片段或短暫的方式去感知到它們。那些異常事件雖然違反了我們一般的理論和既定的規律性法則，但也許會發生在高度的意識集中、極度敏感、或投入深刻情感之時；或者可能是在一般的思維模式因某些原因而遭到中斷的時候，例如斯貝爾所設計出的欲望符印；又或者有些人確實具有我們所謂的超感官知覺或直覺性天賦，而這類人在某些時刻底下也確實能夠感知到異常事件。

在上述情況中，這些人很可能能夠看到「正在發生的真實事物」。然而這些人卻往往被世人冠上「精神病」、「怪人」、「騙子」、「想像力過於豐富」、「幻想」或「確認偏誤」等貶義標籤。唯物主義者過度依賴確認偏誤及其相關概念來否定那些感知到異常事件者的證詞。

如前所述，來自不同來源、但其內容卻具有一致性的諸多證詞，足以建構起一份適當的記錄，應該要受到社會的重視。當然，激進的唯物主義者往往忽視了他們自己所帶有的認知偏見和偏見性思維，這是他們自身的問題。以上內容並不意味著即便是極為謹慎地使用這些貶義標籤時，也一定都是錯誤的；我只是指出它們並非總是正確的。

如果我的假設是正確的——換句話說（用說教的方式來講）你所得到的正是你所尋求的——那麼我們其實都處於同樣的處境。正如美國小說家羅伯特．安東．威爾遜所言：「所有的感知內容都是一場賭博。」[43]因此，讓我們試著以跨學科的方式來思考這些問題，嘗試繪製出相關問題的整體面貌。如果我們對於所謂的邊緣科學過度輕視、不給予充足的研究資金、或甚至在實質上加以禁止，那麼我們將一事無成，至少不會有什麼快速進展。同樣地，如果我們將網路成癮症、情緒控制力低下、甚至人格障礙等問題，全都隱藏在激進的懷疑論之下——一種與社交媒體有關的病症——也無法取得什麼進展。

我所總結出的理論架構如下：我相信我們可能正在迎接一種全新的方式來理解各種異常現象，包括不明飛行物體、瀕死經歷、靈異經歷、神祕生物學、以及不屬於線性時間觀底下的超感官知覺、預知、逆因果性等怪異現象。所有這些相關的證詞、可復現的研究數據和經歷，都有可能指向某種非物質主義或超越物理學的特質，與跨維度性以及時間的不同交叉點有關。

天體物理學家尼爾・泰森（Neil deGrasse Tyson）曾以挖苦性的口吻地提到，希望能看到從被證實的不明飛行物體綁架事件中帶回的菸灰缸。針對那些異常現象，我們未能找到更多的物理性或DNA證據的原因也許在於它們並非真實的，或不斷有人報告出的異常現象確實發生了，但未必符合我們依憑著五感的物質性生活方式。這讓我們回到了賈克・瓦萊針對不明飛行物體可能是某種跨維度的實存之物的說法。也許有無窮多的異常事件或重疊的現象一直在各處發生著，但我們只能在特定的時刻底下，以間歇性的、片段性的、或在極度敏感的狀態下去觀測到或感受到它們，就像超感官知覺或心靈致動等現象，可能要當個體處於高度接收狀態下才會顯現出來一樣。

戈達德指出，你可以運用想像力中充滿情感的視覺化力量來進行觀測。我堅信這種觀測發生在無限種可能的結果之中。觀測的過程使該事物得以具體化或現實化。

在前文引述過的一九四八年的講座中，戈達德提到：

人們可以藉由簡單地將注意力集中在一個無形的狀態上，並想像自己看見且感受到它，來證明一個更高維度的世界的存在。如果他能夠持續地保持專注於這種狀態，他當前所處的環境將會消逝，而他將在一個更高維度的世界中醒來，在那裡，他所冥想的對象會被視為具體的客觀現實。

我直覺地感覺到，如果他從這個更高維度的世界裡抽離出自己的思維，並進一步深入內心，他便能夠更進一步地將時間本身也具現化。他會發現，每次當他深入自己的內心、並且將時間具現化時，連空間都會變得更高維度。因此，他將得出這樣的結論，時間和空間都具有序列性，而人生這場戲劇只不過是攀登一個多維時間區塊的過程。

讓我們再次思考戈達德極富前瞻性的想法與論述，如何支持著多世界理論。克勞利也提出了一個與戈達德類似的觀點。克勞利宣稱，他在一九〇四年從某個超自然智慧的身上接收到了《法之書》，在他為該書所撰寫的序言中提到：

因此，我們每個人都擁有屬於自己的一個宇宙，但只要它包含了所有可能的經驗內容，它對每個人來說就是同一個宇宙。這暗示著意識的延展性，將其他所有的意識都納入其中。在我們當前的階段底下，你所看到的物體永遠不會與我所看到的完全相同；我們之所以推斷它是相同的，是因為你的感受與我的感受在許多方面都是一致的，使得我們各自對於該物體的觀察之間所出現的實際差異，可忽略不計……然而，在這整個過程之中，我們彼此所知道的東西，就只有在自己的心靈裡對該物體所形成的總體印象。

在向赫密士主義的洞見和經驗性的體驗致敬的同時，我主張，即使意識或知覺是事件內容的最終裁決者，我們仍然在當今已知的物理框架內經歷到許多不同的法則和力量。我過去常說，人們生活在許多不同的法則和力量之下；但我不確定這樣的說法是否完全正確。不過我們確實切身地感受到了許多晦澀費解的法則和力量，而這些感受已深深地烙印在我們的心中。正如敲擊一塊石頭，就會折斷一根骨頭。

因此，即使受到情感影響的思想、觀點和意識決定了在我們的個人感受中有哪些現實會被具體化出來，維格納說，仍然有許多不同的法則同時在我們身上運作著。另外也有許多物理事實在我們的感知框架內影響著我們的經驗本質。也可能還有其他的框架，在其中我們的心靈能夠擁有更大的自由度。又或者在其他的框架中，我們有比較不會受到法則和力量的干擾，而打斷了思想與感受的連續性。這可能是成功的神祕學實踐或靈性洞察所帶來的結果。

我們透過思想體系與宗教教義將真理具象化。然而，如果能不透過其他的媒介，直接體驗到人類本性中的真理，那或許更能產生共鳴——即使我們用來表述真理的那些文句，在美學上多麼美麗又動人，甚至具有客觀價值。

在赫密士文集中的對話錄〈阿斯克勒庇俄斯〉（*Asclepius*）寫著：「世界將遭到顛覆，但是——埃及、埃及，未來有一天，眾神終將重返他們的寶座，你將再次在榮耀中備受讚美。」但會以何種形式出現？

如同本書所述，神祕學——這個不完美、有缺陷又粗糙的思想容器——透過許多智者的努力，在跌跌撞撞的路上備受折磨，才得以保存下來，並開拓出一條明顯的路徑。而少數（有時更多）的尋道者才得以發掘更完整的自己以及不尋常卻實在的能力。或許人類正在進入下一個階段，要穿越並體現對現實的理解，而最終讓神祕學功成身退。

又或者，這一切僅僅只是空想而已？回想一下梅斯梅爾的學生夏爾．德斯隆的話語：

這一切確實可能只是我們的想像而已。但如果真是如此呢？那麼，想像力就是一股威力強大卻鮮為人知的力量。讓我們與這神祕的力量合作，用它來治療身心，並更加了解它的無限可能。

你也可以試試看。

28. Medway (2001).
29. "The McMartin Preschool Abuse Trial: An Account" by Douglas O. Linder at Famous- Trails.com.
30. "Putin's speech on annexation paints a stark picture of a face- off with the West" by Anton Troianovski, *New York Times*, September 30, 2022.
31. "Rock Group Cleared in Suicide Case," Washington Post, August 25, 1990.
32. Boy Scouts Of America Files For Bankruptcy As It Faces Hundreds Of Sex- Abuse Claims" by Laurel Wamsley and Wade Goodwyn, *NPR Morning Edition*;"U.S. judge signs off on $850 million Boy Scouts sex abuse settlement" by Maria Chutchian, *Reuters*, August 19, 2021.
33. "Catholic Church Bankruptcies," The Meneo Law Group, AbuseLawsuit.com.
34. "French report: 330,000 children victims of church sex abuse" by Sylvie Corbet, *Associated Press*, October 5, 2021; "Pope Francis vows to root out sexual abuse in Catholic Church after McCarrick report" by Nicole Winfield, *Associated Press*, November 11, 2020; "Report finds 196 clerics abused minors in German diocese," *Associated Press*, June 13, 2022.
35. "In Advance of Landing: The Findhorn Community" by Andy Roberts, *Magonia Magazine*, August 2005.
36. "Glowing Auras and 'Black Money': The Pentagon's Mysterious U.F.O. Program" by Helene Cooper, Ralph Blumenthal and Leslie Kean, December 16, 2017; "'Wow, What Is That?' Navy Pilots Report Unexplained Flying Objects" by Helene Cooper, Ralph Blumenthal and Leslie Kean, May 26, 2019.
37. "Five Arguments Against the Extraterrestrial Origin of Unidentified Flying Objects" by Jacques F. Vallée, *Journal of Scientific Exploration*, Vol. 4, 1990.
38. Hermetic Spirituality and the Historical Imagination (Cambridge University Press, 2022)
39. 值得注意的是，正如所有與赫密士主義相關的事物一樣，有關的分析仍未定論。1945年在納格哈馬迪（Nag Hammadi）發現的科普特赫密士文獻（Coptic Hermetica），促使一些學者——尤其是歷史學家奎斯佩爾（Gilles Quispel）——主張赫密士主義者內部有祕密的啟蒙團體。
40. "Fear of Nazis and Unpublished Work: Hebrew University Unveils 110 Albert Einstein Manuscripts" by Ofer Aderet, Haaretz, March 6, 2019.
41. "The Impossibility of Being Dead" by Robert Lanza, M.D., P*sychology Today*, November 11, 2020.
42. "The Unreasonable Effectiveness of Mathematics in the Natural Sciences," Communications in *Pure and Applied Mathematics*, vol. 13, No. I (February 1960).
43. "Maybe Logic: The Lives & Ideas Of Robert Anton Wilson," 2003, YouTube.

8. *Atlantis and the Cycles of Time* (2011).
9. "A Mysterious Talking Board and Table Over Which Northern Ohio Is Agitated," *New York Daily Tribune*, March 28, 1886.
10. "William Fuld Made $1,000,000 on Ouija but Has No Faith in It," *Baltimore Sun*, June 4, 1920.
11. Ralph B. Smith's two- part study, "An Introduction to Caodaism," *Bulletin of the School of Oriental and African Studies of the University of London*, Vol. XXXIII (1970).;"Cultural Intrusions and Religious Syncretism: The Case of Caodaism in Vietnam" by Graeme Lang, *Working Papers Series* No. 65, Southeast Asia Research Centre (July 2004); and "Vietnam's Cao Dai Sect Flourishing Amid Hollywood Endorsement," *Agence France-Presse*, June 3, 2001.
12. Satanism: A Social History (Brill, 2016).
13. "Strange Doings: Americans Show Burst of Interest in Witches, Other Occult Matters" by Stephen J. Sansweet, *Wall Street Journal*, October 23, 1969; "Did the Devil kill Jayne Mansfield?" by Helen O'Hara, *The Telegraph*, May 9, 2018.
14. "Calling Cthulhu: H.P. Lovecraft's Magick Realism," Gnosis magazine, Fall 1995.
15. *RAW Art* by Bobby Campbell (Weirdoverse, 2017)
16. "What If Age Is Nothing but a Mind- Set?" by Bruce Grierson in *The New York Times Magazine*, October 22, 2014. 研究人員們經常以較新的研究方法為標準，進而質疑較早的研究。例如針對蘭格於一九八一年所進行的老化研究。我們對過去臨床工作的看法也一樣。未來的研究人員也會重新審視當今的研究與實踐，因為研究方法必然會隨著時間推進而有所進步。
17. "Language, Writing and Magic," talk delivered September 6, 2016, YouTube.
18. "Leading U.S. exorcists explain huge increase in demand for the Rite-and priests to carry them out" by Rachel Ray, *The Telegraph*, September 26, 2016.
19. Tommy Johnson by David Evans (Studio Vista, 1971).
20. *Lords of the Left- Hand Path* by Stephen E. Flowers, Ph.D. (Inner Traditions, 1997, 2012).
21. *Children of Lucifer: The Origins of Modern Religious Satanism* by Ruben van Luijk (Oxford University Press, 2016).
22. The Church of Satan by Michael A. Aquino, Sixth Edition, 2009.
23. *Lure of the Sinister: The Unnatural History of Satanism* by Gareth Medway (New York University Press, 2001).
24. *Love, Fear, Sex, Death: The Inside Story of the Process Church of the Final Judgment* by Timothy Wyllie, edited by Adam Parfrey (Feral House, 2009).
25. *Satan's Power: A Deviant Psychotherapy Cult* by William Sims Bainbridge; 貝恩布里奇身為社會學家，獲得了該團體的信任，並坦率地以記錄為目的加入其中。在他極具可讀性的專著中，貝恩布里奇修改了該教會的真實名稱，將「進程教會」稱為「力量教會」(The Power)。
26. 我對於「邪教」(cult)一詞的使用，比貝恩布里奇更為嚴格。他寫道：「我將『邪教』定義為一個在文化上有創新性、關注超自然的群體。」我接受社會大眾對它的口語使用和普遍理解，並將「邪教」定義為：以信仰為核心，備受誣衊且遭到社會孤立的社群。因此我承認進程教會確實是一個宗教。
27. "It's Time to Revisit the Satanic Panic" by Alan Yuhas, *New York Times*, March 31, 2021; "I'm Sorry" [the recantation of a former child witness] by Kyle Zirpolpo as told to Debbie Nathan, *Los Angeles Times*, October 30, 2005; and "Why Satanic Panic never really ended" by Aja Romano, *Vox*, March 31, 2021.

13. *Strange Angel: The Otherworldly Life of Rocket Scientist John Whiteside Parsons* by George Pendil.
14. "The Babalon Working 1946: L. Ron Hubbard, John Whiteside Parsons, and the Practice of Enochian Magic" by Henrik Bogdan, *Numen*, 2016, Vol. 63, No. 1.
15. *From Sex and Rockets: The Occult World of Jack Parsons*
16. "The Occult Roots of Scientology? L. Ron Hubbard, Aleister Crowley, and the Origins of a Controversial New Religion" by Hugh B. Urban, *Nova Religio: The Journal of Alternative and Emergent Religions*, Vol. 15, No. 3, February 2012.
17. Sutin, *Do What Thou Wilt* (2000).
18. Carter (1999).
19. Bogdan (2016).
20. *Ali's Smile: Naked Scientology* by William S. Burroughs (Expanded Media Editions, 1972, 1973, 1978).
21. Last Words: *The Final Journals of William S. Burroughs* edited by James Grauerholz, Grove Press, 2000); *Scientologist! William S. Burroughs and the 'Weird Cult'* by David S. Wills (Beatdom Books, 2021).
22. Carter (1999).
23. 與Carter的訪談。
24. *Freedom is a Two-Edged Sword and Other Essays* by Jack Parsons, edited by Cameron and Hymenaeus Beta (New Falcon Publications, 1989).
25. Kansa (2011) and Pendle (2005).
26. *Witch Woman* by John W. Parsons and Marjorie Cameron (Fulgur Esoterica, 2015).
27. Urban is quoting from Richard Metzger's 1998 essay, "John W. Parsons: Anti- Christ Superstar"
28. JWfacts.com, 1914: Failed Watchtower Prophecy.

## 第十二章

1. 鮑姆從未預期《綠野仙蹤》會成為暢銷書。他在一九〇〇年還出版了其他的五本書，他本人很可能對於《裝飾乾貨的櫥窗與室內藝術》(*The Art of Decorating Dry Goods Windows and Interiors*)的銷售量寄予更高的期望。*Upstate Caldron: Eccentric Spiritual Movements in Early New York State* by Joscelyn Godwin (State University of New York Press, 2011).
2. *Hutton's Triumph of the Moon* (Oxford University Press, 2001); Drawing Down the Moon by Margot Adler (Penguin/Arkana, 1997); *An ABC of Witchcraft* by Doreen Valiente (Phoenix Publishing, 1973); *Gerald Gardner: Witch* by J. L. Bracelin (Octagon Press, 1960).
3. *New Age Religion and Western Culture: Esotericism in the Mirror of Secular Thought* by Wouter J. Hanegraaff (State University of New York Press, 1998)
4. *Stealing Fire from Heaven: The Rise of Modern Western Magic* by Nevill Drury (Oxford University Press, 2011).
5. "Wiccan Controversy Tests Military Religious Tolerance" by Hanna Rosin, *Washington Post*, June 8, 1999. Also see "Use of Wiccan Symbol on Veterans' Headstones Is Approved" by Neela Banerjee, *New York Times*, April 24, 2007;"Halloween as a Religious Holiday? You Better Believe It, Soldier," *Big Think*, October 18, 2010.
6. 二〇二二年，我在科技產業的會議上發表了一篇關於超感官知覺的演講，而在場每三個人中就有一位表達對克勞利的興趣，另外也有不少人在關注內維爾・高達德。
7. "A Cozy Visit with Ramtha" by Siobhán Houston, *Gnosis magazine*, Winter 1999.

30. 超心理學家喬治・韓森（George P. Hansen）對此議題發表了一篇相當重要的PDF文章，參見tricksterbook.com/Truzzi/ZeteticScholars.
31. "REVISED: Feeling the future: A meta-analysis of 90 experiments on the anomalous anticipation of random future events" [version 2; peer review: 2 approved] by Daryl Bem, Patrizio E. Tressoldi, Thomas Rabeyron, Michael Duggan, first published: 30 Oct 2015, latest published: 29 Jan 2016, last updated: 23 Jul 2020, *F1000Research*.
32. "A Dog That Seems to Know When His Owner Is Coming Home: Videotaped Experiments and Observations" by Rupert Sheldrake and Pamela Smart, *Journal of Scientific Exploration*, Vol. 14, No. 2, January 2000.
33. 懷疑論者的第一波攻勢是威斯曼（Richard Wiseman）等人所發表的論文〈動物能察覺到主人正在回家嗎：對心靈寵物的實驗測試〉（Can animals detect when their owners are returning home?: An experimental test of the 'psychic pet' phenomenon）。針對這類非專業的批評，卡特（Chris Carter）寫了〈反正都是我輸，威斯曼如何讓正面結果無效，而我們該如何應對：回應威斯曼在2010年對超心理學的批評〉（'Heads I Lose, Tails You Win', Or, How Richard Wiseman Nullifies Positive Results, and What to Do about It: A Response to Wiseman's (2010) Critique of Parapsychology）。此外，謝德瑞克也在自己的網站發表了〈威斯曼否認心靈寵物〉（Richard Wiseman Denies Psychic Pet Phenomenon）。懷疑論者則以〈心靈寵物：回應魯謝爾德雷克〉（The 'Psychic Pet' Phenomenon: A Reply to Rupert Sheldrake）來回應。有關超心理學的辯論像一團無止盡的混亂線圈。拜姆的預知能力、謝德瑞克的形態場理論、萊茵的各項實驗都是被懷疑論陣營不斷攻擊。他們一再重申早已有人澄清或反駁的論點，只是為了混淆視聽，讓自己的意見佔據版面。
34. *Unbelievable* by Stacy Horn (HarperCollins/Ecco, 2009).
35. Parapsychology Laboratory Records, 1893-1984, Rare Book, Manuscript, and Special Collections Library, Duke University, Durham, NC.
36. "Here's why astronauts age slower than the rest of us here on Earth" by Kelly Dickerson, Business Insider, August 19, 2005.

## 第十一章

1. 凱西於一九二八年七月二十八日的通靈開示。
2. *The Lost Memoirs of Edgar Cayce*, compiled and edited by A. Robert Smith (A.R.E. Press, 1997).
3. "Negative Capability: Kerouac's Buddhist Ethic" by Allen Ginsberg, Tricycle, Fall 1992.
4. *My Method, Including American Impressions* (Doubleday, Page & Company, 1923).
5. *Austin Osman Spare: The Occult Life of London's Legendary Artist* by Phil Baker (2011, 2014 North Atlantic Books).
6. *The Formulae of Zos Vel Thanatos*, 1954.
7. Grant Morrison Disinfo Con Lecture Magick Terence Mckenna CHAOS MAGIK," October 28, 2015, YouTube.
8. Images and Oracles of Austin Osman Spare (Muller, 1975).
9. *The Book of Pleasure* (Self Love): Psychology of Ecstasy (1913).
10. "How It Feels to Be Blacklisted" in *Uncertain Places* (Inner Traditions, 2022).
11. *Ah Pook Is Here* (John Calder, 1979).
12. *The Magical Universe of William S. Burroughs* by Matthew Levi Stevens (Mandrake, 2014).

14. *Extra-Sensory Perception* by J.B. Rhine (1934, Boston Society for Psychic Research).
15. "Editorial" by Gardner Murphy and Bernard F. Riess, *The Journal of Parapsychology*, June 1939, Vol 3, No. 1.
16. *Parapsychology Laboratory Records*, 1893–1984, Rare Book, Manuscript, and Special Collections Library, Duke University, Durham, NC.
17. "Has Science Developed the Competence to Confront the Paranormal?" by Charles Honorton, *Extrasensory Perception,* Vol. 2, edited by Edwin C. May and Sonali Bhatt Marwaha (Praeger, 2015).
18. *ESP and Parapsychology: A Critical Re-Evaluation by C.E.M Hansel* (Prometheus Books, 1980); "Rhetoric over substance: the impoverished state of skepticism" by Charles Honorton, *Journal of Parapsychology*, June 1993; *Unbelievable* by Stacy Horn(HarperCollins/ Ecco, 2009).
19. "The Man Who Destroyed Skepticism," *Boing Boing*, October 26, 2020; "The Crisis of Professional Skepticism', Medium, February 27, 2023.
20. "Chapter 6: Psychokinesis," *An Introduction to Parapsychology*, fifth edition, by Harvey J. Irwin and Caroline A. Watt (McFarland, 2007)。到1941年底，受試者在實驗中共擲了651216次骰子。其綜合結果顯示，存屬偶然與準確命中的比例為1:10115 ，詳見www.williamjames.com/Science/PK.htm;"By the end of 1941, a total of 651,216 experimental die throws had been conducted. The combined results of these experiments pointed to a phenomenon with 10,115 to 1 odds against chance occurrence.";"The psychokinetic effect: I. The first experiment" by J.B. Rhine and Louisa Rhine, *Journal of Parapsychology* 7.
21. "Ian Stevenson's Case for the Afterlife: Are We 'Skeptics' Really Just Cynics?" by Jesse Bering, *Scientific American*, November 2, 2013.
22. 法國夢境研究者莫里（Alfred Maury）首創了「入睡幻覺」這一術語。心理學家馬夫羅馬提斯（Andreas Mavromatis）在一九八七年發表《入睡幻覺：介於清醒與睡眠的獨特意識狀態》（*Hypnagogia: The Unique State of Consciousness Between Wakefulness and Sleep*）後，這個術語就更廣為人知了。
23. "Does Psi Exist? Replicable Evidence for an Anomalous Process of Information Transfer" by Daryl J. Bem and Charles Honorton, *Psychological Bulletin*, 1994, Vol. 115, No. 1;"Chapter 4: Experimental Research on Extrasensory Perception," *An Introduction to Parapsychology*, fifth edition by Irwin and Watt (McFarland, 2007)。霍諾頓在審閱相關文獻時，發現來自十個實驗室的四十二項實驗中，有二十三項在甘茲菲爾德的條件下出現超感官知覺。這55%的成功率遠遠超出了隨機猜測的四分之一。
24. "A Joint Communiqué: The Psi Ganzfeld Controversy" by Ray Hyman and Charles Honorton, Journal of *Parapsychology*, vol. 50, December 1986.
25. "Replication and Meta-Analysis in Parapsychology" by Jessica Utts, Statistical Science, Vol. 6, No. 4, 1991.
26. "Response to Ray Hyman's Report of September 11, 1995" by Jessica Utts, *Journal of Parapsychology*, 1995, Vol. 59, No. 4.
27. "Federal research funding for psychology has not kept up with inflation" by Luona Lin, MPP, Peggy Christidis, PhD, and Jessica Conroy, BA, apa.org.
28. "Feeling the Future: Experimental Evidence for Anomalous Retroactive Influences on Cognition and Affect" by Daryl J. Bem, *Journal of Personality and Social Psychology*, 2011, Vol. 100, No. 3.
29. "Failing the Future: Three Unsuccessful Attempts to Replicate Bem's 'Retroactive Facilitation of Recall' Effect" by Stuart J. Ritchie, Richard Wiseman, Christopher C. French, *PLoS ONE,* March 2012, Volume 7, Issue 3.

16. *American Dreamer* by John C. Culver and John Hyde (Norton, 2001); *Henry A. Wallace: His Search for a New World Order* by Graham J. White and John R. Maze (University of North Carolina Press, 1995); *Tournament of Shadows: The Great Game and the Race for Empire in Central Asia* by Karl Ernest Meyer and Shareen Blair Brysac (Basic Books, 2006); "Who Was Henry A. Wallace?" by Arthur Schlesinger, Jr., *Los Angeles Times*, March 12, 2000.
17. "The Morgenthau Diaries" by Henry M. Morgenthau, Jr., part V, in *Collier's magazine*, October 25, 1947.
18. *Henry Wallace: The Man and the Myth* by Dwight Macdonald (The Vanguard Press, 1948).
19. 參閱赫茲旗下報社在一九四七年五月十八日、八月二十七日，一九四八年三月十一日以及七月二十六日的報導。

## 第十章

1. Zetetic Scholar, Volume 1, Number 1, 1978.
2. "Marcello Truzzi, 67; Sociologist Who Studied the Supernatural" by Douglas Martin, *New York Times*, February. 9, 2003.
3. "Reflections on the Reception of Unconventional Claims in Science," by Marcello Truzzi, Ph.D., Professor of Sociology at Eastern Michigan University at Ypsilanti, Michigan, and Director, Center for Scientific Anomalies Research, Ann Arbor, MI, November 29, 1989.
4. "Spiritualism Viewed in the Light of Modern Science," *Quarterly Journal of Science*, July 1870.
5. 德索瓦後來變成懷疑論者，請參閱 "Max Dessoir" by Andreas Sommer, *Psi Encyclopedia*, London: The Society for Psychical Research, 2021.
6. "Telepathy: Origins of Randomization in Experimental Design" by Ian Hacking, *Isis*, Sept 1988, Vol. 79, No. 3; "J. B. Rhine's Extra-Sensory Perception and Its Background in Psychical Research" by Michael McVaugh and Seymour H. Mauskopf, *Isis*, June 1976, Vol. 67, No. 2; "Charles Richet" by Carlos S. Alvarado, *Psi Encyclopedia*, London: The Society for Psychical Research, 2015.
7. *The Life and Work of Sigmund Freud* (Basic Books, 1957) ;*The Future of the Body* by Michael Murphy (Jeremy P. Tarcher, 1992).
8. 此處所引述的話，要感謝奧弗（Raymond Van Over）所撰寫的〈佛洛伊德與神祕主義〉(Freud and Occultism)。在《佛洛伊德傳》(*Life And Work Of Sigmund Freud*）中，瓊斯記下了佛洛伊德回覆卡林頓的話：「如果能重新再過一次人生，我會奉獻給靈學研究，而不是精神分析。」
9. *The Elusive Science: Origins of Experimental Psychical Research* by Seymour H. Mauskopf and Michael R. McVaugh with an afterword by J.B. and L.E. Rhine (The Johns Hopkins University Press, 1980).
10. "Time-reversed human experience: Experimental evidence and implications" by Dean Radin, *Esalen Draft*, 7/31/00; "Intuition Through Time: What Does the Seer See?" by Dean Radin, Ph.D., and Ana Borges, J.D., *Explore*, 2009, Vol 5, No. 4;"Precognition as a form of prospection: A review of the evidence" by Julia A. Mossbridge and Dean Radin, *Psychology of Consciousness: Theory, Research, and Practice*, March 2018, Vol 5, No. 1.
11. "The Experimental Evidence for Parapsychological Phenomena: A Review" by Etzel Cardeña, *American Psychologist*, 2018, Vol. 73, No. 5.
12. "Cargo Cult Science" by Richard Feynman at Caltech.edu.
13. *In Search of the Miraculous: Fragments of an Unknown Teaching* by P. D. Ouspensky (Harcourt Brace, 1949).

41. *Urantia: The Great Cult Mystery* (Prometheus Books, 2008).
42. *The Unfinished Autobiography* by Alice Bailey (Lucis Trust Publishing, 1951)；*The History and Philosophy of the Metaphysical Movements in America* by J. Stillson Judah (The West-minster Press, 1967).
43. "Alice Ann Bailey" by James A. Santucci, *Dictionary of Gnosis & Western Esotericism* (Brill, 2006).
44. 這些日期還有爭議。一九一九年結婚是出自桑度奇（Santucci）於二〇〇六年的著作，但有些學者認為其實是一九二一年。離開神智學會的一九二〇年是依據猶大（Judah）於一九六七年的著作。
45. *Atlantis and the Cycles of Time* by Joscelyn Godwin (Inner Traditions, 2011).
46. 曼利・霍爾在一九二八年出版的《萬世祕密教義》中寫道：「神智學者烏德尼（E. Francis Udny）認為，聖日耳曼不是拉科齊二世的兒子。從年齡來看，他應該就是親王本人，而親王也熱愛深邃的哲學與神祕學。他以不同化身經歷了『哲學性死亡』，分別是一六二六年的培根、一七三五年的親王以及一七八四年的聖日耳曼。」在貝利的思想體系中，聖日耳曼是象徵儀式和秩序的第七道光芒。
47. Tillet (1985).

## 第九章

1. Mythological and Real Race Issues in Theosophy by Isaac Lubelsky, Olav Hammer and Mikael Rothstein ed., *Handbook of the Theosophical Current*, Brill, 2013.
2. *Inside the Third Reich* by Albert Speer (Macmillan, 1970).
3. 這段文字摘自古德里克—克拉克的經典之作《納粹思想的神祕學根源》（*The Occult Roots of Nazism*，一九九二年）。這個書名有些奇特又容易引起誤解，不過他是在駁斥那些誇大或過度詮釋的說法。事實上，納粹思想並沒有受到神祕學深刻的影響。
4. *Aleister Crowley: The Beast in Berlin* by Tobias Churton (Inner Traditions, 2014).
5. "The original Indiana Jones: Otto Rahn and the temple of of doom" by John Preston, *The Telegraph*, May 22, 2008.
6. *Dark Star Rising: Magick and Power in the Age of Trump* by Gary Lachman (TarcherPerigee, 2018).
7. "The Case Against Reincarnation" by Joscelyn Godwin, *Gnosis magazine*, Winter 1997.
8. *Theosophy: History of a Pseudo-Religion*.
9. "The Occultists Who Almost Ran Your Country," May 9, 2020.
10. *Satanic Feminism: Lucifer as the Liberator of Women in Nineteenth-Century Culture* by Per Flaxnedld(Oxford University Press, 2017).
11. *The Occult Roots of Bolshevism: From Cosmist Philosophy* to Magical Marxism by Stephen E. Flowers (Lodestar, 2022).
12. "The Shrink as Secret Agent: Jung, Hitler, and the OSS," *The Daily Beast*, October 22, 2018.
13. *Autobiography: The Story of My Experiments with Truth* (Public Affairs Press, 1948); *Gandhi in London* by James D. Hunt (Nataraj Books, 1993); *The Life of Mahatma Gandhi* by Louis Fischer (Harper & Brothers, 1950). *Annie Besant: A Biography* by Anne Taylor (Oxford, 1992) ;*Gandhi: A Life* by Yogesh Chadha (John Wiley & Sons, 1997).
14. *Young India* (newspaper), March 22, 1928.
15. 各界對此事有不同的說法，有些人認為這應該歸功於詩人泰戈爾。我在此處所提出的觀點則是取自於宗教學者內瑟科特（Arthur H. Nethercot）所出版的傳記《安妮・貝贊特的最後四段人生》（*The Last Four Lives of Annie Besant*）。

15. "Early Story of TS" by William Stainton Moses, Light (London), July 9, 1892, and July 23, 1892.
16. "Reaching Nietzschean Individualists" in *Encountering New Religious Movements* edited by Irving Hexham, Stephen Rost & John W. Moorhead II (Kregel, 2004).
17. *Rudolf Steiner: A Biography by Christoph Lindenberg* (Verlag Freies Geistesleben 1997, Steiner Books 2012
18. The First Goetheanum: A Centenary for Organic Architecture by John Pual, *Journal of Fine Arts*.
19. *Revolutionaries of the Soul: Reflections on Magicians, Philosophers, and Occultists* by Gary Lachman (Quest Books, 2014).
20. "From an Interview with Andrei Tarkovsky" by Nathan Federovsky, *What Is Happening in the Anthroposophical Society* (newsletter), July/August 1985.
21. *Richmond Times-Dispatch*: "New Age Christian Mystic Sure Group Will Unearth Bacon Chest," August 20, 1992; "Pair Seeking Vault Fined for Trespassing," September 25, 1992; "Mystics Seek New Dig; Say Church Site Holds Secret Keys to Peace," March 19, 2003.
22. *The Lima News* (Ohio), June 27, 1940.
23. "A Materialistic Fate for a Philosophical Legacy" by Bob Pool, *Los Angeles Times*, Decem-ber 22, 1994; "Search for Peace Leads to Court Brawl," *Los Angeles Times*, April 3, 1993.
24. Letter to the *Los Angeles Times* by Cliff Johnson, January 10, 1995.
25. *Encyclopedia of Psychology and Religion*, 2nd edition (Springer Reference, 2014).
26. "The Hermeneutics of Vision: C. G. Jung and Liber Novus" by Lance S. Owens, *The Gnostic: A Journal of Gnosticism*, Western Esotericism and Spirituality, July 2010.
27. *Paul Foster Case: His Life and Works* by Paul A. Clark (OHM, 2013).
28. 這項見解應歸功於歷史學家瑪麗．格里爾。此外，德斯利普（Philip Deslippe）和斯莫利在文獻判讀上也作出了重要貢獻，請參閱《凱巴利恩：權威版》(*The Kybalion: The Definitive Edition, Tarcher-Perigee*, 2011）和《凱巴利恩：百年紀念版》(*The Kybalion: Centenary Edition*, TarcherPerigee, 2018）。
29. H. Allen Smith, *Low Man on a Totem Pole* (Blakiston, 1941).
30. *Mysteries of the Unknown: Time and Space*, Volume 18 (Time-Life Books, 1990).
31. "Charles Fort: His Life and Times" by Bob Rickard, 1979, 1997, Forteana.org.
32. "Charles Fort and a Man Named Dreiser" by Mike Dash, *Fortean Times*, issue 51, 1989.
33. *Charles Fort: The Man Who Invented the Supernatural* by Jim Steinmeyer (Tarcher/Penguin, 2009).
34. Steinmeyer (2009).
35. "'Magnolia' helmer ribeted by novelist's frogs: Fort, 'Wild Talents' were major influences on Anderson" by Steven Gaydos, *Variety*, February 7, 2000.
36. *Dreiser-Mencken Letters: The Correspondence of Theodore Dreiser & H.L. Mencken, 1907-1945*, Volume 2 edited by Thomas P. Riggio (University of Pennsylvania Press, 1986).
37. *Letters of Theodore Dreiser*, Volume 2 edited by Robert H. Elias (University of Pennsylvania Press, 1959).
38. "Paul Brunton and Ramana Maharshi," 2005.
39. 雖然影響深遠，但布拉瓦茨基提到阿卡西的段落很容易被人忽略，它出現在一個註腳中：「在偉大的宇宙或太陽『劫滅』期間，保持不變的並非物理性的有機體，也不是它們的心理原則，而是阿卡西或星體『相片』。」
40. "Stockhausen's Donnerstag aus Licht and Gnosticism" by Joscelyn Godwin, *Gnosis and Hermeticism* edited by Roelf van den Broek and Wouter J. Hanegraaff (State University of New York Press, 1998).

*Founder of New Thought* by Gail M. Harley (Syracuse University Press, 2002); *Spirits in Rebellion: The Rise and Development of New Thought* by Charles Braden (Southern Methodist University Press, 1963, 1987); *History and Philosophy of Metaphysical Movements in America* by J. Stillson Judah (Westminster Press, 1967).

23. Peel (1971).
24. *Rolling Away the Stone: Mary Baker Eddy's Challenge to Materialism* by Stephen Gottschalk (Indiana University Press, 2006, 2011).
25. Peel (1971).
26. *Class Lessons*, 1888 by Emma Curtis Hopkins (DeVorss, 1977).
27. Harley (2002).
28. "Trouble at Elwood," *Fort Wayne Sentinel*, July 12, 1909.
29. *The Marcus Garvey and Universal Negro Improvement Association Papers* by Robert A. Hill

## 第八章

1. "Reviving a Forgotten Artist of the Occult" by Sharmistha Ray, Hyperallergic.com, March 23, 2019.
2. Greer (1995).
3. *Do What Thou Wilt: A Life of Aleister Crowley* by Lawrence Sutin (St. Martin's Press, 2000).
4. *The Portable Kipling* (Penguin Classics).
5. *The Life of Gargantua and of Pantagruel* ,translated by Sir Thomas Urquhart and Peter Antony Motteux.
6. *Confessions* (1929).
7. *James Merrill by Judith Moffett* (Columbia University Press, 1984).
8. *Theosophical History*, January 1991.
9. *The Masters Revealed: Madame Blavatsky and the Myth of the Great White Lodge* (State Univer-sity of New York Press 1994).
10. The *Theosophical Enlightenment* by Joscelyn Godwin (State University of New York Press, 1994).
11. 戈德溫還說：「伯戈因太可悲了，他的罪刑那麼微不足道。他居然騙人們寄郵票給他！」
12. *The Spiritist Fallacy* by René Guénon translated by Alvin Moore, Jr. and Rama P. Coomaraswamy (Sophia Perennis, 1923, 2001).
13. 哈里森在一九二三年的《二十世紀的信條》(*Creed for the Twentieth Century*)寫道：「大多數的猶太人並不想推翻對其有益的文明，就像農民不會去宰掉產量最豐的乳牛。中上階層的猶太人當然對社會沒有威脅。然而，我們必須注意到幾件事。第一，在每個國家，猶太人都是外來者，他們對此也有強烈的認知。不管他如何扮作愛國的英國人、法國人或美國人，在內心深處仍舊鄙視外族人。第二，每位猶太人，無論是金融巨頭還是賣檸檬的小販，都在期待彌賽亞的到來。他將在非猶太人的文明廢墟上建立起全球性的猶太帝國。」因此，我其實不太想參考哈里森的著作。然而，班福德(Christopher Bamford)在一九九三年為哈里森的《超驗宇宙：關於神祕科學、神智學與天主教信仰的六次講座》(*The Transcendental Universe: Six Lectures on Occult Science, Theosophy, and the Catholic Faith*)撰寫導言時，審慎整理了哈里森對神祕學復興的某些見解。
14. 這套理論請參考戈德溫《神智學歷史》(*Theosophical History*)和《神智啟蒙》(*The Theosophical Enlightenment*)。班福德的《超驗宇宙》。戈德溫等人合著的《路克索的赫密會》。威廉．摩西(William Stainton Moses)所撰寫的〈神智學會早期歷史〉。以及艾瑪．布里頓的《幽靈之地與揭密神祕主義》(*Ghost Land or Researches into the Mysteries of Occultism*)。

Quinn, *History of Psychology*, August 2007; *The Heyday of Spiritualism* by Slater Brown (Hawthorn Books, 1970).

7. *Progress of Animal Magnetism in New England* (Weeks, Jordan & Co., 1837).
8. *Psychography* (Redding & Co., 1843); *Lights and Shadows of American Life* (Brainard & Co., 1838, 1843); *Abnormal Hypnotic Phenomena*, vols. 1–4, edited by Eric J. Dingwall (J. & A. Churchill/ Barnes & Noble, 1968); *A History of Hypnotism* by Alan Gauld (Cambridge University Press, 1992).
9. 在《昆比著作全集》的第三卷中，編者西爾和考利（Erroll Stafford Collie）發現了一些介紹信，顯示這兩人至少在一八四三年十一月初便一起旅行了。荷拉斯．德雷瑟（Horatio Dresser）在《昆比手稿》（*The Quimby Manuscripts*）中收錄了一篇一八四三年四月的文章，內容顯示當時十七歲的伯克馬與昆比一起表演催眠術。
10. Dresser (1921).
11. 西爾在編註說明，兩人是在一八四七年結束合作關係；但從伯克馬留下的日記來看，雙方於一八四五年結束合作。
12. "True Origin of Christian Science," *New York Times*, July 10, 1904.
13. Dresser (1921).
14. 艾文斯的傳記很少。二十世紀初，威廉．萊昂納德（William J. Leonard）在《實用理念》（*Practical Ideals*）期刊上發表一系列文章有談到。首先是〈心理科學的先驅使徒〉（The Pioneer Apostle of Mental Science），刊於一九〇三年七月號，隨後是一九〇五年的〈艾文斯醫生〉（Warren Felt Evans, M.D.）。本書所引述的艾文斯談話均來自這些文章。
15. *The True Christian Religion*, English translation published by J. B. Lippincott, 1875.
16. 我並不想讓讀者覺得這兩位人物的作品都是粗製濫造的。我在《一個簡單的理念》（*One Simple Idea*）中有進行更全面的探討。艾文斯和馬福德都是勇敢的思想家，特別是後者，他把史威登堡的思想變成精緻又通俗的作品。因此，要理解他們的思想，就必須完整地去閱讀其著作。
17. 關於瑪麗．貝克．艾迪的生平和事業，重要的參考書籍包括吉爾（Gillian Gill）的《瑪麗．貝克．艾迪傳》（*Mary Baker Eddy*,1998）；薩特（Beryl Satter）的《每個心靈都是一個王國：美國女性、性純潔與新思想運動，1875-1920》（*Each Mind a Kingdom: American Women, Sexual Purity, and the New Thought Movement, 1875-1920*）；戈特沙克（Stephen Gottschalk）的《基督教科學教派在美國社會的萌芽》（*The Emergence of Christian Science in American Life*）；以及皮爾（Robert Peel）的「瑪麗．貝克．艾迪三部曲」：《發現之年》（*The Years of Discovery*）、《試煉之年》（*The Years of Trial*）和《權威之年》（*The Years of Authority*）；皮爾的《基督教科學會：它與美國文化的碰撞》（*Christian Science: Its Encounter with American Culture*）。皮爾和戈特沙克都有基督教科學會的背景，但他們的學術研究無可挑剔，是「帶有信仰的優秀歷史學家」。
18. 艾迪與德雷瑟的書信往來收錄於《發現之年》和《瑪麗．貝克．艾迪傳》。我在波士頓的瑪麗．貝克．艾迪圖書館查看過艾迪的手寫便條紙。
19. *Lynn Weekly Reporter* (MA), February 14, 1866.
20. 艾文斯在其一八六四年的作品《新時代及其使者》（*The New Age and Its Messenger*）中，從靈性療癒的角度使用了「新時代」這個詞。書名的「使者」指的便是史威登堡。
21. Peel (1966).
22. J. Gordon Melton's seminal "New Thought's Hidden History: Emma Curtis Hopkins, Forgotten Founder," *Journal for the Society of the Study of Metaphysical Religion*; *Women in Early New Thought by Gary Ward Materra*, Department of Religious Studies, UC Santa Barbara, 1997; *Emma Curtis Hopkins: Forgotten*

9. "Roots of the Oriental Gnosis: W. E. Coleman, H. P. Blavatsky, S. F. Dunlap" by Jake B. Winchester.、"Plagiarism and the Secret Doctrine" by Darrell Erixson, *Theosophical History*, July 2006.
10. *Occult America.*
11. *The Coulomb Case* by Michael Gomes (*Theosophical History Occasional Papers*, Vol. X, 2005).
12. "The Hidden Hand, Part III," *Theosophical History*, October 1990.
13. 成立於一九〇九年的神智聯合會（The United Lodge of Theosophists）至今仍然很活躍。它們的成員都認為裘治才是神智學會的共同創始人，並鼓勵世人回歸裘治與布拉瓦茨基的核心教義。
14. 因為疏忽或錯誤，第一版的編輯將出版年分標示為一九〇一年。宗教學者克羅（John L. Crow）於二〇一二年的《神智學歷史》（*Theosophical History*）發表了〈思想形式：書目錯誤〉（*Thought Forms: Bibliographic Error*），證實了其實際出版年份為一九〇五年。
15. 二〇二〇年，我與其他出版者共同引進了《思想形式》，並由Sacred Bones出版，其中包含了第一版的所有插圖。
16. *Charles Webster Leadbeater 1854–1934: A Biographical Study* by Gregory John Tillett, doctoral thesis, Department of Religious Studies, University of Sidney, 1985.
17. 利德比特被指控有戀童言行，人生因而染上汙點。在一九〇六至一九〇八年間，他被迫辭去在神智學會的職務。貝贊特聲稱利德比特是受流言所害。無論如何，利德比特與克里希那穆提兄弟都只是單純的師生關係。
18. 據稱，利德比特和克里希那穆提每晚都會變成星星去拜訪庫特・胡米。
19. *Krishnamurti: The Years of Awakening by* Mary Lutyens (Farrar, Straus and Giroux, 1975).
20. 這種師生關係比起媒體所報導的還要微妙。當年也有小報宣稱，披頭四後來與靜坐導師優濟完全決裂。然而，喬治・哈里森與他仍舊保持聯繫。在一九九八年琳達・麥卡尼去世後，保羅和女兒史黛拉還曾前往荷蘭拜訪優濟。二〇〇九年，保羅和林哥・史達參加了一場為大衛・林區基金會所舉辦的慈善演唱會，該基金會也在推廣超覺靜坐。約翰・藍儂的遺孀小野洋子當時就坐在前排，哈里森的遺孀奧莉薇亞也在場。由此可見，分裂的傳言往往都太過浮誇。
21. *Annie Besant* by Anne Taylor (Oxford University Press, 1992).
22. "Remembering an American Sage" by Stephan A. Hoeller in *Quest magazine*, Summer 2022.


## 第七章


1. *Psychical Research* by W.F. Barrett (Henry Holt, 1911).
2. *The Discovery of the Unconscious* by Henri F. Ellenberger (Basic Books, 1970).
3. *The Magic Staff: An Autobiography of Andrew Jackson Davis*, 1857.
4. 休斯（Ronald A. Hughes）所撰寫的《昆比傳：他的著作及相關討論》（*Phineas Parkhurst Quimby: His Complete Writings and Beyond*）極具參考價值。此外，由紐曼（Rev. Lux Newman）和昆比學會（Phineas Parkhurst Quimby Philosophical Society）共同編輯的《昆比著作全集》（*The Complete Collected Works of Dr. Phineas Parkhurst Quimby*）也非常重要。
5. 昆比的康復過程請參考西爾（Ervin Seale）所編輯的《昆比著作全集》（*Phineas Parkhurst Quimby: The Complete Writings*）第三卷。昆比生平的更多細節，請參閱見其子喬治所撰寫的傳記，它刊載於一八八八年三月的《新英格蘭雜誌》（*New England Magazine*）和一八八九年一月十日緬因州貝爾法斯特的《共和報》（*Republican Journal*）。
6. "Charles Poyen Brings Mesmerism to America" by Eric R. Carlson, *Journal of the History of Medicine and Allied Sciences*, vol. 15, 1960; "How Southern New England Became Magnetic North" by Sheila O'Brien

倒數第二排到第一，相對的希伯來字母也從第二十一的Shin改為Aleph。在「數字祕義」中，Aleph是1，但被黃金黎明協會視為0。這樣自成一格的調整令人困惑。

12. 謹慎起見，現代神祕主義者會用「赫密士卡巴拉」(Hermetic Qabalah)、「英語卡巴拉」(English Qabalah)或「現代卡巴拉」(Qabalah)來區分傳統的卡巴拉。這種分法始於十九世紀末，在懷特海德(Willis F. Whitehead)於一八九九年所出版的《神秘詞典》(The Mystic Thesaurus)中，有一系列「英語卡巴拉」的概念。英國魔法師克勞利在一九〇四年所著的《律法之書》(The Book of the Law)中，有提及這項改編後的系統：「你將發現英語字母的排列順序的重要性。它們會對應到一些新的符號。」一九一二年，馬瑟斯在(S.L. MacGregor Mathers)《揭開卡巴拉的面紗》(The Kabbalah Unveiled)中，大力歸廣使用「現代卡巴拉」。馬瑟斯寫道：「『未寫出的現代卡巴拉』(Unwritten Qabalah)適用於只能用口頭傳授的知識。」
13. Translated by A.D. Godley, Loeb Classical Library, 1920.
14. 這段話是引用自克勞利於一九二九年所著的《魔法的理論與實踐》(Magick In Theory and Practice)。Magick是早期的英語，克勞用它來指稱魔法，以免跟魔術(magic)搞混。
15. Cheirokmeta是古希臘語，意思是「用手製作的東西」，它是英語「手相學」(chiromancy)和古法語chiromancie的詞源。西方的手相術是由華納(William John Warner)開始推廣的。
16. 李維在此分別引用了《路加福音》10:18和《以賽亞書》14:12。
17. 參見Chick.com.
18. Eulis! (1874), with thanks to Hugh B. Urban.
19. 參見厄班的著作《性魔法：現代西方祕傳主義中的性、魔法與解放》(Magia Sexualis: Sex, Magic, and Liberation in Modern Western Esotericism)。另外可參考戴維尼(John Patrick Deveney)所著的《蘭道夫：十九世紀的美國黑人靈媒、玫瑰十字會會員與性魔法師》(Paschal Beverly Randolph: A Nineteenth-Century Black American Spiritualist, Rosicrucian, and Sex Magician)，這是唯一一本蘭道夫的傳記，是寶貴的參考資源。

## 第六章

1. 這件衣物據稱被保存於印度阿迪亞爾的神智學會國際總部。
2. *Autobiography: The Story of My Experiments with Truth* (Public Affairs Press, 1948)
3. *The Life of Mahatma Gandhi* (Harper & Brothers, 1950).
4. *Allan Octavian Hume: 'Father of the Indian National Congress'* 1829–1912 by Sir William Wedderburn (Oxford University Press, 1913, 2002).
5. *The Dawning of the Theosophical Movement by Michael Gomes* (Quest Books, 1987).
6. *Yankee Beacon of Buddhist Light* by Howard Murphet (Theosophical Publishing House, 1972, 1988)、*The White Buddhist* by Stephen R. Prothero (Indiana University Press, 1996)、*Old Diary Leaves* by Olcott (G. P. Putnam's Sons, issued 1895–1935).
7. 摘自《美國的神秘學》:「身穿頭巾和長袍的維章卡南達看起來既友善又帶著異國風情。他認真地傳播印度教思想，也很喜歡接觸熱情、單純、不注重階級的美國人。他和牛仔們討論輪迴，批判美國的物質主義。他還揶揄召靈者，說他們沒有把目標放在更高層次的自我認知，而是只想召喚『詭異的事物』。維韋卡南達幽默地聊起，他住在紐約時，和一對靈媒夫妻共用廚房。他們平常一起上台表演，私底下卻常為了家庭瑣事而爭吵。有一次他們吵完架，妻子轉向這位東方大師抱怨：『我把所有的鬼魂都招喚來了，他卻如此對待我，這還有公理嗎？』」
8. "Indian Yogi Offers Meditation to All," December 31, 1958.

上謊報創會日期，以強調自己才是元老。

5. 共濟會在傳統上是男性組織。有一些分會允許女性加入，如起源於一八九〇年的法國「兩性共濟會」(Co-Freemasonry)。一八五〇年在密西西比州創立共濟會附屬團體「東方星章會」(The Order of the Eastern Star)也是男女會員都有。
6. *Narrative of the Life of Frederick Douglass, an American Slave* (1845); *My Bondage and My Freedom* (1855); *Life and Times of Frederick Douglass* (1893).
7. 並非所有的記者都對福克斯姊妹如此著迷。艾薩克斯(Ernest Isaacs)在〈福克斯姊妹與美國靈性主義〉(The Fox Sisters and American Spiritualism)一文中寫道:「當年紐約市有許多報社都指出，這些女孩只是在甩詐、玩弄別人，而相信她們的人不是白痴、瘋子就是無賴。」此文收錄於克爾(Howard Kerr)和克勞(Charles L. Crow)所編輯的《美國神祕學》(*The Occult in America*)。
8. 愛倫・坡在此也暗指總統馬丁・范布倫(Martin Van Buren)，他於一八三七年在安德魯・傑克遜之後繼位，而後者與戴維斯同名。
9. *Radical Spirits* by Ann Braude (Indiana University Press, 1989, 2001).
10. 一八八五年，戴維斯在與洛夫在結縭三十年後離婚，因為他的守護靈說，兩人的「核心氣質」不和諧。戴維斯隨後再婚(這是他的第三次婚姻)，而洛夫獨自撫養已故女兒所托付的四個孫子，但於隔年就死於癌症。參見戴維斯一八八五年的回憶錄《越過山谷》(*Beyond the Valley*)
11. *Other Powers* by Barbara Goldsmith (Knopf, 1998).

## 第五章

1. 史威登堡以拉丁文寫下這段文字，艾格(John C. Ager)於一九〇〇年翻譯為英文。
2. *Doctors of the Mind: The Story of Psychiatry* by Marie Beynon Ray (Little, Brown, 1942).
3. "Mesmerism and Revolutionary America" by Helmut Hirsch, *American- German Review*, October 1943.
4. 叔本華認為,《女巫之槌》是宗教迫害中最令人畏懼和厭惡的作品。德國神職人員克雷默(Heinrich Kramer)於一四八六年寫了這本書，指導世人如何辨識並審判女巫，包括用酷刑和騙術來獲取口供，最後以火刑處死。
5. *Plutarch Lives*, Vol. VII, Loeb Classical Library, translated by Bernadotte Perrin (Harvard University Press, 1919).
6. 與古埃及後期同期的瑪雅文明，要到一八三九年才被重新發現。美國探險家斯蒂芬斯(John Lloyd Stephens)和英國繪圖師卡瑟伍德(Frederick Catherwood)在被植物覆蓋的荒地中找到這個偉大的中美洲古文明。
7. 參見泰森的著作《塔羅牌真義》(Essential Tarot Writings)。此外，泰森還完成了德・傑貝蘭和梅勒伯爵著作的英譯本。在他的努力下，這些著作才重新獲得重視。
8. 冊封聖徒的程序很複雜，光是教宗宣告還不夠。它包含四個步驟：第一，候選人經調查後成為上帝之僕；其次，候選人經道德審查後成為可敬者；第三，候選人因代禱而發生奇蹟，並因此成為真福者；第四，第二個代禱的奇蹟出現後，獲冊封為聖徒。
9. 有些文獻顯示李維被關了十一個月，這是誤加入他的出版商勒・加盧瓦(Auguste Le Gallois)的三個月刑期。兩人也各被罰款三百法郎。
10. 《高級魔法的教義與儀式》由格里爾(John Michael Greer)和米基圖克(Anthony Mikituk)翻譯為英文，這是最權威的版本。在此之前，李維被完整翻譯的著作只有韋特(Arthur Edward Waite)於一八九六年翻的《超越魔法》(*Transcendental Magic*)。
11. 十九世紀的黃金黎明教團(The Golden Dawn)後來修改了李維的排序，將塔羅牌中的「愚者」從來」。哈內赫拉夫在該詞典中也提到：「最後三篇是由拉札雷利率先翻譯出來，這在赫密士主義研究中非常重要。」不過，它們不是出自於費奇諾所使用的手稿，而且其出處與年代都很可疑。

4. Copenhaver (1992).
5. 《創世紀》「法老又叫約瑟坐他的副車，喝道的在前呼叫說：『跪下！』」(41:43)，而「跪下」的希伯來文是avrekh，有可能是abracadabra的源頭。
6. 呂爾創造了一種複雜的圖表，上頭有字母、符號和幾何圖形，並分別置於多個同心圓中。只要轉動這個同心圓，就能看出宇宙的真理。這個圖表也是某種計算機的原始概念。
7. *Case Study: The European Witch-Hunts, c. 1450–1750 and Witch-Hunts Today.*
8. 在塞勒姆女巫審判案之前，美國殖民地也發生過類似的迫害事件：「一六七四年，康乃迪伊克州有所謂的女巫被處決，這是新格蘭地區的首例。一六六二年在普羅維登斯有女巫被絞刑處決。」請見*A New History of Witchcraft* by Jeffrey B. Russell and Brooks Alexander。
9. "Persecution of Witches, 21st- Century Style," *The New York Times*, July 4, 2014.
10. "*Giordano Bruno: the Philosopher of Astronomy*" translated by David Barrado Navascués
11. *Arguing with Angels: Enochian Magic & Modern Occulture* (State University of New York Press, 2012).
12. https://www.roger-pearse.com/weblog/2011/05/12/casaubon-and-the-exposure-of-the-hermetic- corpus/.
13. "Protestant versus Prophet: Isaac Casaubon on Hermes Trismegistus" by Anthony Grafton, *Journal of the Warburg and Courtauld Institutes*, 1983, Vol. 46.
14. *The Egyptian Hermes* (1986).
15. *Hermetica II: The Excerpts of Stobaeus, Papyrus Fragments, and Ancient Testimonies in an English Translation with Notes and Introductions* by M. David Litwa.

## 第三章

1. "Church of Satan's 'Halloween House' Gutted by Arsonist" by Corey Kilgannon, *New York Times*, January 19, 2021, and "The upstate occult: An interview with writer Mitch Horowitz" by Will Solomon, Albany *Times-Union*, October 25, 2022.
2. 歷史學家丘頓（Tobias Churton）在《玫瑰十字會的隱秘歷史》(*Invisible History of the Rosicrucians, Inner Traditions*, 2009）中研究了這份宣言的源頭。關於玫瑰十字會的文獻翻譯和介紹，最具有開創性的著作是由戈德溫、克里斯多福·麥金托什（Christopher McIntosh）和多娜特·麥金托什（Donate Pahnke McIntosh）所合著的《玫瑰十字三部曲》(*Rosicrucian Trilogy, Weiser Books*, 2016）。
3. Frances Yates, *The Rosicrucian Enlightenment* (Routledge, 1972) and *The Occult Philosophy in the Elizabethan Age* (Routledge, 1979).
4. Michael W. Chapman, CNSNews.com, August 2, 2013。
5. *The Masonic Thread in Mozart* by Katherine Thomson 以及 *The Bavarian Illuminati* by René Le Forestier.
6. 一七八四年，魏斯豪普被因戈爾施塔特大學解僱，並逃離了巴伐利亞。

## 第四章

1. Letter to *The Spiritualist*, December 13, 1874.
2. *Listen For a Lonesome Drum: A York State Chronicle* (Farrar & Rinehart, 1936, 1950).
3. *Pioneer Prophetess* (Cornell University Press, 1964).
4. 此日期是根據該會所的會議記錄。在北美殖民地，許多新成立的會所會相互較勁，並刻意在文件

# 註釋

## 第一章

1. 例如這些人的作品：Robert Peel (1909–1992), Richard Lyman Bushman (b.1931), D. Michael Quinn (1944–2021), Gerhsom Scholem (1897–1982), and John W. O'Malley (1927–2022).
2. Western Esotericism: A Guide for the Perplexed (Bloomsbury Academic, 2013).
3. The Myths We Live By (Routledge, 2004).
4. 耶茲迪人（Yazidis）信奉一種可追溯到中世紀的祕傳信仰。他們是世上最受壓迫的少數族群。耶茲迪的宗教觀很複雜，包括崇拜一位反叛神的天使。若要了解其背景，請參閱彼得・蘭博恩・威爾遜的《孔雀天使：耶茲迪的祕傳》（Peter Lamborn Wilson, *Peacock Angel: The Esoteric Tradition of the Yezidis*）。
5. The Early Church by Henry Chadwick (Penguin Books, 1967, 1993).
6. 牛頓的翻譯內容為：「這是千真萬確的，沒有任何謊稱，既確定又真實。下面的事物就像上面的事物。」利特瓦（David Litwa）從拉丁文直譯的句子為：「這是真的，沒有虛假，確定且真實：上面的事物就像下面的事物，而下面的事物就像上面的事物，以創造了單一實相的奇蹟。」
7. "Isaac Newton and the American Alchemist," *Distillations*, July 14, 2016.
8. Hermetica, book XI, translated by Copenhaver (1992).
9. Wouter J. Hanegraaff, *Hermetic Spirituality and Historical Imagination* (Cambridge University Press, 2022). Translation of Hermes to Tat is Copenhaver (1992).
10. Litwa (2018).
11. 關於這段歷史，可參見瓦倫廷・湯伯格（Valentin Tomberg，一九〇〇至一九七三年）以匿名出版的《塔羅冥想》（*Meditations on the Tarot*）。這部遺作本身也是個謎。據推測，它成書於一九六七年，並在一九八〇年首次以法語出版，五年後英文版也問世。我在二〇〇二年推出了新譯本，內容包含譯者校訂以及樞機主教馮・巴爾塔沙（Hans Urs von Balthasar）所撰寫的後記。
12. *Tabula Smaragdina. Ein Beitrag zur Geschichte der hermetischen Literatur* [Emerald Tablet. A contribution to the history of Hermetic literature] (Heidelberg: Carl Winter, 1926).
13. *The Vishnu Purana* translated by H. H. Wilson, 1840.
14. *Giordano Bruno and the Hermetic Tradition* by Frances A. Yates (University of Chicago Press, 1964).

## 第二章

1. 關於李奧納多和他的手稿，費奇諾在其譯著《赫密士文集》的引言中談到：「博學且正直的僧侶李奧納多辛苦地把它從馬其頓帶到義大利。」詳見 *Marsilio Ficino and His Translation of Corpus Hermeticum VI* by Maurits Van Woercom。
2. *The Bookseller of Florence: The Story of the Manuscripts That Illuminated the Renaissance* by Ross King (Atlantic Monthly Press, 2021).
3. 菲奇諾於一四六三年翻譯了十四篇，並於一四七一年印刷成冊。法國學者法伊弗（Antoine Faivre）在《靈知與西方神祕學詞典》（*Dictionary of Gnosis & Western Esotericism*）的篇章〈赫密士作品IV：文藝復興至今〉（Hermetic Literature IV: Renaissance-Present）中寫道：「一四八二年，義大利學者拉扎雷利（Lodovico Lazzarelli）在另一份手稿中發現三篇並翻譯出來，但該份手稿沒有被保存下

作者簡介

**米奇・霍羅威茨** (Mitch Horowitz)

是研究靈性發展史的歷史學家，也是當今探討神祕學最具學術背景的作家。米奇曾獲得國際筆會／福克納獎，他的著作包括*Occult America*、*One Simple Idea*、*The Miracle Club*、*Daydream Believer*、*Uncertain Places*、*Practical Magick*、*Happy Warriors*。

霍羅威茨曾在CBS、NBC、NPR、CNN以及網飛的《流行新鮮事》節目中擔任嘉賓，也曾製作紀錄片《祕典卡巴萊恩》(The Kybalion)。

作為前企鵝蘭登書屋的副總裁兼主編，霍羅威茨也曾在《紐約時報》、《華爾街日報》、《華盛頓郵報》、《時代雜誌》發表專文。

知識叢書 1149

# 當代神祕學全史：從赫密士主義復興到新時代運動

MODERN OCCULTISM

作　者—米奇．霍羅維茨（Mitch Horowitz）
譯　者—劉宗為
責任編輯—許越智
責任企畫—張瑋之
封面設計—陳文德
內文排版—張瑜卿
總 編 輯—胡金倫
董 事 長—趙政岷
出 版 者—時報文化出版企業股份有限公司
一〇八〇一九臺北市和平西路三段二四〇號一至七樓
發行專線／（〇二）二三〇六—六八四二
讀者服務專線／〇八〇〇—二三一—七〇五、（〇二）二三〇四—七一〇三
讀者服務傳真／（〇二）二三〇四—六八五八
郵撥／一九三四—四七二四時報文化出版公司
信箱／一〇八九九臺北華江橋郵局第九九信箱
時報悅讀網—www.readingtimes.com.tw
法律顧問—理律法律事務所　陳長文律師、李念祖律師
印　刷—勁達印刷有限公司
初版一刷—二〇二五年三月二十八日
初版二刷—二〇二五年八月十九日
定　價—新台幣七五〇元


時報文化出版公司成立於一九七五年，並於一九九九年股票上櫃公開發行，於二〇〇八年脫離中時集團非屬旺中，以「尊重智慧與創意的文化事業」為信念。

當代神祕學全史：從赫密士主義復興到新時代運動
／米奇．霍羅維茨（Mitch Horowitz）著／劉宗為譯
--- 初版 --- 臺北市：時報文化出版企業股份有限公司，2025.3
面；14.8×21公分. ---（知識叢書1149）
譯自：Modern occultism.
ISBN 978-626-419-195-1（平裝）
1.CST: 神祕主義　2.CST: 神祕論
290　113020771

MODERN OCCULTISM by Mitch Horowitz
Original English language edition published by G&D Media


ISBN 978-626-419-195-1　Printed in Taiwan